U0945513

世纪波
Century Wave

PDMA新产品

开发工具手册3（修订版）

The PDMA ToolBook 3

for New Product Development

[美] Abbie Griffin（艾比・格里芬）
Stephen M.Somermeyer（史蒂芬・M.塞莫尔梅尔） 主编

赵道致 译

楼 政 张 元 孙志宏 唐 晔 马鸿秋 高志兴 景海斌 审

電子工業出版社
Publishing House of Electronics Industry
北京・BEIJING

版权贸易合同登记号　图字：01-2017-8751

图书在版编目（CIP）数据

PDMA 新产品开发工具手册：修订版．3/（美）艾比·格里芬（Abbie Griffin），（美）史蒂芬·M. 塞莫尔梅尔（Stephen M.Somermeyer）主编；赵道致译．—北京：电子工业出版社，2020.5

书名原文：The PDMA ToolBook 3 for New Product Development

ISBN 978-7-121-38333-5

Ⅰ. ①P…　Ⅱ. ①艾…　②史…　③赵…　Ⅲ. ①产品开发－手册　Ⅳ. ①F273.2-62

中国版本图书馆 CIP 数据核字（2020）第 029870 号

责任编辑：卢小雷　　　　特约编辑：田学清
印　　刷：三河市鑫金马印装有限公司
装　　订：三河市鑫金马印装有限公司
出版发行：电子工业出版社
　　　　　北京市海淀区万寿路 173 信箱　　邮编 100036
开　　本：720×1000　　1/16　　印张：29　字数：568.4 千字
版　　次：2011 年 4 月第 1 版
　　　　　2020 年 5 月第 2 版
印　　次：2020 年 5 月第 1 次印刷
定　　价：128.00 元

凡所购买电子工业出版社图书有缺损问题，请向购买书店调换。若书店售缺，请与本社发行部联系，联系及邮购电话：（010）88254888，88258888。

质量投诉请发邮件至 zlts@phei.com.cn，盗版侵权举报请发邮件到 dbqq@phei.com.cn。

本书咨询联系方式：（010）88254199，sjb@phei.com.cn。

修订版序

中国正处于全面实施创新驱动发展战略的关键历史时期。创新需要科学先进的方法指导，借鉴发达国家的成熟创新方法不失为一条可行通路。为了落实创新驱动战略和引进发达国家的先进成果，中国国际人才交流基金会于2016年将美国产品开发与管理协会（PDMA）的NPDP项目及其知识体系正式引入中国，随后在国内出版了《产品经理认证（NPDP）知识体系指南》，并在国内选拔培养了一批NPDP培训师。为了使《PDMA新产品开发工具手册1》《PDMA新产品开发工具手册2》《PDMA新产品开发工具手册3》（以下简称《工具手册》）与《产品经理认证（NPDP）知识体系指南》（以下简称《指南》）保持一致，我们组织专家团对本套工具手册进行了全面修订。参与此次修订的专家多数也是校对《指南》的成员，有着良好的合作基础。

在修订中，修订团队秉承“尊重原著作者和原译者风格，承前启后，实现与《指南》的一致化，同时提升翻译质量”的原则，重点在以下方面开展修订：一是以《指南》术语为标准，对《工具手册》术语进行了一致化处理；二是对书中的一些缺漏错误进行了完善和纠正；三是对读者费解的内容进行了梳理。

修订团队由金指南企业管理咨询有限公司首席顾问楼政领导。楼政负责总审，修订安排如下：术语表（楼政、张元、唐晔）；第一册第1、3、5、7、9、11、13、15章（唐晔），第2、4、6、8、10、12、14、16章（马鸿秋）；第二册第1章（马琛），第2～6、12、14、15章（景海斌），第7～11、13章（高志兴），第16章（马鸿秋），第17章（张元）；第三册第1～9章（张元），第10～16章（孙志宏）。此外，修订团队开展了交叉互审。互审安排如下：第一册第1～4章（高志兴），第5～8章（景海斌），第9～12章（张元），第13～16章（孙志宏）；第二册第1～4章（唐晔），第5～8章（马鸿秋），第9～12章（张元），第13～17章（孙志宏）；第三册第1～4章（唐晔），第5～8章（马鸿秋），第9～12章（高志兴），第13～16章（景海斌）。

在修订过程中修订团队重温了这套书，对这套书的特点有了更深刻的体会。一是重实践、重应用、重产出。大部分作者是企业高管和咨询公司资深顾问，有着非常丰富的实践经验和应用心得，总结的方法大多经过实践检验。二是有高度、有深度、有广度。既有战略高度、前瞻智慧和趋势判断，又有战术层面的具体应用和实例，同时涵盖了新产品开发的方方面面和多个行业。三是育人才、带团队、管企业。有针对个人管理水平提升的工具（如工程和设计工具、流程责任人工具等），也有适合团队管理水平提升的技术（如启动项目的工具，文化、组织和团队工具，整个项目都可使用的工具等），更有适用于企业成熟度提升的方法（如管理新产品开发流程的工具、管理新产品开发项目组合和管道的工具、整个企业和新产品开发项目绩效的战略工具等）。因此，对于从业者、研究者和学习者来说，这套书无疑是非常值得一读的佳作。

虽然专家团花了半年多的时间修订这套书，但仍然存在一些问题，期待有更多的同道中人提出意见和建议，共同完善这套书。为了便于和广大读者互动，专家团建了产品管理研讨群，读者可以扫下面的微信二维码加入（加入时请注明研讨产品管理），共同探讨，不断提高。我们期待在引进、消化、吸收国外先进智力成果的基础上进行转化和创新。一起期待那一天的到来！

楼政

修订总审简介

楼政（联系电话 18029169969）

金指南企业管理咨询（www.jznpmp.com，国家外国专家局培训中心授权合作机构）创办人，海外留学回国资深专家，专注于产品开发、项目管理和创新领域。国家外国专家局培训中心 PgMP（项目集管理）授权培训师和 NPDP 授权培训师。从事项目实践和培训咨询近 30 年，领导和交付数十个项目（包括新产品开发项目、管理变革项目、运营提升项目、工程建设项目、项目集管理、项目组合管理、咨询项目等）。培训、辅导了数百家企业和 2 万余名专业人士。首创了实战演习结合全真项目实战培训方法及“三位一体”咨询法，帮助企业实现收益倍增，受到企业推崇。领导 NPDP 师资班校对了《产品经理认证（NPDP）知识体系指南》，领导修订了《PDMA 新产品开发工具手册 1》《PDMA 新产品开发工具手册 2》和《PDMA 新产品开发工具手册 3》，参与制定了 PMI《项目管理知识体系指南（PMBOK®指南）》（第 5 版）、《项目管理知识体系指南（PMBOK®指南）》（第 6 版）和《项目集管理标准》（第 4 版）。蒙特利尔大学高等商学院 MBA、六西格玛黑带、TPM 导师。拥有工程学、会计、英语、管理学四个专业学位。

译者序

自 2008 年开始，经过近 3 年时断时续的翻译，终于完成了《PDMA 新产品开发工具手册 3》的翻译工作。3 年来，紧张的科研与教学工作总是会中断本书翻译的进程，但是读者的需要和科研中体会到的企业研发实践中新产品开发（New Product Development，NPD）实施方法的缺失，时常提醒我们一定要抓紧时间完成本书的翻译，尽快将其中的方法体系介绍给中国的读者，以提升我国企业的 NPD 实践。

《PDMA 新产品开发工具手册 3》的出版发行之日，正值我国“十二五”规划开始之际。实现经济发展转型是国家和各地区“十二五”规划的主要内容，具体包含：从中国制造转变为中国创造，从制造大国转向创造大国，从资源消耗型转向技术密集型，从附加值低的产业低端转向附加值高的产业高端，等等。所有上述转型的核心就是创新。然而，创新不仅需要愿望和激情，在企业意识到创新对竞争力提升和成长方式转型的重要性之后，实现创新更需要科学的方法和工具。

创新需要灵感，而灵感又是非结构化和不稳定的思维结果。本书第 1 部分介绍了将灵感结构化并形成有价值的产品创新解决方案的工程化的工具，包括创造性解决问题方法（Theory of Inventive Problem Solving，TRIZ）和质量功能展开（Quality Function Deployment，QFD）工具。这些工具和方法在汽车工业、电力设备、电信设备等行业得到了广泛的应用，非常值得中国企业借鉴。

新产品开发不是闭门造车，不仅需要开发人员自己的智慧，还需要捕捉和梳理来自客户和市场的各类信息。本书第 2 部分给出了一系列的改善工具，涉及从客户和市场获取 NPD 信息的工具。关注并满足客户需求是企业的使命，如何关注并满足客户的需求是有方法的，这些方法是大量企业的实践经验的总结。

新产品开发是为了提升企业的市场绩效。对处于产业高端的企业而言，知识产权是其重要的获取竞争优势的资源。保持新产品开发团队和专业人员的工作积极性和效率，对于高新技术企业来说至关重要。本书第 3 部分给出了知识产权管理和激励新产品开发人员的工具与方法。

提升 NPD 项目绩效不仅需要操作层面的工具，还需要策略层面的工具。本书

第 4 部分介绍了一系列改善 NPD 项目绩效的战略工具，包括如何利用外部资源合作开发新产品；如何持续构建高效能的 NPD 项目团队；在 NPD 进程中如何为了应对不确定性而编制和使用滚动式规划；如何通过 NPD 项目的“事后回顾”（After Action Review，AAR）获取经验教训，并将其转化为企业的竞争优势；如何度量 NPD 各项活动的进程和成果等。

虚心学习他人的先进经验是中华民族的优良传统。美国产品开发与管理协会成立于 1976 年，是致力于提升新产品开发效率和成功率的、多学科的思想先进的实践者和学者构成的团体。数十年来，该协会为提升美国企业的新产品开发能力发挥了巨大的作用，并逐步形成了一套完整、结构化、不断完善和与时俱进的新产品开发管理方法和工具体系。“他山之石，可以攻玉。”为此，我们从 2005 年开始与 PDMA 开始了合作与交流，并与时任 PDMA 主席的 Hamsa Thota 博士建立了良好的友谊与合作关系。在此基础上，我们于 2007 年翻译出版了《PDMA 新产品开发手册》（第 2 版）。该手册的出版获得了良好的社会效应。为了能够将更多卓有成效的新产品开发管理的方法和工具介绍给我国的相关专业人员，我们继续组织了《PDMA 新产品开发工具手册 1》《PDMA 新产品开发工具手册 2》和《PDMA 新产品开发工具手册 3》的翻译。

《PDMA 新产品开发工具手册 3》的翻译由赵道致领导的天津大学现代制造与物流研究所团队完成，审译由曾学明领导的华成研发管理咨询公司完成。其中，天津大学现代制造与物流研究所的赵道致负责全书的翻译，夏良杰、李昊、李友东、丁均伟、唐牛、杜放等分别参与了本书第 1～3、4～5、6～8、9～11、12～14、15～16 章的翻译。华成研发管理咨询公司的曾学明、朱光辉、董奎和曹修洪分别完成了本书第 1～4 部分的审译工作。这两个团队在新产品创新与开发管理领域均积累了相对较多的理论研究及实践成果和经验，但是在快速发展的新产品创新与开发管理领域仍然难免有不熟悉的新知识，因此在翻译中也难免存在翻译不准确和理解有偏差的地方，还请读者不吝赐教，让我们在新产品创新与开发管理的理论研究和实践中共同进步。也希望本书对中国企业在新产品创新与开发管理领域的快速成熟起到良好的促进作用，为振兴中国创造做出贡献。

本书适合作为工具书和参考书供企业的新产品创新与开发经理和技术人员、市场营销经理、高管，MBA 学员，管理类相关专业的本科生和研究生使用；也可作为从事新产品创新与开发管理研究的学者了解新产品创新与开发管理理论与实践结合的参考书。

让我们共同仔细研读这套手册，从中学到结构化的产品和服务创新管理方法和工具，并将其嫁接在我们中华民族的聪明才智之上，让这些有价值的管理工具为我国企业走向世界并为世界人类文明做出更大的贡献起到促进作用。

赵道致
曾学明

译者简介

赵道致 天津大学管理与经济学部教授、博士生导师，现代制造与物流研究所所长，物流与供应链管理系主任。曾于 2000—2001 年在英国剑桥大学工程系做访问教授，2006—2007 年在美国佐治亚理工学院工业与系统工程系做福布赖特访问教授。主要研究领域包括物流与供应链管理、产品创新与开发管理、项目管理。

曾学明 华成研发管理咨询公司资深顾问，青铜器软件系统有限公司总经理，清华大学特聘教授。曾服务于华为技术有限公司，长期从事高科技企业研发管理的咨询和培训服务。主要服务的领域包括创新管理、市场管理、产品开发流程管理、研发项目管理、研发人力资源管理和研发管理信息化等，曾经为数百家企业提供了研发管理培训服务，同时带领团队成功完成数十家企业的研发管理咨询和研发体系的 IT 建设。

前言

欢迎使用《PDMA新产品开发工具手册3》。

同《PDMA新产品开发工具手册1》和《PDMA新产品开发工具手册2》一样，本书是由PDMA的志愿者（他们是从工具手册系列走进PDMA的忠诚跟随者）编写的，他们是NPD专家，有着对NPD的热情和为NPD的发展做贡献的渴望。他们是NPD方面的专业人员（实践者、服务提供者和学者），他们将自己卓有成效的实践收获写进了本书。有4位工具手册的作者是再次参加编写的作者：格雷高里·D.吉森斯、杰拉尔德·M.卡茨、彼得·科恩和克里斯托弗·W.米勒。其中，科恩和米勒参加了3本工具手册的编写。他们一次又一次地花费时间和大家分享他们的专业知识，我们向这些做出贡献的专业人员致敬。

本书向你提供了深入的、指导性的知识，你可以用这些知识来改善你所在组织的运营效果。《PDMA新产品开发工具手册3》是一个最佳实践工具的集合，当你读完本书后就能立即运用这些工具。

《PDMA新产品开发工具手册1》强调的是那些管理和改善NPD流程的工具。它介绍了16种工具，它们被分成适合团队领导的（4种用于NPD流程之前，4种用于流程中的任意时间）、适合NPD流程责任人的及适合项目组合经理的工具。

在《PDMA新产品开发工具手册1》和《PDMA新产品开发工具手册2》出版之际，竞争态势和我们的全球性倾向都发生了巨大的变化。“硬”的流程改善相对于有效管理等较“软”的组织问题已变得不那么重要。《PDMA新产品开发工具手册2》因此聚焦于组织和文化、模糊前端（Fuzzy Front End，FFE）和学习，这些都涉及管理NPD流程、产品项目组合和管道管理。后来，企业环境再次发生了变化，因此，《PDMA新产品开发工具手册3》在很大程度上不同于本系列的前两本书，在几个引人注意的方面（包括为新的读者提供有用的资料，强调改善NPD团队获取和使用的信息的工具）有所改进，还提供了大量的、更具战略导向而非战术导向的工具。

本书第一次介绍了如此多的工具，它们适合在工程设计和产品开发阶段中应用。本书的第 1 部分，有关 TRIZ 和质量功能展开（QFD）的两章，对于工程师和技术开发人员非常有用，除此之外，对于传统的读者，如项目经理、营销人员和市场调查人员、产品经理、NPD 流程责任人和 NPD 管理人员等，也非常有价值。我们非常高兴能够将有关 TRIZ 的内容包括在本书之中，因为之前做过的将关于这套复杂的技术和工具集的章节写在书中的努力都不成功。

《PDMA 新产品开发工具手册 3》意义重大的部分是第 2 部分，该部分聚焦于改善市场和客户信息及用于 NPD 研究的工具。因为市场学研究院（Marketing Science Institute）和商业市场研究院（Institute for the Study of Business Markets）都已经发现企业中的市场资源已经变得更加分权化和分布式，所以，NPD 团队本身特别需要生成和使用高质量市场信息的能力。NPD 团队不能再依赖企业内部的市场调研小组甚至是他们部门中的营销人员来提供这些信息开发服务。这部分提供了 7 种工具，NPD 团队可利用这些工具自己开发相关项目。

第 3、4 部分提供了若干战略工具集，其中一些内容旨在改善企业的整体绩效（第 3 部分），其他内容则以改善 NPD 项目绩效为目的（第 4 部分）。《PDMA 新产品开发工具手册 2》的内容涵盖了从更加实用的有助于管理流程的工具到有助于开发的较“软”的管理部分的工具；《PDMA 新产品开发工具手册 3》更向前进了一步，提供了大量更具战略性的工具。在这个全球化竞争和合作开发的时代，尤其重要的是管理知识产权，这些内容被放在第 3 部分的开始。

《PDMA 新产品开发工具手册 1》和《PDMA 新产品开发工具手册 2》中的大部分内容是针对较大的、较成熟的企业。《PDMA 新产品开发工具手册 3》的另一个不同点是，大量的工具将高度适用于小企业及中型和较大型企业。很多市场信息工具将允许那些具有较低调研预算的较小的企业将更高质量的市场信息整合到 NPD 项目中。第 8 章有关产品命名的内容是一个最好的例子，该章介绍了适用于各种规模企业的工具。第 3 部分的战略工具和第 4 部分的大部分项目层战略工具对较小的企业都将非常有用。

如何使用本书

你不要从头至尾地阅读整本书，我们建议你根据自己的产品开发规划和项目要求挑选章节阅读。你会发现，阅读这 4 部分的引言来获得每部分内容的高度概括是非常有用的。然后，考虑你的 NPD 流程中的弱点或你要解决的问题，你可以直接阅读适用的那些特定的章节并尝试立即使用其中的一种或多种工具。

除此之外，你可能正在事先主动地寻找改善你的 NPD 中某些方面的方法，在这种情况下，我们推荐你阅读那些最适合你希望提高的 NPD 领域的相关章节。在这些章节中有充足的最佳实践的工具，这些工具可以改善任何 NPD 组织的效率！

艾比・格里芬
史蒂芬・M. 塞莫尔梅尔

主编简介

艾比·格里芬（Abbie Griffin）

犹他大学 David Eccles 商学院的市场营销系的皇家 L. Garff 董事主席，纳维斯塔国际公司（一家生产柴油发动机和卡车的《财富》500 强制造企业）的董事会成员之一。她还在 1998—2003 年担任《产品创新管理》（在产品和技术开发领域最主要的学术刊物）的编辑。

史蒂芬·M. 塞莫尔梅尔（Stephen M. Somermeyer）

Somermeyer & Associates 公司负责人，印度托马斯酒庄的助理酿酒师，印第安纳波利斯赛车场汽车修理厂和路面凹陷修复的安全负责人。他最近帮助建立了 YourEncore——一个利用退休技术人才的临时资源代理机构。他在礼来公司的制药部门工作了 30 多年，主要致力于研发中的大规模改革项目。他组织建立了工业研发的标杆小组，同时他花费了大量的时间来识别那些领先公司的最佳实践，并在礼来公司内部实施。他是贯彻那些诸如产品组合管理、重量级团队和全面质量管理的结构和流程的团队领导或成员之一。他在配药行业做咨询，经常在标杆、衡量指标、组织结构和 NPD 战略的最佳实践方面发表演讲。

史蒂芬积极效力于 PDMA，担任理事并在多个委员会工作。他是《PDMA 新产品开发工具手册 1》和《PDMA 新产品开发工具手册 2》的主编之一，同时是《面向仿制的产品开发》的技术编辑。他拥有化学工程学位和 MBA 学位，联系方式为 steve@somermeyer.com。

目　录

第 1 部分　工程和设计工具

第 2 部分　改善客户和市场对 NPD 信息输入的工具

第 4 部分　改善 NPD 项目绩效的战略工具

第 1 部分

工程和设计工具

第 1 部分提供的工具在 NPD 的概念生成和设计阶段将是非常有用的。本手册的这个短小但极其有用的部分所提供的这些工具可以定义为创造性解决问题的技术。

第 1 章介绍了 TRIZ 的 7 种发明技术，TRIZ 是由根里奇·阿奇舒勒和他的助手提出的创造性解决问题的理论。TRIZ 是一种灵活的面向工程创造的方法论，它聚焦于努力消除某些性能矛盾，如在提高发动机动力的同时增强燃料的经济性。其中，每种发明技术都采用稍微不同的方法来解决相互矛盾的性能目标。如果这些发明技术中的一项不能提供一种解决矛盾的方法，可以采用其他发明技术，直至问题被解决。TRIZ 可能在实施时非常复杂，本章为 7 种发明技术分别提供了清晰的解释和例子，使产品开发团队能够在其项目中探索性地应用这些发明技术并做出有用的性能权衡。

第 2 章介绍了 QFD，这是另一种用于 NPD 的概念生成和设计阶段的、创造性解决问题的技术，并且与《PDMA 新产品开发工具手册 2》中的第 7 章“客户心声”相对应。QFD 最初流行于全球化的汽车行业（丰田是早期的采用者），该方法在很多行业中都已经被证明是有价值的。QFD 从对客户需求的陈述（客户心声）开始，并将每个客户需求准确地转换成性能测量，这个转换映射为那些客户问题的解决方案。客户需求和性能测量之间的交互作用可用一个矩阵来概括，该矩阵有助于将整体情况可视化，并概括重要性和性能数据。然后，这些性能测量被转换到另一个矩阵中的特性和产品解决方案，这些特性和解决方案又被转换到第三个矩阵中的制造工艺，再转换到最终矩阵中的零件规格。QFD 为产品开发团队提供了一个设定优先级的机制。根据该优先级，产品开发团队将聚焦于优先领域向客户提供更好的客户问题解决方案。

第 1 章

TRIZ：创造性解决问题的理论

冈特・拉德维希（PRIMA 绩效有限公司董事长）

使用 7 种发明技术打造突破型产品和流程

根里奇・阿奇舒勒[①]（1926—1998）一直思考下面的问题：发明能否是系统的创造性思维的结果？大半个世纪以来，阿奇舒勒和他的助手调查了约 50 000 个专利。他们有了突破性的发现，在调查的所有专利中，95%以上的专利仅用了 7 种发明技术，不到 5%的专利来自科学和全新创意的突破。他们还发现，杰出的专利通过解决矛盾的需求来改善性能，如在不增加燃油消耗的情况下提升速度。他们的另一个发现是那些意外的效益经常来自系统基础矛盾的解决。许多系统不仅不再需要许多昂贵的附加装置和容差，而且继承了有价值的、新的、产品差异化的能力和特征。阿奇舒勒还发现，如果根据产品的功能而不是其所属行业对专利进行分类，则仅用几种发明技术就可以反反复复地解决相同的问题。于是，TRIZ 提供给我们一种面向工程创造的方法论。

TRIZ 是一种方法论，它向产品和流程设计者提供了创造性解决问题的工具。该工具不仅加速了设计过程，还帮助设计者实现了世界一流的性能提升，而超越了大多数设计者认为不可避免的权衡效果。TRIZ 使用基础的方法解决问题，就像它既能解决微型芯片问题又能解决薯片问题一样，它同样可以用于解决巨型冶金企业面临的商业困境。该方法可以用于许多不同的职能领域，而不仅仅是产品开发。

---

① 译者注：根里奇・阿奇舒勒，苏联发明家，提出了 TRIZ（也译为萃智，又称 TIPS）。

通过产品差异化和竞争分析，TRIZ 能够向市场营销团队提供发明技术以用于产品复兴。市场营销团队可通过全新的应用使产品更加活跃，或者通过增加理想的新特性使产品或流程如虎添翼。

最后，TRIZ 是一种创造性解决问题的工具，负责价值分析/价值工程、精益生产或六西格玛管理的团队可以使用它进行持续改进。TRIZ 能够用于切除（去除）高成本而低质量的组成部分，然后运用几种发明技术使被简化的系统正常工作。换句话说，TRIZ 确定问题，然后围绕该问题采用发明技术找到解决方案。后面的内容将解释 7 种 TRIZ 发明技术的用法，首先是概念性地介绍，然后用一个真实产品的例子（吸尘器）再讲解一次。

但是，我们首先需要介绍几个有关创造性活动的词汇。在面对一个问题解决方案时，我们的大部分知识都局限于我们所处的行业、工作背景和所受的教育。我们每次都可以用试错法、头脑风暴法或其他释放创造性的方法（如集思广益方法）来生成一些出乎意料的解决方案以启动一个新的发明。但我们还有其他的选择。我们试图得到尽可能多的创意（头脑风暴）还是试图得到高质量的创意？人数（一间屋子里很多头脑风暴者）和创意，哪个是更重要的？我们是努力效仿伟大的发明家的做法还是使用他们的工具？我们的选择是通过最好的工具从最好的发明家身上获得最好的创意，最好的工具就是 TRIZ——一种经过了现实世界中大量专利试验和证明的方法论。

本章首先将 TRIZ 作为一个一般性方法论加以介绍，之后用一个例子来说明发明技术；然后分别详细地说明 7 种发明技术，并应用于该例子；最后介绍使用这些发明技术时要注意的成功关键点和须避免的错误。

TRIZ 流程图

图 1-1 是一个问题解决流程图，提供了针对不同系统问题的路线图。第 1 列提供了通过排除矛盾或权衡提升系统性能的路线图。第 2 列用来确定产品的进化成熟度（保留“峰值储备”用于改善和对标）。第 3 列用于通过为已有产品提供全新的应用和（或）独有的特征来提供产品的差异化。此外，它可用作竞争分析的对标工具。第 4 列是一个非常独特的用于改善测量系统的工具。

一般化问题描述 1

我们的目标是将 7 种发明技术用于动力毛刷吸尘器以提升效率并降低成本。这里将解释每一项发明技术，首先用一般化的概念性例子，然后将这些发明技术运用到吸尘器中。从这些发明技术中得到的解决方案在某些情况下将是相同的或具有某些重叠的特征。这里研究的吸尘器包括中央真空吸尘器、地板型吸尘器和竖直型吸尘器。吸尘器通过提供强吸力从地毯上吸起或松动那些附着的碎屑，同时提供强气流将这些碎屑快速送走，来移除地板、地毯等表面上的污垢、尘土和碎屑，实现快速清洁。注意，这里没有寻找关于获得自清洁地毯的方式，尽管这些方式可能是 TRIZ 的其他目的。在本例中，研究的问题是提高吸尘器的效率。

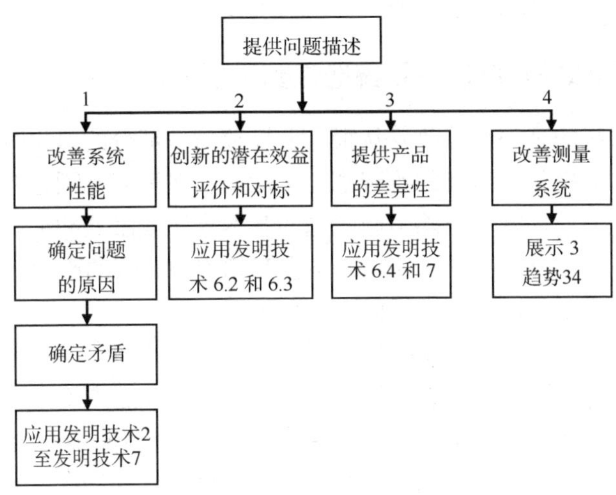

图 1-1　问题解决流程

应用 TRIZ 的第一步是找出限制系统主要功能的根本原因①。一项关于吸尘器的分析表明，它提供吸力的主要功能受大气压的严格限制，每平方英寸（1 平方英寸=0.000 645 16 平方米）的大气压（PSI）最大只有 14.7 磅（1 磅=0.4536 千克）。事实上，绝大多数吸尘器很少能产生 3 个 PSI 的吸力。为克服这个限制，很多吸尘器制造商增加了一个昂贵的由电机驱动的毛刷（见图 1-2）来提供额外的力量以从正在清洁的表面上分离污垢。

① 用主要的精力探索问题的根源。

- 帕累托原则：80%的缺陷来自 20%的问题。
- R.吉普林：5W1H[谁（Who）、哪里（Where）、何时（When）、什么（What）、为什么（Why）、怎样（How）]。
- E.高德拉特：将约束理论用于因果分析。
- D.谢宁：不要猜，而要“留意零部件，它们比工程师更聪明”。

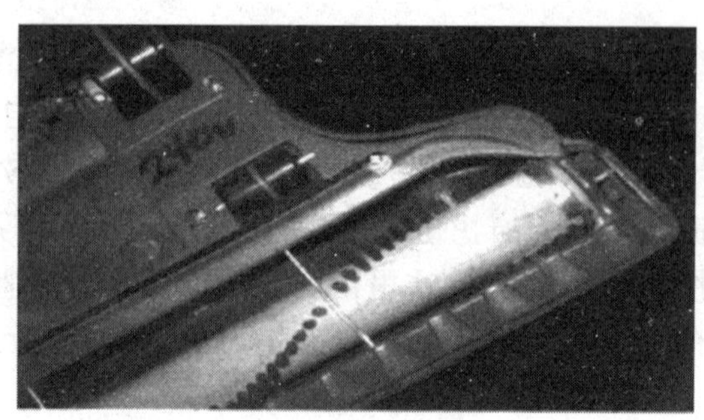

图 1-2　电力毛刷

发明技术 1：用概念性的例子系统地说明矛盾

当产品或系统的某一部分改善从根本上导致另一部分的退化时，就会出现矛盾。我们的基本前提是，所有的改善都是次优的，在不需要牺牲系统的任何其他方面性能的情况下，揭露和消除引起问题的基本矛盾或激烈冲突。我们的目标是在某种程度上分离相反的要求以使它们不会互相施加有害的影响。

为了系统地说明矛盾，要遵循以下 4 个步骤。

- 步骤 1：陈述系统的基本功能。
- 步骤 2：通过找出降低基本功能效果的原因，将问题转化为矛盾的描述。举例来说，我们考虑制造工厂的目标。在特定时期内，制造工厂的基本目标也许是增加产出。矛盾的描述则是如何在最低化存货成本的同时提供最大的产出。

  要提高产出（↑）：增加（↑）零件供应，但会产生过高的存货成本。

  要降低产出（↓）：减少（↓）零件供应，同时存货成本最低化。

  兼顾高产出和低存货成本的目的可以通过准时制（JIT）制造策略实现。是否有零件的矛盾通过在时间上分离两个相反的需求得以解决：仅当需要零件时才提供零件，这样存货成本就是最低化的。
- 步骤 3：为了解决矛盾，通过表述上的冲突来激化矛盾。用这种方法有助于突破当前思想的局限。例如，一个非常小、不存在但又非常大、无限的画是什么。答案是储存在计算机存储器里的画，它很小而且看不见，但当它在显示器中显示时就变得非常大。
- 步骤 4：为了更好地形象化矛盾，充分激活创造性解决问题的方法，画出冲突区域的图形。

吸尘器的矛盾

这里有 3 个不同的用于改善吸尘器性能的策略或解决方案层次。

- 策略 1：消除问题原因，即吸尘器内在的（不带电力毛刷的情况下）设计矛盾（见图 1-3）。

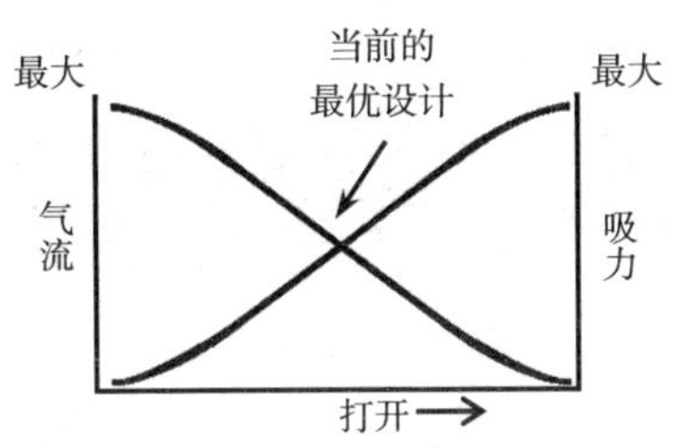

图 1-3　权衡性能的设计

- 策略 2：努力消除为达到超级清洁能力而增加高成本的电力毛刷从而引发的矛盾。在 TRIZ 中，基本的吸尘器（清洁能力差）和增加了电力毛刷的吸尘器（高成本），被视为一对矛盾的物体。
- 策略 3：通过提供多个多级大气压清洁能力（甚至超过电力毛刷提供的能力）来消除问题的根本原因。

总体来说，发明技术 1 和发明技术 4 采用策略 1，而其他发明技术可采用策略 2。

通过消除与过滤网阻塞相关的问题，另一个项目也可能决定改善吸尘器的性能。如果选择过滤网，项目将从定义其基本功能及其矛盾开始，过滤网问题将在发明技术 3 的结尾部分再次提及。

一般化问题描述 2

该项目的目标是要改善吸尘器低下的清洁能力，这样，我们就能去除昂贵的附加的电力毛刷。首要任务是定义吸尘器的基本功能和一般性的策略。

- 步骤 1：吸尘器的基本功能是清洁（去除地毯上的碎屑）。
- 步骤 2：矛盾是决定如何同时提供最大的吸力和气流（见图 1-3）。
- 步骤 3：描述被强化的矛盾极端情况。如果吸尘器紧挨地毯（紧贴在地毯上），就会有最大的吸力，但没有气流，也就不能去除碎屑。如果吸尘器离地毯太远，只有很小的吸力来去除碎屑，有最大的气流，但只能去除很少甚至不能去除碎屑。被强化矛盾的系统化描述如下：

为了得到最佳的清洁效果（↑↑），需要最大的吸力（↑↑），但没有气流（↓↓）。

为了得到最小的清洁效果（↓↓），需要最小的吸力（↓↓），但有最大的气流（↑↑）。

- 步骤 4：画出矛盾区域图（见图 1-4）。

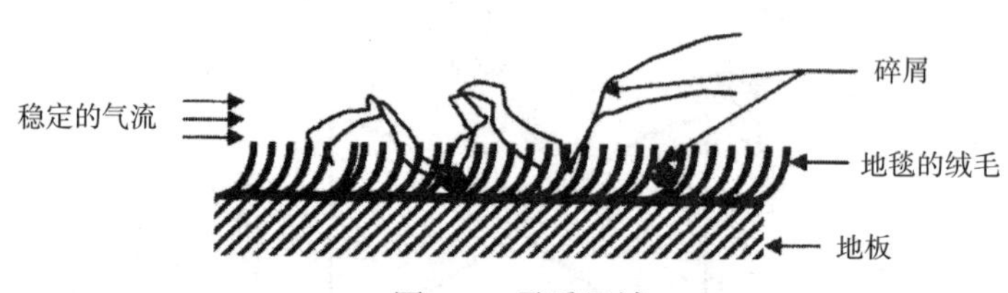

图 1-4　矛盾区域

我们需要注意与矛盾（尤其是极端点）相关的几件事情。如果吸尘器离地毯很近（紧贴在地毯上），就会有最大的吸力，但没有气流，只能去除很少或者根本不能去除碎屑。如果吸尘器远离地毯，只有很小的吸力能去除碎屑，但是会有最大的气流，同样，也只能去除很少或根本不能去除碎屑。要解决的矛盾是，吸尘器既要有最大的吸力，还要有最大的气流。

解决矛盾的几个要点是有顺序的。首先，有两种方法能解决矛盾：一种方法是改善第一个属性，即吸尘器的吸力；另一种方法是改善第二个属性，即吸尘器的气流。在大多数情况下，选择最接近主要功能的方法作为改善的途径，在本例中，吸尘器的吸力是主要功能，选择了该功能，然后设法得到吸尘器的气流。

然而，如果矛盾加强，更多的选择将凸显出来。如果吸尘器紧贴地毯却没有气流，则主要功能变得不可行。于是，另一种解决矛盾的途径就要以气流最大化作为出发点。这并不意味着整体目标已被折中，因为矛盾必须被解决并且矛盾的两个属性必须同时达到最强。一旦加强的矛盾破坏了产品或产品基本功能的实现（本例中，移动碎屑），就选择最能体现主要功能的方法，然后通过从其极端强点轻微回落来解决矛盾。

注意，如果在应用了 7 种发明技术后，仍不能解决问题，可从矛盾的对立面入手并重复问题解决步骤。

一般来说，仅通过加强矛盾并画出矛盾区域图，问题就可以得到解决。矛盾的强化和矛盾区域图表明，交替变化的高压脉冲低压脉冲可振荡出碎屑来达到进一步清洁的目的。如果在这个平台上无法解决问题，则采用下面的技术——流程快速检查，它提供了解决矛盾的不同手段（方法）。

流程快速检查：如果单一物体存在矛盾，如空调需要强吸力（零气流）和强气流（小吸力），跳至发明技术 4——物理分离技术。这是策略 1 的一个解决矛盾的例子。在策略 2（成对物体矛盾）中，昂贵电力毛刷的去除是必要的，则进行下一个技术。

发明技术 2：表达 IFR 和定义理想机器

理想的最终结果（Ideal Final Result，IFR）是一项使我们从当前思考和做事方式的心理惯性中脱离出来的技术。通过定义“IFR”，我们从达到目标的物理方式中解脱出来。从另一个角度来说，我们从答案或理想功能反推。IFR 的一个例子是，给我一个孔而非钻。这个方法提供给我们达到目标的新选择。有时在 TRIZ 问题解决流程平台上，它本身就能提供给我们具有重大突破的解决方案。

理想机器是一台运行其功能而其本身却并不存在的机器。我们能简单地通过将功能从机器 1 转移到另一台机器（如机器 2）来创造理想机器。因此我们去除机器 1，这时机器 1 已经变成理想机器，它的功能得到运行，它作为工具却不存在(我们免费取得功能)。一个理想机器的例子是木匠的锤子。它不仅是一个锤子，也是一个撬杠，撬杠的功能已被转移到锤子上。撬杠不存在了，但是锤子实现了它的功能，它就变成了一个理想机器。

“IFR”和“理想机器”的概念共同被用来消除矛盾。汽车轮胎的轮毂罩存在提供漂亮的外表（基本功能）与掉落可能性较高（消极功能）的矛盾。关于轮毂罩的理想的最终结果是黏附力的牢固程度得到提升。将轮毂罩的美学功能转移到轮辋——设计和制造一个有漂亮外观的轮辋（不用轮毂罩）——创造了一个理想机器。美学方面的基本功能得到了保留，但因为没有了轮毂罩，所以掉落的可能性也就被消除了。矛盾因此得到解决。

同样，价值工程、精益生产或六西格玛爱好者能够利用“IFR”和“理想机器”概念来将所需的功能转移给另一种资源，进而消除系统的冗余费用或缺陷部件。因此，很多耗时、耗材的改善技术，如实验设计，将没有必要被用于解决每个问题了。通过使用已有资源运行正确的动作或精简该资源，问题的起因能被鉴定并解决。问题起因被很容易地鉴定，然后用“理想机器”概念去解决。在一般条件下，TRIZ 将一种资源定义为问题实体或其所处环境的任何物质(部件)或能量(力和能)。空间、时间、信息和功能也被定义为资源。

吸尘器的 IFR 和理想机器

理想的最终结果或功能是“拥有电力毛刷的强吸力”(在没有电力毛刷的情况下)。问题就变为在吸尘器内或其环境中是否有能被用来提供 IFR 的资源、部件或力。在已有系统或其环境中是否有任何可提供强大吸力（理想结果）又不使用昂贵电力毛刷（理想结构）的其他部件？一个解决方案是操作人员用推力使毛刷旋转，从而在最小限度上去除电力毛刷电机。另一个潜在选择是使用静电驱尘，或者通过气流产生静电以帮助去除尘土。这些选择将被进一步研究，其他发明技术也会被运用到解决问题中来。

发明技术 3：用功能图和修剪法解决问题

TRIZ 提供了几种系统方法来帮助改善工艺系统的性能。这些方法中的第一个是使用功能图和修剪法。

TRIZ 流程应用了由劳伦斯 · 迈尔斯开发的价值分析的原则，很方便地去除或删减昂贵、低质或低效的失衡部件。该技术展示了如何免费地取得 IFR 和理想机器。然而，在构造吸尘器的功能图之前，先对关于工艺系统、功能和构造功能图方法的几个要点进行依次介绍。

一个工艺系统由一系列部件或在某一产品上表现一系列特定功能的子系统组成。一般来说，一个工艺系统由提供基本功能的工具、提供能量的发动机、传递能量的传输机、管理能量流的控制器，以及维持结构和提供安全及美观的部件组成。吸尘器就是工艺系统的一个例子。它的基本功能是清除碎屑，通过工具、空气、对产品施加的推力来运转。空气拉动碎屑的例子代表了基本的单元或工艺系统的模型，作为物质-场（S-F）反映在 TRIZ 中（见图 1-5）。

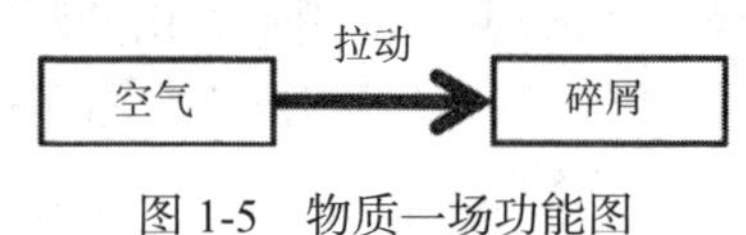

图 1-5　物质—场功能图

工具和产品可能代表两个系统、两种物质或两个部件，或对单一部件/产品施加力的系统。更大、更复杂的工艺系统，如吸尘器剩余部分，能通过连接很多 S-F 单元被模型化出来。在本书中，场代表任何机械、热、化学、电、磁、电磁的力。每种场可被很多子范畴表现。比如，机械场可以是表面的张力、摩擦力、离心力、重力等。有 3 种类型的力场：初级力场（冲突中的）、支持力场和有害（昂贵）力场。对每种场，要衡量其效果是不足还是过量（失控）。最终，“×”表示不必要的或应被去除的部件（见图 1-6）。

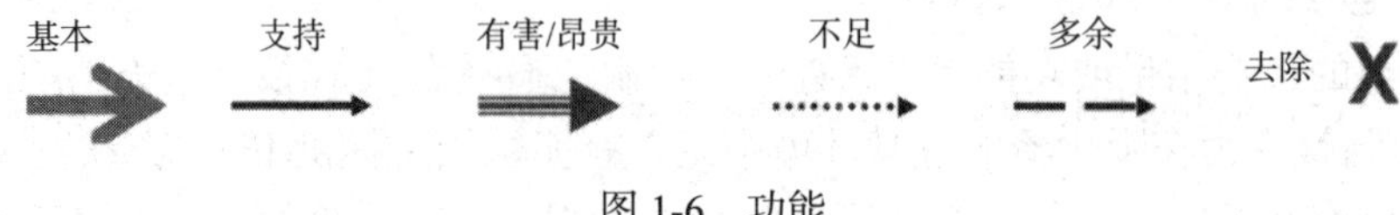

图 1-6　功能

构造功能图时，遵循下列步骤。

（1）列出所有系统部件，取得关于寻找理想机器（需要的功能被转换而不需要的功能被修剪）的很多潜在选择。

（2）用代表初级力场的箭头把工具和产品联系起来，开始构造功能图。

（3）将靠近冲突区域的其他部件连接至工具–产品的 S-F 模型，确保引起冲突的所有部件都被包括进来。

（4）标记其他所有场为有用的或有害的。

（5）接下来根据它们的效果记录所有的场（见图 1-6）。

（6）通过记录，将我们的努力聚集到要被改善、控制或修剪的部分。

（7）用简单的单词和短语进行功能场的描述。简单的短语取代限定的专业术语，提供了取得理想的最终结果或功能的更多选择。

（8）通过使功能图的扩展不超出冲突区域来最小化功能图的尺寸。

（9）确保所有有用的支持功能被包括进来是很重要的，这样当有害的耗费、低质或低效功能被修剪时不会发生误删的情况。

（10）修剪那些会引起冲突或其他有害问题的部件。将它们的有用功能转移到其他被保留的部件中，这就是理想机器。

如果因用于转换（或关于补偿那些不足或过度作用的干预）的满意部件没有被找到而出现问题，请做下面的检查。

- 检查步骤（1）所列的其他部件，在功能图中尽可能地概括。
- 检查相关数据，利用发明技术 7，取得可能的方法。
- 仅将有用功能重复转移到各种部件上，然后尝试用发明技术 4 至发明技术 6 来解决遇到的问题。

这里有一个普通的例子。一个实验室研究小磁盘样本，将其放置到坩埚里，浸入腐蚀性溶液，接着分析溶液。但是，一些腐蚀性溶液不仅腐蚀了样本而且腐蚀了坩埚，导致溶液被污染而得不到正确的结果。图 1-7 展示了功能图和溶液对坩埚的有害行为（作用）。样本和腐蚀性溶液都必须保留。而坩埚间接引起了污染，这里坩埚应被修剪，它盛放溶液的功能（IFR）将被转移到样本磁盘上。这一方案能通过在样本磁盘顶端创造凹槽以盛放少许溶液滴来实现。样本磁盘变成了一个在没有坩埚的情况下执行着坩埚盛放功能的理想机器（见图 1-8）。

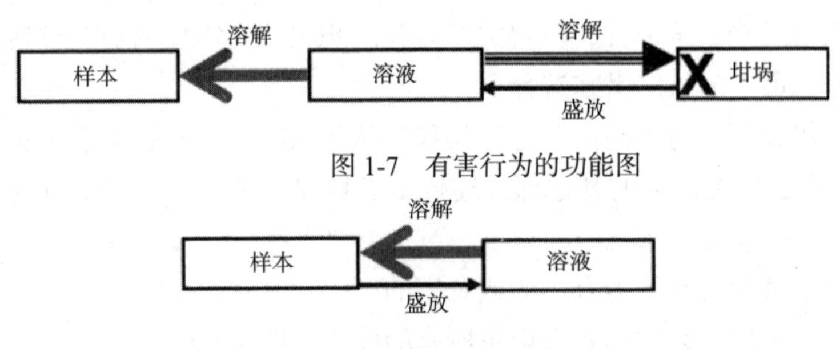

图 1-7 有害行为的功能图

图 1-8 “修剪”功能图

用功能图和修剪法解决吸尘器问题

第一步，通过连接工具（空气）、基本场（拉力）、目标和产品（清除碎屑）来构造基本功能的物质–场图（见图 1-9）。主要功能不足以解决矛盾，因此用一个点线箭头记录（见图 1-6）。使用场（箭头）将其他邻近的部件（如真空电动机、风叶扇、过滤器和毛刷电动机）连接到前面描述的主要功能的物质–场图。毛刷电动机和毛刷因自身成本高而不想被用，因此它们被标记上一个“×”准备修剪。灰尘过滤器抑制气流（尤其是当其被碎屑阻塞时），因此将它添加在图上并表示它具备有害的、失控的（虚线）抑制气流的功能。除此之外，灰尘过滤器对存放碎屑和净化空气的支持功能不是 100%有效，因此被用点线箭头标记，表示达不到预期作用。

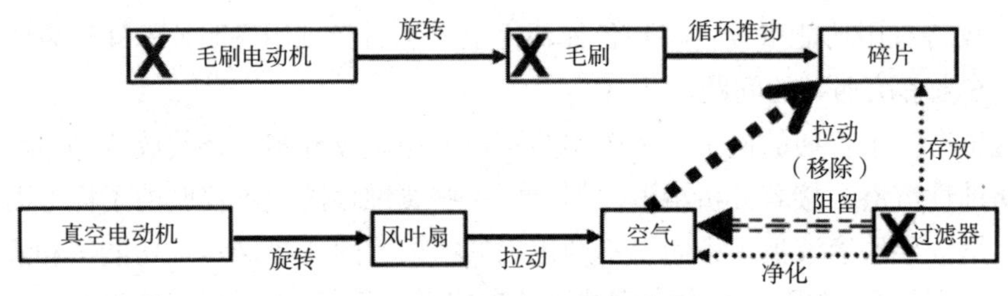

图 1-9 吸尘器功能图

第一步的目的是去掉（修剪）毛刷电动机和毛刷组，将它们的功能分配到其他部件，而不增加任何新的部件到系统中。一些其他部件必须提供对碎屑的循环推力。但如何做到呢？也许风叶扇不仅能提供吸入流，也能通过排气口（或第二个风叶扇推进器）提供高压、低流的脉冲喷气。

第二步，为取得更好的效果，过滤器也许同样会被修剪，但如果去除过滤器，空气中将充满碎屑，造成另一种矛盾。移走碎屑的脏空气是需要的，不把碎屑喷得到处都是的清洁空气也是必需的。这些冲突的需求能同时被解决吗？这是可以的，引入气旋、自清洁的空气后通过离心力移动碎屑颗粒。事实上，这是 Dyson Cyclone 吸尘器所选用的方法。

第三步，修剪后新的系统在正常运作方面是经重连和证实的。风叶扇接收了来自排气口的新的空气推力。气流还具备了声波推动这样一个基本清洁功能，以及新的支持功能——气旋自动清洁。由于吸尘器的碎屑移动效果（拉动）和空气清洁功能（气旋自动清洁）都有显著提高，点箭头（不足）被实箭头代替。图 1-10 为“修剪”和重连吸尘器功能图。

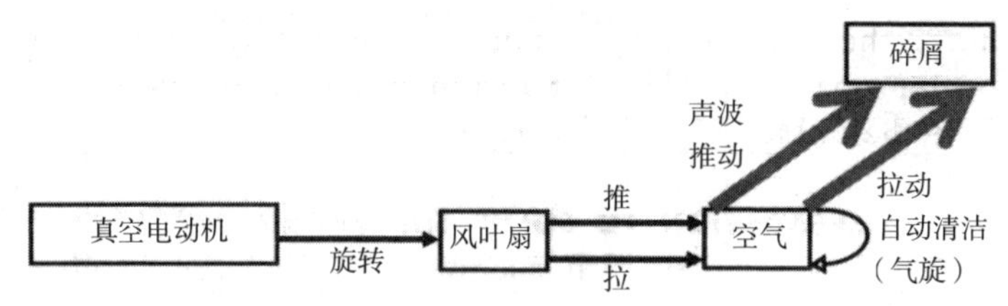

图 1-10　“修剪”和重连吸尘器功能图

以下一点关于空气过滤器问题的最终建议。发明矩阵（展示 1，将在发明技术 5 中讨论）也可以用于提供相同的答案。如果用一个过滤器改善了去除碎屑的效果，行属性 26——物质事物/数量，则列属性 22 也会指出：过滤器中的能量损失削弱了气流。列和行的交叉点归于发明原理 25——“自服务，自组织”（展示 2），即自清洁空气。（注：如果我们真的在寻找解决方案时遇到困难，将在发明技术 7 中讨论的“实物财产”软件[①]数据库也许会提供答案。通过录入搜索词，如“过滤器”，数据库将给出很多选择，其中包括离心力的使用。）

① 发明机器公司，Goldfire Innovator™ TRIZ 软件：

- 发明原理和解决矛盾的行业举例。
- 系统进化趋势，优化和差异化系统。
- 具有行业举例的实物财产数据库。
- 功能图映射软件。

网址：www.invention-machine.com。

展示 1

↓ 改 善 ↓ ← 恶 化 →

		1	2	3	4	5	6	7	8	9	10	11	12	13	
1	动态物体的重量			15. 8. 29. 34		29. 17. 38. 34		29. 2. 40. 28		2. 8. 15. 38	8. 10. 18. 37	10. 36. 37. 40	10. 14. 35. 40	1. 35. 19. 39	1
2	静态物体的重量				10. 1. 29. 35		35. 30. 13. 2		5. 35. 14. 2		8. 10. 19. 35	13. 29. 10. 18	13. 10. 29. 14	26. 39. 1. 40	2
3	动态物体的长度	8. 15. 29. 34				15. 17. 4		7. 17. 4. 35		13. 4. 8	17. 10. 4	1. 8. 35	1. 8. 10. 29	1. 8. 15. 34	3
4	静态物体的长度		35. 28. 40. 29				17. 7. 10. 40		35. 8. 2. 14		28. 10	1. 14. 35	13. 14. 15. 7	39. 37. 35	4
5	动态物体的面积	2. 17. 29. 4		14. 15. 18. 4				7. 14. 17. 4		29. 30. 4. 34	19. 30. 35. 2	10. 15. 36. 28	5. 34. 29. 4	11. 2. 13. 39	5
6	静态物体的面积		30. 2. 14. 18		26. 7. 9. 39						1. 18. 35. 36	10. 15. 36. 37		2. 38	6
7	动态物体的体积	2. 26. 29. 40		1. 7. 35. 4		1. 7. 4. 17				29. 4. 38. 34	15. 35. 36. 37	6. 35. 36. 37	1. 15. 29. 4	28. 10. 1. 39	7
8	静态物体的体积		35. 10. 19. 14	19. 14	35. 8. 2. 14						2. 18. 37	24. 35	7. 2. 35	34. 28. 35. 40	8
9	速度	2. 28. 13. 38		13. 14. 8		29. 30. 34		7. 29. 34			13. 28. 15. 19	6. 18. 38. 40	35. 15. 18. 34	28. 33. 1. 18	9
10	力量	8. 1. 37. 18	18. 13. 1. 28	17. 19. 9. 36	28. 10	19. 10. 15	1. 18. 36. 37	15. 9. 12. 37	2. 36. 18. 37	13. 28. 15. 12		18. 21. 11	10. 35. 40. 34	35. 10. 21	10
11	压强	10. 36. 37. 40	13. 29. 10. 18	35. 10. 36	35. 1. 14. 16	10. 15. 36. 28	10. 15. 36. 37	6. 35. 10	35. 24	6. 35. 36	36. 35. 21		35. 4. 15. 10	35. 33. 2. 40	11
12	形状	8. 10. 29. 40	15. 10. 26. 3	29. 34. 5. 4	13. 14. 10. 7	5. 34. 4. 10		14. 4. 15. 22	7. 2. 35	35. 15. 34. 18	35. 10. 37. 40	34. 15. 10. 14		33. 1. 18. 4	12
13	物体构成的稳定性	21. 35. 2. 39	26. 39. 1. 40	13. 15. 1. 28	37	2. 11. 13	39	28. 10. 19. 39	34. 28. 35. 40	33. 15. 28. 18	10. 35. 21. 16	2. 35. 40	22. 1. 18. 4		13
14	强度	1. 8. 40. 15	40. 26. 27. 1	1. 15. 8. 35	15. 14. 28. 26	3. 34. 40. 29	9. 40. 28	10. 15. 14. 7	9. 14. 17. 15	8. 13. 26. 14	10. 18. 3. 14	10. 3. 18. 40	10. 30. 35. 40	13. 17. 35	14
15	动态物体动作的持续时间	19. 5. 34. 31		2. 19. 9		3. 17. 19		10. 2. 19. 30		3. 35. 5	19. 2. 16	19. 3. 27	14. 26. 28. 25	13. 3. 35	15
16	静态物体动作的持续时间		6. 27. 19. 16		1. 40. 35				35. 34. 38					39. 3. 35. 23	16
17	温度	36. 22. 6. 38	22. 35. 32	15. 19. 9	15. 19. 9	3. 35. 39. 18	35. 38	34. 39. 40. 18	35. 6. 4	2. 28. 36. 30	35. 10. 3. 21	35. 39. 19. 2	14. 22. 19. 32	1. 35. 32	17
18	光亮度	19. 1. 32	2. 35. 32	19. 32. 16		19. 32. 26		2. 13. 10		10. 13. 19	26. 19. 6		32. 30	32. 3. 27	18
19	动态物体用电量	12. 18. 28. 31		12. 28		15. 19. 25		35. 13. 18		8. 35	16. 26. 21. 2	23. 14. 25	12. 2. 29	19. 13. 17. 24	19
20	静态物体用电量		19. 9. 6. 27								36. 37			27. 4. 29. 18	20
21	动力	8. 36. 38. 31	19. 26. 17. 27	1. 10. 35. 37		19. 38	17. 32. 13. 38	35. 6. 38	30. 6. 25	15. 35. 2	26. 2. 36. 35	22. 10. 35	29. 14. 2. 40	35. 32. 15. 31	21
22	能量损失	15. 6. 19. 28	19. 6. 18. 9	7. 2. 6. 13	6. 38. 7	15. 26. 17. 30	17. 7. 30. 18	7. 18. 23	7	16. 35. 38	36. 38			14. 2. 39. 6	22
23	物质损失	35. 6. 23. 40	35. 6. 22. 32	14. 29. 10. 39	10. 28. 24	35. 2. 10. 31	10. 18. 39. 31	1. 29. 30. 36	3. 39. 18. 31	10. 13. 28. 38	14. 15. 18. 40	3. 36. 37. 10	29. 35. 3. 5	2. 14. 30. 40	23
24	信息损失	10. 24. 35	10. 35. 5	1. 26	26	30. 26	30. 16		2. 22	26. 32					24
25	时间损失	10. 20. 37. 35	10. 20. 26. 5	15. 2. 29	30. 24. 14. 5	26. 4. 5. 16	10. 35. 17. 4	2. 5. 34. 10	35. 16. 32. 18		10. 37. 36. 5	37. 36. 4	4. 10. 34. 17	35. 3. 22. 5	25
26	物质/事物数量	35. 6. 18. 31	27. 26. 18. 35	29. 14. 35. 18		15. 14. 29	2. 18. 40. 4	15. 20. 29		35. 29. 34. 28	35. 14. 3	10. 36. 14. 3	35. 14	15. 2. 17. 40	26
27	可靠性	3. 8. 10. 40	3. 10. 8. 28	15. 9. 14. 4	15. 29. 28. 11	17. 10. 14. 16	32. 35. 40. 4	3. 10. 14. 24	2. 35. 24	21. 35. 11. 28	8. 28. 10. 3	10. 24. 35. 19	35. 1. 16. 11		27
28	测量准确性	32. 35. 26. 28	28. 35. 25. 26	28. 26. 5. 16	32. 28. 3. 16	26. 28. 32. 3	26. 28. 32. 3	32. 13. 6		28. 13. 32. 24	32. 2	6. 28. 32	6. 28. 32	32. 35. 13	28
29	制造精度	28. 32. 13. 18	28. 35. 27. 9	10. 28. 29. 37	2. 32. 10	28. 33. 29. 32	2. 29. 18. 36	32. 28. 2	25. 10. 35	10. 28. 32	28. 19. 34. 36	3. 35	32. 30. 40	30. 18	29
30	影响目标的有害因素	22. 21. 27. 39	2. 22. 13. 24	17. 1. 39. 4	1. 18	22. 1. 33. 28	27. 2. 39. 35	22. 23. 37. 35	34. 39. 19. 27	21. 22. 35. 28	13. 35. 39. 18	22. 2. 37	22. 1. 3. 35	35. 24. 30. 18	30
31	生成目标的有害因素	19. 22. 15. 39	35. 22. 1. 39	17. 15. 16. 22		17. 2. 18. 39	22. 1. 40	17. 2. 40	30. 18. 35. 4	35. 28. 3. 23	35. 28. 1. 40	2. 33. 27. 18	35. 1	35. 40. 27. 39	31
32	制造的便利程度	28. 29. 15. 16	1. 27. 36. 13	1. 29. 13. 17	15. 17. 27	13. 1. 26. 12	16. 40	13. 29. 1. 40	35	35. 13. 8. 1	35. 12	35. 19. 1. 37	1. 28. 13. 27	11. 13	32
33	操作的便利程度	25. 2. 13. 15	6. 13. 1. 25	1. 17. 13. 12		1. 17. 13. 16	18. 16. 15. 39	1. 16. 35. 15	4. 18. 39. 31	18. 13. 34	28. 13. 35	2. 32. 12	15. 34. 29. 28	32. 35. 30	33
34	维修的便利程度	2. 27. 35. 11	2. 27. 35. 11	1. 28. 10. 25	3. 18. 31	15. 13. 32	16. 25	25. 2. 35. 11	1	34. 9	1. 11. 10	13	1. 13. 2. 4	2. 35	34
35	适应性或多功能性	1. 6. 15. 8	19. 15. 29. 16	35. 1. 29. 2	1. 35. 16	35. 30. 29. 7	15. 16	15. 35. 29		35. 10. 14	15. 17. 20	35. 16	15. 37. 1. 8	35. 30. 14	35
36	设计复杂性	26. 30. 34. 36	2. 26. 35. 39	1. 19. 26. 24	26	14. 1. 13. 16	6. 36	34. 26. 6	1. 16	34. 10. 28	26. 16	19. 1. 35	29. 13. 28. 15	2. 22. 17. 19	36
37	检查和测量的难度	27. 26. 28. 13	6. 13. 28. 1	16. 17. 26. 24	26	2. 13. 18. 17	2. 39. 30. 16	29. 1. 4. 16	2. 18. 26. 31	3. 4. 16. 35	36. 28. 40. 19	35. 36. 37. 32	27. 13. 1. 39	11. 22. 39. 30	37
38	自动化的范围	28. 26. 18. 35	28. 26. 35. 10	14. 13. 17. 28	23	17. 14. 13		35. 13. 16		28. 10	2. 35	13. 35	15. 32. 1. 13	18. 1	38
39	生产率/能力	35. 26. 24. 37	28. 27. 15. 3	18. 4. 28. 38	30. 7. 14. 26	10. 26. 34. 31	10. 35. 17. 7	2. 6. 34. 10	35. 37. 10. 2		28. 15. 10. 36	10. 37. 14	14. 10. 34. 40	35. 3. 22. 39	39
		1	2	3	4	5	6	7	8	9	10	11	12	13	

展示 1（续）

↓ 改 善 ↓ ← 恶 化 →

		14	15	16	17	18	19	20	21	22	23	24	25	26	
1	动态物体的重量	28.27.18.40	5.34.31.35		6.29.4.38	19.1.32	35.12.34.31		12.36.18.31	6.2.34.19	5.35.3.31	10.24.35	10.35.20.28	3.26.18.31	1
2	静态物体的重量	28.2.10.27		2.27.19.6	28.19.32.22	19.32.35		18.19.28.1	15.19.18.22	18.19.28.15	5.8.13.30	10.15.35	10.20.35.26	19.6.18.26	2
3	动态物体的长度	8.35.29.34	19		10.15.19	32	8.35.24		1.35	7.2.35.39	4.29.23.10	1.24	15.2.29	29.35	3
4	静态物体的长度	15.14.28.26		1.40.35	3.35.38.18	3.25			12.8	6.28	10.28.24.35	24.26	30.29.14		4
5	动态物体的面积	3.15.40.14	6.3		2.15.16	15.32.19.13	19.32		19.10.32.18	15.17.30.26	10.35.2.39	30.26	26.4	29.30.6.13	5
6	静态物体的面积	40		2.10.19.30	35.39.38				17.32	17.7.30	10.14.18.39	30.16	10.35.4.18	2.18.40.4	6
7	动态物体的体积	9.14.15.7	6.35.4		34.39.10.18	2.13.10	35		35.6.13.18	7.15.13.16	36.39.34.10	2.22	2.6.34.10	29.30.7	7
8	静态物体的体积	9.14.17.15		35.34.38	35.6.4				30.6		10.39.35.34		35.16.32.18	35.3	8
9	速度	8.3.26.14	3.19.35.5		28.30.36.2	10.13.19	8.15.35.38		19.35.38.2	14.20.19.35	10.13.28.38	13.26		10.19.29.38	9
10	力量	35.10.14.27	19.2		35.10.21		19.17.10	1.16.36.37	19.35.18.37	14.15	8.35.40.5		10.37.36	14.29.18.36	10
11	压强	9.18.3.40	19.3.27		35.39.19.2		14.24.10.37		10.35.14	2.36.25	10.36.3.37		37.36.4	10.14.36	11
12	形状	30.14.10.40	14.26.9.25		22.14.19.32	13.15.32	2.6.34.14		4.6.2	14	35.29.3.5		14.10.34.17	36.22	12
13	物体构成的稳定性	17.9.15	13.27.10.35	39.3.35.23	35.1.32	32.3.27.15	13.19	27.4.29.18	32.35.27.31	14.2.39.6	2.14.30.40		35.27	15.32.35	13
14	强度		27.3.26		30.10.40	35.19	19.35.10	35	10.26.35.28	35	35.28.31.40		29.3.28.10	29.10.27	14
15	动态物体动作的持续时间	27.3.10			19.35.39	2.19.4.35	28.6.35.18		19.10.35.38		28.27.3.18	10	20.10.28.18	3.35.10.40	15
16	静态物体动作的持续时间				19.18.36.40				16		27.16.18.38	10	28.20.10.16	3.35.31	16
17	温度	10.30.22.40	19.13.39	19.18.36.40		32.30.21.16	19.15.3.17		2.14.17.25	21.17.35.38	21.36.29.31		35.28.21.18	3.17.30.39	17
18	光亮度	35.19	2.19.6		32.35.19		32.1.19	32.35.1.15	32	19.16.1.6	13.1	1.6	19.1.26.17	1.19	18
19	动态物体用电量	5.19.9.35	28.35.6.18		19.24.3.14	2.15.19			6.19.37.18	12.22.15.24	35.24.18.5		35.38.19.18	34.23.16.18	19
20	静态物体用电量	35				19.2.35.32					28.27.18.31			3.35.31	20
21	动力	26.10.28	19.35.10.38	16	2.14.17.25	16.6.19	16.6.19.37			10.35.38	28.27.18.38	10.19	35.20.10.6	4.34.19	21
22	能量损失	26			19.38.7	1.13.32.15			3.38		35.27.2.37	19.10	10.18.32.7	7.18.25	22
23	物质损失	35.28.31.40	28.27.3.18	27.16.18.38	21.36.39.31	1.6.13	35.18.24.5	28.27.12.31	28.27.18.38	35.27.2.31			15.18.35.10	6.3.10.24	23
24	信息损失		10	10		19			10.19	19.10			24.26.28.32	24.28.35	24
25	时间损失	29.3.28.18	20.10.28.18	28.20.10.16	35.29.21.18	1.19.26.17	35.38.19.18	1	35.20.10.6	10.5.18.32	35.18.10.39	24.26.28.32		35.38.18.16	25
26	物质/事物数量	14.35.34.10	3.35.10.40	3.35.31	3.17.39		34.29.16.18	3.35.31	35	7.18.25	6.3.10.24	24.28.35	35.38.18.16		26
27	可靠性	11.28	2.35.3.25	34.27.6.40	3.35.10	11.32.13	21.11.27.19	36.23	21.11.26.31	10.11.35	10.35.29.39	10.28	10.30.4	21.28.40.3	27
28	测量准确性	28.6.32	28.6.32	10.26.24	6.19.28.24	6.1.32	3.6.32		3.6.32	26.32.27	10.16.31.28		24.34.28.32	2.6.32	28
29	制造精度	3.27	3.27.40		19.26	3.32	32.2		32.2	13.32.2	35.31.10.24		32.26.28.18	32.30	29
30	影响目标的有害因素	18.35.37.1	22.15.33.28	17.1.40.33	22.33.35.2	1.19.32.13	1.24.6.27	10.2.22.37	19.22.31.2	21.22.35.2	33.22.19.40	22.10.2	35.18.34	35.33.29.31	30
31	生成目标的有害因素	15.35.22.2	15.22.33.31	21.39.16.22	22.35.2.24	19.24.39.32	2.35.6	19.22.18	2.35.18	21.35.22.2	10.1.34	10.21.29	1.22	3.24.39.1	31
32	制造的便利程度	1.3.10.32	27.1.4	35.16	27.26.18	28.24.27.1	28.26.27.1	1.4	27.1.12.24	19.35	15.34.33	32.24.18.16	35.28.34.4	35.23.1.24	32
33	操作的便利程度	32.40.3.28	29.3.8.25	1.16.25	26327.13	13.17.1.24	1.13.24		35.34.2.10	2.19.13	28.32.2.24	4.10.27.22	4.28.10.34	12.35	33
34	维修的便利程度	11.1.2.9	11.29.28.27	1	4.10	15.1.13	15.1.28.16		15.10.32.2	15.1.32.19	2.35.34.27		32.1.10.25	2.28.10.25	34
35	适应性或多功能性	35.3.32.6	13.1.35	2.16	27.2.3.35	6.22.26.1	19.35.29.13		19.1.29	18.15.1	15.10.2.13		35.28	3.35.15	35
36	设计复杂性	2.13.28	10.4.28.15		2.17.13	24.17.13	27.2.29.28		20.19.30.34	10.35.13.2	35.10.28.29		6.29	13.3.27.10	36
37	检查和测量的难度	27.3.15.28	19.29.39.25	25.34.6.35	3.27.35.16	2.24.26	35.38	19.35.16	19.1.16.10	35.3.15.19	1.18.10.24	35.33.27.22	18.28.32.9	3.27.29.18	37
38	自动化的范围	25.13	6.9		26.2.19	8.32.19	2.32.13		28.2.27	23.28	35.10.18.5	35.33	24.28.35.30	35.13	38
39	生产率/能力	29.28.10.18	35.10.2.18	20.10.16.38	35.21.28.10	26.17.19.1	35.10.38.19	1	35.20.10	28.10.29.35	28.10.35.23	13.15.23		35.38	39
		14	15	16	17	18	19	20	21	22	23	24	25	26	

展示 1（续）

↓ 改 善 ↓ ← 恶 化 →

		27	28	29	30	31	32	33	34	35	36	37	38	39	
1	动态物体的重量	3. 11. 1 27	28. 27. 35. 26	28. 35. 26. 18	22. 21. 18. 27	22. 35. 31. 39	27. 28. 1. 36	35. 3. 2 24	2. 27. 28. 11	29. 5. 15. 8	26. 30. 36. 34	28. 29. 28. 32	26. 35. 18. 19	35. 3. 24. 37	1
2	静态物体的重量	10. 28. 8. 3	18. 26. 28	10. 1 35. 17	2. 19. 22. 37	35. 22. 1. 39	28. 1. 9	6. 13. 1 32	2. 27. 28. 11	19. 15. 29	1. 10. 26. 39	25. 28. 17. 15	2. 26. 35	1. 28. 15. 35	2
3	动态物体的长度	10. 14. 29. 40	28. 32. 4	10. 28. 29. 37	1. 15. 17. 24	17. 15	1. 29. 17	15. 29. 35. 4	1. 28. 10	14. 15. 1. 16	1. 19. 26. 24	35. 1. 26. 24	17. 24. 26. 16	14. 4. 28. 29	3
4	静态物体的长度	15. 29. 28	32. 28. 3	2. 32. 10	1. 18		15. 17. 27	2. 25	3	1. 35	1. 26	26		30. 14. 7. 26	4
5	动态物体的面积	29. 9	26. 28. 32. 3	2. 32	22. 33. 28. 1	17. 2. 18. 39	13. 1. 26. 24	15. 17. 1316	15. 13. 10. 1	15. 30	14. 1. 13	2. 36. 26. 18	14. 30 28. 23	10. 26. 34. 2	5
6	静态物体的面积	32. 35. 40. 4	26. 28. 32. 3	2. 29. 18. 36	27. 2. 39. 35	22. 1. 40	40. 16	16. 4	16	15. 16	1. 18. 36	2. 35. 30. 18	23	10. 156 17. 7	6
7	动态物体的体积	14. 1. 40. 11	25. 26. 28	25. 28. 2. 16	22. 21. 27. 36	17. 2. 40. 1	29. 1. 40	15. 13. 30. 12	10	15. 29	26. 1	29. 26. 4	35. 34. 16. 24	10. 6. 2 34	7
8	静态物体的体积	2. 35. 16		35. 10. 25	34. 39. 19. 27	30. 18. 35. 4	35		1		1. 31	2. 17. 26		35. 37. 10. 2	8
9	速度	11. 35. 27. 28	28. 32. 1. 24	10. 28. 32. 25	1. 28. 35. 23	2. 24. 35. 21	35. 13. 8. 1	32. 28. 13. 12	34. 2. 28. 27	15. 10. 26	10. 28 4. 34	3. 34. 27. 16	10. 18		9
10	力量	3. 35. 13. 21	35. 10. 23. 24	28. 29. 37. 36	1. 35. 40. 18	13. 3. 36. 24	15. 37. 18. 1	1. 28. 3 25	15. 1. 11	15. 17. 18. 20	26. 35. 10. 18	36. 37. 10. 19	2. 35	3. 28. 35. 37	10
11	压强	10. 13. 19. 35	6. 28. 25	3. 35	22. 2. 37	2. 33. 27. 18	1. 35. 16	11	2	35	19. 1. 35	2. 36. 37	35. 24	10. 14. 35. 37	11
12	形状	10. 40. 16	28. 32. 1	32. 30 40	22. 1. 2 35	35. 1	1. 32. 17. 28	32. 15. 26	2. 13. 1	1. 15. 29	16. 29. 1. 28	15. 13. 39	15. 1. 32	17. 26. 34. 10	12
13	物体构成的稳定性		13	18	35. 24. 30. 18	35. 40 27. 39	35. 19	32. 35 30	2. 35. 10. 16	35. 30. 34. 2	2. 35. 22. 26	35. 22. 39. 23	1. 8. 35	23. 35. 40. 3	13
14	强度	11. 3	3. 27. 16	3. 27	18. 35. 37. 1	15. 35. 22. 2	11. 3 10. 32	32. 40 28. 2	27. 11. 3	15. 3. 32	2. 13. 28	27. 3. 15. 40	15	29. 35. 10. 14	14
15	动态物体动作的持续时间	11. 2. 13	3	3. 27. 16. 40	22. 15. 33. 28	21. 39. 16. 22	27. 1. 4	12. 27	29. 10. 27	1. 35. 13	10. 4. 29. 15	19. 29. 39. 35	6. 10	35. 17. 14. 19	15
16	静态物体动作的持续时间	34. 27. 6. 40	10. 26 24		17. 1. 40. 33	22	35. 10	1	1	2		25. 34. 6. 35	1	20. 10. 16. 38	16
17	温度	19. 35. 3. 10	32. 19. 24	24	22. 33. 35. 2	22. 35. 2. 24	26. 27	26. 27	4. 10. 16	2. 18. 27	2. 17. 16	3. 27. 35. 31	26. 2. 19. 16	15. 28. 35	17
18	光亮度		11. 15. 32	3. 32	15. 19	35. 19 32. 39	19. 35. 28. 26	28. 26. 19	15. 17. 13. 16	15. 1. 19	6. 32. 13	32. 15	2. 26. 10	2. 25. 16	18
19	动态物体用电量	19. 21. 11. 27	3. 1. 32		1. 35. 6 27	2. 35. 6	28. 26. 30	19. 35	1. 15. 17. 28	15. 17 13. 16	2. 29. 27. 28	35. 38	32. 2	12. 28. 35	19
20	静态物体用电量	10. 36. 23			10. 2. 22. 37	19. 22. 18	1. 4					19. 35. 16. 25		1. 6	20
21	动力	19. 24. 26. 31	32. 15. 2	32. 2	19. 22. 31. 2	2. 35. 18	26. 10. 34	26. 35. 10	35. 2. 10. 34	19. 17. 34	20. 19. 30. 34	19. 35. 16	28. 2. 17	28. 35. 34	21
22	能量损失	11. 10. 35	32		21. 22. 35. 2	21. 35. 2. 22		35. 32. 1	2. 19		7. 23	35. 3. 15. 23	2	28. 10. 29. 35	22
23	物质损失	10. 29. 39. 35	16. 34. 31. 28	35. 10. 24. 31	33. 22. 30. 40	10. 1. 34. 29	15. 34. 33	32. 28. 2. 24	2. 35. 34. 27	15. 10. 2	35. 10. 28. 24	35. 18. 10. 13	35. 10. 18	28. 35. 10. 23	23
24	信息损失	10. 28. 23			22. 10. 1	10. 21. 22	32	27. 22				35. 33	35	13. 23. 15	24
25	时间损失	10. 30. 4	24. 34. 28. 32	24. 26. 28. 18	35. 18. 34	35. 22. 18. 39	35. 28. 34. 4	4. 28. 10. 34	32. 1. 10	35. 28	6. 29	18. 28. 32. 10	24. 28. 35. 30		25
26	物质/事物数量	18. 3. 28. 40	18. 3. 28. 40	33. 30	35. 33. 29. 31	3. 35. 40. 39	29. 1. 35. 27	35. 29. 25. 10	2. 32. 10. 25	15. 3. 29	3. 13. 27. 10	3. 27. 29. 18	8. 35	13. 29. 3. 27	26
27	可靠性		32. 3. 11. 23	11. 32. 1	27. 35. 2. 40	35. 2. 40. 26		27. 17. 40	1. 11	13. 35. 8. 24	13. 35. 1	27. 40. 28	11. 13. 27	1. 35. 29. 38	27
28	测量准确性	5. 11. 1 23			28. 24. 22. 26	3. 33. 39. 10	6. 35. 25. 18	1. 13. 17. 34	1. 32. 13. 11	13. 35. 2	27. 35. 10. 34	26. 24. 32. 28	28. 2. 10. 34	10. 34. 28. 32	28
29	制造精度	11. 32. 1			26. 28. 10. 36	4. 17. 34. 26		1. 32. 35. 23	25. 10		26. 2. 18		26. 28. 18. 23	10. 18. 32. 39	29
30	影响目标的有害因素	27. 24. 2. 40	28. 33. 23. 26	26. 28. 10. 18			24. 35. 2	2. 25. 28. 39	35. 10. 2	35. 11. 22. 31	22. 19. 29. 40	22. 19. 29. 40	33. 3. 34	22. 35. 13. 24	30
31	生成目标的有害因素	24. 2. 40. 39	3. 33. 26	4. 17. 34. 26							19. 1. 31	2. 21. 27. 1	2	22. 35. 18. 39	31
32	制造的便利程度		1. 35. 12. 18		24. 2			2. 5. 13. 16	35. 1. 11. 9	2. 13. 15	27. 26. 1	6. 28. 11. 1	8. 28. 1	35. 1. 10. 28	32
33	操作的便利程度	17. 27. 8. 40	25. 13. 2. 34	1. 32. 35. 23	2. 25. 28. 39		2. 5. 12		12. 26. 1. 32	15. 34. 1. 16	32. 26. 12. 17		1. 34. 12. 3	15. 1. 28	33
34	维修的便利程度	11. 10. 1. 16	10. 2. 13	25. 10	35. 102 16		1. 35. 11. 10	1. 12. 26. 15		7. 1. 4. 16	35. 1. 13. 11		34. 35. 7. 13	1. 32. 10	34
35	适应性或多功能性	35. 13. 8. 24	35. 5. 1. 10		35. 11. 32. 31		1. 13. 31	15. 34. 1. 16	1. 16. 7. 4		15. 29. 37. 28	1	27. 34. 35	35. 28. 6. 37	35
36	设计复杂性	13. 35. 1	2. 26. 10. 34	26. 24. 32	22. 19. 29. 40	19. 1	27. 26. 1. 13	27. 9. 26. 24	1. 13	29. 15. 28. 37		15. 10. 37. 28	15. 1. 24	12. 17. 28	36
37	检查和测量的难度	27. 40. 28. 8	26. 24. 32. 28		22. 19. 29. 28	2. 21	5. 28. 11. 29	2. 5	12. 26	1. 15	15. 10. 37. 28		34. 21	35. 18	37
38	自动化的范围	11. 27. 32	28. 26. 10. 34	28. 26. 18. 23	2. 33	2	1. 26. 13	1. 12. 34. 3	1. 35. 13	27. 4. 1. 35	15. 24. 10	34. 27. 25		5. 12. 35. 26	38
39	生产率/能力	1. 35. 10. 38	1. 10. 34. 28	32. 1. 18. 10	22. 35. 13. 24	35. 22. 18. 39	35. 28. 2. 24	1. 28. 7. 19	1. 32. 10. 25	1. 35. 28. 37	12. 17. 28. 24	35. 18. 27. 2	5. 12. 35. 26		39
		27	28	29	30	31	32	33	34	35	36	37	38	39	

展示 2

40 个发明原理

1. 分割

a. 将一个物体分成相对独立的部分：自行车链，编织线。

b. 制作物体标准件：乐高玩具装置，伸缩指示棒，计算机部件。

c. 提高细分的程度：自动扶梯，辊道输送机。

2. 抽出/移动

a. 从物体中抽出（移动或分离）干扰成分或属性：I 形工字梁与实心梁，使用玻璃纤维从需要光线的地方分离强激光源。

b. 仅抽离出必要部分或属性：偏光太阳镜，滤网。

3. 局部特性

a. 将物体的相似结构异构化：混凝土，胶合板，各向异性材料。

b. 确保物体各部分功能在最适合操作的情况下：有大小不同隔间的工具箱，钉围裙。

c. 使物体各部分执行不同的功能：瑞士军刀，美甲套装。

4. 不对称

a. 以不对称形式替代对称形式：不对称形式的简单组件，更易抓牢的波状手柄。

b. 若物体已具备不对称性，增强其不对称程度：增加曲棍球棍片的弯度以提升击球速度。

5. 结合

a. 在一定空间中集合相同或相似的物体，集合相同或相似部件并行操作：蜂房，晶体管。

b. 在一定时间里结合相同或相近操作：同步生产操作，并行生产操作，多叶扇取代单叶扇。

6. 通用性，多功能性

使单一物体执行多项功能，从而消除对其他物体的需求：具有切割、熔化、清洁等多项功能的激光。

7. 嵌套

a. 将一个物体叠套于另一个物体中，并依次累加：纸杯，俄罗斯套娃。

b. 将一个物体穿嵌于另一个物体的凹槽或孔腔中：伸缩指示棒，自动铅笔，可伸缩的安全带。

8. 抗衡，悬浮

a. 引入其他具有举升力的物体以抵消物体所受重力：鱼漂，救生衣，热气球。

b. 通过与环境的相互作用获得空气动力或水动力以抵消物体所受重力：帆，翅膀，冲浪浪潮。

9. 事先对抗，初步防范

a. 对于同时具备有效作用和不良影响的某种处理方式，用能够控制不良影响的其他处理方式进行置换：热处理材料时，进行退火处理以使有害压应力的作用最小化。

b. 在物体中引入另一种处理行为以防范不良效应：通过施加预应力向混凝土预先提供反向拉力，使用遮蔽胶带以避免超范围的喷涂。

10. 预备性工作

a. 预先执行所有或部分必需的工作：给电子部件预先镀锡，使用自粘绷带。

b. 预先安排物品以供使用，进而确保不浪费时间：钉裙，工具箱。

11. 提前缓冲，事先补偿

对于可靠性相对较低的物体可事先采取防范措施作为补偿：电镀，使用冗余，容差，救生艇。

12. 等势性

改变工作条件以使物体或设备无须被改进、升起或降低：换油地槽，挠性联轴器，传送带高度设置可使零部件滑至其上而无须被迫抬升。

13. 倒置，逆向运作

a. 执行相反的操作以替代问题说明中所使用的方法：从溃缩总成上拆下零部件，用冷却内核替代加热外围，热缩管。

b. 使物体的运动部分静止，而使静止部分运动：自动扶梯，跑步机。

c. 将物体或工序倒置：沙漏，烹饪时上面的红外辐射在效果上要优于下面的红外辐射。

14. 球状体，曲线形

a. 以曲线形替代直线或平面部分；以球状体代替立方体：用 IBM 打印球替代打印机键，以不间断的环形地铁轨道替代直线形首尾相接的轨道。

b．使用滚轴、球体、螺旋体：以滚珠轴承代替滑动装置，使用轮式比萨刀代替普通刀具。

c．以转动运动替代直线运动，可以利用离心力：使用刨刨机替代刨子来刨削木材。

15．动态化和最优化

a．使一套设备或其环境在其运转的任一阶段内自动调整至最优状态：自动调节的有色眼镜（变色镜），可不断地由直线转换为曲线状态的皮带传动。

b．对于固定不可变的对象，促使其变为可活动或可适应的，使其可调整化：使用圆珠笔代替钢笔，使螺丝刀刀头/刀位可调换。

c．将物体分解成单体原件以方便调整各自的相对位置：链条，活口扳手。

16．部分或过度处理

如要获得100%预期效果很困难，则通过或多或少利用某物大大简化问题：浸泡后脱脂或剥离过剩部分，接近目标很迅速但在即将达成效果前放慢速度。

17．多维法

a．将物体的运动或方位由一维变为二维，或由二维变为三维等：六自由度机器。

b．使用多层次的对象替代单一水平的对象：多层印刷电路板，成堆的纸张。

c．倾斜物体或将物体以其侧面放置：笔记本电脑屏幕，后视镜。

d．使用物体相反的一面：麦比乌斯带、双面胶带、双刃刀（剑）。

e．投射光线至临近的区域或物体的对应面：反射式望远镜。

18．机械振动/振荡

a．使物体进入振荡状态：冲击式钻机，振荡混合。

b．若振动存在，提高其频率，甚至超声频率：振荡加超声波清洗，超声波和热超声焊接。

c．利用物品的谐振频率：超声共振去除肾结石。

d．以压电振荡替代机械振荡：石英晶体时钟。

e．将电磁能与超声振荡结合：使用微波融化材料和使用超声波振动混合液体。

19．定期操作

a．以定期操作或脉冲操作替代长期、连续的操作：直流与交流，部分采样。

b．若一项操作已经定期，改变其频率：微处理器频率（频率越来越高的奔腾芯片），灌浇系统。

20．有效行为的连续性

a．持久（例如不间断）开展一项行动从而使所有部件满负荷运转：同步装配线。

b．去除闲置和中间运转：旋转刀具可以在任何方向进行切削，对正在热循环的计算机执行诊断测试。

21．快速法

以极快的速度进行有害或危险作业：使用接种枪替代注射器以减少疼痛，快速通过高温以防止融化。

22．化害为益，因祸得福

a．利用有害因素或环境影响而取得积极效果：沼气，废物回收利用。

b．将两种有害因素结合以抵消有害因素的不良作用：使用爆炸物扑灭油井大火，使用酸中和盐基（碱）。

c．放大有害因素至一定程度以达到无害状态：以火攻火（以牙还牙），去除火灾的主要燃料（木材/树木）。

23．反馈

a．引入反馈：计算机屏幕上的光标，检查，统计过程控制（Statistical Process Control，SPC）。

b．若已存在反馈，逆转或改变其重要程度：部分检验中的采样检验与100%检验，对于临界情况或参数增大反馈频率。

24．介质，媒介

a．使用媒介物转化或实现作用：用凿锤替代锤子，涂底漆以加强油漆的附着性。

b．将物体与另一易分离的物体暂时相连：将照片吸附于冰箱上的磁石，气垫床中的空气，使冰激凌保持低温的干冰。

25．自服务，自组织

a．使对象自我服务以完成补给和修复：通过气旋用空气自洁，回旋镖的自我返回，刀架的锐化功能。

b．物体应能够自我服务或自我修复：具有内部流体的轮胎能自我填补穿孔。

c．利用废弃物和能源：使用飞轮存储过剩的转动能量；在电力低需期，使用发电机抽水送至高架水库以供日后涡轮发电机运转。

26．复制

a．使用简单且成本低廉的副本替代复杂、昂贵、脆弱且操作不便的物体原件：实体模型，CAD 绘图。

b．使用物体的光学副本或图像替代原件：数字计算机图像，计算机动画/模拟，光学检测，投影光刻。

c．若已使用光学副本，可代之以红外线或紫外线副本：利用红外探测技术监视黑暗中的敌军。

27．以低廉、短寿命的物品替代昂贵、持久的物品

以一系列廉价的物品替代昂贵的物品，舍弃其某些特性（如寿命长、高成本等）：纸/塑料包装袋，塑质眼镜，纸巾。

28．对机械系统的替代

a．以光学、声学、热学或嗅觉系统取代机械系统：以激光指针替代机械指针，使用光学或声学测量而非机械化测量。

b．利用电场、磁场、电磁场与物体相互作用：用磁铁举物，电涡流。

c．从静态场变为动态场，从非结构化场到高度结构化场：用交流电取代直流电。

d．场连同场效材料（如电磁材料）一并使用：电磁阀，液晶显示屏（LCD）。

29．气体力学与水力学

a．使用气体或流体替代固体物质。以下这些部件现已能使用空气或水填充，或使用气垫或水垫：空气轴承，减震器，真空取放设备。

b．使用阿基米德浮力以减轻物体的重量：浮桥或浮码头。

c．使用负压力或大气压力：将羽绒枕头放置于塑料袋内并抽走空气以减小尺寸。

d．使用泡沫以产生较轻重量的液态和气态道具：用喷射模塑法获取泡沫塑料。

30．弹性膜或薄膜

a．以弹性膜或薄膜制品替代传统结构的物品：啤酒罐，塑料收缩薄膜。

b．使用弹性膜与薄膜将物体与其环境隔开：油漆，用以减少挥发的池塘表面活性剂。

31．多孔材料的使用

a．使物体多孔或添加多孔成分：金属陶瓷（烧结金属），砖头，空气或液体过滤器，网式滤器。

b．若一个物体已为多孔，利用其小孔产生有用的物质或功能：具备吸收作用的毛细血管，导热管，用以过滤或除臭的活性炭。

32．改变颜色或光学特性

a．改变物体或其周边的颜色：RGB 色彩混合，驱虫灯。

b．改变物体或其环境的透明度：透明胶带，透明度动态调节眼镜，光学透镜涂层，偏振眼镜。

c．使用颜色添加剂来观察物体或很难辨识的过程：将含有色素的水加入一个化粪池系统以进行渗漏检测。

d．若已使用颜色添加剂，则可采用发光示踪剂：使用紫外线涂料提高可读性。

33．同质性

使物体与出自相同材料的原始对象或一种接近于原始对象属性的材料相互作用：尝试使用类似材料作为牙齿填充物以预防污染。

34．废弃与更新

a．让已履行其功能的物体成分消失（被遗弃、溶解或蒸发）或在工作流程中变更：可消化的药物胶囊，可生物降解的瓶子。

b．在操作过程中修复已消耗殆尽的物体成分：厕所水箱，冰块机。

35．属性的转换

a．改变一个物体的物理状态（如固态、气态、液态）：以冰的状态来运输水，使用干冰升华来冷却，以冰棒替代液体。

b．改变浓度、稠度、流动性：磁流体材料，触变材料（如番茄酱），超饱和溶液。

c．改变灵活性的程度：改变减震器中的气压。

d．改变温度或体积：气球。

36．相变

利用物质相变过程中发生的特性变化：利用沸水以使温度恒定（100℃），冻结水从而使其由液态变为固态，材料从磁性转变为非磁性的居里点。

37．热膨胀/收缩

a．使用热膨胀/收缩材料：使用热缩管固定隔离的项目，在零件组装中运用热力压缩技术。

b．使用不同膨胀系数的材料：双金属弹簧。

38．使用强氧化剂，富集（浓缩）空气，加速氧化

a．使用浓缩空气替代普通空气：呼吸器。

b．使用纯氧替代浓缩空气：氧气乙炔割炬。

c．使用离子氧替代氧气。

d．使用离子氧。

e．使用臭氧替代离子氧：促进完全燃烧。

39．惰性环境或气体

a．使用惰性环境替代普通环境：在焊接过程中使用氮气使焊接接缝的氧化最小化，密封罩。

b．向物体中添加中性或惰性添加剂：为避免氧化，使用氩气对物体进行防护。

c．在真空中执行工序：真空金属镀膜。

40．合成材料

以合成（复合）材料替代同质材料：合金，化肥，填充塑料，碳纤维复合材料。

发明技术 4：用物理分离技术解决问题

这些 TRIZ 技术用于当矛盾存在于单一物体的情形，这与互相对抗的成对物体或子系统截然相反。例如，钳子在烤架上移动食物的一端需要加热，而手持的一端需要保持常温/冷却。另一个例子，玻璃是根据光强传递或阻挡光线的。弱光时传递光线，强光时则阻挡部分光线传递。下面 4 种方法可用来分离单一物体上互相排斥的需求。

（1）空间：分离单一物体的冲突需求，在冲突之间设置距离。如前面提到的，钳子因为要固定加热物体所以是热的，但同时它必须是常温的以使握住钳子的手不会被烫伤。这个矛盾通过允许手握端和加热端保持足够的距离来解决。另一个空间分离的例子是，在玻璃中放置双焦透镜，透镜顶部用来帮助佩戴者聚焦远距离物体，透镜底部提供近景的聚焦（如阅读）。

（2）时间：用时间分离冲突需求。机翼必须足够大以获得最大的升力起飞，但高速飞行时它必须尽可能小以承受最小的阻力。这些大大小小的互相排斥的需求能通过可缩回的副翼来调节机翼的大小（初时大而后来小）实现分离。另一个例子是 JIT 库存管理，通过管理存货的交货时间来实现，没有需求时库存为零，有需求时立即补充适量存货。

（3）条件：基于所处的情况来分离。物体需要磁性与否是一个例子。通过使用电磁开关实现了同时提供抓取和释放的能力。打开开关，物体有磁性；闭合开关，物体没有磁性。另一个例子是根据光强改变蔽光度的自动调节玻璃。

（4）整体和局部：实体整体具有一种属性，整体的每一部分具有其他属性。滤筛就是一个例子，滤筛整体可留住面条，单个孔则可以分离面食中的水分。另一个例子是自行车链，单个链环是刚硬的，整体链条是灵活的。

用物理分离技术解决吸尘器问题

吸尘器需要强吸力（无气流）和强气流（无吸力）。由于是单一实体，空气需实现这两个需求，物理分离技术能解决此问题。

其步骤是依次应用这 4 种物理分离技术——空间、时间、条件、整体和局部——对空气来说，应考虑其中是否有能满足两个冲突需求的技术。条件分离技术似乎不适用于解决这个问题。在考虑空间分离原则时，一种试图解决气流和吸力冲突的途径是在吸尘器末端提供强气流区域和强吸力区域。事实上，目前很多设计用电力毛刷末端排气阀的一部分提供强气流区域，另一部分提供强吸力区域。整体和局部技术也已经被应用到吸尘器的设计中。真空管头的电力毛刷已被用来解决此问题，一方面利用刷毛和地板的间隙提供弱气流（高压），另一方面利用电力毛刷和地板间的界面提供强气流（低压）。

时间分离原则启发了另一个潜在的、尚未被吸收到标准吸尘器设计中的解决方法，即用振荡气流满足看来似乎互相排斥的需求。气流在强吸力（无气流）和强气流（无吸力）间波动。用波动的极化来实现可能的更高效的碎屑清洁。

发明技术 5：用发明矩阵解决矛盾

阿奇舒勒参考物体的属性差异，或构成工艺系统的子系统的属性。他发现尽管工艺系统具有多样性，任何工艺系统能通过仅 39 个属性被完全定义，如力量、重量、可靠性、复杂性。一种属性性能的改善往往带来另一种内在属性性能的恶化，形成新矛盾。用发明技术解决系统矛盾，任何矛盾可通过发明矩阵（见图 1-11）进行定义，由改善属性（*Y* 轴）和恶化属性（*X* 轴）组成。

阿奇舒勒的实际发明矩阵已在展示 1 中展示，改善属性在左列，同样的 39 个属性作为恶化属性列在矩阵顶部。在定义了内在冲突后，如强度的改善（*Y* 轴，属性 14）和重量的增加与恶化（*X* 轴，属性 1 或 2），生产率/能力的改善（*Y* 轴，属性 39）和制造精度的恶化（*X* 轴，属性 29）。阿奇舒勒调查世界范围内的专利库以寻求对所有可用系统冲突需求的最优解决方案。他和他的助手发现仅有 40 个发明原理被重复使用来解决这 39 个属性间的冲突。展示 2 提供了 40 个发明原理的定义和简单例子描述。

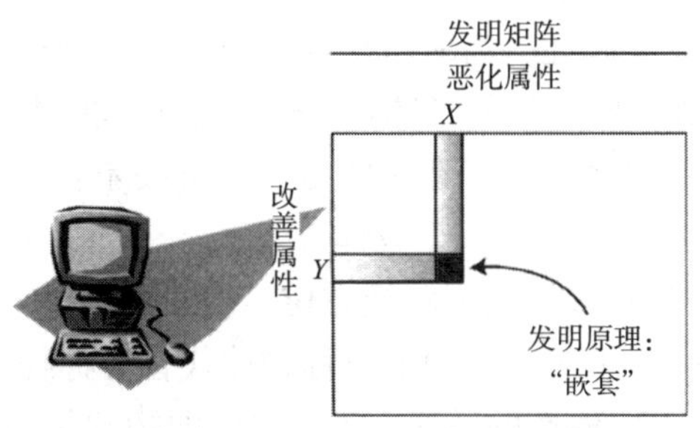

图 1-11　发明矩阵结构

展示 1 的发明矩阵，可以定义任何系统冲突，也表示基于发明原理的很多潜在方案。这些潜在方案可在冲突行列属性的交集找到。例如，生产率/能力（属性 39，矩阵左栏底部）的提高，可能导致制造精度（属性 29，矩阵顶行）的恶化。根据解决先前冲突的专利调查，在 *X-Y* 矛盾属性的交集里，数字所对应的是已被发现的发明原理。属性 39 和属性 29 交集的数字是 1、10、18 和 32。这 4 个数字代表了基于发明原理的、针对生产率/能力和制造精度冲突的、高潜力且类同的解决方案。关于这 4 个发明原理的潜在解决方案，建议如下所示。

- 发明原理 1：分割。
- 发明原理 10：预备性工作。
- 发明原理 18：机械振动/振荡。此原则下的推荐解决方案包括下列几项。
  —— 使用冲击式钻机。
  —— 使用超声提高频率。
  —— 利用谐振，如肾结石的破坏。
  —— 利用压电振荡，如石英晶体时钟。
  —— 结合电磁能与超声振荡。
- 发明原理 32：改变颜色或光学特性。

除此之外，这些原则的结合也能被用于解决冲突。

案例研究

尽管商业软件不是必需的，但它不仅能通过提供发明原理（解决方案）解决矛盾，还提供多数行业的解决方案实例。

教鞭问题是一个运用发明矩阵的例子。首先，定义矛盾：教鞭应尽可能长（因为要够到黑板），但同时应尽可能短（因为要适合口袋的大小）。然后进行如下操作。

- 定位至 *Y* 轴的改善属性（1～39）：长度。选择最能表达需求的属性——动态移动物体的长度（属性 3）。
- 定位至 *X* 轴的恶化属性，当采用常规方法增加教鞭长度时；例如，教鞭与口袋尺寸不相称，即增加的是体积——动态物体的体积（属性 7）。
- 在 *X* 轴与 *Y* 轴的交集处，发明矩阵推荐了解决矛盾的 4 个发明原理。
  —— 发明原理 7：嵌套。将一个物体叠套于另一物体中，如纸杯、机械铅笔。
  —— 发明原理 17：多维法。转换方位，投射光线。
  —— 发明原理 4：不对称。用不对称物体代替对称物体，反之亦然。
  —— 发明原理 35：属性的转换。改变物体的物理状态，如固态、气态、液态、流变、磁流变材料。

注意：将发明原理根据解决矛盾的可能性的顺序列示。

发明原理只是一个归纳的、类同的解决方法。要实现问题的解决，则必须理解这些建议来找到最佳的解决方式。例如，在教鞭问题中，发明原理 7 推荐伸缩教鞭。更多发明原理的特殊想法的例子可参考展示 2。

当然，很多方式可用来表达矛盾，如长度和体积。矛盾的表达应帮助问题解决者找到最佳的解决方法。这是一个创造性活动，也许需要数次不同的尝试。例如，针对动态物体的重量（属性 1）和动态物体的体积（属性 7）之间的矛盾，发明原理 29、2、40、28 将作为潜在解决方案被推荐。发明原理 28——对机械系统的替代（磁场、电场、电磁场），可能导致激光教鞭的产生。

用发明矩阵解决吸尘器问题

矩阵 *Y* 轴有一个改善属性：灰尘粒子从地毯上移动的比率，相当于属性 1，即动态物体的重量。在 *X* 轴，采用常规方法移动粒子时会产生其他属性恶化，通过矩阵中粗框交集单元可发现 4 个属性。

- 气流减少（或吸力加强）——动态物体的体积（属性 7）。
- 加长吸尘器——动态物体动作的持续时间（属性 15）。
- 移动碎屑数目的减少（气流的减少）——物质/事物数量（属性 26）。
- 由于昂贵部件（如电力毛刷）的增加，吸尘器的设计变得更加昂贵和复杂——设计复杂性（属性 36）。

下一步，在每个 *X* 轴与 *Y* 轴的交集处记录显著的发明原理。第一个交集——行 1 和列 7，发明原理 2、28、29 和 40 作为潜在解决方案。行 1 和列 15 的交集增加了发明原理 5、31、34 和 35 作为潜在解决方案。重复此动作获得其他实际属性结合。例如，选中的属性是增强吸尘器的吸力，对应属性 10“力量”。另外，要达到降低复杂性或昂贵部件增加的花费的目的，对应属性“36 设计复杂性”。

记录 X 轴与 Y 轴的交集处所有的发明原理（突出的），考虑用最常遇到的发明原理解决吸尘器问题。在本例中，最常用的发明原理如下。

- 发明原理 18：机械振动/振荡。通过增加空气吸力的振荡来增加碎屑的分离力，因此可摆脱对电力毛刷的需求。
- 发明原理 26：复制。相对于用一个两级（如离真空头最远的一端）有差别吸力的真空头，考虑用多样的微型真空头，每个气体出口离地毯很近以获得最大的吸力。
- 发明原理 29：气体力学与水力学。用低流高压的充气喷射口代替电力毛刷。

也可考虑综合使用这些发明原理来解决吸尘器问题。例如，用脉冲低流高压喷射口（替代循环电力毛刷）和强吸力气流的结合来解决问题。

发明技术 6：用系统演变趋势解决问题

在阿奇舒勒对世界范围内的专利进行调查期间，他发现工艺系统趋向于沿主流向量（离散向量）演变，也叫作系统演变趋势。展示 3 定义了 34 种系统演变趋势，并为每种系统演变趋势提供了例子。展示 3 中 34 种系统演变趋势的 6 个趋势向量组合将定义大多数系统的演变趋势。

- 向高水平或多目标系统的转变。
- 子系统演变的速率不一致。
- 能量线路的缩短。
- 灵活性的增强，从刚性机械的转变为柔性的再到电气的。
- 从宏观到微观的转变。
- 理想化的加深。

展示 3

34 种系统演变趋势

趋势 1，理想化，是一个所有趋势试图最终达到的高水平的模型。如果你想取得工艺流程或产品的改善，请采用趋势 1 到趋势 33。如果你想改善测量系统，请采用趋势 34。

1．理想化

$$\frac{\uparrow\sum F\text{有用的}}{\downarrow\sum F\text{有害的}}$$

F 指功能：提高↑，降低↓。

Σ指求和：数量，数值，比率。

本趋势是下面多个趋势的综合概括。工艺系统趋向提供更大价值的方向演变（如更多的有用功能和更少的有害功能）。有用功能包括与性能相关的基础功能、支持功能、其他应用功能（如激光教鞭同时是电子光笔和水平仪）和系统的合意特征。

有害功能包括那些引起浪费或使有用功能恶化的功能。有用功能的目的是提高数量、数值和改善程度。有害功能则正好相反。一个比其他系统更接近理想化的系统是计算机。它不仅运行基本的功能——计算，并且计算速度越来越快，而且运行很多其他功能（如电话、书和传真机等）。除此之外，它还具有很多合意特征，如移动性和轻便性。同时，它的有害功能——浪费与低质已得到显著改善，如电子管 ENIAC 计算机由早期的 80 英尺（1 英尺=0.3048 米）变为 30 英尺。

2．空间分割

块状物→单腔→多腔→毛孔→带有活性分子的毛细管

例 制冷装置：立体块状→单散热片→多散热片→多孔散热片→毛细散热管

3．表面分割

平坦→波状→蜂窝状→带活性毛孔的面

例 纸张：平坦→起皱→泡沫材料→带香味的材料

4．分割（切）

固体（斧子）→分割型（锯）→液体→气体或等离子体→场

例 切割工具：刀→砂轮→喷水式推进器→等离子弧→激光

5．去除（修剪）

多部件系统→少部件系统→单部件系统

例 汽车展示：许多测量用的小型微型液晶显示器→单个液晶显示器

6．复杂/简化（降低）

单一物体具有几个功能→单一物体具有多个功能

例　分离的电话机、传真机、指示器、计算器、复印机→计算机

7. 空隙的引入

两个物体→一个物体内部的空隙→一个物体外部的空隙→两个物体周围的空隙→两个物体之间的空隙

例　轴承：螺丝缩接→烧结连接→滚柱轴承→空气轴承

8. 增加不对称性（以提供额外的功能）

例　连指手套→分左右的手套→紧贴皮肤的手套

防错总成的设计（如防错装置 Poka-yoke）

9. 流体分割

一条小溪→分叉→几条小溪→很多小溪

例　为提高可控性，流体被分段以使流体能扩散、集中、区别（如喷水口）：单一流→很多流→水雾

10. 几何演变（线）（从点到复杂三维结构的几何演变）

点→线→二维弧→三维弧→三维复杂弧

例　液压管：直线形→U 形→三维螺旋形→三维弧形→螺旋

11. 几何演变（面）

平面→圆柱面→球面→复合面

例　天窗，镜子

12. 几何演变（空间）

长方体→圆柱体→球体→蛋形体→螺旋体

例　花瓶，燃料罐，扬声器

13. 增强系统的灵活性

刚性的→有关节的→多节的→弹性的→液态的/气态的→场的→无

例　量具：尺子→可折叠尺子→卷尺→声波探伤器→激光

14. 动作协调

不匹配→强制匹配→调节匹配→自匹配

例　产品：差异性机械生产→最慢流程控制→调节性库存储备→自我控制（拥有力源和感觉反馈）

15. 动力协调

连续作用→脉冲作用→共振→几个作用→行波

例　表面清洁：连续喷水→脉冲喷水→表面频率共振→脉冲与连续结

合→喷射清扫

16．宏观到微观的转变趋势（系统基于不同部件、相同部件、相同小部件、物质结构、分子现象、原子现象、场）

例 螺栓、铆钉→线、拉链→粉末、气溶胶→晶体、焊锡→胶水→离子、同位素材料→热、光、磁、电磁场

17．多功能性：相似物体组成的单、双、多向系统

单系统→双系统→三系统→多系统

例 单头铅笔→多头自动铅笔

单晶体管→多晶体管集成电路

18．不同物体组成的单、双、多向系统

单系统→双系统→三系统→多系统

例 刀→瑞士军刀

螺丝刀→多位螺丝刀

19．相悖物体组成的系统

带橡皮的铅笔，加热器/制冷器，珀尔帖晶体管

20．单、双、多向转移系统

单色铅笔→多色自动铅笔

21．单、双向竞争系统

涡轮螺旋桨飞机，气球螺旋桨飞机，装有反射镜和透镜的望远镜（马克苏托夫系统）

22．单、双项兼容系统

两部分的环氧树脂共生系统：余热（用于使另一部分升温）补偿系统，即有色眼镜

23．提高动态性

为提高响应能力：

一次容忍→几次容忍→动态容忍→人工容忍（通过反馈）→不容忍

例 建立→转换→F15 喷气式战斗机→炸药

24．增加人类体验

a．增加感觉的应用：味觉+嗅觉+视觉+触觉+听觉

b．颜色：单色→双色→可见光谱→全光谱（麦克斯韦光谱）

c．透明度：不透明→半透明→透明→带有活性元素的透明度（适应强光

的玻璃）

d．价值：性能→成本降低→可靠性→特征→其他新用处

e．产品：天然货物→新产品→服务→经验→改革

例 面包→iPod→门房→漂流→精神/宗教转变

25．增加可控性

不可控系统→手动系统→电助力的手动系统→自控制/反馈系统→智能自动控制系统

例 出口→门→由开关驱动的门→带有运动探测器的门→由标记阅读器驱动的门（由专家系统/人工智能辅助）

26．增加自由度

1→2→3→4→5→6 自由度

例 *X* 方向→*X*+*Y*→*X*+*Y*+*Z*→*X*+*Y*+*Z*+*X*/*R* 转换→*X*+*Y*+*Z*+*X*/*R*+*Y*/*R*→*X*+*Y*+*Z*+*X*/*R*+*Y*/*R*+*Z*/*R*，或相互之间的结合，如机器人手臂

27．物质的引入（两个相互作用的物体 A 和 B：1——A 或 B 内部，2——A 或 B 外部，3——A 和 B 周围环境，4——A 和 B 之间）

28．改良物质的引入（A 和 B 的改进版本，同趋势 27）

29．场（力）的引入（两个相互作用的物体 A 和 B，同趋势 27）

30．场（力）的演变

机械→热→化学→电→磁→电磁

例 机械力：重力、摩擦力、离心力、弹力、振荡、回声

热：加热、冷却、蒸发、冷凝、升华、散热

化学：爆炸、燃烧、聚合、催化、尝、嗅

电：电力电流、静电、电解、压电

磁：磁化、去磁、电/磁感应、磁固体/液体

电磁：静电、光（从红外线到紫外线）、电波

31．人类创新的增加

人→人+工具→人+半自动工具→人+全自动工具→自动工具

例 人→使用钻的人→使用电钻的人→使用自动钻床的人→机器人

32．克服矛盾的智能材料

例 带有形状记忆功能的材料：当被拉、弯、折时，保持平直

硬与软：冰→水

大与小：热缩材料、压电材料

磁与非磁：居里点材料

33. 降低能量转化

（提高有效性）多次转化→零转化？

例 螺旋桨飞机：化学能→热能→磁能（旋转）→机械能（压降）

人工滑翔机：重力压降/速度

34. 降低测量需要

测量属性→检查（是或否）→非直接测量（自动调节，或测量副产品/模型）

例 测量温度→检查表面是>还是<*X*°→用无法超过沸腾温度的水将系统温度自动调节至 100°C

用副产品测量：通过分析人体（血液、温度等）确定疾病

用模型测量：使用人体指纹的数字（模型）图初步鉴别疾病

注意：如果测量系统需要改善，可使用上述趋势。趋势 27、趋势 28 和趋势 29 涉及物质或场的引入，将非常有用。

印刷行业的演变提供了工作中 6 个趋势向量组合的例子。起初，印刷机使用单一的钢制打印版，打印机的发明提供了打印不同页的灵活性并使印刷业向高水平、多目标系统转变。然而，打印机费用降低的努力最终遇到了重大的阻碍。打印机键盘的成本很难降低，不能与打印机其他部件的成本降低改善措施同步——子系统的演变不一致。系统冲突通过 IBM 的 Selectric 打字机终端来解决。它是一个带有 α 标志的打印机键盘。它通过很多机械打印机联动装置的移动缩短了能量路线。通过用电磁取代机械来驱动机器增强了灵活性。从机械打印装置、打印机键盘、喷墨打印机到激光打印机，打印机实现了从宏观到微观的转变。当通过计算机显示器（理想机器）的使用而不再使用打印机时，高水平的理想化实现了。

然而，并非所有的趋势甚至向量组合都能被应用到任何系统。应用可能性取决于需要被满足的活动或实体。使用者必须浏览所有可能的趋势。对产品或流程的改善，使用趋势 1 至趋势 33；对测量系统的改善，使用趋势 34。除此之外，趋势 1“理想化”，可以作为所有趋势最终所达到的状态的高水平概括。

系统演变趋势的使用是非常灵活的。如同发明矩阵，系统演变趋势可通过解决矛盾来改善系统性能。然而，系统演变趋势也可用到其他 3 种方式中：产品创新能力的评定，竞争分析或对标，帮助已投入市场的产品进行差异化。

发明技术 6.1 产品性能改善

通过解决矛盾提高产品性能，遵循以下步骤：动作或属性通过趋势 1“理想化”、趋势 2“空间分割”直至趋势 34“降低测量需要”能够得到改善吗？根据解决方案的可应用性，一一检查所有趋势直至潜在解决方案被找到。趋势的应用可再次使用教鞭的例子。

教鞭的有用属性是适应能力，即在任何地方指示东西的能力。浏览所有趋势及其举例，可以找到趋势 13“增强系统的灵活性”：刚性的→有关节的→多节的→弹性的→液态的/气态的→场的→无。因此，一节教鞭可作为演变流程的向量 1，多节（伸缩）教鞭可作为演变流程的向量 3。

本例中，为消除矛盾，“动作或属性能否通过趋势‘*X*’得到改善”的问题可转化为教鞭的适应性能否通过执行“刚性的→有关节的→多节的→弹性的→液态的/气态的→场的→无”得到改善。当然了，使用场，如激光教鞭，教鞭的长度能同时满足小和长。更优的方法是演变到无，即理想机器。计算机显示器就是这样的例子，它提供了一个非常短但通过网上演示在视觉上可变得无限长的“教鞭”。

发明技术 6.2 产品创新潜在评价

系统演变趋势的第二种用法是评估产品创新潜能。通过重复定义同一实体在某一时刻的产品（其部件、子系统、超系统）应用趋势过程，可画出演变趋势的蜘蛛图。蜘蛛图定义了任何实体演变的当前状态，也保留了改善的目的，如图 1-12 所示。

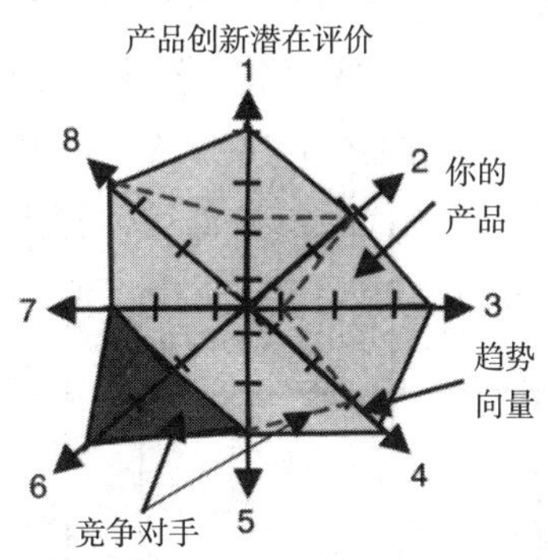

图 1-12 牙刷毛：创新潜在评价和竞争分析

图 1-12 展示了一个实体——牙刷毛的 8 个系统演变趋势。趋势向量 1 表示表面细分（趋势 3）：阶段 1——牙刷毛的平坦表面；阶段 2——清洁牙齿/牙龈侧面的波状表面；阶段 3——为更有效清洁而设计的凹面；阶段 4——可填充带香味或有杀菌作用的液体的凹毛多孔呼吸表面。其他趋势也许会被添加：增加人类体验

（趋势 24）对应不同颜色的毛；不同物体组成的单、双、多向系统（趋势 18）对应毛的不同功能，如按摩、刮擦、深度清洁和剔出等。

发明技术 6.3　产品竞争分析或对标

系统通过对竞争对手产品重复此过程，然后画出两个蜘蛛图，竞争分析就完成了。通过比较竞争对手在单个趋势向量上的位置，能决定以下事项：比较相对的演化位置、公司落后于竞争对手的趋势向量、公司领先于竞争对手的趋势向量，产品性能改善的峰值空间（见图 1-12）。在某些场合，一个演化阶段可能被跳过，基于此阶段的产品开发可能提供更合算的选择或新的合适应用。尽管不是必要的，对商业软件系统演变趋势进行便利分析却是可行的。

发明技术 6.4　产品差异化

系统演变趋势提供了第四个应用——通过向产品添加全新的应用和特征进行产品差异化。该技术能被应用到系统部件、子系统、系统本身或超系统（如系统自身所属的系统）。例如，计算机键盘上的打字键被定义为部件，键盘是计算机的子系统，计算机是一个系统，而因特网是计算机所属的系统。为取得差异性产品，简单浏览所有趋势，对趋势的每一阶段提问："新应用或特征 *X*→*Y*→*Z*→……能提供什么？"这将变成一个规律的而非宽泛的、取得横向思考的途径。

不同组合中的不同趋势能被用来增强产品的差异性。例如，为增强椅子的差异性，趋势 3"表面分割"的阶段 4——香味孔，可以结合趋势 15"动力协调"的阶段 5——行波（身体按摩）、趋势 24"增加人类体验"的阶段——听觉和视觉，来提供一个虚拟现实的椅子。这些选项被看作多维空间的不同组合，或者被用来考虑视觉方面是否简单或舒适（见图 1-13）。*X*、*Y* 轴代表部件 1 和部件 2 的系统演变的 34 种趋势；相应地，*Z* 轴代表每种趋势的阶段。

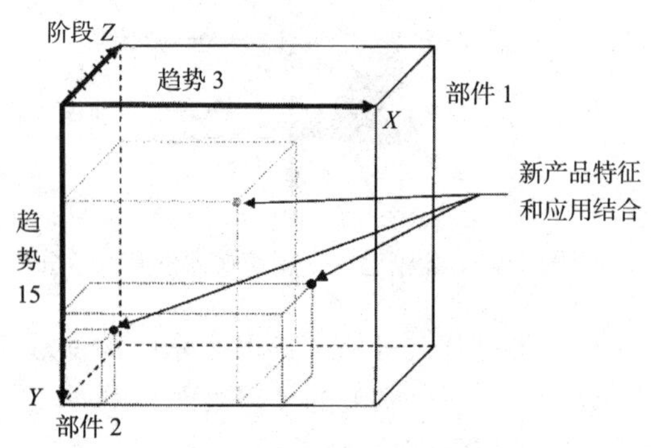

图 1-13　虚拟现实产品差异立方图

因此，对不同的部件、子系统和超系统，我们结合不同趋势和阶段来实现不同特征和应用的结合。拥有多维轴（多于 X、Y、Z 轴）的产品差异立方图，采用规律性方法论为探索众多部件组合做了准备。此方法论提供了大量创意的潜在、横向思想选择，这些选择可能是客户所未考虑到的。

总体来说，系统演变的 34 种趋势，采用了系统演变与离散阶段的联系，提供了下列能力：

- 通过消除矛盾提高产品性能。
- 产品创新潜在评价。
- 产品竞争分析或对标。
- 用新品牌应用和产品特征进行产品差异化。

用系统演变趋势解决吸尘器问题

吸尘器的功能是提供吸力。浏览所有趋势，可发现趋势 15“动力协调”，可作为改善的潜在途径被考虑：

连续作用→脉冲作用→共振→几个作用→行波

趋势 30“场（力）的演变”，是另一条潜在途径：

机械→热→化学→电→磁→电磁

吸尘器是每个趋势演变的第一阶段，有很大的改善空间。

性能改善流程的下一步是检查吸尘器的吸力能否通过趋势 15 或趋势 30 来解决。关于趋势 15，脉冲作用推荐采用超声气体，共振推荐使用气体作为增强器将自身频率增至地毯纤维的频率，“几个作用”推荐用间歇的脉冲高压产生稳定状态的强气流。趋势 30 的电磁表明静电力（也许可通过气流摩擦力）获得了取代机械力的可能性。

使用趋势增加吸尘器的差异性中，仅有一个子部件需要暂时的关注：气流吸力。趋势 19“相悖物体组成的系统”表明了吸尘器的一种新的潜在应用：将其作为反向系统用到现有功能中，并转变为迷你压气机——也许作为吹风机。另外，应用趋势 15“动力协调”的阶段 3 共振，可能使地毯纤维得到深度清洁；使用脉冲作用时（同一趋势的阶段 2），可能产生无须拉动架子即可清洁盲区的新特性或益处。

使用某几个趋势时，为单一实体（如简单的椅子或吸尘器）取得大量的、新的、产品差异化的应用和特征是非常普遍的。对于额外的新特征与应用，产品差异立方图的概念应被用于吸尘器的其他部件、子系统、吸尘器本身或其从属的更大系统（如吸尘器/地毯/人类超级系统）。

发明技术 7：用物理效果数据库解决问题

从科学和各行各业的案例中提炼的数以千计的物理效果已用书面描写、动画制作、技术和专利引用的形式被记录在软件知识库中。通过多种功能性搜索词汇，软件提供了大量的产品差异例子，这些例子能被用于创造新的产品应用和特征。除此之外，在试图提高系统性能时或在昂贵低质功能被去掉之后需将系统用到工作中时，这些数据库尤其有用。效果数据库提供了超出我们知识范围的专业领域或行业的知识。

假设 NASA（美国国家航空航天局）被迫降低其空中探测器的重量。在 NASA 修剪过程中，沉重的蓄电池、电源将被去除。太空中还有原位电源吗？在计算机中输入各种搜索词汇，如温度和电动势，将找到作为潜在解决方法的塞贝克效应（见图 1-14）。它是指存在温差的金属物体产生的电位差聚集效应，如空间探测器。探测器正对太阳的一面温度奇高，而背向太阳的一面温度很低。

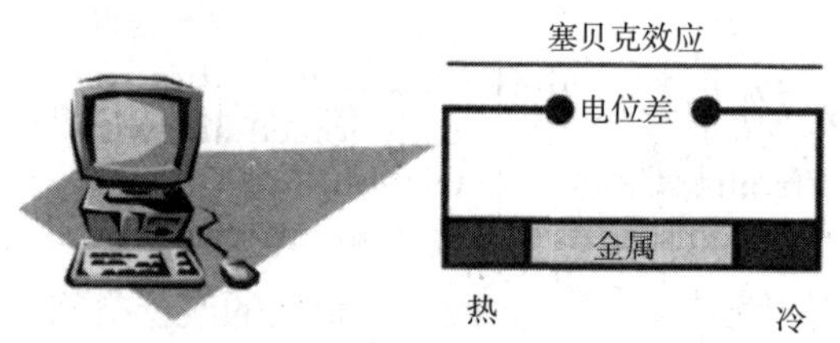

图 1-14　塞贝克效应

用物理效果数据库解决吸尘器问题。搜索词汇，如分离或移动物质，数据库将重复提供高压、脉冲喷气的例子。

小　结

本章介绍了 7 种 TRIZ 发明技术，首先定义它们和采用一般性概念例子，紧跟着将其应用到成熟的工艺系统（吸尘器）。针对每种发明技术，我们的目标是通过消除系统基本功能——吸力的恶化原因来提高吸尘器的性能。除此之外，发明技术 6 用系统演变趋势解决问题，不仅揭示其怎样用于系统性能改善，还包括以下内容。

- 通过新产品品牌应用和特征的形成实现产品复兴。
- 为改善性能而定义系统潜能的创新潜在评价。
- 竞争性分析和对标。

发明技术 1，矛盾被定义为同时产生最大吸力和最大气流。高流振荡电压脉冲可以作为一种解决方法。

发明技术 2，“理想的最终结果”和“理想机器”的概念，建议通过气流摩擦静电的使用来增强吸尘器的吸力。

发明技术 3，修剪法建议如下。

- 同时提供气流和吸力的风叶扇——吸力（强气流）和高压（弱气流）。
- 空气（通过脉冲高压喷气口的帮助，在当前多于 3PSI 的吸尘器上操作）。
- 气旋自动清洁空气（无过滤器），如 Dyson Cyclone 吸尘器。

发明技术 4，物理分离技术，建议通过脉冲高/低压或通过时间分离解决强吸力和强气流的矛盾。

发明技术 5，发明矩阵，建议改善性能的发明原理。

- 发明原理 18，机械振动/振荡——脉冲空气。
- 发明原理 26，复制——局部高压的多叉喷嘴。
- 发明原理 29，气体力学与水力学——高压的压缩气体。
- 上述原则的综合。

发明技术 6，系统演变趋势表明以下事项。

- 趋势 15，动力协调——带窄脉冲压力的超声、振荡、间歇稳态的气流。
- 趋势 19，相悖物体组成的系统——吸力和气流的结合。
- 趋势 30，场（力）的演变——静电力的使用。

发明技术 7，软件数据库搜索，推荐使用脉冲高压气流和离心力将碎屑从空气中分离，因此去除过滤器。

在这些推荐中，以下 3 个世界级的解决方案脱颖而出。

- 吸尘器风叶扇的使用提供了强气流和高压脉冲气流。该解决方法可以去除昂贵电力毛刷。
- 共振被用作放大器，通过增加地毯纤维振荡将弱吸力转化为高输出吸力。此现象与使用小提琴共振效应去振碎酒杯是一样的。
- 通过自我清洁的气旋空气去除堵塞的过滤器，如 Dyson Cyclone 吸尘器。

最后，我们获得了以下额外的收获。

- 通过地毯纤维振动的使用，改善了地毯的深度清洁。
- 电力毛刷和过滤器的去除，降低了吸尘器的重量并缩小了尺寸。
- 间歇闭合的气流脉冲实现了无须移动架子的便利清洁。
- 将吸尘器作为小型压气机的额外用途。
- 差异吸力和压力的结合导致吸力的协同放大。
- 当前吸尘器提供了超过 3PSI 的、成倍增大的吸力。

使用 TRIZ 技术成功的关键

用来描述发明矩阵（属性、发明原理）和系统演变趋势的术语，在开始理解时可能会有些困惑，但和一些实践联系起来进行理解则非常容易。另外一点需要注意的是，当构造矛盾、理想的最终结果和功能图时，不要成为词汇的俘虏。避免技术行话的应用，用简单的、全面的短语或动词，如用旋转代替离心运动。

没有理解 TRIZ 技术的基础而专注于软件会失望的。这和没有数学基础去使用电子数据表软件是一样的。建议在使用 TRIZ 软件包之前完全掌握发明技术 1 至发明技术 6。大多数问题在没有软件自动分析的前提下也是可以解决的。

为了使 TRIZ 技术变成企业文化的一部分，遵守承诺是非常重要的，那些确实喜欢问题解决和传授知识的员工可被选为他们公司 TRIZ 的负责人。

作者简介

冈特·R. 拉德维希（Gunter R.Ladewig）是 PRIMA 绩效有限公司（一家专注于利用 TRIZ、六西格玛和精益生产技术进行产品和流程不断改善的咨询公司）的董事长。PRIMA 绩效有限公司就快速跟踪客户提供教学工具，包括 TRIZ 精要和高效质量问题解决技术（如 KISS，意为“确保统计简单”）。冈特是运营效率改善和世界级产品设计方面的专家。1992 年，他获得了 IBM 的创新奖，除此之外，他还两次与 IBM 的获奖团队获得加拿大政府的杰出商业成就奖：生产力金奖和质量金奖。

第2章

质量功能展开和质量屋

格里·卡茨（应用营销科学公司执行副总裁）

质量功能展开（Quality Function Deployment，QFD），是一种用来在整个新产品开发流程中收集和展开客户需求的方法。它由一个4矩阵系列组成，这个4矩阵系列由跨职能团队填写，先填写优先排序的客户需求（客户心声），并导出面向新产品或服务的、优先排序的、详细的设计规格说明。虽然总是有一点争议（有些人喜欢，有些人指责），但它仍然是新产品开发过程中进行仔细分析、确定优先排序和制定良好决策的最好的方法之一。

关于QFD的争论并不影响该技术的内在价值。然而，很多QFD使用者都经历了重大的挫折，对QFD的评价毁誉参半。支持方的观点如下。

- “它迫使我们以新眼光看待一切。”
- “我们以为我们了解客户需要什么，但是后来才意识到我们其实根本不了解。”
- “我们体验过跨职能带来的一流的效益。”

但是负面评论也同样引人关注。

- “QFD是难以置信的，它令人厌烦和枯燥乏味。”
- “它要占用很长时间，我们从来没有真正完成过它。”
- “我们从来没有真正地说清楚为什么我们一直做这件事。”

本章针对那些正在考虑将QFD用于他们的产品、服务和工艺设计（或改进）的项目负责人和团队成员。编写本章的目的是提供一种使用QFD的实用入门指南，打破其神秘感，为用户提供一些实用的做法，以及回答几乎从来没有人问的关于QFD的最重要的问题：为什么有人会受到QFD的烦扰？

本章是与《PDMA新产品开发工具手册2》中第7章“客户心声”相对应的。

“客户心声”是在执行 QFD 时必要的第一步。然而，由于在收集和组织客户心声信息过程中已经学到了许多的知识，因此客户心声才能够独立于 QFD 而存在。因此，本章假定将收集完整的、经过严格推导的客户心声作为下列内容的前提。

质量功能展开历史

虽然针对其确切来源有相当大的分歧，但是大多数作者声称 QFD 开始于约 1972 年的日本造船企业——神户造船厂。神户造船厂建造大型液体运输船，其中大部分是油轮。这些都是极为复杂的设备，需要数以万计的设计决策和潜在的权衡。在神户造船厂里到底发生了什么故事将在本章的后面进行介绍。

从那时起，这种技术开始被日本大学的一些学者，其中最重要的是玉川大学的赤尾洋二博士，加以研究。在整个 20 世纪 70 年代，赤尾洋二在日本企业对这种技术进行试验，在 20 世纪 70 年代的后期，这种技术进入了日本的汽车行业，成为世界性的品质领袖。期刊上第一次关于这种技术的文章是由丰田车体株式会社的主管佐藤中一发表的。这篇文章（用日文所写）最初出现在 1983 年。在这篇文章里，他非常详细地介绍了 QFD 的方法，包括 4 个层叠的质量屋（见图 2-1）。

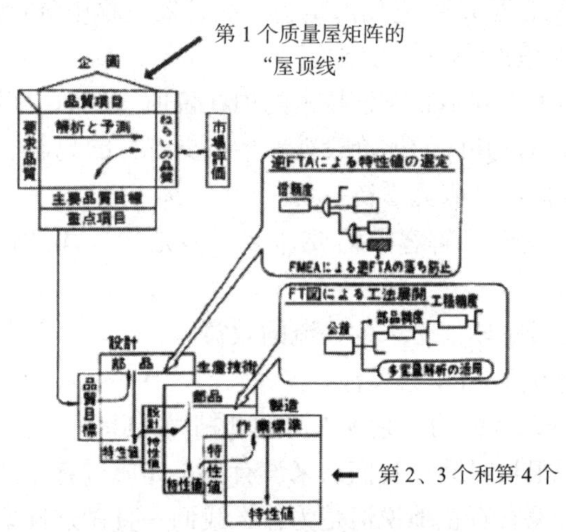

资料来源：佐藤中一《质量功能扩展性和可靠性》，日本《标准化和质量控制》杂志，1983 年，36 卷，第 3 期。

图 2-1　层叠的质量屋

两个有趣的现象出现了。第一，文章的名称被翻译成“质量功能扩展性和可靠性”，而不是“质量功能展开”。多年来出现了一些不同的技术名词，主要是因为 3 个日本单词“Hin-shitsu”“Ki-no”“Ten-kai”的不同翻译。但不管所用的标题是什么或者被翻译成什么，QFD 的一个最大的问题是它的深奥的名称：质量功能展开在英文中几乎没有任何直观的含义！然而，正是这个名称一直在使用，所以遗憾的是，我们一直被动地使用这个词直到今天。

第二，涉及质量屋的问题。许多 QFD 理论的使用者（正确地）指出，尽管质量屋和 QFD 往往交替使用，但它们并不是完全一样的。事实上，质量屋的概念仅指传统 QFD 的 4 个矩阵中的第 1 个。在上述佐藤中一的文章中，有一个屋顶线独特的矩阵图形。据麻省理工学院的唐·克劳辛所说，从字面意义思考的日本人指出，这个矩阵看起来是一所房子的形状。因此，质量屋的概念就是从一张写着如下句子的纸上得来：鉴于其形状，这一模式在我们公司内被称为质量屋的扩展。

虽然 20 世纪 80 年代的汽车行业代表了美、日竞争的高度，但实际上在工程界两者仍然存在大量的合作。而且在 80 年代中期，两个专业协会——美国质量控制协会（American Society for Quality Control，ASQC，现已更名为美国质量协会）和美国供应商协会(American Supplier Institute，ASI)，都在积极谈论和推广 QFD。此外，这一时期美国三大汽车生产商都在积极使用 QFD 方法。尽管当时有谁先使用的争论，但是福特 Taurus 已经成为早期和重要的市场赢家，这也验证了此技术的价值。

虽然许多文章已开始出现在工程类杂志上，但是由麻省理工学院的约翰·豪瑟和唐·克劳辛 1988 年发表在《哈佛商业评论》上的文章《质量屋》，在这个深受欢迎的、面向管理的学报中的出现是 QFD 的第一次重要英文介绍。这有助于进一步使这一在工程师和全面质量管理（Total Quality Management，TQM）从业人员间被广泛吹捧的、相当技术化的主题合法化。从那时开始，QFD 的应用范围远远超出了其起源的汽车行业。目前，它被应用于各种产品、服务和工艺改进中。尽管 QFD 存在不足，但它是六西格玛设计（Design for Six Sigma，DFSS）的理论基石，依然在被广泛使用。

神户造船厂的问题

1972 年，当神户造船厂的产品开发人员开始进行下一代油轮的设计项目时，已经有强烈的首先研究客户需求的意向，然后尝试围绕这些需求来设计船只。当时已经有些激进的思想，大多数西方公司将接洽新产品开发作为一项活动，类似于在研发实验室或工程师的设计室，他们将围绕自己所认为的客户需求努力创新，希望当客户看到成品时会满意。西方公司花了 10 多年的时间才像神户造船厂那样进行新产品开发。

当客户需求被识别出来之后，神户造船厂的设计工程师们针对客户需求提出一些可能的解决方案。他们要确定需求是什么（What）、解决方案如何（How）（见图 2-2）。他们开始进行实验，证实每个“什么”和每个“如何”之间存在一对一的联系（见图 2-3）。然而，他们很快就发现它们的关系不是那么清晰。事实上，他们认识到，每个“如何”影响似乎不止一个“什么”，甚至有时候是相互矛盾的（见图 2-4）。为了解决所有这些复杂的问题，神户造船厂的一名设计工程师想出从端到端将“什么”和“如何”转变，从而创造了一个二维矩阵（见图 2-5）。该矩阵可用于说明每个“如何”是怎样强烈地影响每个“什么”的。

图 2-2　连接“什么”和“如何”

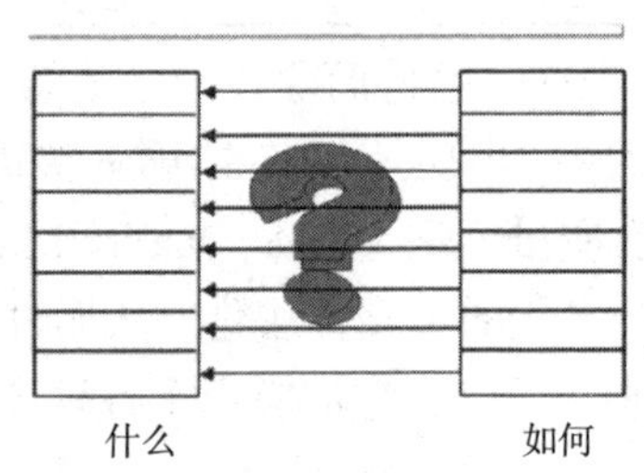

图 2-3　连接“什么”和“如何”的因果关系

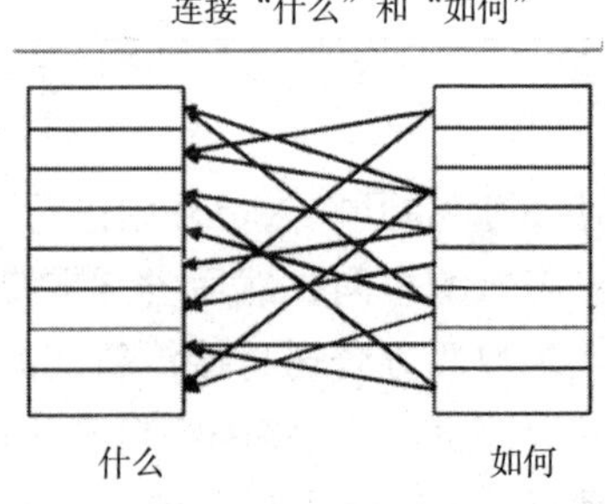

图 2-4　连接“什么”和“如何”的多重相互关系

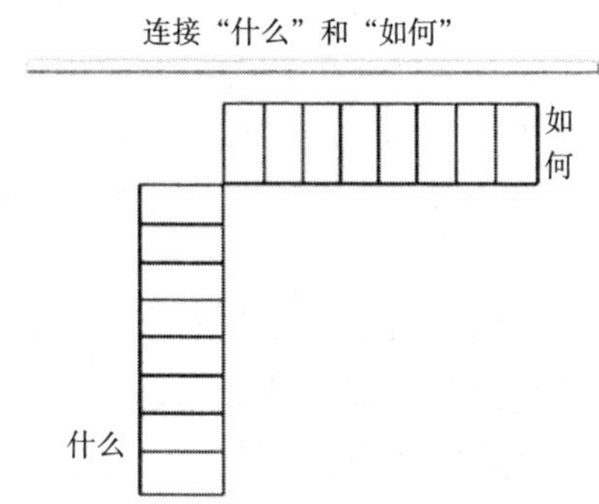

图 2-5　QFD 的起源：连接"什么"和"如何"

这是 QFD 最初的矩阵结构，现在已经演变成稍后将会详细讨论的传统质量屋矩阵。

如何开始

QFD 是跨职能团队可选择的较好的方法。虽然任何人都可以填写 QFD 质量屋矩阵，但公司内负责不同功能区域的人员之间通常会有不同的解释。许多人认为使用 QFD 的最大价值是，它迫使不同功能区域的人员清晰地将其不同表达出来，并且努力达成共识。一个好的跨职能 QFD 团队通常由 8～10 名具有高水平的市场意识、客户意识、技术知识、历史视角、责任感、尊重和组织内部影响力的人员构成。下面是选择团队成员的 9 个标准。

（1）团队应该是真正跨职能的。一个好的 QFD 团队应该包括从事工程设计、制造、研发、营销、市场研究、销售、财务、工业设计、客户服务、产品维修、技术支持等的人员。几乎所有参与产品设计或在成果上有利益关系的职能部门都应该考虑加入该团队。

（2）这个团队应该有一个管理人和一个倡导客户心声的人员。管理人的角色意味着他将作为安排会议、安排客房、茶点及其他后勤支持的中央接触点。所有团队都应该参与客户心声的收集过程，选择至少一个相比其他人更熟悉客户需求细节的人，当对某个具体需求产生争论时，这个人可以代表客户进行阐述。

（3）团队成员应该是那些对出现的结果始终有责任感的人。虽然将普通员工纳入 QFD 团队没有错，但这些人不得不去说服他们的经理相信他们的分析和结论是正确的。如果关键部门经理也是其中一员，那么他们已经确信，只需要为得到结果而付出行动即可。这条经验是从两家主要电力公司的两个完全对比应用中得来的。其中一家实验完全由普通员工开展。他们完成得很出色，但当他们向管理人员展示他们的结果和建议，要求额外的资源来实施他们的建议时，他们被拒绝了。另一家公司的实验团队中有几名关键部门的经理——他们在公司内已经控制着许多关键过程的应用，同时还有他们自己的预算。他们不需要说服其他任何人——他们只需行动。

（4）团队成员应该充分了解当前实践并有正确的历史观。围绕 QFD，会出现“过去发生了什么”“事情是如何发生的”这类问题。团队中一些具有技术知识和正确的历史观的人常常可以帮助团队更好地了解过程。

（5）团队成员应该对同事有足够的尊重。公司内的许多人本身就在怀疑新产品的开发。例如，通常认为自身拥有优越的市场知识的销售人员，常常怀疑办公室内的任何活动，特别是工程由被他们认为缺乏实际市场知识而只会研究工程的“那些人”实施的时候。团队内有一位备受尊敬的成员能够消除他们的怀疑。同样更为人们熟知的、经验丰富的工程师与一些新入职的应届毕业生（即使他们拥有较高的专业技能）相比，工程师是更佳的选择，原因大抵一样。

（6）团队中应有一些有影响力的人物。QFD 的每个实验要想进行下去，必然需要一些资源的支持。团队中的一些有影响力的人物可以用信誉对预算进行担保，从而使事情变得容易。

（7）很多时候良好的团队中不存在成员地位、级别相差太大的情况。其原因是地位、级别较高的人将会主导讨论，导致地位、级别较低的人难以表达他们真实的想法。然而经验表明，这更多的是组织中成员的个性作用，而非地位、级别的原因。只要参与者都是优秀的成员，鼓励和倾听组织内所有级别的成员表达意见，这就不会是多大的问题。一个好的促进者，不管在组织的外部还是内部，应帮助团队成员发挥他们应有的作用。

（8）寻找“有建设性观点的唱反调者”。唱反调者可以为 QFD 团队带来好处或坏处。消极的一类只是喜欢争论事情本身。不管什么问题，他们都持相反的观点，认为自己“从盒子外面思考”，并且扩展了讨论面。但是在通常情况下，他们仅仅把过程复杂化，减缓进程。一个有建设性观点的唱反调者，只在对事物的看法上与其他人有轻微差别。即使其他成员无法相信，他们也可以很容易地放弃自己的观点，然后继续进行下一个问题。经验表明这些有建设性观点的唱反调者对团队来说是重要的财富。

（9）最后，不要过分民主。尽管民主是一种良好做法，即公司每个重要领域都有一个代表，但前面的 8 个标准，应当优先考虑。把某个特定职能排除在外，远比选一个贡献很少但破坏可能极大的代表好很多。

质量屋矩阵

传统质量屋矩阵发展到今天，包括 6 个部分，被形象地称为屋子的房间。所有部分将会逐次介绍（见图 2-6）。

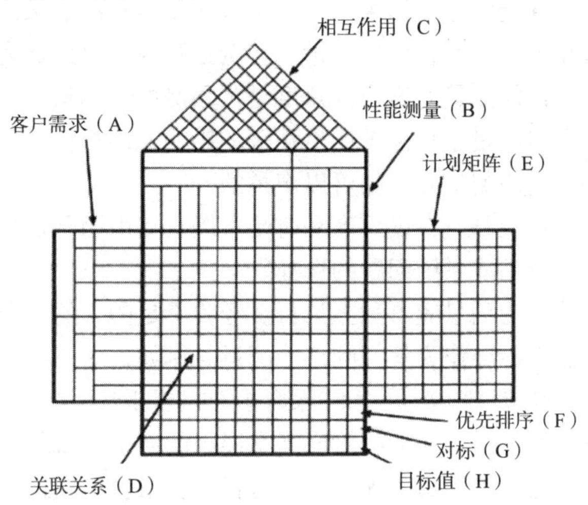

图 2-6　传统质量屋矩阵

客户需求

在图 2-6 所示房间 A 中，包含客户需求，或者说“什么”。这正是客户心声（Voice of the Customer，VOC）的目的所在，并且这类信息的需求引导了今天许多 VOC 技术的使用。大多数 QFD 使用者建议将 15～25 个需求作为 QFD 的理想水平。由于 VOC 过程往往确定 100 个或者更多的这种需求，一个亲和图（见《PDMA 新产品开发工具手册 2》的第 7 章）往往用来组合这些需求来达到恰当的详细程度。这些需求在矩阵的左边，它们确定前进的方向。

性能测量

从历史上看，图 2-6 所示房间 B 出现过一些不同的名称：豪瑟和克劳辛称之为工程特点；它们还被称为技术质量特点、设计指标、性能测量，也就是今天所说的“如何”；在六西格玛术语中，它们被称为关键质量测量（Critical-to-quality Measures，CTQs）。本章中将其称为性能测量，因为它对产品和服务同样有效。

不管选择何种名称，它们的定义都是一样的：如果我们朝恰当的方向打开旋钮，随着时间的推移将会获得更大的客户满意度。

这到底是什么含义呢？旋钮意味着我们在设计新产品或服务时寻找的东西都是公司可以直接控制的。客户满意度测量将没有限制，因为它不是由我们直接控制的。相反，事实表明，它是由我们满足客户需求的程度决定的。

这些性能测量有 5 个主要特点。

- 一个良好的性能测量直接关系到一个或多个客户的需求。如果不是和重要客户需求相关，那么在性能测量上花费预算或者付出努力是没有意义的。
- 一个良好的性能测量对客户满意度是可预测的。如果该性能测量在希望的方向上不会对满足客户需求产生积极的影响，那么付出就是没有意义的。
- 一个良好的性能测量必须是可以衡量的。
- 一个良好的性能测量在设计产品时是可以直接由团队控制的。它应该是我们如何设计产品或系统问题的选择。
- 一个良好的性能测量应可独立执行。经验不足的人的一个常见错误是他们选择布尔逻辑标准作为他们的性能测量。例如，对于办公室座椅产品，他们可能将“泡沫材料坐垫”和“聚合填充材料坐垫”作为特征，进行“有”或“没有”的测量。性能测量应当是连续的而不是布尔变量。好的性能测量标准应当能够帮助团队评价泡沫材料或者聚合填充材料哪个能更好地满足客户需求。所以类似“在 175 磅的压力下坐垫产生的位移”或者“喷雾实验中 10 分钟后坐垫的湿度及保留度”这样的测量标准是比较好的。这种类型的测量标准可以用来评价泡沫材料和聚合填充材料哪个是较好的设计选择。

选择性能测量标准的过程不应该轻易地进行，因为经验表明这是 QFD 实验中最富创造性的部分。团队讨论和选择性能测量标准的过程通常会激发许多创造性的想法，这将激发更多创造性的设计决定。例如，在设计新的办公室格局的时候，团队时刻紧抓客户“给我最大的办公桌空间”的需求。团队最初的考虑是将桌面的面积（长乘宽）作为性能测量标准。然而，一位成员提出这过于简单，因为桌面被诸如计算机、电话、物品框、订书机、磁带分装器等物品占满。所以，另一位成员建议性能测量标准应该为桌面的面积减去计算机、电话等物品的占用面积。

当团队同意此意见时，房间内出现了尴尬的沉默。他们在考虑什么？在那一秒里，他们开始考虑将一些物品从桌面上移除这样的设计。最终他们想出将电话安装在墙上、将显示器悬挂在头顶上、将物品框悬挂起来等方案。

讨论选择性能测量标准的过程常常带来这种创造性思维的突破。

相互作用

相互作用是赋予质量屋独特名称的部分——因为它类似于房屋的屋顶线（见图 2-6，房间 C）。略具讽刺意味的是，它没有被经常使用，因为它对其余的部分并没有数学影响。其目的仅仅是突出性能测量任意两者之间任何强有力的积极或消极的相互作用。这意味着许多性能测量标准之间可能没有一个是和其他的完全独立的。朝着一个性能测量标准的方向前进可能会使其他的性能测量标准更难或简单。当这点被确定时，团队关注到对角区域，它代表两个性能测量标准的相互作用，并且简单地标上加号（+）或减号（–）来表明可能发生的强有力的积极或消极作用。一些 QFD 使用者实际上用 5 分制把双重加号（++）到双重减号（– –）相应赋值。

回到先前客户要求的最大办公桌空间的例子。对空间规划师来说这有可能会和另一种重要需求产生冲突：将尽量多的人纳入某个给定的楼层内。如果是这种情况的话，很明显在两个性能测量标准之间就会存在冲突：每个座位可用的桌面空间和每平方英尺的地面面积上可能的座位数。如果没有一些富有创造性的解决方案，增加一项可能会使增加另一项更加困难，这就是很强的消极作用。

虽然许多 QFD 使用者完全跳过矩阵这一部分，但是那些使用的人往往会坚持下来。他们声明，相互作用为创造成功的新产品或服务，明确地指明了设计中需要解决的、最重要的设计冲突的方向。相互作用的部分有助于突出这些可疑点的冲突，虽然它实际上并不能帮助设计者解决一切必要的技术问题，但是它确实指出了寻求新技术或创造性的解决办法可能克服这些问题的方向。出于这个原因，并且考虑到它通常能在 1 小时或 2 小时内完成，现在人们普遍建议把它也列入矩阵中。

关联关系

质量屋矩阵的中心被称为关联关系（见图 2-6，房间 D）。这是 QFD 最乏味的一部分，这部分常常使团队陷入困境。团队的任务是检查房间 D 的每个小格，并且回答每个性能测量和每个客户需求之间关联关系如何的问题。QFD 使用关联关系的 4 种等级。

- 强烈关联。
- 中等关联。
- 轻微关联。
- 没有关联。

在数学意义上，通常这 4 点各自被赋予不同的分数，如 9、3、1、0（零通常用空格表示），其实为什么使用这些特定的数字并没有原因。极有可能是 QFD 的发明者想强调强烈关联之间的对数关系与中等和轻微关联之间的对数关系有显著差距。虽然一些人比较喜欢在每个小格里显示实际的数字权重，但是日本人还是更习惯使用一些符号（见表 2-1）来表示。

表 2-1　关联关系强度符号表

强烈关联	9	⊙或●
中等关联	3	○
轻微关联	1	△
没有关联	0	（空白）

为什么这部分如此乏味？对于团队来说，生成客户需求两倍到两倍半之多的性能测量是常有的事。因此一个 20 行的矩阵可能有 40～50 栏，或者总共多达 1 000 个小格。如果任意一处的小格需要 3～10 分钟的讨论和争论，那么这部分一直困扰团队的原因就显而易见了。

有一些实际的方法可以减少过程中的乏味。第一种方法是要求团队的每名成员都单独填写一份完整的矩阵，把 9 分、3 分、1 分和空格填进电子数据表。然后，一名成员收集整理所有的电子数据表，并填写一张分数频率汇总的表格。经常出现的问题是 2/3～3/4 的矩阵小格的结果是一致的。如果团队的每个人都认为，某个特定小格表明强烈关联或者没有关联，那么为什么还要浪费团队宝贵的时间来讨论小格呢？简单地往表格里面填写约定的数字或符号即可。这时会遗留大概 200～300 个结果明显不一致的小格，这些小格是需要团队讨论、争论并达成一致的认识的。

第二种方法是围绕特定领域的专门知识将团队分组，如市场营销、生产或材料科学小组，然后根据各自的专业领域来给各小组指定特定的行和（或）栏。然后每个小组完成各自部分的关联关系确定，可能带回一小部分具有争议的小格回到大组，从而进行更广泛的讨论和决议。

请注意简单的平均数从未被使用过。团队需要花时间来尝试理解，对于同一个小格，为什么有些成员相信存在强烈关联或中等关联，而其他人只看到轻微关联或者没有关联。这些事情的发生通常不是因为人们没有考虑清楚，而是因为不同职能、不同组织部分的人们看待事情常常是截然不同的。揭露这些不一致的想法在学习 QFD 时常会发生，因此将它摆到桌面上是非常重要的。经常发生的情况是这些问题的两个方面都有令人信服的理由，此时一个积极、有益的辩论会随之发生。之后，也就是 5～10 分钟后，团队的主持者会要求进行再次投票，看是否能够达成共识。如果不能的话，可以再辩论几分钟，或者该团队简单地在核心数值上做出妥协从而结束辩论。

第三种减少过程乏味的方法如下。经验丰富的 QFD 主持者会告诉你，重新计票的过程大大增加了乏味性。随着人们变得疲劳，谁的手举着或者没举变得不清楚，团队的规模越大，计票过程越复杂。目前，在市场研究中（如焦点小组）使用的自动投票装置可以加速这个过程。在辩论结束时，团队成员只需用他们的投票设备来打字或拨号即可完成投票，再由中央计算机将投票整合，之后在屏幕上将投票结果展示出来。这种方法除了减少过程中的单调乏味，还给此过程增加了一个有趣的部分。

最后，应该指出的是在 QFD 中没有什么是“一成不变”的。团队随时可以增加、删除或者重新定义性能测量，或者重新考虑关联关系。疲劳可能限制重新考虑的次数，但如果某位成员在某个非常确定的点上输掉辩论，而在以后的过程中想要重新考虑，这种情况也是相当常见的。这种可能性从不被否认。一些团队创建了一种正式“申诉程序”，任何一名成员在任何时间都可以给管理员发送离线请求来要求对任一小格进行重新讨论。管理员可以决定同意哪些请求。

在早期的 QFD 中，单独在关联关系上花费 4～10 天的时间并不少见，这使得许多团队在中途就已经放弃了。但在今天，使用上述的一些方法，通常可以在两天甚至更短时间内完成这部分——虽然时间依然很长，但可以接受。

计划矩阵

质量屋右边的房间被称为计划矩阵（见图 2-6，房间 E）。它包含着从“客户心声”流程中得到的（研究对象的——译者注）重要性和性能（或满意度）的级别。图 2-7 展示了某计划矩阵的一个更加详细的例子。

计划矩阵的关键输出是右边的最后一栏，即原始权重（第 7 栏）。原始权重就是客户提供的重要性评分（第 1 栏）简单地稍微“判断强化”的版本。它是关键的变量，因为它将用在最后的矩阵计算中（将在后面的“优先排序”中解释）。“判断强化”是什么意思？虽然每一需求是由客户给出的一个重要性评分（第 1 栏），但是 QFD 允许团队成员通过一些方式来调整这些分数。

第一，经常发生的情况是，对于众多原因的任意一个，团队可能需要将一些额外的重点放在某些客户需求上。这些可能需要公司拥有新兴的技术优势，或者公司落后于一个目前处于最佳地位的重要竞争对手，因此项目需要额外的重点以便追赶甚至超过它。团队认为目前性能（第 2 栏）和有竞争力或者最佳性能（第 3 栏）有关系，通过判断得到一个有针对性的性能值（第 4 栏），然后称为改善率（第 5 栏）的指数就可以被计算出来——实际上，就是两者的比率（第 4 栏除以第

2 栏）——它以后可以与客户提供的重要性评分（第 1 栏）相乘。如果有针对性的性能大于目前性能（改善率大于 1.0），就能增加它的数值。举例来说，假设客户的需求是最大办公桌空间，在重要性评分中得到了 100 分中的 72 分（第 1 栏）。假设该公司目前的产品性能/满意度评分为 10 分中的 8.2 分（第 2 栏），而最佳的产品评分为 9.0 分（第 3 栏）。如果团队得出结论认为，至少需求与最佳相竞争的话，那么应该给目标性能评分为 9.0 分（第 4 栏）。因此，产生的改善率就是 9.0 分除以 8.2 分约等于 1.10（第 5 栏）。将重要性评分的 72 分乘改善率 1.10（第 1 栏乘第 5 栏），我们得到这种需求的原始权重约为 79。

		重要性评分	目前性能：我们的	目前性能：最佳的	目标性能：有针对性的	改善率（指数）	卖点（指数）	原始权重	
		1	2	3	4	5	6	7	
需求 1	1								1
需求 2	2								2
需求 3	3								3
需求 4	4								4
	5								5
	6								6
	7								7
	8								8
	9								9
	10								10
	11								11
需要 *n*	*n*								*n*

图 2-7　计划矩阵

第二，潜在的调整指的是卖点（第 6 栏）。许多客户需求几乎没有解决方案，但有些可能会创造一个独特的市场优势，可以并且应该用于产品的营销传播和销售中。这些也可以表达为指标，这是与原来重要性评分相乘的。继续上述的例子，如果该团队认为，响应更大的办公桌空间的需求将是设计新房间的一个有力的卖点的话，他们可能将卖点指数设为 1.20。在这种情况下，原来的重要性评分为 72 分，乘改善率 1.10 和卖点指数 1.20，得到这种需求的原始权重约为 95（72×1.10×1.20）。

因此，原始权重（第 7 栏）是最初的重要性评分（第 1 栏）乘这两个潜在的调整因素：改善率指数（第 5 栏）和卖点指数（第 6 栏）。注意，如果重要性评分本身是判断性的，在判断性地调整它时可能会有一点伤害。但是，理想的情况是，双方的重要性评分和性能分数在了解客户心声过程中获得。如果是这种情况，这些判断性调整应该限制其范围。花费所有的时间和努力来获取客户提供的数值是没有多大意义的，只需判断性地调整来适应团队的考虑。例如，如果客户表明，一个特定的客户需求是在重要性的底部 1/4，而只是因为我们认为这需要更多的努力或可以成为一个不错的卖点，使得它突然进入前 1/4 是毫无意义的。因此，建议这些调整被限制在 10%～20%，就是说调整指数为 1.10～1.20。事实上，许多团队根本不做任何调整。

计划矩阵应该利用 1～2 小时完成，其中唯一必要的输出是最后一栏——原始权重——这是矩阵中每个客户的需求（行）的最后一次重要性权重调整。

优先排序

最后，矩阵底部的“房间”是矩阵运算储存结果的地方（图 2-6，房间 F）。计算本身其实是一个大的权重乘倍率的计算方法。数学上，它表示为

$$重要性=\sum（关联关系\times原始权重）$$

每个栏中，我们只需将每个关联关系（9 分、3 分和 1 分）乘它的原始权重（计划矩阵右边的最后一栏），将所有数值加起来。总和被记录在每栏的底部的第 1 行，标志着优先排序。举例如下，考虑质量屋矩阵图 2-8 的第 1 栏（将在后面讨论）。对于该性能测量，该团队认为与需求#1 和#5 强烈关联（得分为 9 分），与需求#11 中等关联（得分为 3 分），与需求#6 轻微关联（得分为 1 分），和任何其他需求没有关联。

因此，将所有得分（9 分、3 分和 1 分）分别乘各自原始权重产生一个优先排序的评分栏：

$$（9\times101）+（9\times99）+（1\times97）+（3\times107）=2218$$

这些栏的数字实际上没有单位——它们只是一组数字而已。它们通常被称为效用点或者重要性分数。它们所代表的是综合力量的影响——所有客户的需求——朝希望发生的方向以重大的数额移动性能测量。

一旦所有的栏数值已经被计算出来，重新将性能测量按照从高到低的顺序排列是有用的，左边的分数——较高的数值——有明确的相互诠释，比起很靠右边的在产品设计上应该得到更多的重视。

在什么情况下，性能测量会获得高评分？大多数情况下，两件事会发生。首

先，包含更多的 9 分和 3 分的栏，比只有一个 9 分或者 3 分的栏更有可能获得更高的重要性评分。其次，那些 9 分或 3 分所在行的客户需求如果有更高的原始权重，也会得到更高的重要性评分。这说明什么？简单地说，这也正是它应该的。强烈影响客户需求的性能测量，比那些分数低的更有可能得到高的优先排序。

遗憾的是，QFD 并没有为产品开发人员回答每个必要问题。虽然这个高度严格的过程在确定哪些性能测量更值得重视方面表现不错，但是它停止了短期帮助团队为这些性能测量设置新的目标值（图 2-6，房间 H）。这部分通常是通过对标（图 2-6，房间 G）和判断来进行的。在这种情况下，对于那些已知或很容易获得的性能测量的数值，团队着眼于在性能测量下自己的现有产品在哪些方面下降及竞争对手在哪些方面下降，然后判断他们需要“打开旋钮”的程度。

然而，情况往往是，许多性能测量是新的，因此不管是自己公司的产品还是竞争对手的产品的数值都是未知的。测量从来不是免费的，因此团队必须决定将资源投入何处来实际确定当前值后，才能设定未来目标值。显然，这些将变得更加重要的性能测量，在新的测量过程中最值得投入资源。

质量屋矩阵完整示例

图 2-8 展示了一个完整的质量屋矩阵的示例，该例子是从《PDMA 新产品开发工具手册 2》中第 7 章办公座位产品使用客户心声开始的。

最开始，客户需求被列在矩阵的左边，团队开始进行生成性能测量的过程。例如，为了响应“在办公室内可以很容易到处移动”的需求，团队决定，应该测量需要用多大力才能用轮子来移动负荷 175 磅（平均体重）的椅子。同样，为了满足“让我感觉在组织内重要”的需求，团队在收集客户心声过程中了解到，办公室工作人员将更高的座椅等同于更大的组织重要性。因此，团队决定提供的最大座椅高度应该是一个适当的性能测量标准。

注意所有性能测量有以下三种特征之一。对于其中一些人来说，越高越好，所以团队应该努力提高这些性能测量的分数（见图 2-8“改善方向”行中的↑）；而对另一些人来说，越低越好，所以团队应该努力降低这些性能测量的分数（↓）；对少数人来说，一些中心目标值是最好的，如任何大于或者小于目标值的分数都将更糟（–）。例如，座椅高度越高越好（当然有实际限制）。但考虑到需要用轮子移动椅子付出的力，可能有中心目标值是理想的。如果需要很大的力，那么它就不是很容易“到处移动”的，而如果它只需要很小的力，那么椅子将变得不稳定，而且人们试着坐下时可能会摔倒。团队必须和客户进行一些原型测试以确定确切的目标值。

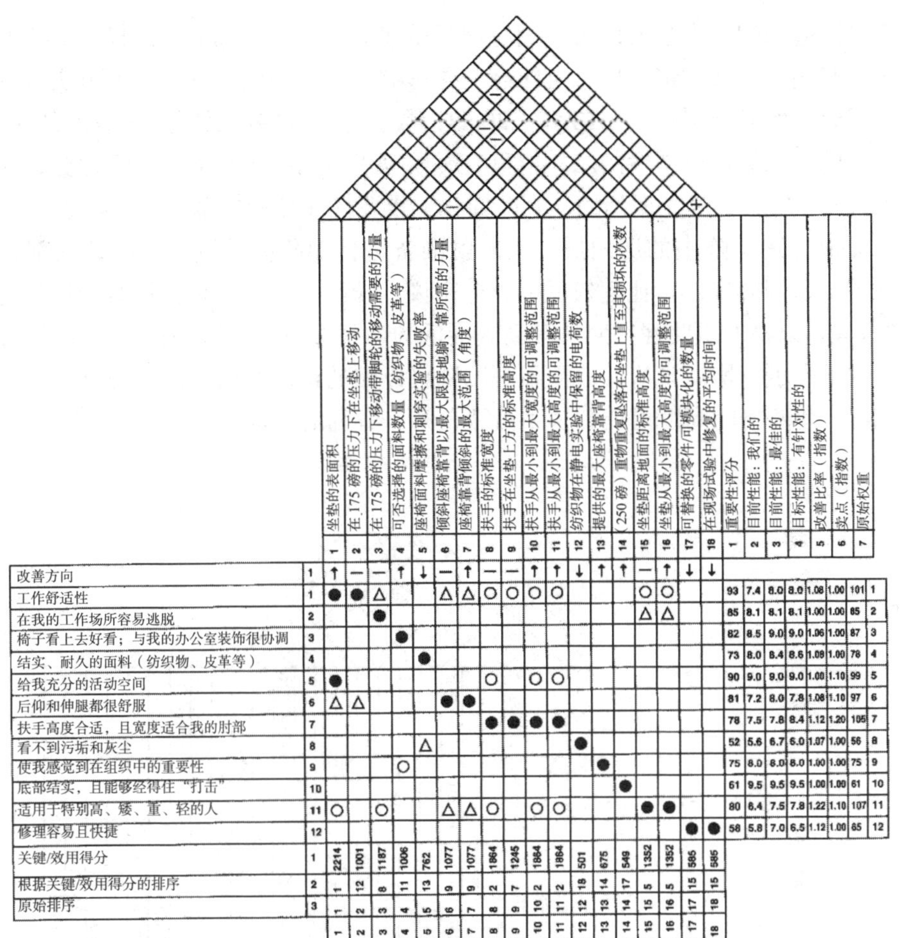

图 2-8　一个完整的质量屋矩阵示例

注意，在选择性能测量时必须考虑扶手的宽度和高度，团队开始时考虑使它们可调节，所以除了使用标准的宽度和高度，他们还考虑可调节的范围。这是一个性能测量标准的辩论引起的创造力的例子。

团队确定，矩阵屋顶线只有极少数的相互作用。例如，他们认为增加更换模块将减少平均修理时间（第 17 栏和第 18 栏），这是好事；而增强面料的耐久性将提高它们保留静电的能力（第 5 栏和第 12 栏），这会吸附更多的尘土和灰垢，这是坏事。

在计划矩阵这个例子中，重要性评分是 100 分制，而性能测量是 10 分制。注意，在选择目标改善值时，团队认为，有些人想追求一流，其中一些人追求他们认为可以追求的，少数人认为他们应该尝试建立新的一流标准。同样，对于卖点指数，有些人认为对销售信息可能有一些影响，其中一些人认为可能有更大的影响。因此，他们分别给了 1.10 和 1.20 的指数。记住这些项目完全是一个判断。

由此产生的在第 7 栏的原始权重有时候等于最初第 1 栏的重要性评分，而有时更大——展示了早先提到的“判断强化”重要性评分的概念。

完成上述矩阵中的房间后，团队就准备进行矩阵的计算。这些分数都被展示在图 2-8 矩阵底部。比起较低的评分来说，较高的评分将是更加有利的数值。图 2-9 只是以栏的重要性按照从最高到最低的顺序重新排列，并辅助矩阵的解释。这个例子表示，增加坐垫的表面积是团队可以做的最有利的事情，而且考虑高度和宽度，使座椅的高度可调和扶手可调是第二有利的事情。

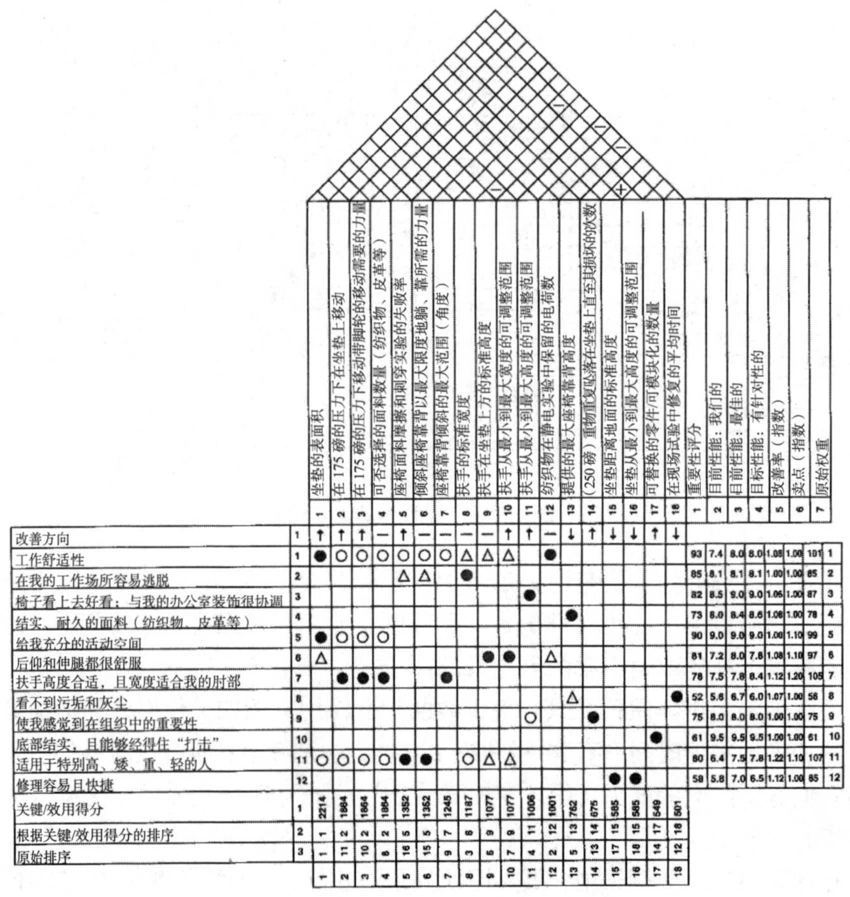

		1 坐垫的表面积	2 在 175 磅的压力下在坐垫上移动	3 在 175 磅的压力下移动带脚轮的移动需要的力量	4 可否选择的面料数量（纺织物、皮革等）	5 座椅面料摩擦和刺穿实验的失败率	6 倾斜座椅靠背以最大限度地躺、靠所需的力量	7 座椅靠背倾斜的最大范围（角度）	8 扶手的标准宽度	9 扶手在坐垫上方的标准高度	10 扶手从最小到最大宽度的可调整范围	11 扶手从最小到最大高度的可调整范围	12 纺织物在静电实验中保留的电荷数	13 提供的最大座椅靠背高度	14 （250 磅）重物重复坠落在坐垫上直至其损坏的次数	15 坐垫距离地面的标准高度	16 坐垫从最小到最大高度的可调整范围	17 可替换的零件/可模块化的数量	18 在现场试验中修复的平均时间	1 重要性评分	2 目前性能：我们的	3 目前性能：最佳的	4 目标性能：有针对性的	5 改善率（指数）	6 卖点（指数）	7 原始权重	
改善方向	1	↑	↑	↑	—	↑	—	—	—	—	↑	↑	—	↓	↑	↓	↓	↑	↓								
工作舒适性	1	●	○	○	○	○	○	○	△	△	△		●							93	7.4	8.0	8.0	1.08	1.00	101	1
在我的工作场所容易逃脱	2					△	△		●											85	8.1	8.1	8.1	1.00	1.00	85	2
椅子看上去好看；与我的办公室装饰很协调	3											●								82	8.5	9.0	9.0	1.06	1.00	87	3
结实、耐久的面料（纺织物、皮革等）	4													●						73	8.0	8.4	8.6	1.08	1.00	78	4
给我充分的活动空间	5	●	○	○	○															90	9.0	9.0	9.0	1.00	1.10	99	5
后仰和伸腿都很舒服	6	△								●	●		△							81	7.2	8.0	7.8	1.08	1.10	97	6
扶手高度合适，且宽度适合我的肘部	7		●	●	●			●												78	7.5	7.8	8.4	1.12	1.20	105	7
看不到污垢和灰尘	8													△					●	52	5.6	6.7	6.0	1.07	1.00	56	8
使我感觉到在组织中的重要性	9											○			●					75	8.0	8.0	8.0	1.00	1.00	75	9
底部结实，且能够经得住“打击”	10																	●		61	9.5	9.5	9.5	1.00	1.00	61	10
适用于特别高、矮、重、轻的人	11	○	○	○	○	●	●		○	△	△									80	6.4	7.5	7.8	1.22	1.10	107	11
修理容易且快捷	12															●	●			58	5.8	7.0	6.5	1.12	1.00	85	12
关键/效用得分	1	2214	1864	1864	1864	1352	1352	1245	1187	1077	1077	1006	1001	762	675	585	585	549	501								
根据关键/效用得分的排序	2	1	2	2	2	5	5	7	8	9	9	11	12	13	14	15	15	17	18								
原始排序	3	1	11	10	8	16	15	9	3	6	7	4	2	5	13	17	18	14	12								
		1	2	3	4	5	6	7	8	9	10	11	12	13	14	15	16	17	18								

图 2-9　一个根据临界值排序的完整的质量屋矩阵示例

有趣的是，在这个例子中，为了满足客户，改善框架和面料的耐用性结果可能远远不是关键的。技术规格的最后鉴定和确认优先排序正是 QFD 所要做的，并且团队现在可以把注意力集中在一套较小的严格确定的关键设计参数上。

质量屋矩阵的后续步骤

完成质量屋矩阵之后，还有一些潜在的后续步骤。

建造更多的房屋

在更严格的形式下，QFD 包含了一个四矩阵系列（见图 2-10）。这些后续的矩阵有什么用？其目的是要将“客户心声”展开贯穿到整个新产品的决策过程中。例如，第二个矩阵通常就用第一个矩阵中确定的较为关键的性能测量，并把它们列在新矩阵中的侧面。然后，团队可以生成潜在的能够传导前述的性能测量的特性和解决方案，这些特性和解决方案作为新矩阵中的栏。这样，该矩阵会回答将哪些特性和解决方案有效地进行了性能测量，而且这些性能测量对应客户需求。

同样，第三个矩阵利用得到的特性和解决方案，将它们列在左边，团队因而生成一组制造工艺作为新矩阵的栏。接下来，第四个矩阵利用得到的制造工艺，并对它们进行一些测试，如零件规格。

这里的逻辑是无懈可击的。这些矩阵帮助团队做出决定，如哪些零件规格可以帮助制造工艺、解决某些特性和解决方案、解决关键的性能测量、解决客户需求——客户心声。作为一个实际问题，有些经历过这些多重矩阵的人称它们为矩阵厅。需要大量的时间和精力来完成第一个质量屋矩阵的房子。虽然团队完成一个单独的完整质量屋矩阵的会议时间，从 8～10 天减少到 4～5 天，但是仍然需要大量的资源投入。而一些团队会利用其他不太可取的捷径，如仅仅完成部分矩阵，但也很少能低于 2 天时间。

多数 QFD 使用者声称，80%以上的价值都发生在第一个矩阵中。因此，只有相对较少的 QFD 使用者倡议完成所有的四个矩阵。质量屋的第一个矩阵本身就是非常有益的，而且还是很好的逻辑停止点。

有一个合理的例外。英国的斯图尔特・佩什教授建议对第二个质量屋矩阵进行微小调整，就是佩什概念选择矩阵（见图 2-11）。在这个变化中，关键性能测量被列在矩阵左边。（许多人只是列出了客户需求，虽然从技术上讲这并不是佩什建议的。）栏的定义如下：第一栏为基准，代表了现有产品，作为初步参考点。然后，一些概念设计都被列在其后的栏里。然后给这些新概念起名或者赋予符号，这样团队成员就可以很容易地回忆起它们代表的意思。团队根据每个性能测量（或需求）评估每个概念，确定这样的设计高于还是低于基准。

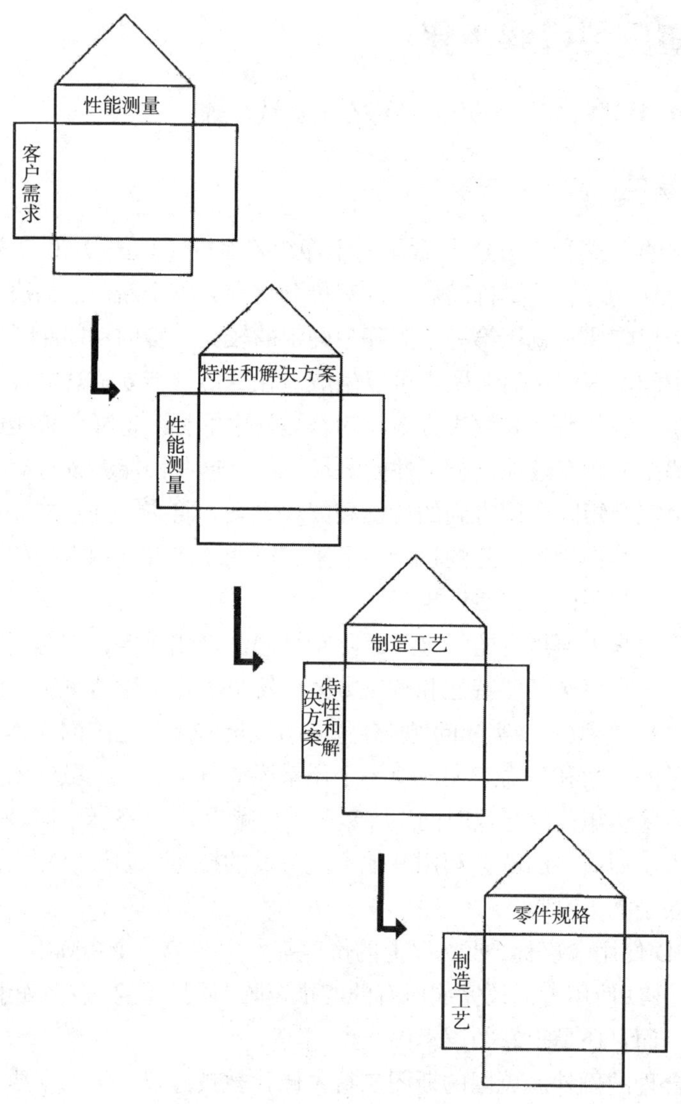

图 2-10　四矩阵系列

		1	2	3	4	5	6
		基准——现有产品	概念 A	概念 B	概念 C	概念 D	概念 E
性能测量 1	1			+	–	–	+
性能测量 2	2		+	–		+	
性能测量 3	3		+		+		–
性能测量 4	4			–	+		+
性能测量 5	5			–		+	+
性能测量 6	6			–	+	–	–
	7						
	8						
	9						
	10						
	11						
性能测量 *n*	12		–	+	+	–	
得分	1	0	1	–2	3	–1	1
		1	2	3	4	5	6

图 2-11　佩什概念选择矩阵

常用的分数和用来表示相互作用的一样：一个加号（+）、一个减号（–）或者一个空白，这取决于这个概念被认为高于、低于还是等于基准。有些 QFD 使用者还允许使用双重加号或者双重减号。每个概念被计算后，每栏中加号的数量和减号的数量也被计算出来，最后得分被列在底部。获胜的概念成为新的基准，而以后增加的概念可以参照它来计算和评价。当然目标就是要达成组合后的概念，这个概念吸收了先前概念的所有精华部分且剔除了糟粕部分。

佩什概念选择矩阵通常可以很快地完成，而且是一个很好的总结和完成 QFD 过程的方法。

重点关注哪些性能测量

另一个质量屋矩阵的活动是到底选择哪个性能测量作为团队未来希望的着重

点。有几种方法可以做到这点，如有的干脆选择前几名（如得到最高重要性评分的性能测量）。这一决定通常取决于现有资源的规模来继续研发和工程设计。

很多团队会选择包括一些“容易实现的目标”在内的方法——位于优先排序清单的底部，但是很容易快速和低成本地解决问题。总有一些性能测量会发生变化，就像公司销售产品或者服务的方式发生变化那样。虽然它们不属于优先要做的事情，但是由于它们能被快速、轻松地实现，它们也可能被包括在内。

性能测量分析

有些更严格的过程包括质量屋矩阵中每个性能测量的分析。对于每个性能测量标准，分析应该包括以下内容。

- 谁拥有这一性能测量？许多性能测量都有明确的组织“所有人”。有些明显属于单一的功能，如制造、设计、工程、市场营销或产品维修。
- 什么是当前的数值？如前所述，在某些情况下，对于我们所立足的性能测量，我们已经有了很好的信息，而其他一些需要新的测量。
- 我们是否确定新的目标值？在大多数情况下，答案是没有，但那些可能的，我们应该让它们从现在起就出现在纸面上。
- 此性能测量是如何开展的？由于 QFD 的创造性特性，一个团队往往会提出一些很好的想法来开展性能测量，如较早的关于移动房间内桌面的物品的例子。不管是谁提出的，对于责任人来说，收录任何好想法作为新的起始点都是值得的。

成本效益分析

或许 QFD 后最严格的活动是进行一个正式的成本效益分析。这就要求团队非常粗略地估计所需的资金和时间以要求的数量来开展性能测量。这意味着成本的部分。效益部分由重要性评分代表。然后，计算两者的比率，产生一个正式的数学方法来计算成本和效益比。

这些数字也可以做风险调整，通过加入“成功概率”因素。一旦这样做，团队会知道，如第 12 重要的性能测量只得到第 3 重要的性能测量的重要性评分的一半，但它可能是更好的项目，因为它只需要一项工程预算的 1/5。

避免缺陷

有一些共同的缺陷，缺乏经验的 QFD 使用者会经常遇到。因此，以下是警告和建议。其中大多数都和矩阵关联关系有关（见图 2-6，房间 D）。

一个矩阵关联关系的检查是，团队成员采用统一和适当的尺度来判断强烈、中等或者轻微的关联关系。虽然没有硬性的规定什么应该做，但是有建议称尺度应该是足够严格的，能使矩阵的 60%～75%保持空白。任何低于这个百分比的团队可能意味着其正在使用过低的标准。同样，性能测量应该使不多于 2～4 个格子有强烈的关联关系，也就是分值为 9。任何高于这个数字的团队可能意味着其正在使用的标准过低。多数团队在几个栏后在分值上达成某种默契的一致。

另一个矩阵关联关系的检查是，每行和每栏应至少有一个 9 分（虽然这对行来说更加重要）。没有 9 分的行说明该团队还没有较好的性能测量标准来解决客户需求。在这种情况下，团队应该再次尝试产生一个或多个性能测量，来获得 9 分。一个没有 9 分的栏意味着性能测量几乎没有影响客户需求，因此应该被放弃。然而，即使它不是，它很可能在最后矩阵的优先排序中得分很低。

还有一些常见的错误是团队用来确定相互作用评分的逻辑。记住我们正在努力评估的事情，是客户需求的改善对性能测量的影响，而不是相反。有时团队忘记这点而且扭转逻辑，他们问自己：“如果我们在客户需求上提高客户满意度（行），在性能测量（栏）上我们会有多大的提高？”例如，考虑到容易操作的客户需求和性能测量（如掌握一项技能所需要反复的次数）。可以很容易看到人们怎么运用逻辑的：“如果我们能使操作机器更加简单，那么掌握一项技能的反复次数就会减少。”而正确的逻辑是：“如果我们找到减少反复次数的方法，那么随着时间的推移，客户容易操作的需求就会得到更大的满足。”虽然听起来这很简单，但甚至一些有经验的团队有时也会弄错。

团队只需要一点帮助和经验，大多数时候就可以避免出现问题。在完成 1～2 个真实案例后，QFD 就是一种容易内化的技巧。受制于刚讨论的缺陷，不过几天的训练后就想要冷静地做到这一点，往往使团队感到沮丧。出于这个原因，很多团队在前一两个案例中往往选择一名经验丰富的主持者，随后他们就能相当自信了。这样团队就会有很多优秀的、经验丰富的主持者可用。

使用质量屋矩阵的时机

在每个开发项目上都使用 QFD 是否合理？当然不是！为收集客户需求的数据，QFD 需要相当大的投资。因此，在每个产品、服务或再设计提议的过程中都使用 QFD 将会提高成本。经验表明，在重大工程上，如开发一项重大新产品的平台或重大过程的再造(如电话客户中心或公司的订货、运输和结算功能)使用 QFD 才是有意义的。

服务产品的 QFD

早期 QFD 的大多数应用和几乎所有的文件都涉及制成品,其中大多数关于汽车产品。由于这个原因，关于其适用于服务产品一直有一些疑问。这个问题现在已经被证明基本上是毫无根据的。

服务产品的性能测量通常优于制成品。而后者的多数性能测量是可以在实验室测量的物理性能，如大小、重量、力量和时间等。服务产品的性能测量必须被发掘出来，这是难以确定但非常必要的。例如，在电话客户服务的 QFD 中，其中一条重要的客户需求是客服人员对自己保持礼貌和尊重。不依赖于事后类型的客户满意度测量，一家公司怎样来衡量这种现象？团队研究的是一种自我评价，一般一个月几次，他们的一些最受尊敬的同行（电话代表）将秘密地听取电话，将礼貌和尊重程度定级。

分数只会被作为一个整体向团队公布，因为他们只是对系统测量感兴趣，而不是个人。每个月代表都会开会来查看分数并讨论不寻常的电话，以及处理这些问题的方法，因此分数会逐步提高。令人惊讶的是，它涉及一个统一劳动力的问题。如果试图管理这样一个系统，或者对其进行测量，那么系统就不会破裂了。有些事情是难以测量的这一事实并不应该减少测量它的责任。

为何烦恼

《QFD，如何使它为你工作》一书作者娄 · 科恩列举了 QFD 的一系列好处。他认为 QFD 可以帮助团队做到以下几点。

（1）将设计选择与客户需求紧密连接起来。在许多公司，产品开发的决策过程往往是由声音最高的销售代表或办公人员决定的。他们的观点通常主要以基本事实为根据："嗯，我的客户说，如果我们做到这点，他们就买大量的产品。"虽然这可能是真实的，但是实际上它没有回答这样一个问题：从总体上来说，这是否是最好的行动。QFD 提供了一种方法，"冷静"地做出这些困难的决定。它使团队在广大的客户中，紧密连接各自的设计选择和客户需求。

（2）QFD 使公司所有的职能团队获得产品成功。为了对抗日本的竞争，20 世纪 80 年代以来，跨职能在美国被广泛应用，QFD 提供了一个完美的平台，使所有的职能团队都聚集到一块，为决策同时工作。事实上，许多人指出，QFD 提供了一个舒适的桥梁，技术人员（科学家和工程师）、销售人员和营销人员可以共同坐下来，解决他们之间的问题。QFD 使柔性质量数据（如客户需求，通常市场营销人员更加熟悉）和硬性质量数据（通常科学家和工程师更加熟悉）统一到一起。经验表明，团队完成这一过程后远比他们开始的时候更加统一。

（3）QFD 创造一种共同语言，跨越功能障碍促进沟通。有时，同样的话对于公司不同部门的人来说就有不同的含义。QFD 的辩论过程通常会澄清这些不同的解释，并使团队成员达成一种共同语言。

（4）QFD 提供了一个可追溯的决策过程。关于一个典型的 1～3 年发展前景的课题，团队成员经常变动。一些成员离开该公司，或者转移到其他项目，由其他人代替他们的位置。质量屋矩阵往往提供了很好的追查线索，帮助新成员理解在他们进入团队之前为什么做出那些决定。

（5）QFD 减少了破坏及时上市机会的中游开发变化。在鲍伯·金的著作《一半时间生产更好的产品》中，他介绍了他在福特汽车公司里做的分析。一个重要的问题是运用客户心声和 QFD 花费了更多的时间和费用，实际上是缩短还是延长了上市时间？答案是惊人的。通过减少中游开发变化，福特汽车公司实际大量缩短了上市时间。虽然在当时这一结论似乎违反直觉，但是从今天来看，这已经毫无疑问了。

（6）QFD 激发和增强创造力。显然，在研究客户需求和分析如何解决它们时，特别是在生成性能测量的过程中，可以使团队思考新的需求和新的功能，以及那些一开始就没有在他们脑中的新事情。太多的产品开发努力集中在已经知道的功能上，这只会导致出现更多相同的产品。团队的目标是想出新的功能和新的方法来满足客户，提出新的解决方案来创造突破性的产品。

（7）最后，QFD 帮助团队发现大“意外”。许多 QFD 的实验以一个团队成员意想不到的优先排序结束。也就是说，一些他们认为非常重要的性能测量结果并不重要，而其他他们认为不太重要的反而成为最重要的。人们对这些结果最初的反应是不可思议的。团队成员可能会怀疑他们做的是否正确，有的甚至不管当初创建矩阵付出的所有努力，要完全抛弃矩阵。当然，通常冷静的头脑最终获胜。有人可能会总结，“嘿，我们的感觉可能是不正确的。也许我们在这里学到了东西，而且也许最重要的条目不是我们最初思考的中心。”这种“意外”可能产生令人满意的结果，因为团队最终会得到和他们正式开展 QFD 之前计划的完全不同的产品。他们放弃时更清楚地了解了客户需求、丰富的性能测量、一套可能的新功能或解决方案，以及最终产品成功更大的可能性。

小　结

许多 QFD 团队经常忽视他们为什么要开展这一过程。事实上有一个非常实际待实现的目标。大多数公司需要建立一个正式的产品要求和产品规格文件。这样做的目的是要确定将要生产的产品到底是什么，确定其主要功能和规格，每个规格都有其目标值。这正是 QFD 规定应该做的——以一种高度结构化和严格的方式要求产品开发团队首先确定关键客户需求，然后把它们转化成性能测量，成为该产品的规格，以确定哪些是最重要的规范，最终为它们设立目标值。

本章现在回到了原点。团队不是心血来潮或以兴趣来做出决定，而是以完全合乎逻辑和分析的方式来做出决定。

作者简介

格里·卡茨（Gerry Katz）是新产品开发领域、新服务设计领域及市场调查领域的一位知名作家，他有将近 35 年的咨询经验。在应用营销科学公司，他领导完成了超过 100 个主要的且有客户参与的客户意见、质量功能展开（QFD）以及大量的其他营销科学应用的项目。他任职于 PDMA 理事会，拥有 NPDP 证书，还是《展望》(*Visions*) 杂志的撰稿人。他有多篇论文获奖，1988 年获得美国市场营销协会的威廉奥德尔奖。他在《产品创新管理》《欧洲管理》《市场调查杂志》和 *Interfaces* 等刊物上发表过论文。他经常在麻省理工学院的斯隆管理学院、宾夕法尼亚大学的沃顿商学院、达特茅斯学院的塔克商学院、卡耐基—梅隆大学商学院和哈佛大学商学院授课。他两次出现在 NBC《今日秀》和《华尔街日报》中。他于 1970 年获得罗彻斯特大学的管理科学的科学学士学位，于 1972 年获得麻省理工学院斯隆管理学院的管理科学硕士学位。

第 2 部分

改善客户和市场对 NPD 信息输入的工具

第 2 部分介绍了 7 种工具，这些工具有助于产品开发团队发现更有用的信息，并将其更有效地用于 NPD 流程。前 4 种工具将是有用的、产生令人感兴趣的概念和设计的工具。第 5 种工具（见第 7 章）将介绍细分市场信息以帮助企业找出定位新产品的方法，第 6 种工具将帮助你命名产品。第 9 章指出哪些信息对于更好地预测市场是必要的。在这些工具中，许多都是对某些工作的跨职能的修正，这些工作在传统观念中被认为是企业的市场部门范围内的工作。然而，目前在企业的管理和市场营销分类中，这些工作越来越多地变成了 NPD 团队的责任。另一个有意思的现象是，这些工具中的大多数工具都不需要很高的预算，中等甚至较低的预算即可，新兴企业不必耗尽资源就可以使用这些工具。

第 3 章介绍最大差异测量技术，客户在考虑具有不同特征集的产品时用该技术来权衡。该技术帮助团队确定在给定的资源条件下要关注哪些特征，使得他们将焦点集中于解决（从客户的视角上看）更重要的需求上。本章介绍的方法有几项真正的优势。第一，不需要复杂的计算机程序，因为有许多权衡决策方法。简单的图表程序就提供了所有需要的功能。第二，大量的额外信息可以从网上得到，以补充本章工具的需要。例如，本章给出了为了说明本章所列 15 项需求的排列顺序而需要的实验设计方法，其中第 5～15 项需求排序的实验设计方法都可以在网上找到。最后，本章不仅介绍了方法，还讲解了发掘隐藏在某些能看到的特定数字后面的内情的方法。

第 4 章介绍了另一种开发突破性创意的方法——“弹弓”法。该方法是一种多阶段的、以小组为基础的流程。该流程的特征之一是要利用产消合一者，即企业外部的那些既是新产品开发专家又是消费者的个体。他们一方面在流程的焦点小组中分享能力、专业人员和没有偏见的知识，另一方面分享消费者对流程在创意生成和调查研究方面的观点。“弹弓”法可以用最少 10 000 美元、3～4 周的时间实施完成。

人们有时会难以清楚地说明他们所面临的问题。第 5 章介绍了观察—驱动产品设计，这是一种不仅用于观察用户和从这些观察中得到需求信息的方法，还是一种用于首先制定可执行的业务目标，然后将这些业务目标与用户观察整合以识别具有高潜力的产品机会的方法。正如前人说过的那样，“如果你不知道要到哪里去（没有明确的目标），那么，任何一条道路都会使你到达那里”。确定了一些明确的目标再开始行动，会使团队更有效地组织其观察流程。此外，采用两轮观察的方法，可以使团队能够发掘更深层的需求。

第 6 章介绍了另一个用于开发突破性产品的短期的发掘流程。给市场和技术进攻型团队授权 3 个月的时间去寻找具有高潜力的新商业机会，并为企业建立开发这些流程的战略。一方面，因为这个四阶段的流程追求大且存在固有风险的商业机会，所以这些流程在确定企业可以利用的机会时不会永远成功；另一方面，因为这个流程只需要 3 个月的时间，所以无论结果如何，在一个非常短的时间内都可以获得有意义的认识。

细分你的市场，选择你要服务的目标市场，放任所有其他的细分市场。第 7 章介绍了一种定量的方法——STUP，这是一种用于确定细分市场的方法，有助于企业选择最好的目标市场，理解目标市场客户的需求和他们要解决的问题，然后，以客户的眼光来定位企业的新产品。尽管这些步骤是新产品成功的基础，它们还是经常被掩盖起来，或者人们凭直觉去完成这些步骤。本章提供了团队自己完成这个流程所需要的全部技术。小型企业也会发现这是极其有用的另一种技术。

玫瑰无论叫什么名字仍然是玫瑰。第 8 章阐明了究竟“什么是名字”，并提供了产品命名方法，用于有效地命名产品，并避免命名出现诸如“雪佛兰新星”（Chevy “Nova”）和“庞蒂亚克菲罗”（Pontiac “Fiero”）那样的错误（“Nova”和“Fiero”在西班牙语中分别是指“不能行走”和“丑陋的老女人”）。该章介绍了一个有效地命名新产品的六步骤式流程，该方法不会损害其他的产品名称，并且可以在法律上防止别的产品使用该名称。本章还提供了许多有用的品牌网络资源。

第 9 章介绍了一种基于假设来建立新产品预测的流程。基于假设的预测从识别新产品目标市场并确定潜在市场规模开始（假设每人都买该新产品），然后识别不同的在预期中可以缩小市场规模的要素（如不完全的配送覆盖），反复地将整个市场分割成较小的、更可靠的规模，直到最后预期的市场是可获得的为止。企业可以非常快地开发这些模型，并且可以随着获得更好的信息而随时更新。此外，无论企业的规模多大，都可以应用这种工具。

第3章

应用权衡分析从客户需求中获得最大的价值

纳尔逊·惠普尔（资源系统集团股份有限公司董事）、
托马斯·阿德勒（资源系统集团股份有限公司董事长）、
史蒂芬·M. 麦柯迪（资源系统集团股份有限公司董事）

为了生产出客户需求的有利可图的产品，产品开发团队不仅要确定各种客户能体验到的需求的排序，还要了解客户是如何对这些需求排序的。产品开发团队在确定将可获得的资源投入满足哪些需求时做出权衡，一项客户愿意做出的、明确的、定量的结构化权衡工程可以极大地帮助产品开发团队关注并做出这些决定。

不幸的是，衡量客户权衡情况的定量的客户调查通常都是用技术性方法来解决的。技术性方法有联合分析（Conjoint Analysis）[①]和离散选择模型等，被认为是昂贵的、需要特别的培训并需要特殊的软件才能执行。这些因素导致了一种观念，认为权衡分析只能用在产品开发过程的后端（而不是在开发前端），以及这样的分析超出了产品开发团队的能力。

然而，近年来，出现了一种新的调查工具，该工具使得产品开发团队在更多

① 译者注：联合分析也称交互分析、多属性组合模型或状态优先分析，是一种多元统计分析方法，产生于1964年。该方法最初不是为市场调查而设计的，但这种分析法在提出不久就被引入市场营销领域，用来分析产品的多个属性如何影响消费者购买决策的问题。该方法用统计分析的方法评估不同属性对消费者的相对重要性，以及不同属性水平给消费者带来的效用，通过分析消费者对产品或服务的总体偏好判断（渴望程度评分、购买意向和偏好排序等），从消费者对不同属性及其水平所组成的产品的总体评价（权衡）中得到产品开发所需要的信息。

的阶段可以更方便地进行客户优先排序的权衡分析。这种技术，也被称为最大差异（MaxDiff）测量[①]和最佳-最差测量（Best-worst Scaling，BWS），不需要有统计学的正规培训，不依赖于特殊的软件来执行，并且不需要基于个人计算机或基于网络的调查。所需的预算和时间资源更类似于一个典型的客户调查，而不是一个典型的联合分析。尽管最大差异测量主要是用以改善对调查问题的设计方式和分析方式（尤其对国际市场而言），但它还演变成另一种工具——该工具简化了衡量客户权衡的方法，发掘出更多的、收集这些宝贵知识的机会。

在权衡分析中，客户会得到一个与产品开发团队想要了解的概念相关的条目清单（如需求、特性等），并要求他们在多项选择中做出选择。根据这些客户的回答，可以计算出一个数字，该数字描述了客户对清单中的每个条目相对于其他条目的评判值。通过分析这些数字，产品开发团队可以对清单中的条目排序，但是，更重要的是，产品开发团队可以理解条目之间的相对差异值。例如，产品开发团队除了知道客户最重视的前三项需求，还会知道第二项和第三项需求（以及第四项和第五项需求）是否比排在更前面的条目都重要。

本章将介绍无须任何软件（除了电子表格程序，如 Excel）而使用最大差异法去设计、执行、分析和解释客户需求优先排序所需要的全部信息。尽管最大差异法可以适用于各种各样的问题（为此，你可能希望量化客户的优先排序），本章还是将重点放在如何将该方法用于客户需求分析。本章将逐步介绍用最大差异法进行定量的客户需求分析的步骤，包括生成为得到结论而所需的数据和说明如何做到以下几点。

- 在整体产品决策的情况下，分析和解释客户需求的优先排序。
- 设计并撰写利用最大差异法进行的调查和调查报告。
- 计算重要性程度值。
- 基于重要性程度将客户需求分类。
- 编制图表，该图表将客户优先排序置于竞争环境中。
- 建立一个对机会排序的评分系统。

尽管这个流程的某些步骤中可以使用特殊的软件，但是本章还是用实例说明应用已有工具（再加上本章中介绍的知识）的手动方法。

为了讨论图 3-1 显示的该流程中的每个步骤，这里用一个工业设备制造商的研究为例，该研究聚焦于 15 项需求陈述。例子中的制造商为企业制造和销售设备，并计划其下一项产品更新。该制造商完成了“客户心声”的工作，确定了 100

① 译者注：MaxDiff 是 Maximum Difference 的合成词。

多项独特的客户需求，然后将该需求清单缩减到 15 项关键的、该制造商愿意进一步做优先排序的需求。缩减的需求清单聚焦于维护和维修、设备操作员、环境、燃油经济性及设备性能等。

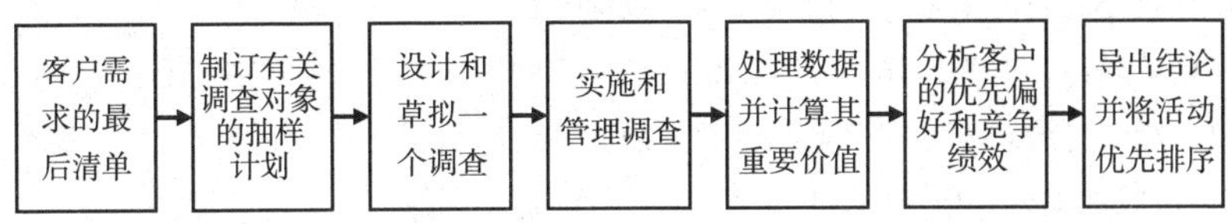

图 3-1 客户需求优先排序的关键步骤

调查的设计和执行

最成功的产品满足客户的基本需求，并且根据满足重要需求而不是竞争来区分。采用了权衡方法的定量调查将有助于确定那些基本要求和机会，以优先考虑的客户需求来区分，并了解现在这些需求被满足的情况。权衡调查报告的典型组成部分如下。

- 一个进行测试的条目清单（需求、好处、产品特性等）。
- 一个以权衡问题为结构的实验设计。
- 一项显示设计条目的调查。
- 一个向受访者分发调查问题的过程。
- 一个从调查给出的答案中估计优先排序的统计程序。

这项调查还应当包括用于进行客户分类的背景信息，以及竞争对手目前在每个条目上的表现。

在工业设备的例子中，条目清单中有 15 项需求说明（见表 3-1），实验设计是通过查找表来应用的，进行纸质调查，优先事项通过手动计算来估计。工业设备的研究表明了如何执行工作来满足 15 项需求。本章包含实际实验设计的一个子集查找表，但是要想获得一套完整的查找表以分析第 5～15 项需求，可查阅：www.rsginc.com/pdma/toolbook3/design_tables。

表 3-1 工业设备中的客户需求清单（例）

1. 积极地管理和引导，以达到最高的效能
2. 自动帮助低技术水平的操作者成为好的操作者
3. 自动跟踪和定期维修
4. 可以准确地对问题进行自我诊断，并将信息以明确和易于理解的格式来报告

续表

5. 可以很容易地重新配置和设置
6. 可以在显示屏上显示易于使用的电子版的服务手册、操作手册和零件目录
7. 可以在狭小的空间里很容易地操作和有效地工作
8. 能在极端条件下有效操作，并可以在达到稳定的极限时警告操作者
9. 可以在废气排放减少的情况下运行而不牺牲性能或耐用性
10. 控件可以被很容易地调整，以适合每名操作者
11. 它的设计非常简单且可快速清洁
12. 非常安静
13. 该设备可大大减少运行和运输过程中产生的粉尘的数量
14. 该设备能够自动执行重复任务
15. 只使用现在设备一半的燃料来执行相同的工作

最终确定客户需求清单

第一步是完成你将要分析的客户需求清单。假设你已经有了一个客户需求清单，也许它来自客户心声，工作好像《PDMA 新产品开发工具手册 2》（卡茨，2004 年）中所描述的那样，你可能还没有将它们缩减到 15 项以内。如果你还没有做到这一点，有几种方法可以将重点放在缩减的需求当中，其中一些需要利用现有的知识来解决。在缩减需求清单之前，你可能需要注意以下几点，仅供参考：

- 现有的、从以往的努力中得到的、以客户需求为基础的数据或知识。
- 为公司或产品领域建立价值主张或战略目标（如何区分你的产品与竞争对手的产品以赢得客户的战略）。
- 客户需求亲和图。
- 符合特定需求的、集思广益的特性清单。

这些工具将帮助你了解哪些需求最有可能影响产品的成功，因此，应被包括在权衡分析中。表 3-2 列出了要采取的措施，以便最后确定客户需求清单。

图 3-2 示例的亲和图可以用来将需求组织在一起（卡茨，2004 年）。把类似的需求（由产品开发团队或者为此目的而聚集的一组客户来确定）集合在一起。每一集合可以由最能代表该集合的项来命名或开发一个新的说明作为汇总。例如，在图 3-2 最右边的 5 项需求可以概括为“设备性能”。如果需求清单太长，它可以减少为有简要说明的主清单，来进行所有详细的陈述。图 3-2 表明，“工业设备”选框下的 5 项需求可用于你想将需求清单项从 15 项减少至 5 项的情形。（图中，由于空间的限制，标签被用来代替陈述。）

表 3-2　最终确定客户需求清单的步骤

评估步骤	查找什么
重新建立亲和图	• 所有的团体都不同吗？也许这些可以得到进一步的合并 • 考虑把重点放在总结需求
审查现有的任何数据，这可能会使你有机会获得客户需求以关注这一产品	• 是否有一些基本需求，这些基本需求已被熟知而并不需要再次衡量 • 如果客户需求被更好地理解，哪些需求能提供新的见解
审查任何已由你的公司或产品领域建立的价值主张	• 是否有些需求对支持你公司或产品领域的价值主张不那么重要
考虑你努力的范围	• 你目前所倡议的是解决产品线或个别产品的问题吗？如果你倡议的是产品线，考虑哪种需求在处理多种产品时能被最充分地利用 • 每项需求能否通过某项技术得到解决，而该技术将继续存在于你正在考虑的倡议的时限中？考虑删除任何无法在时限内得到满足的需求 • 是不是有一些需求属于你的努力范围之外
关注客户心声	• 是不是有的陈述反映的是没有客户需求的技术特性 • 务必确保需求陈述使用的是客户语言

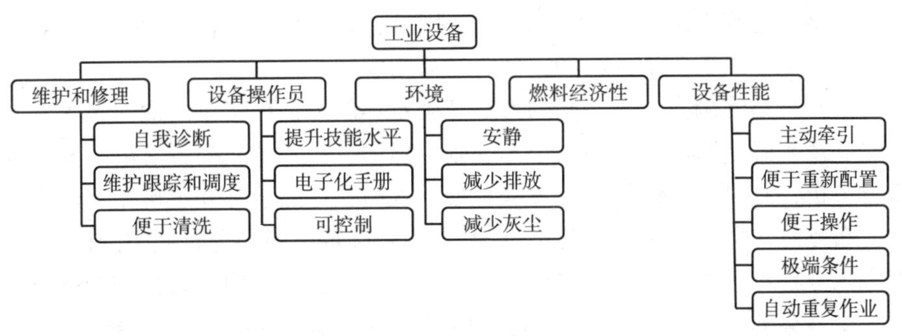

图 3-2　亲和图举例

制订抽样计划

在将需求陈述为一项调查之前，你必须决定采访哪些客户。这一决定有时会影响调查的内容。你还必须确定是否有任何有关利益的关键子组应该被包括在内。

可能根据关键子组来设定所有的访问目标。这就是所谓的抽样计划[①]。虽然这一点很明显，重要的是要认识到，你收集的结果将反映你采访的人的组成。如果你选择的采访只涉及你自己的客户，你将无法深入了解如何吸引新的客户，而他们可能有不同的需求。相反，如果你只考虑前景，你将不会获得任何有关如何留住现有客户的信息。抽样计划将帮助你管理和控制这些影响。

抽样调查的样本组成将影响你的调查结果，因为不同客户的优先需求将有所不同。大批量购买者可能不同于小批量购买者。美国加利福尼亚州的消费者可能不同于东北部的消费者。大公司与小公司相比可能有不同的优先事项。客户优先排序可能根据每家公司对你的产品的关键应用而有所不同。在个人层面上，客户可以对那些产品维护负责人或购买决策者有不同的优先考虑。如果某些类型的客户被排除在外，其独特的需求配置不会影响结果。如果某些类型的客户在你的样本中比在市场上占了更大的比例，他们的需求将在产品上市时更强烈地影响调查的结果。

想要制订适当的抽样计划，你必须对想要调查谁和如何可以适当地描述他们有一个明确的想法，要考虑到不同关键子组的比例。

你也必须计划足够完整的问卷调查，以得到可信的结果。以下内容是必须决定的。

- 要调查的市场范围——整个市场或某个战略部分（受访者资格）？
- 是否分析选定市场的子组（配额组）？
- 进行多少访谈？

为了支持这些决定，要考虑产品开发活动的参数，因为它们涉及了市场目标，并且确定和量化了主要细分市场，这对产品的成功非常重要。

对不同类型的调查，有不同的方式来确定你的最低样本量。而对最大差异，尚未建立用来确定所需样本的大小的规则。然而，另一个权衡方法的一些准则，如联合分析，则可以被借用。在《联合分析入门：产品设计和定价策略研究》一书中，布赖恩·奥姆讨论了“拇指规则”，用来确定不同种类研究中的样本大小，并用来区分旨在提供一个强大的市场分析的研究和以发展假设为目的的研究。为建立一个健康的市场分析（带有统计学结果），他建议总共要有 300 份调查。如果你有配额组并希望对它们进行比较，他建议每组 200 份，调查总人数则相应增加。如果你的目的是创造假说并了解一般市场的优先需求，每组 30～60 份是不够的。

表 3-3 总结了可能的方式，以确定样本量，该样本量基于你可能有的配额组

① 关于抽样计划（包括样本及划分计划的模板）的更多的讨论，请访问 www.rsginc.com/pdma/toolbook3/sampleplan。

和你的总体与子组分析目标。如果你或你的团队没有配额组并希望有一个稳健性分析，目标至少要有 300 份调查。如果你有配额组并希望有一个稳健性分析，每组至少 200 份调查，总的目标将产生于这种计算方法之中。如果你只想对小组一级进行定向分析，每组 50 份调查，但要确保整体达到 300 份调查。你可以通过提高各组的目标或包括没有被包含在配额组内的合格调查者来达到这一目标。如果你设有配额组并且只想要一个总体的方向性分析，你不必一定要确保总共有 300 份调查。无配额组的全面定向分析应至少有 50 份调查。

表 3-3　确定样本需求

总体目标	配额组目标	最少建议调查量
稳健性分析	（无配额组）	总共 300 份
稳健性分析	稳健性分析	每组 200 份
稳健性分析	定向分析	每组 50 份，确保总共 300 份
定向分析	（无配额组）	总共 50 份
定向分析	定向分析	每组 50 份

在工业设备的例子中，制造商主要感兴趣的是大型和超大型公司，以及 3 个行业子组。因此，总体样本大小确定为 600 份，是由这 3 个行业子组中每组至少 200 份完整调查来推动的（见表 3-4）。其他因素可能推动这一目标达到一个较低的数字。例如，如果有人认为，很难调查一些子组（这可能是由于成本、时间及可采访的公司总数的限制），这可能会影响较低的目标的建立或使得某些子组被省略。举例来说，如果没有许多大型公司来提供调查，这些公司的目标可能是保守的，在 200 份以下。这些可能成为整个市场分析的一部分，而不是作为单独的子组。

表 3-4　工业设备抽样计划举例

工业设备抽样计划：一共完成了 600 份	
资格条件的描述	**资格条件的确定**
公司规模	• 最少拥有 40 件“通用”设备
	• 大公司的所有人/执行经理
职称决策者	• 超大型公司的经理或更高职位者
	• 对一种设备制造商的选择的投入“明显”高于其他设备制造商
配额的描述	**配额的确定**
公司规模	• 大型公司 200 家（最少）
	• 超大型公司 200 家（最少）

续表

配额的描述	配额的确定
行业	• A 行业 200 家
	• B 行业 200 家
	• 其他行业 200 家

然而，尽管我们知道了样本大小，可能还是选择去看较小的一组的结果，特别是如果分析是在产品升级过程的早期阶段进行的。在这种情况下，产品开发团队可能不想花费资源进行完全的稳健性分析。他们也许只需要知道一般重要市场的输入方向是什么，因此可能不会花费更多的资源来从更大的样本中获取信息。

当你招募的受访者接受调查时，你应首先确保他们有资格在一个简短的被称为筛分的调查中回答问题。邀请可以通过电话、拦截路人（如在商场或贸易展上）和电子邮件的方式进行，甚至用普通邮件寄出。如果你获得了一个潜在的受访者名单，确保知道使用该名单的准则。如果有的话，要知道如何、何时及为什么你被允许让人来接受调查。如果你要拦截路人，确保你有权限在商场、贸易展或其他地点这样做。（如果你同一家从事招募的公司合作，他们将知道如何处理这些情况。）

图 3-3 显示了一个关于工业设备研究的筛分例子，包括问候语，以及与主要资格和配额有关的问题。这个例子是通过电话来展开调查的；配额问题之前的资格问题是为了最大限度地减少受调查者所需的平均时长。

你好，我可以和（样本中的名字）或公司所有人/总经理或设备购置的负责人

我的名字是_____，我打电话是代表（公司进行研究的名称）。我们正在做一个关于工业设备的研究项目，并且希望得到你的意见。我向你保证我们并不是为了出售或做广告，也不是为了直销。你的姓名不会与你的答案有任何方式的联系。我们只关心你对我们产品开发的意见。

考虑以下四种类型的设备（阅读下面四种类型），当你的公司决定从制造商处获得一台设备时，以下哪项最能描述你的作用？你会说你_____（阅读清单）

1．是唯一的决策者
2．对决定有大量的输入
3．对决定有一些输入（请推荐）
4．很少或没有输入（请推荐）
5．（没有阅读）不知道/拒绝（感谢你并请终止）

继续，考虑以下四种类型的设备（阅读四种类型）。你的公司目前总共拥有多少件设备（包括你的公司通过购买或租赁获得的所有设备）？

- 没有（感谢你并请终止）
- 39 件或更少（感谢你并请终止）
- 40～99 件
- 100 件或更多

下面，我将宣读关于地区或行业的一份清单。当我读到了贵公司主要涉及的领域时，请让我停止。如果你的公司大量工作在其中一个以上的地区时，请选择一种最能描述你的主要线路的工作。

1．工业 A
2．工业 B
3．工业 C
4．（没有阅读）其他（具体说明）__________

图 3-3　关于工业设备研究的筛分例子（通过电话调查）

当调查采取筛分的方式时，一定要指定唯一的调查编号，这可用于使筛分的答复与调查的答复相匹配。

最大差异权衡设计与分析

设计和起草最大差异调查

在制订抽样计划和筛分之后，下一步就是起草调查。这项调查将收集 3 个基本类型的信息。

- 每个客户需求的重要性（如使用最大差异权衡）。
- 每个客户需求的竞争观念。
- 人口和其他背景资料，可以帮助从答案中厘清脉络（如客户或非客户、购买量、主要竞争对手的经验等）。

首先，最大差异权衡将讨论从设计到分析的过程。然后，讨论将返回调查设计，来探讨有竞争力的看法。

最大差异权衡包括一系列的问题，如图 3-4 所示。

以下哪一项将是你公司设备在未来的最大价值，哪一项是最小价值呢？		
价值最大		价值最小
□	积极地管理和引导，以达到最高的效能	□
□	可以很容易地重新配置和设置	□
□	能在极端条件下有效操作，并可以在达到稳定的极限时警告操作者	□
□	它的设计非常简单且可快速清洁	□

图 3-4　最大差异抽样问题

要构建这些问题，需要需求清单、用来确定如何使用需求项来构建问题的实验设计以及问题本身。你如何构建问题将决定别人回答你的问题时考虑什么内容，以及你如何解释他们所说的内容。

问题应该提供更多的具体上下文而不是简单地要求客户去陈述什么最重要、什么不重要，因为缺乏上下文都会留下问题："重要的是什么？"在图 3-4 中，客户被要求说明什么是对他们的公司最有价值的/最没有价值的。对本产品组，重要的是其产品怎样帮助客户为他们的商业活动增加附加价值；这些因素都会影响所提问题的措辞。答案可能有所不同，如这个问题是"用什么留住优秀的操作员"，或"当你购买你的下一个设备时，什么是最重要的"。

如果该工业设备制造商的战略重点是差异化与基于运营商满意度的竞争，前一个问题可能是恰当的。后一个问题是不恰当的，因为它侧重于短期内购买，这可能会导致客户思考在下一阶段什么是可行的并想太多。从长远来看，我们不希望客户说“这是不重要的”——仅仅因为他不认为这是可行的或即将可行的。

注意这个需求清单可能类似于一个特性清单。然而，在这种情况下，需求和利益是体现在特性说明中的，所以这样给客户的价值是明确的。这份清单是使用客户的语言建立的，而不是使用公司行话，所以可以深信：陈述清单对市场是有意义的。

设计问题的顺序时，我们要将需求与实验设计相匹配。实验设计告诉我们：①有多少问题（实验）需要解决；②每个问题中显示多少项需求；③需求要以什么顺序来显示。它也表明了有多少种不同版本的调查是必要的。我们的目标是准确确定每项客户需求的相对重要性，而不让客户回答太多的问题或过于复杂的问题。要做到这一点，问题必须以符合统计的要求并且从客户的角度优化任务的方式来设计。为满足这些要求，就必须有不同版本的调查，并分别设计不同的问题。

表 3-5 和表 3-6 显示了研究 15 项需求的 10 个调查版本中的 2 个。因为有 10 个设计，就将有 10 个不同的调查，每个都设有不同的最大差异问题（如前所述，这些问题都可以根据所给网址在网络上找到），但其他的方面相同。表 3-5 显示了 10 个调查版本中的 1 个：有 11 个最大差异问题（序号 1～11），而且每个问题会显示 4 个需求说明（4 栏标示为“需求说明序号”）。每个问题和需求说明交叉的单元格中包含一个对应于问题中所显示的需求说明的数字。

表 3-5　15 项需求的 10 个调查版本之 1

问题序号	需求说明序号	需求说明序号	需求说明序号	需求说明序号
1	3	2	6	12
2	6	15	14	13
3	15	10	1	5
4	2	5	4	11
5	10	6	11	8
6	8	13	9	7
7	14	1	8	2
8	1	9	10	12
9	5	3	13	9
10	12	7	15	4
11	11	7	3	14

表 3-6　15 项需求的 10 个调查版本之 2

问题序号	需求说明序号	需求说明序号	需求说明序号	需求说明序号
1	4	8	10	3
2	14	12	9	5
3	7	2	5	6
4	1	3	7	15
5	9	4	6	1
6	13	14	4	10
7	4	9	2	11
8	8	11	12	1
9	2	10	3	14
10	5	15	8	9
11	11	13	2	15

使用表 3-1 的需求清单从表 3-5 得到的第一个最大差异问题如图 3-5 所示。读完问题 1 的需求说明，第一需求是#3（“自动跟踪和定期维修”，见表 3-1），第二需求是#2（“自动帮助低技术水平的操作者成为好的操作者”，见表 3-1），等等。需求清单的顺序及说明是如何编号的（见表 3-1）并不重要，只要在实验设计表中同一数字对应由每个问题产生的同一需求说明。这个说明完全按照顺序表的设计来列出问题，最左边的说明最先列出，最右边的说明最后列出。当整个设计（每 10 个表格中的 1 个）被实施时，每个说明在每个位置上出现相同次数，在相同问题的数字上会出现同样的次数。这些属性对于公正性来说是很重要的，以防止产生有偏见的结果，并运用实验设计来准确地帮助实现这一目标。

图 3-5 和图 3-6 显示了由工业设备分析的实验设计所产生的第一次调查中的前两个问题。每个问题是按照从表 3-5 读取一个说明的过程编写，然后把这一说明按相应的行号放置在相应问题的正确位置上。（与问题相应列出的数字显示了主清单中每项需求的编号，这样做是为了使之后的数据编码更容易。）另外 9 个问题是由总共 11 个问题中除上述的图 3-5 和图 3-6 所说的内容而引发的。整个过程是重复 9 次以上来产生总共 11 个问题的 10 种独特的集合。

每种集合将放在一个单独的调查中来进行，接受调查的人将只能看到 11 个问题的一种集合。10 种集合中的每个都在样本中出现同样的次数。在工业设备的例子中，总共有 600 份完成的调查，因此，每种集合的调查结果将由 60 人来提供（完成的 600 份除以 10 种集合）。在实践中，由于在招募人员参与调查的过程中有物流参与，并非总是能够确保每种集合出现完全相等的次数。例如，每种集合所对应的已完成的 60 份调查（10%）可能是有针对性的，但最终的结果可能是某种集合会占到 8%～12%。虽然不是十全十美，这一结果仍然是可以接受的。理想的结果是让每项需求说明对总体而言出现几乎完全相等的次数；然而，只要比例接近预期值，结果就是有效的。

以下哪一项将是未来你公司设备的最大价值，哪一项是最小价值呢？			
价值最大		价值最小	
□	自动跟踪和定期维修	□	(3)
□	自动帮助低技术水平的操作者成为好的操作者	□	(2)
□	可以在显示屏上显示易于使用的电子版的服务手册、操作手册和零件目录	□	(6)
□	非常安静	□	(12)

图 3-5　使用表 3-1 的需求清单从表 3-5 得到的第一个最大差异问题

以下哪一项将是你公司设备在未来的最大价值，哪一项又是最小价值呢？			
价值最大		价值最小	
□	可以在显示屏上显示易于使用的电子版的服务手册、操作手册和零件目录	□	(6)
□	只使用现在设备一半的燃料来执行相同的工作	□	(15)
□	该设备能够自动执行重复任务	□	(14)
□	该设备可大大减少运行和运输过程中产生的粉尘的数量	□	(13)

图 3-6　使用表 3-1 的需求清单从表 3-6 得到的第二个最大差异问题

实施和管理调查

当进行调查时，在调查表上打印代码来确定它的版本，这样你可以轻松统计每个版本已经完成了多少。另外，给每个反馈者设定一个独特的代码，这样就很容易在整个过程中追踪个人。你可以使用筛选过程的编号或其他唯一的编号，这样一旦你有其他信息就可以将调查结果链接到筛选者。

工业设备的调查是一个纸质的调查，而其他的方法也可以使用。调查本身可以用纸质的形式进行，电子表格通过邮件、CD 或在线方式进行传送。电话调查对于最大差异调查不是一个好的选择，因为受访者需要考虑若干项目再做出选择，这是很难通过电话调查完成的。可能有人建议销售人员应该把调查表带到客户那里并加以管理（这是一个特别受销售人员欢迎的建议）。一般情况下，这是一个不好的想法，销售人员在场的情况将不可避免地导致获得的答案带有偏见。这里提到的方法并不需要有人来管理问题；每种方法都可以利用受访者实现自我管理。

最后，在用它来管理整个目标群体之前，将调查与对照组进行测试是一个好主意。测试的主要目的是确保客户以你希望的方式来解释需求，并且使他们可以很容易地理解和回答所设定的问题。再次给他们看需求清单，并请求他们解释每一项，指出其中任何需要额外着重理解的条目。你也可以测试是否所选择的抽样计划组被正确地定义了。当你询问客户时，请他们描述其在决定购买你的产品时的角色。他们的回答应该可以告诉你筛选程序是否已经达到要求。

最理想的情况是，对一些客户（5～10 人）进行对照组测试，之后向他们汇报。在决定它们是不是值得去做之前，产品开发团队会考虑各种变化（如措辞、调查布局、或筛选/采样）。如果客户不能做测试，客户代理人（如销售人员、客户服务代表或与客户交流有经验的市场研究人员）可作为最后的选择。

处理数据和计算重要性程度值

在结束调查后，要统计调查的每个版本全部完成的数量和部分完成的数量。当统计完所有已完成的调查时，每个版本应该已经完成了大致相等的次数。

最大差异问题的反馈答案就像图 3-7 所示的那样，必须用电子数据文件进行分析。首先，完成一个像表 3-7 一样的试算表。将反馈编号做成一栏（编号），将问题号做成一栏（Q#），将 15 项需求说明每项做成一栏。每个反馈的最大差异数据将反映到 11 行里。将反馈编号放置在 11 行中每行的第一栏，并在第二栏中，将行从 1 到 11 编号；这些将与 11 个最大差异问题相对应。每行都将包含这些最大差异问题反馈中的一个，而 11 行将代表一个完整的调查。当一个需求项被评为“最重要，”它将在它的一栏获得一个“1 分”；当被评为“不重要的，”得到一个“–1”。需求项出现了但没有被选中，应获得一个“0 分”；如果你要计算平均分数，这将是很重要的（如计算置信区间）。Excel 会将“0 分”算为平均数的一部分并将排除空项。

以下哪一项将是你公司设备在未来的最大价值，哪一项是最小价值呢？			
价值最大		价值最小	
☑	自动跟踪和定期维修	☐	（3）
☐	自动帮助低技术水平的操作者成为好的操作者	☐	（2）
☐	可以在显示屏上显示易于使用的电子版的服务手册、操作手册和零件目录	☑	（6）
☐	非常安静	☐	（12）

图 3-7　第一个最大差异问题的反馈

表 3-7 显示了一个完整的反馈者 1000 和 1001 的最大差异反馈。要确定每项需求的相对重要性，只需将每项需求说明栏的值简单相加。由此产生的数字（或分数）代表每项需求的相对重要性，范围从负到正。受访者 1000 和 1001 的总体重要性得分则显示在表 3-8 中。每项需求针对一个反馈者平均出现 3 次，需求#15（燃料经济性）的得分 6 分表明它总是被认为“最重要的”。相反，需求#1（积极的管理引导）几乎总是被选为“不重要的”。

表 3-7　完成两项反馈的最大差异数据

	需求说明															
编号	Q#	1	2	3	4	5	6	7	8	9	10	11	12	13	14	15
1000	1		0	1			−1						0			
1000	2						−1							0	0	1
1000	3	0				−1					0					1
1000	4		1		0	0						−1				
1000	5						−1		1		0	0				
1000	6							0	1	−1				0		
1000	7	−1	1						0						0	
1000	8	−1								0	0		1			
1000	9			1		−1				0				0		
1000	10				0			−1					0			1
1000	11			1				0				−1			0	
1001	1		−1	0			1						0			
1001	2						0							0	−1	1
1001	3	−1				0					0					1
1001	4		0		1	−1						0				
1001	5						1		0		0	−1				
1001	6							−1	0	0				1		
1001	7	−1	0						1						0	
1001	8	−1								0	0		1			
1001	9			−1		0				0				1		
1001	10				0			−1					0			1
1001	11			1				−1				0			0	

因为需求说明的数量已被包括在问题的边上，不需要为了编码而知道采用的

是哪个版本的调查。这些数据可以直接从完成的调查表中输入电子表格，而无须参考实验设计表。

表 3-8　两项反馈中的重要性得分

15．只使用现在设备一半的燃料来执行相同的工作	6
3．自动跟踪和定期维修	3
8．能在极端条件下有效操作，并可以在达到稳定的极限时警告操作者	3
12．非常安静	2
13．该设备可大大减少运行和运输过程中产生的粉尘的数量	2
2．自动帮助低技术水平的操作者成为好的操作者	1
4．可以准确地对问题进行自我诊断，并将信息以明确和易于理解的格式来报告	1
10．控件可以被很容易地调整，以适合每名操作者	0
6．可以在显示屏上显示易于使用的电子版的服务手册、操作手册和零件目录	–1
9．可以在废气排放减少的情况下运行而不牺牲性能或耐用性	–1
14．该设备能够自动执行重复任务	–1
5．可以很容易地重新配置和设置	–3
11．它的设计非常简单且可快速清洁	–3
7．可以在狭小的空间里很容易地操作和有效地工作	–4
1．积极地管理和引导，以达到最高的效能	–5

表 3-9 显示了所有 600 份工业设备的调查表在“原始分数”一栏的结果。需求说明#15 以 1612 分遥遥领先；重要性位居第二的需求是#7（可操作性），以 1036 分落后。“百分比”栏代表的是“原始分数”的平均值；它被标为“百分比”，这是因为分数的平均值也代表每项需求可能实现的总分数的百分比。需求说明#15 取得总可能最高分的 89.6%（百分之百就意味着每当它出现一次，每个人都选择它作为“最重要的”）。在结尾的地方，需求说明#6（“可以在显示屏上显示易于使用的电子版的服务手册、操作手册和零件目录”）获得了总可能最低分的–66.4%。

“95%CI”一栏是置信水平为 95%的置信区间。如果两项需求的重要价值的不同是统计说明的，就要为每种价值计算置信区间。为最后的得分计算置信区间，请按照下列步骤操作（公式和符号参考 Excel 函数）：

第一步，为每个需求栏计算平均值（mean）[在 Excel 中，=Average（number 1, number 2,…）]。在公式中，“number 1，number 2，...”代表了你的数据集中一系列的行。在工业设备的例子中，有 600 份每个 11 行的反馈，或者 6600 行，所以公式应表示为“=Average(C2:C6601)”。Excel 将计算平均数和空白单元格中的“0”。

在这个例子中，共有 600 个受访者，每个受访者看到每项需求 3 次，所以每个原始分数要除以 1800。

表 3-9　工业设备例子的最终最大差异结果

需求说明	原始分数	百分比	95%CI（+/–）	最终得分	95%CI（+/–）	等级
15. 只使用现在设备一半的燃料来执行相同的工作	1612	89.6%	2.0%	100	1.3	A
7．可以在狭小的空间里很容易地操作和有效地工作	1036	57.6%	3.6%	79	2.3	B
2．自动帮助低技术水平的操作者成为好的操作者	980	54.4%	3.6%	77	2.3	B
8．能在极端条件下有效操作，并可以在达到稳定的极限时警告操作者	884	49.1%	3.7%	74	2.3	B
1．积极地管理和引导，以达到最高的效能	748	41.6%	3.7%	69	2.4	B
9．可以在废气排放减少的情况下运行而不牺牲性能或耐用性	664	36.9%	3.6%	66	2.3	B
14．该设备能够自动执行重复任务	608	33.8%	3.7%	64	2.4	B
12．非常安静	212	11.8%	3.5%	50	2.3	C
4．可以准确地对问题进行自我诊断，并将信息以明确和易于理解的格式来报告	160	8.9%	3.1%	48	2.0	C
3．自动跟踪和定期维修	64	3.6%	1.8%	45	1.1	C
10．控件可以被很容易地调整，以适合每名操作者	–232	–12.9%	3.5%	34	2.2	D
5．可以很容易地重新配置和设置	–348	–19.3%	3.3%	30	2.1	D
13. 该设备可大大减少运行和运输过程中产生的粉尘的数量	–684	–38.0%	3.5%	18	2.3	D
11．它的设计非常简单且可快速清洁	–1028	–57.1%	3.0%	6	1.9	D
6．可以在显示屏上显示易于使用的电子版的服务手册、操作手册和零件目录	–1196	–66.4%	2.5%	0	1.6	D

第二步，计算置信水平为 95%的置信区间。在 Excel 中，具体计算方法如下。

- =1.96 × STDEV（number1，number2…）/SQRT［COUNT（number1，number2,…)］。如果第一个需求说明由 C 栏代表并且数据从第二行开始，置信区间由下式确定：=1.96 × STDEV（C2:C6601）/SQRT［COUNT（C2:C6601)］。
- 从第一步计算的平均值中减去第二步计算的值。这便确定了置信区间的下界。

- 在第一步计算的平均值上加上第二步计算的值。这便确定了置信区间的上界。

需求说明#15 的 95%的置信区间是 2.0%；从技术上讲，这意味着有 95%的概率，需求说明#15 的真实平均值是在 89.6%+/–2.0%范围内浮动。需求说明#15 的置信范围是 87.6%～91.6%。其他任何一个有间隔重叠的置信区间的需求都被认为与需求说明#15 是相同的；如果间隔不重叠，它们被认为是不同的。

为了便于沟通，将它们按 0～100 的数字进行重新评分是很合适的，就像“最终得分”一栏里标注的那样。为了重新评分，首先用最高值减去最低值［如 1612–(–1196)=2808］。现在，用每个需求的值减去最低值。例如，对于需求说明#1（“积极地管理和引导，以达到最高的效能”）用 748 分减去–1196 分得到 1944 分。现在，用这一数字除以最大区别数（2808）再乘 100，从而得到 69 分。为每种需求重复这种计算来完成“最终得分”栏的填写。

为了把这些数限制在 0～100 的范围，用置信区间的百分数(来自第一个“95% CI”一栏）乘 100 并除以百分比的范围（来自“百分比”一栏）。例如，需求说明#1 的置信区间是 100 乘 3.7 除以 156（89.6 减去–66.4），得 2.4。表 3-9 在第二个“95% CI”一栏中显示了这些结果。

如果样本的大小支持，你可以分析部分内容。首先，选择属于你要分析的部分的客户（如男性、拥有 50 名以上员工的公司、非用户等），然后为这些人进行计算。可以计算每个部分中每个需求的置信区间，从中来看对于减少的样本结果是不是有统计学意义。

分析客户偏好

分析客户偏好的最普遍的工具是帕累托图（Pareto Chart），它是一个条形图，其中每条代表重要值。各条按照从最重要到最不重要的顺序来排序，使重要的客户需求可以被确定，从“有用的很多”当中区别出“关键的少数”，如图 3-8 所示。

在这个例子中，计算和显示出了 95%的置信区间，使统计意义的差异显而易见。如果代表置信区间的两个条形区重叠（如#7“可以在狭小的空间里很容易地操作和有效地工作”和#2“自动帮助低技术水平的操作者成为好的操作者”），它们的价值在统计学上被认为是相同的。如果两个条形区不重叠（如 7“可以在狭小的空间里很容易地操作和有效地工作”和 12“非常安静”），则被认为是不同的。

为了简化讨论的结果，可将需求项分成如下等级。

- A——少数的几个极其重要的因素中的一个。

- B——一个重要因素。
- C——一个潜在的重要部分。
- D——一个有用的但不是主要的因素。

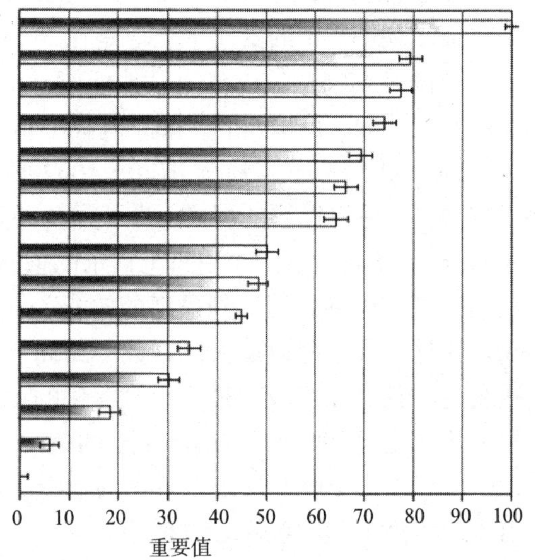

图 3-8　工业设备例子的最大差异最终得分

等级的确定或多或少有些武断，但必须基于重要值并且必须做到始终如此。确定等级的方式如下。

第一种，每种等级有一个范围值（如 A=80～100 分，B=60～79 分，C=40～59 分，D=0～39 分）。

第二种，每四分之一为一个等级（如 A=需求的前 25%，B=需求的前 26%～50%等）。

第三中，如果已算出置信区间，则根据置信水平来确定（如所有置信区间有很大的部分重叠的需求可获得等级 A，所有置信区间有很大的部分重叠的需求若在 A 以后可获得等级 B 等）。

表 3-9 的最后一栏显示了工业设备例子基于第一种方式的等级结果。为了用于演示和文件，等级也可以按颜色来区分，以便更容易理解。

如果你已经计算了客户群的重要价值，也可以为他们以同样的方式来确定等级。这样就告诉了你是否有某些需求虽然对整体而言等级较低，而对某部分而言却重要得多。虽然对整体而言显示为等级 D 的需求对某一部分显示为等级 A 或等级 B 的可能性也不大，你可能发现一些等级 C 或等级 B 的需求对某部分而言等级要高一些。这种分析会防止你忽略任何一个对重要的客户群来说是“必备的”需求。所以说尝试去分析尽可能多的部分是非常重要的，以确信你没有错过任何重要的需求。

除分析各部分的不同以外，还要分析它们的共同点。对于一个产品平台或需求而言被确定为等级 A 或等级 B 的需求项可能显示了关键的内容，而产品的不同点可能表明潜在的变化。

整个市场的综合结果表明产品建立在燃油经济性的基础上。审视市场情况可以发现存在其他替代概念的需求所对应的不同基本模式。这些市场驱动的概念可以为进一步的评估服务。

竞争绩效评级

数据调查设计

现在，最大差异流程已经讨论过了，是时候回到调查设计，并讨论如何进行竞争绩效评级。如果你知道竞争对手在客户需求上的表现，你在行动时就可以针对开放空间——具备目前暂时没有或者不可能被竞争对手提供的重要需求的产品空间。为了设计这些问题，你必须决定让客户来评价哪个竞争对手，以及如何组织问题。

图 3-9 显示了工业设备例子中的竞争力的评价问题。在这种情况下，两个竞争对手（此处设为 A 公司和 B 公司）被评价。让受访者来评价两个竞争对手而不是一个有很多好处。首先，它使你可以分析的总评价数增加了。其次，它鼓励受访者把更多的心思用在评价任务上，因为他们将对两个竞争对手进行比较。第二个竞争对手在场的情况为受访者提供了一个可以唤起记忆并可以刺激头脑的丰富的背景。

首先，你必须选择来评价哪个竞争对手。如果进行纸质调查，必须将竞争对手的名称打印在页面上。换句话说，它们不能基于受访者的经验来设置。竞争对手可以用名称或一段描述来表示在调查表上（如“你目前的品牌”“主要竞争对手”）。如果你使用实际的姓名，其中一个应该是你的公司名称，以便你可以知道你的地位。其他名称可以是市场份额的领导者（如果你的公司是领导者，则它也可以是第二竞争对手），或者一个让你觉得将成为你销售这种商品时最强大的竞争对手。如果你在调查中使用了自己公司的名称，第二公司的名称不宜具有描述性（如“最强大的竞争对手”），因为在你的名称旁边显示一个通用的名字很不好，看起来就是你赞助了这项调查。（如果你在收集看法，这是一个不透露调查赞助商的好主意，因为一旦透露将得到有偏见的结果。）

鉴于你对下列公司的了解，在未来几年中每个公司都将如何满足以下需求？请打出分数，“10”是指该公司极有可能满足这一需求，而“1”是指其不可能满足这一需求。

积极地管理和引导，以达到最高的效能											
	一点也不喜欢								很喜欢		
A 公司	1	2	3	4	5	6	7	8	9	10	不知道
B 公司	1	2	3	4	5	6	7	8	9	10	不知道
可以很容易地重新配置和设置											
	一点也不喜欢								很喜欢		
A 公司	1	2	3	4	5	6	7	8	9	10	不知道
B 公司	1	2	3	4	5	6	7	8	9	10	不知道
非常安静											
	一点也不喜欢								很喜欢		
A 公司	1	2	3	4	5	6	7	8	9	10	不知道
B 公司	1	2	3	4	5	6	7	8	9	10	不知道

图 3-9 竞争力评价实例

用具体的名字来命名竞争对手的缺点是，受访者可能不熟悉它们，因为竞争对手的加入是根据你的喜好而不是根据受访者的经验。解决这个问题的方法之一是要熟悉其中一个竞争对手的资格筛选过程。通过添加问题来筛分，如让他们来评价他们对明确的竞争对手的印象并且取消所有对竞争对手没有起码了解的受访者的接受调查资格。如果受访者不熟悉你的公司，你需要考虑你是否仍然希望他的加入。而如果你想进入一个新市场，你可能还是想要知道这些客户的需求，即使他们不能评价你公司的业绩。

该调查应包括询问受访者对每个关键的竞争对手的印象，让你可以据此来评估其等级。一些询问经验实例包括以下内容。

- 目前的客户，过去的客户，非客户。
- 购买了该品牌，因购买而评估，在过去使用过它，熟悉它，不熟悉它。
- 主要使用的品牌、使用的品牌但不是主要的、不使用的品牌。
- 在过去 3 个月里经常购买的品牌等。

一般做法是只让客户来评价他们目前拥有的产品。这种方式的主要缺点是，客户往往是对现有产品相当满意，所以对不同的客户群体而言评价结果往往没有太大区别。此外，这种做法没有提供非客户对你的产品所关心的信息，所以你不知道能做些什么来填补你们之间的鸿沟并且赢得他们。

让客户评价除了他使用的产品之外的至少一个他知道的竞争对手是一个很好的做法。这将使你知道如何去跨越鸿沟以赢得新客户，并且确定竞争对手在其客户群之外可能存在的弱点。

评价可以采取多种形式，图 3-9 所示的例子是一种效果很好的常见的类型。问题问到了为满足特定的需要，每个竞争对手是如何来定位的。在这个例子中，使用了 1～10 分的评价等级。许多研究人员倾向于奇数等级（如 5 分、7 分或 9 分），使客户在他们不知道或没有意见的时候可以选择中间的等级。其他人则认为偶数等级更好，因为人们不能模棱两可并选择一个中间点。对这一问题有许多的争论。整体而言，相对于重要的测量问题，为竞争性能准确地设计等级不是主要关注的问题。

最后的调查部分包括用于区分受访者、分析已知部分并概述特定反馈模式的背景数据。例如，客户认为耐久性比可靠性更重要，或者“味道好”比“填充少”更重要。为了设计这些问题，需要重新审视你的样本设计讨论并且决定收集哪些重要信息。这主要包括人口、企业概况、标题或立场、消费量、与竞争对手的关系等。

确定和分析竞争绩效等级

确定竞争绩效等级的第一步是确保你在数据文件中对相应的竞争对手有正确的评级。如果你的调查列出了竞争对手的实际名称，那么你就已经获得了相应的评级。如果你在评价问题当中使用的是描述性的措辞，如“你的主要供应商”，那么你需要重组这些数据，使评价可以用来分析每个有竞争力的产品。要做到这一点，你需要弄清楚哪个供应商与调查中描述的哪个问题相符合。例如，如果评价问题要求去评价“你的主要供应商”，那么在调查中应该有一个问题，询问谁是他们的主要供应商。在数据文件中，为每个提及的供应商的每个评价创建一个字段，并且在这些字段中设置相应的等级。如果受访者 1000 认为竞争对手 A 是他的主要供应商，而受访者 1001 认为竞争对手 B 是他的主要供应商，那么受访者 1000 对于“你的主要供应商”的评价就被保存到为竞争对手 A 建立的字段中，而受访者 1001 的评价被保存到为竞争对手 B 建立的字段中。

有一些替代办法可进行竞争绩效等级分析，如平均评价，确定等级高的评价的百分比，或者从等级高的评价当中减去等级低的评价。平均评价有时可以拉平数据，使差异并不明显，但这一过程要考虑所使用的全部等级。关注高等级的（如 10 分制中得到 8～10 分的）认为考虑低等级的项目之间的不同是没有意义的，但要通过强调重要的意见来锐化数据的不同。结果是以抽样调查中等级高的竞争对手的百分比来报告的。这是用评价等级高的百分比减去评价等级低的百分比算出的一个净评级。

要对你的长处和短处有一个更明确的认识，对你的所有其他的竞争对手进行评级（使用任何先前描述的方法），再从你的评级中减去这个值。积极的结果将说明你的优点，而消极的结果则说明你的缺点。

分析客户偏好和竞争绩效

此时，从客户的角度来看，需求清单已被优先排序，用来考察的逻辑概念已经根据部分差异确定，而竞争绩效的长处和短处也已经从客户的角度确定了。但是，没有进一步分析，要采取什么行动的结论还不能得出。客户可能是国王，但即使国王也不能拥有一切，这里的信息帮助你去了解一个客户意愿做出的权衡。为了知道机会在哪里，对于每个重要的需求必须建立一个更完整的资料库，特别是在差距与竞争方面。

象限分析是一种分析竞争对手与之相竞争的需求的重要性的常见工具（卡茨，2004），并易于实施。图 3-10 改编于卡茨的例子，上文工业设备例子的结果已经被绘制出来。重要的分数基于整体市场的平均水平，而绩效分数是基于对相对竞争对手 A 的评级。

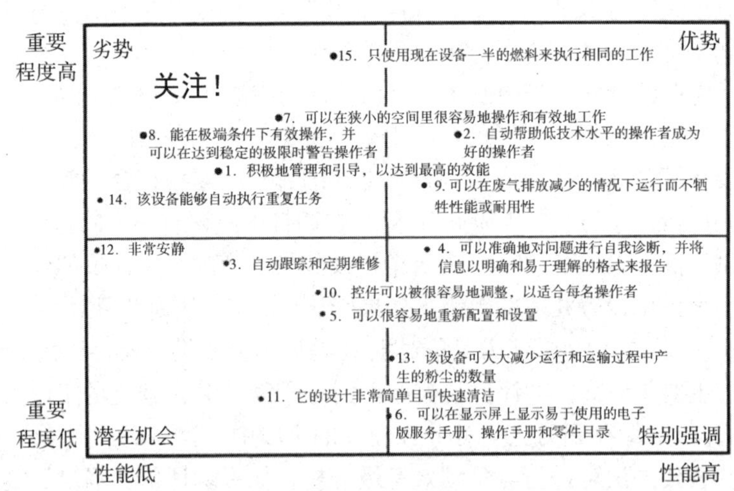

图 3-10　象限分析

对于每个需求说明，绩效评分是所有对竞争对手 A 的评级减去对竞争对手 B 的评级的结果平均值（如你收集了一个以上的其他竞争对手的看法，则减去所有其他竞争对手的总和的平均值）。中间的垂直线通过 0，代表其绩效与竞争对手是一样的。

十字准线的放置是任意的，因此需求项在象限的放置也是任意的。可以考虑以下几种办法。

- 使一半的需求项在线的一侧（左侧/右侧，上侧/下侧）。
- 画一条重要线将得分为 A 和 B 的与得分是 C 和 D 的分开。
- 如果你有竞争对手的绩效，计算你和你的竞争对手之间的差距，并画出通过 0 的线，使优势在右边而劣势在左边。

使用这些方法来画十字准线将使图更容易达意，因为线的放置对你来说是有意义的。

对余下的竞争对手使用绩效数据，用更多一点的努力，你可以用一种被称为开放空间分析的方法扩展象限图。开放空间分析可以帮助你为你的产品建立一个与众不同的价值主张，就是要说明哪种需求是竞争对手拥有或封闭的，哪些是公开的、准备用不同的方法来弥补的（这些也被称为未得到满足的需求）。开放空间分为 4 类（见表 3-10）。

表 3-10　4 个类别的开放空间

类　　别	竞争形势
共同拥有	• 顶级者没有改善的空间
	• 顶级者中没有明显的领先者
拥有	• 顶级者没有改善的空间
	• 顶级者中有超过其他竞争对手的巨大优势
领先	• 顶级者在某方面有提升的空间
	• 顶级者中有超过其他竞争对手的巨大优势
公开	• 顶级者在某方面有提升的空间
	• 顶级者中没有明显的领先者

需求通过可确定竞争对手之间的显著差异和领先者是不是还有上升空间的绩效数据测试来分类。竞争对手拥有、共同拥有或者领先一种需求，如果其绩效评价置信区间的下限（像数据的重要性评价那样来计算）按照低平均评价不与竞争对手的上限重叠。对于拥有或共同拥有的需求，也没有机会来区别（除非你已经是拥有者）。对于其他竞争对手领先的需求项，仍有空间来加以区分，但区分不仅需要大幅度提升你的性能，还要超过公认的领先者。对于公开的需求，有最明显的机会来区分。

要确定一种需求是否有空间来提高，需要一些判断。也就是说，一个竞争对手已经得到了如此高的评价，以至于它不可能达到比目前的领先者统计值更高的等级。例如，假设一个竞争对手在一个 10 分制的等级中得到了 9.5 分的平均等级，且上限是 9.75 分。所以得到一个比竞争对手的上限更高的下限将几乎是无法实现的。在这种情况下，在现在的领先方面已经没有任何提升的空间，除非领先者的绩效下降或你的产品从根本上改变了客户对怎样满足自身需求的看法。例如，传真机的引进从根本上改变了客户对隔夜交付已能很好地满足自身需求的看法，电子邮件的应用改变了他们对传真已能满足类似需求的看法。然而，这种情况是罕见的。

在开放空间图中机会在与重要价值相匹配时变得更加清晰，如图 3-11 所示。需求项是根据它们所属的开放级别的重要性来绘制的。如果竞争对手拥有、共同拥有或领先一种特殊需求，它的名字会附在需求标签上。分析该图可以让你了解你现在的优势来源、待区分的潜在机会，以及哪种需求你不能拥有（除非你采取颠覆式的行动）。这种分析的目的是基于客户需求而确定你的产品开发工作的潜在获胜价值主张。你必须选择能使你的产品领先或者获胜的需求，必须确定它们足够来克服——不仅仅是匹配——由竞争对手领先或拥有的需求所构建的价值主张。在这种情况下，你可以制定一套标准，使它们相互促进。

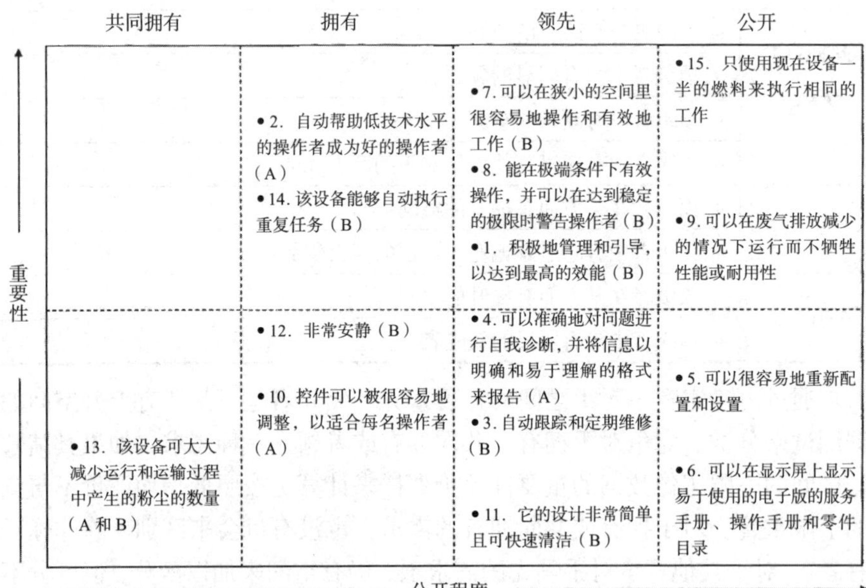

图 3-11　两个竞争对手（A 和 B）的开放空间示例

产品更新与颠覆式新产品所涉及的开放空间分析是不同的。后者可能改变游戏规则，使一个竞争对手现在拥有的需求可能无法应对新产品。当使用开放空间分析时，产品开发团队必须考虑是否所提出的引进物足够颠覆竞争对手所拥有的根深蒂固的需求。

图 3-11 工业设备的例子显示了竞争对手 A 和竞争对手 B。竞争对手 A 和竞争对手 B 共同拥有需求说明#13；没有提升的空间，也没有办法来获得优势（除非一个竞争对手的性能下降）。每个竞争对手拥有两个有优势的需求。竞争对手 A 拥有需求说明#2 和#10，而 B 拥有#14 和#12。在这些方面，低等级的竞争对手是无法期待来超越领先的竞争对手的，因为总体的绩效水平很高。

从图 3-11 来看，最有可能的目标需求项是需求说明#15 和#9，它们都公开而且比较重要。这两个目标需求项中，#15 则显得更为重要，这使得它成为有吸引力的目标。需求说明#7 也是一个重要的需求项，而且对于目前的产品来说，它还有提升的空间。然而，竞争对手 B 已经在满足市场这方面的需求上处于领先地位，超过已有的领先者要比在另一个没有领先者的需求上建立领先地位困难许多。使用开放空间图中的信息，竞争对手 A 可以开始分析问题，这将帮助它为其产品建立一个更强大的价值主张。

在图 3-10 的象限图中，需求说明#13 和#9 被放置在了图的中心（从左右方向来看）附近，这表明竞争对手 A 和竞争对手 B 在这些需求方面有相似的性能。然而，开放空间图又增加了一个关键的信息：这两个竞争对手都在尽可能地满足需求项#13 的性能，而#9 是公开级的，这表明在这项需求项上建立领先地位是有可能的。

开放空间图可用于将需求项组织在一起。例如，“拥有”和“共同拥有”显示竞争对手 A 和竞争对手 B 各自控制了相同数量的需求项，而且每类都有相似的整体重要性。竞争对手 A 必须选择一些其他的需求项，以区分它与竞争对手 B 的价值。改进需求说明#4 可能是一个很好的举措，因为竞争对手 A 已经有了领先项，这项需求是比较重要的，并且有改进的余地。然而，竞争对手 B 在 5 项需求上领先。这表明，竞争对手 A 必须区分一个以上的额外需求项。最佳候选项将来自那些被列为公开级的需求。按照这种推理，竞争对手 A 可以将不同类、可能创造出不同的优势的需求项组织在一起，选出它们来做进一步的考察。

导出结论并将活动优先排序

到目前为止，客户需求分析产生了以下主要工具。

- 有相应的功能的需求清单。
- 亲和图。

- 每项需求的等级。
- 象限分析图。
- 开放空间图。
- 潜在产品概念或需求组（来自细分分析和开放空间分析）。

为了得出最后结论，利用这些信息来了解每个潜在价值命题或概念是非常有用的。表 3-11 提供了一个需求信息实例，总结了目前我们的主要成果。

表 3-11　需求简介实例

环境问题

	等　级	开放空间分类	我们的能力	最佳竞争能力
9．可以在废气排放减少的情况下运行而不牺牲性能或耐用性	B	公开	现在可以做	有技术
12．非常安静	C	B 拥有	技术存在	现在可以做
13. 该设备可大大减少运行和运输过程中产生的粉尘的数量	D	共同拥有	现在可以做	现在可以做

	建议特性	关键部分
9. 可以在废气排放减少的情况下运行而不牺牲性能或耐用性	[特性列表]	• 很大
12．非常安静	[特性列表]	• 没有
13. 该设备可大大减少运行和运输过程中产生的粉尘的数量	[特性列表]	• 没有

该简介从亲和图中总结了一组需求。下面的表格列出了潜在的特性，可处理每种需求及这种需求有很高价值的关键部分（如有的话）；上面的表格包含每种需求的等级和开放空间分类（这说明谁领先或拥有这种需求，如果适用的话）；最后两栏的结果来自分析满足每种需求的特性和得出需求如何由你或者最有能力的竞争对手来满足的结论。使用下面的分类。

- 有技术，并且现在可以做。
- 有技术，但并不准备做。
- 没有技术，但该技术存在。
- 该技术不存在。

记录能力有助于评估那些不首先对重要需求采取行动的机会和风险的即时性。当所有这方面的信息被一起考虑——客户偏好、竞争地位及解决意愿，产品开发团队可以开始就需求目标做出自己的权衡。

简介信息也有助于为开放空间分析的价值主张进行评分。在这个步骤中，产品开发团队确定了内部标准和市场标准。内部标准可能包括一些因素，如执行意愿、执行费用和是否符合企业的价值主张。市场标准可能包括客户重要性、解决战略领域的能力，以及一定程度的竞争优势或威胁。所有这些标准是分 5 个等级来评价的，每个数都代表了一个含义，是一个可用来衡量的标签。标准等级的分配是彼此相关的，并按内部标准和市场标准计算加权平均分。

对这些需求项的评分，取决于每个产品开发团队确定的标准，该标准可用来评价他们成功的可能性。他们还必须决定如何处理这些标准相互之间的比重，并且这是一个迭代的过程，因为权重和标准要在新决策已被制定之后进行调整。每次对标准和权比重的迭代测试，都有助于产品开发团队更清楚地了解自己的决策过程。内部标准评分实例的内容如下。

- 实施成本。
- 可以达到需求目标的明确行动。
- 与营销和销售过程相适应。
- 结果的时限。
- 与其他发展相适应。

市场标准评分实例的内容如下。

- 相关的既定目标群体。
- 市场覆盖面。
- 与主要竞争对手区分开的潜力。
- 市场信誉（市场会相信你可以言而有信吗）。
- 可持续性的分化。

使用这些类型的标准，产品开发团队就可以分析与他们自身的能力和战略相关的客户需求，以满足个人需求或捆绑需求的目标，而且有最高的成功概率。

继续工业设备的例子，这些标准是互相对立的，如图 3-12 所示。中间的线由团队自己决定。在这种情况下，产品开发团队根据亲和图将需求项组织在一起。产品开发团队以每个需求项对客户的重要性和建立领导力的潜力来评估市场机遇。公开的需求得到较高的评分，而那些其他人拥有的需求得到较低的评分。正因为如此，两个有相似重要性的需求可以被产品开发团队认为代表了不同水平的机会，因为相比于另一组（如一个将要由竞争对手领先或拥有的需求集），某一组可能会有更多的机会（如一个将要成为公开级的需求集）。燃油经济性，既是公开的又是重要的，就市场而言显然是最好的机会，但内部因素可能使它的吸引力降低。

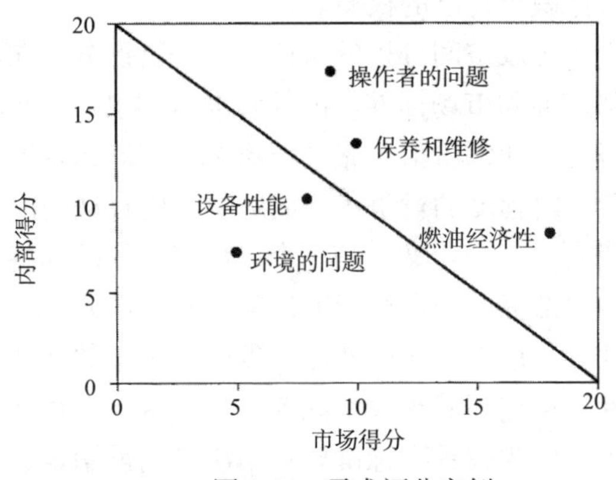

图 3-12　需求评分实例

由于内部评价的影响，燃油经济性相对于其他需求并没有获得很高的分数。竞争对手 A 目前在这方面没有强大的开发能力，这里需要投入大量的资源和组织承诺使其出类拔萃。操作者的问题是目前他们内部能力最强的方面，但基于其中的一些问题缺乏相对重要性，其市场的机会不是太大。需求评分图没有提供明确的解决办法，但它提供了一个系统的方式，用来讨论替代品的市场现状。

确定时间和预算

以数据收集作为主要项目时间表的驱动力，这种类型的项目可以用 1 个月到 6 周的时间完成。如果设计复杂（如有许多不同的配额），受访者很难找到和招募，或者采用了较慢的调查方法（如信件或客户现场访问），可能需要更长的时间。如果你需要综合很多资料以便做出抽样计划的决定，也会延长时间。如果调查的规划和管理在计算机或网上进行，该项目可以采取更短的时间。特别是基于因特网的采访，它将缩短进行数据收集和数据处理所需的时间，因为所有的数据都可以被立即获得。一个典型的细分活动如表 3-12 所示。

表 3-12　典型的细分活动表

活　动	周
项目、调查和抽样设计	1
招募和调查管理	2～4
数据处理及重要性评价	2～5
图表及市场分析	5
机会得分及结论	6

有了其中一些活动的支持，该项目可以由一个人来负责。团队领导者将设计调查、请求和审查市场信息来完成抽样计划，通过收集工作得到最新的数据，监督制图过程，设计机会评分，并领导对结果的内部讨论。项目的支持将包括：为抽样规划收集数据；建立不同版本的调查；获得潜在受访者清单[①]；招募参与调查的人员；管理调查；给予受访者奖励措施；数据处理；评价重要性；制作图表。

自付费用在很大程度上取决于你的抽样计划，以及你如何管理调查。典型的自付数据收集费用将包括清单的费用、受访者的奖励及招募费用。采购清单的成本从几百美元到 5000 美元，主要取决于受访者的类型。如果你从电子供应商或抽样数据收集机构那里获得清单，这些费用将内置到其每个访谈成本（Cost per Interview，CPI）中。针对大众消费者市场开展调查时，进行数据收集所付出的费用会少于调查那些很难确定或者很难接触到的消费者（如高管）的费用。当受访者很难被发现和招募时，CPI 可能由不到 5 美元即可进行消费者研究波动到 100 美元及以上。

在管理调查方面，你的成本将根据你选择的不同方法而有所不同。比如，在一项纸质调查中，你的花费有印刷费用、把问卷送达受访者的费用以及把问卷取回的费用。如果你能通过计算机或者网络来管理调查，你可以雇用别人为调查进行计划和主持（这种类型的调查花费约为 3000 美元或更低）。

小　结

准确的客户需求排序对于成功的产品开发是很重要的信息，市场调查方法的最新发展使得权衡分析客户需求对产品开发团队来说是重要的收获。权衡分析优于重要性评价方法，因为它减少了偏见、提高了客户对任务的兴趣并使客户说出了为了获得他们的所求他们愿意放弃什么。最大差异分析介绍了一种比传统的联合分析或离散选择模型更容易使用、更便宜、更灵活的方法来衡量客户的权衡。在众多应用中，产品开发团队可以在没有任何专门的软件和外部帮助的情况下执行最大差异分析。

这些工具和技术不会告诉你去开发何种产品。然而，它们将帮助你选择一个有计划的办法并且根据事实做出决定。除了能够帮助你做出决定，它们还将帮助你明确自己的决策过程。

---

① 如需客户清单，请访问 www.rsginc.com/pdma/toolbook3/tips 。

作者简介

纳尔逊·惠普尔（Nelson Whipple）是资源系统集团股份有限公司董事。惠普尔在芝加哥大学获得行为科学学士，拥有超过 20 年的针对不同消费者和 B2B 市场的市场和产品调查的经验。他服务的客户遍布不同行业，如运输、化学、金融服务、专业劳务、食品、计算机硬件、软件服务和耐用消费品等。他的一篇关于移动电话消费市场的品牌价值分析的论文（涉及 9 个国家）曾被欧洲舆论与营销研究学会（ESOMAR）提名为“2005 年年度国际研究论文”，该篇论文出版在《国际研究 2005 年优秀论文》上。他还与他人合作编写了论文《激发用户审查的力量——摩托罗拉网上 TRYMEMOTO 用户反馈系统的故事》（TRYMEMOTO，摩托罗拉提供的用户网上审查产品的系统，用于收集用户意见），在 2005 年 PDMA 国际会议上演讲。

托马斯·阿德勒（Thomas Adler）是资源系统集团股份有限公司董事长。他获得了麻省理工学院运输和管理学博士，有超过 30 年指导重大研究项目的经验。他发表过超过 50 篇关于方法和应用的论文，包括关于联合分析的首部美国政府手册。他还首次将离散选择模型用于解决实际产品营销中的问题，如消费惯性在产品转换中的影响、产品线的同型装配和定价。在资源系统集团股份有限公司成立之前，他在达特茅斯学院教授市场调查和统计。他目前是国家科学院的典型调查顾问，他用约 70%的时间直接参与客户的委托工作。他的产品开发经历包括移动电话、飞机在飞行中提供的物品和与服饰相关的物品。

史蒂芬·M. 麦柯迪（Stephen M. McCurdy）是资源系统集团股份有限公司董事。他拥有凯洛格管理学院的 MBA 学位，主要研究市场营销、分析咨询及管理与战略。他有 15 年的消费者开发和 B2B 调查的商业解决方案的经验，包括基于市场的产品线升级战略、服务捆绑、新技术采用和移植及客户保持等。他领导了一个重要的开创性工作，为一家名列《财富》500 强的企业的事业部定义其公司的价值主张，该定义将指导所有的生产、市场营销和服务活动。他还设计和管理了一个专家小组以跟踪该事业部在其最大的细分市场中的价值主张。他的产品开发经历包括工业设备、金融服务等。

第 4 章

“弹弓”法：产生突破性创意的一组流程

安妮·奥尔班（创新聚焦公司发明和创新总监）、
克里斯托弗·W. 米勒（创新聚焦公司创始人和 CEO）

引　言

本章将详细介绍用于产生突破性创意的“弹弓”法流程。“弹弓”法是一组流程，该流程在连续时间内利用 4 种不同类型的参与者和两个不同的流程，以获得突破性的创意。4 种不同类型的参与者包括产消合一者（Prosumers）、消费者、项目团队成员和主持人/引导者。两个流程是焦点小组和创造性解决问题方案会议。本章主要讨论是什么使得“弹弓”法不同寻常和有用，什么时候用“弹弓”法，怎样运用“弹弓”法，以及“弹弓”法运用成功的关键和可能出现的错误。

“弹弓”法流程主要面向那些将运用“弹弓”法做决策并对该决策的实施负责任的团队领导。本章将主要集中于“弹弓”法在产品开发流程前端的发现阶段的运用。这里将提供足够的细节，当在短时间内需要就一个问题给出高质量的解决方案时，使人们能够选择“弹弓”法并有效地将其应用于其他场合。

“弹弓”法流程产生于英国航空公司（British Airways，BA）的一个致力于提升商务级服务的产品开发团队。流程中焦点小组的成员包括频繁乘坐商务舱的用户。在随后进行的汇报会中，几名参与者恰好是经常横跨大西洋的商务舱用户和拥有专业技术的产品开发者。其中一个客户也在汇报会后立刻广泛地听取报告并参与创造性解决问题方案会议中。这个人就是具有客户经验和随后运用专业产品开发知识参与汇报会议之间的“弹弓”。在汇报会上，她挑战了英国航空公司传统的思维，用突破性的创意带来了最终让人十分满意的座椅的设计。创新流程成为正式的“弹弓”法流程，参与消费者活动并具有专业产品开发技术的人在团队中的角色被称为产消合一者。

是什么使“弹弓”法不同寻常和有用

在开发一个高品质的解决方案的任务中，与独立执行其组成的任何流程相比，有 3 个特征可以使“弹弓”法变得更加不同寻常、更加有用。

（1）引入一个具有双重身份的角色，他既有消费者的作用，也有产品开发人员的作用，被称为产消合一者。产消合一者要充分了解客户的感受，也要从专业的产品开发人员那里学习高水平的创造性思路，同时还要从外部同行的角度对团队的偏见假设进行公正和有见识的挑战。

（2）有目的地开发创造性张力。当产消合一者和项目团队成员成为从消费体验者到创意产生者角色之间的“弹弓”时，创造性张力有助于产生突破性创意。

（3）将定性研究的经验和创造性解决问题方案的会议结合起来，使创造性张力得到优化。通过定性研究可以倾听客户心声，然后立刻在当天或接下来的几天，在创造性解决问题方案会议中对其进行处理。

计划和完成一个“弹弓”的时间较短，使这个工具变得有用。当一个方案不是特别特殊时，一个基本的“弹弓”能在 3～4 周内完成。方案的特殊程度将影响获得合适的产消合一者和客户（一个成功的“弹弓”的重要组成部分）所需时间的长短。

最后，鉴于“弹弓”的产出值，这个过程中第三方的费用也是适度的，证明“弹弓”是有用的。包含 1 个服务商、1 个由 10 名成员组成的焦点小组和 2 名产消合一者的基本“弹弓”一整天的成本估计为 9000 美元。

- 焦点小组和其他设备租金（录像带和录音）。
- 10 名客户（招聘费和奖励）。
- 2 名产消合一者（谢礼）。
- 餐饮服务费。

产消合一者

“弹弓”中的产消合一者（Prosumer）[①]是能够发挥消费者和专业产品开发人员

① 译者注：Prosumer 是 Producer 和 Consumer 的合成词，意为参与产品制造的消费者（消费者直接参与产品的设计与制造过程）。该词最早于 20 世纪 80 年代由未来学者 Alvin Toffler 在其著作《第三次浪潮》中提出。

双重作用的个体。产消合一者可以来自大型企业其他部门，以及没有竞争关系的其他企业的产品开发实习者、科研人员和顾问（咨询人员）。他们具有不同的学科能力，包括市场研究、营销、设计、物流、制造、工程技术、科学、经济、行政管理、项目管理、财务、IT 和供应链等。

一个“弹弓”中，产消合一者有 3 种角色（见图 4-1）。

- 消费者。
- 熟练的创意生成者。
- 公平的挑战者。

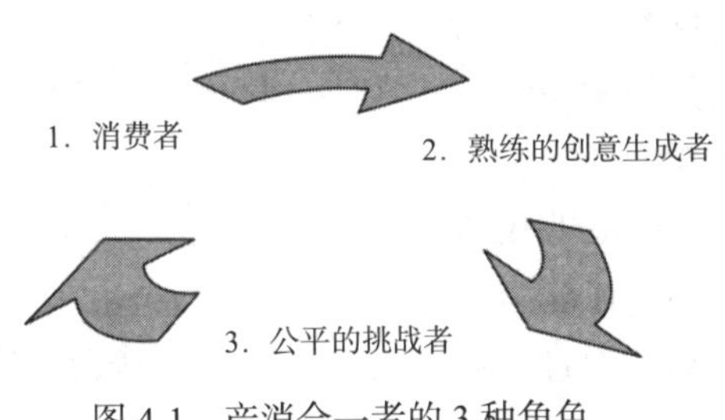

图 4-1 产消合一者的 3 种角色

产消合一者作为消费者

作为消费者的角色，产消合一者沉浸于他们自己的消费体验中，有寻找解决消费问题的内在的动机。为了使消费者的角色更有效，他们必须与焦点小组的参与者具有足够的共同特征，这样才能将他们融合在一起。同样，产消合一者要对主持人介绍的专题做出反应并有自己的见解，就像通过资格预审的目标市场的消费者一样。

产消合一者作为熟练的创意生成者

在创造性解决问题方案的会议中，产消合一者沉浸于消费体验中，加上专业知识和创造性技能，会有意识地营造创造性张力。创造性张力在促使产消合一者提供突破性创意方面发挥了重要作用。

产消合一者作为公平的挑战者

产消合一者之所以能够作为延伸项目团队的公平的挑战者，是因为他或她并不是项目团队的经营情况和动态的一部分，却深刻地了解项目团队的挑战。在项目进行过程中，产消合一者没有像项目团队成员那样有偏见和（对内容）

有所过滤，也没有对公司内部企业文化产生怀疑。在团队的商业环境下，产消合一者提供的突破性创意是不受限制的，因为其不受开发和执行创意等这些内在责任的制约。

产消合一者的特征

产消合一者作为个体，在“弹弓”中具有如下特征。

- 没有利益冲突。
- 能够签署保密协议。
- 参与与专题领域相关的消费。
- 具有与专题相关的知识。
- 具有新产品开发的经验。
- 具有创造性解决问题的技能。
- 具有良好的人际交往能力。

附录 4-1 为未来的产消合一者如何在“弹弓”法流程中发挥双重作用提供了一些参考。

创造性张力

阿马拜尔（1998 年）提出了在商业背景下组成个人创造力的 3 个核心要素：专业知识（技术性的、工程性的、智力知识）；创造性思维技能（灵活性和联想性地处理个人问题）；动机（特别是内在的动机——解决问题的内在激情）。创造性张力是描述心态的术语，它将专业知识、创造性思维技能和动机整合在一起，使用“弹弓”法流程解决问题。“弹弓”的主题和目标，为创造性张力在具体的商业环境下的应用提供了重点。在一个“弹弓”法流程中，项目团队成员和产消合一者是有目的地开发创造性张力的积极参与者。

创造性张力=在一个特定的商业背景条件下的函数（专业知识+创造性思维技能+动机）

“弹弓”有目的地开发创造性张力有两种途径。第一种途径是将专业知识和创造性思维技能融合到特定的消费背景下，从而产生内在的解决问题的动机。第二种途径是立刻利用专业知识、创造性思维技能和有灵感的内在的解决问题的动机，设计一个具有突破性创意的特定的商业话题。

焦点小组[①]和创造性解决问题方案[②]会议

对于收集客户心声的数据的逻辑分析，可以有效支持许多学术研究和报告，如《2003 年 PDMA 比较绩效评价研究》(http://www.pdma.org/cpas)。研究表明，了解客户需求被视为关键要素，排在首要位置，它是推动新产品开发成功的关键因素；不了解客户需求是导致新产品开发失败的因素。同样，库珀 (1999 年) 主张，如果客户输入缺失，那么产品开发者将连续失败；阿拉姆 (2005 年) 注意到使用较好的策略才能有效地获得有用的客户信息。在焦点小组会议上，将产消合一者和客户混合起来是改进这种相互作用的一种方法。

焦点小组和创造性解决问题方案会议可以产生突破性创意。合理地使用这两个流程来源于创造性张力的价值，就像一个产生突破性创意的跳板。在与客户心声产生共鸣之前，项目团队成员、产消合一者 (仍然发挥消费者的角色) 和一名熟练的主持人会有很多方法制造创造性张力，从而促使在接下来的创造性解决问题方案会议中产生突破性创意。

何时使用“弹弓”

项目的领导者需要考虑在以下情况中使用“弹弓”：当项目的主题需要在较短的时间内，利用有限的预算通过客户的第一手资料来产生一系列高质量想法的时候。“弹弓”可以在产品开发阶段确定产品的机会缺口。它是一个很有效的工具，项目团队成员能较容易地发现客户需求，然后立刻将他们的焦点转向收集的产品。它可以用于启动产品的修改和扩展工作，通过一个焦点小组来调查现有产品的优点和缺陷，然后立刻通过信息来征求 (开发) 第二代产品的意见。在产品开发阶段，“弹弓”法是项目团队利用客户关于产品概念或技术原型的想法，并对其进行提炼的有效方法。

“弹弓”法的价值体现在对流程的各个组成部分的重视。下面是实施“弹弓”法的 10 个步骤。

第 1 步：设定主题和目的。

---

① 译者注：焦点小组是指为了听取对某一问题、产品或政策等的意见而召集到一起的一群人。

② 译者注：创造性解决问题方案是一种创造问题解决方案的智慧激发流程，是一种特殊的问题解决方法。该方法要求独立地解决问题，而不是通过辅导学习来解决问题。

第 2 步：选择主持人/引导者。

第 3 步：组成项目团队。

第 4 步：为会议做好后勤。

第 5 步：筛选和招募产消合一者和消费者。

第 6 步：编制焦点小组讨论指南。

第 7 步：编制创造性解决问题方案会议的流程。

第 8 步：执行焦点小组方法。

第 9 步：进行创造性解决问题方案会议。

第 10 步：记录和公布结果。

团队领导者可以在各种各样的场合下使用“弹弓”的基本方法，基本的流程可以根据不同的主题和目标进行扩展和重复。关于每步详细的阐述和说明将用下面的一个案例来说明。

“弹弓”法流程应用案例分析

在产品开发的探索阶段，“弹弓”法可能作为多层次创新流程前端的研究计划的组成部分，就像寻找希望领地（参见《PDMA 新产品开发工具手册 1》第 2 章）。下面的案例将介绍“弹弓”法流程的各个阶段在实际中的应用。

案例背景

为了防止孩子肥胖、改善孩子的健康和卫生状况，儿科营养制药厂要确定开发何种营养产品来改善重要人群的健康状况。研究阶段应该在两个月内完成，以便资深的管理人员制定关口审查时间表。

第 1 步：设定主题和目的

设定明确的主题和目的是“弹弓”法成功实施的第一步。一个“弹弓”的主题和目的将依赖于它被选择的商业环境。通常来说，战略意图的制定促使对项目的定义，项目的定义促使流程的选择。

项目的领导者要保证“弹弓”实施的重点在正确的主题和明确的目的上。“弹弓”的主题将决定筛选参与流程的产消合一者和客户的规则。明确的“弹弓”目的也同等重要。它将决定讨论方向的组成部分和创造性解决问题方案会议的流程的设计。一个好的主题和一个清晰的目的必须明确以下 3 个方面。

- 目标市场。
- 问题的理解。
- 预期成果。

案例：设定主题和目的

在本案例研究中，战略意图可以保证公司探索所有可能的道路，为公司在儿童肥胖这一国家重要公共卫生领域的挑战做出积极的贡献。项目的领导者选择创新流程的多步前端，探索性研究是其中的一个组件。“弹弓”法流程是为探索性研究议程的一部分而选定的若干流程之一，其中包括针对孩子的焦点小组和目标人群的家庭代表的家里人种学研究。目标人群为 1～14 岁的儿童，因为家长和学校对这个年龄段孩子的营养选择起到了重要的控制作用。“弹弓”法流程的主题应该是发现改善 1～14 岁孩子的健康状况的儿科营养方面的机会。“弹弓”法的预期结果是为目标人群找出营养品的缺陷，开发至少 20 个潜在的新产品和服务来填补这些缺陷。

第 2 步：选择主持人/引导者

一个技能熟练的人能够扮演焦点小组的主持人和创造性解决问题方案会议的引导者的双重角色。或者需要两个人——一个是具有主持人技能的人，另一个是具有创造性解决问题技能的人。具有这双重技能的人可以在公司内或者公司外选择。如果这个人是公司内的人，那么个人与主题、项目团队成员（特别是团队领导者）的关系应为中立的、客观的和公正的，这是十分重要的。

主持人的候选者要能够完成筹备和控制焦点小组的所有步骤，包括在目标市场筛选有资格的人员，在焦点小组中书写讨论指南来获取有关消费者信息和有效管理嘉宾讨论。

在创造性解决问题方案会议中，担任会议引导者的角色所需要的技能包括一系列工具和技术的经验、管理小组动态、启发洞察力和创意，并为后面步骤的确定和排序提供创意。

案例：选择主持人/引导者

在本案例研究中，团队领导者聘用了公司外的一个既具有主持技能又具有引导者技能的经验非常丰富的人。这个人同时发挥双重作用既简化了项目管理，又减少了通报所需的时间。这个人从主持人/引导者到参与“弹弓”的两方面的工作，加强了对内容的熟悉度和团队的默契度，使其效力在两个作用中都得到了提升。

第 3 步：组成项目团队

组成项目团队是项目团队领导者的另一项职责。他需要引导一个有效的团队在产品研发方面的数量，参与者的类型、职能、性别，信息处理的能力和专题经验等方面达成一致的见解。同样，对于高效团队的成员来说，一定要有足够的时间来为团队服务，能够集中办公来提高沟通效率和整体工作效率。

一般来说，一个运作良好的项目团队的成员一般有 6～12 名。团队成员应在项目专题中发挥适当的作用，有企业内、外的经验，性别和年龄应该是不同的。团队领导还可以把在解决问题的偏好、创造力和个性方面表现不同的团队结合起来，来确定使用不同的心理测量工具。

案例：组成项目团队

在本案例研究中，有一个 12 名成员的项目团队。这个团队由 1 名市场营销和业务发展的高级管理者领导。还包括其他 2 名市场营销和业务发展的成员、1 名包装研究和开发的代表、2 名消费产品经理和 1 名市场研究人员，在研究方面有 5 名科学家。团队成员中有 7 名男性，5 名女性。有几名成员是公司的新员工。团队领导任命了 1 名有重大项目管理技能的非团队成员作为后勤的协调员。

团队领导和 1 名营销、科学方面的高级成员在项目开展过程中是全职的。他们构成团队的核心，在项目开展过程中始终在同一地点。团队的其他成员拿出 50%的工作时间投入项目中，但不需要非在同一地点。

第 4 步：为会议做好后勤

团队领导要对确定“弹弓”的地理位置负责。如果项目属于全国性或国际性的范围，有多种“弹弓”位置可供选择。在选择一个位置时，团队领导要考虑很多因素，包括对实现“弹弓”目标的位置价值的认识、所选位置对项目总体预算的影响、团队成员的责任、各种可能的发生率、确保“弹弓”取得圆满成功的有效的各种类型的产消合一者和客户、一个适当的市场研究设施。当选址确定后，“弹弓”的具体后勤可以由团队领导和与其合作的主持人/引导者负责，通常由团队领导或后勤协调员协助。

焦点小组讨论必须发生在一个典型的市场研究环境中，为主持的讨论提供一个前室、一个单向玻璃窗的后室和一个音响系统，供团队成员看到和听到前室的讨论。每次会议都应当被录音和录像，以便团队和其他利益相关者在未来审查其内容。当安排好焦点小组和创造性解决问题方案会议时，团队领导将和主持人/引导者商讨关于方便产消合一者和客户参加会议的时间。如果产销合一者和客户能够参加上午的焦点小组讨论，那么创造性解决问题方案会议可以下午在同一地点举行；如果产消合一者和客户能够参加下午晚些时候或晚上早些时候的焦点小组讨论，那么创造性解决问题方案会议必须在第二天进行，且可以在同一地点或其他方便的地点进行。

“弹弓”法流程可以包括多次焦点小组会议。表4-1为“弹弓”法的第一和第二焦点小组的讨论提供了格式化的议事日程。团队领导将基于对整个项目的考虑，决定所有焦点小组的数量、“弹弓”的主题和目的、预算和团队成员可用的时间。

案例：为会议做好后勤

鉴于项目的全国范围，团队领导希望选择在东海岸、西海岸或中西部地区的一个位置进行会议。“弹弓”的目标需要接近医疗和卫生专业人员，来获得他们在营养方面感兴趣的内容，如有机食品。这些人在大城市的公立或私立大学、医院、学校和一系列企业中更容易找到。

表4-1 “弹弓”法的议事日程

选项1a：一天一次焦点小组会议的“弹弓”法日程安排

时　　间	任　　务
8:30—10:30	焦点小组
10:30—11:00	休息
11:00—12:30	创造性解决问题方案会议
12:30—13:15	午餐
13:15—14:30	创造性解决问题方案会议
14:30—14:45	休息
14:45—16:00	创造性解决问题方案会议

选项1b：一天两次焦点小组会议的“弹弓”法日程安排

时　　间	任　　务
8:30—10:30	焦点小组1

续表

时　　间	任　　务
10:30—11:00	休息
11:00—13:00	焦点小组 2
13:00—13:30	午餐
13:30—14:45	创造性解决问题方案会议
14:45—15:00	休息
15:00—17:00	创造性解决问题方案会议

选项 1c：一天两次焦点小组会议和两次创造性解决问题方案会议的“弹弓”法日程安排

时　　间	任　　务
8:30—10:30	焦点小组 1
10:30—11:00	休息
11:00—13:00	创造性解决问题方案会议
13:00—13:30	午餐
13:30—14:45	焦点小组 2
14:45—15:00	休息
15:00—17:00	创造性解决问题方案会议

选项 2a：连续两天的“弹弓”法日程安排

时　　间	任　　务
第一天	
19:00—21:00	焦点小组
第二天	
8:30—10:30	创造性解决问题方案会议
10:30—10:45	休息
10:45—12:15	创造性解决问题方案会议
12:15—13:00	午餐
13:00—14:45	创造性解决问题方案会议
14:45—15:00	休息
15:00—16:00	创造性解决问题方案会议

选项 2b：连续多天的“弹弓”法日程安排

时　间	任　务
第一天	
19:00—21:00	焦点小组
第二天	
16:30—18:30	焦点小组
18:30—19:00	休息
19:00—21:30	焦点小组
第三天	
8:30—10:30	创造性解决问题方案会议
10:30—10:45	休息
10:45—12:15	创造性解决问题方案会议
12:15—13:00	午餐
13:00—14:45	创造性解决问题方案会议
14:45—15:00	休息
15:00—16:00	创造性解决问题方案会议

第 5 步：筛选和招募产消合一者和消费者

消费者和客户需要参与焦点小组调查。客户是那些购买公司产品的人，消费者是那些对于产品有意见的人，并且公司试图为消费者解决这些意见。但有些消费者可能从其他公司购买产品，或购买不同类型的产品，或自制而不去购买解决方案，或因为没有完美的解决方案而忍受着问题。如果你仅仅和客户交谈，你将仅仅知道那些已经喜欢你的产品的客户的需求。

一开始，团队领导必须了解“弹弓”的主题是需要探索的焦点小组还是开发的焦点小组。两者的不同在于，探索的焦点小组的工作是更好地了解客户/消费者与“弹弓”主题相关的经验，探索找出现有产品和服务的差距；开发的焦点小组的工作是了解客户/消费者对于设计或产品雏形的反映。

有一些经验方法指导团队领导建立所有焦点小组参与者筛选的规格。

- 如果是探索的焦点小组，那么其工作重点是那些具有关于探讨的主题所需的专门知识的消费者。
- 如果是开发的焦点小组，那么其工作重点是筛选那些熟悉现有产品和服务竞争的消费者和客户。

（1）筛选和招募产消合一者。

产消合一者是焦点小组调查和创造性解决问题方案会议汇报的重要参与者。产消合一者的筛选标准如下。

- 相关专业知识。
- 签署保密协议的能力。
- 存在某种程度的竞争或潜在的合作关系。
- 相关的消费经验。
- 大量产品开发经验。
- 创造性解决问题的技能。
- 人际交往能力。

如果一家公司需要产消合一者签署保密协议，那么首先要明确产消合一者候选人能否做到保密。

产消合一者候选人可以从公司其他部门员工、产品开发与管理团队成员、专业机构和专业会议花名册中的发言者、研究贸易和出版学术作品者、网络专业会议人员中选择。

招聘和筛选产消合一者的第一项任务是确定必要的专题知识，开发一个能体现能力期望的问题作为筛选工具，如具备以上几个标准的人。团队领导者的责任是建立可以接受的对于所有产消合一者的评分范围。这个范围会根据“弹弓”的不同而不同，依赖于对项目竞争的敏感性认识和对产消合一者知识和技能的重要性要求。

项目团队接下来的任务是找出更多可能的候选者。团队成员可以接触产消合一者的候选人，可以预先按照范本进行谈话。筛选对话的结果将帮助团队领导者确定一个简短的名单，以确保在“弹弓”中获得所需数目的产消合一者。经验是，两名产消合一者参加一个焦点小组最合适，其中有 6～10 名消费者。产消合一者的筛选模板如表 4-2 所示，它可以作为对产消合一者候选人的面试指导。

表 4-2　产消合一者筛选模板

日期： 项目名称： “弹弓”的目标： 产消合一者候选人： 简历（一段）：	筛选者姓名： 项目主题：
相关专业知识 1　　2　　3　　4　　5 低　　　　　　　　　高	注释

续表

签署保密协议的能力 1　2　3　4　5 低　　　　　　　高	注释	
存在某种程度的竞争或潜在的合作关系 1　2　3　4　5 低　　　　　　　高	注释	
相关的消费经验 1　2　3　4　5 低　　　　　　　高	注释	
大量产品开发经验 1　2　3　4　5 低　　　　　　　高	注释	
创造性解决问题的技能 1　2　3　4　5 低　　　　　　　高	注释	
人际交往能力 1　2　3　4　5 低　　　　　　　高	注释	
产消合一者应该在本“弹弓”法要考虑的 X 和 Y 点之间打分（团队领导决定分数范围） **总分数：**		
是否加入“弹弓”法 团队领导签字	是	否

案例：筛选和招募产消合一者

在波士顿“弹弓”法的应用中，招募了 4 名产消合一者，他们由各类企业专业人员和具有与健康和营养相关学历背景的学者构成。因为主题的复杂性和需要广泛的技术专家，这里选用 4∶4 的比例而不是指南要求的 2∶6。表 4-3 描述了波士顿“弹弓”法的产消合一者。

表 4-3　波士顿“弹弓”法的产消合一者

“弹弓”法中产消合一者（波士顿）
Tom：公司的战略顾问，了解全球的营养和天然食品产品的市场，拥有食品工程、化学工程和 MBA 学位。

续表

“弹弓”法中产消合一者（波士顿）
Bob：天然食品产品咨询公司的共同创始人，能在供应链、配送、战略计划、开发组织方面提供帮助，拥有销售副总裁和快速增长的天然食品公司的企业开发的宝贵经验。
Pual：重要的商业开发管理者，管理材料技术团队的研发合同和小规模制造企业，有着渊博的关于加速市场创新的创新过程和工具普遍使用的知识。他是 PDMA 成员，具有化学工程和材料科学的高等学位，是两个未满 8 岁孩子的父亲。
Christina：大学营养研究的助理教授。她的研究重点为运动、饮食、身体构成和骨骼健康之间的相互作用，使用的是纵向研究方式和早期生活方式介入的方法。她是两个大型儿童研究项目的主要调查者，侧重于钙和运动对于增加一年级到三年级孩子的骨密度和肌肉强度的作用

（2）筛选和招募消费者。

“弹弓”法的目的和提供的有价值的信息人员的类型将决定一个“弹弓”焦点小组筛选的规格。通常筛选工具需要考虑的规格，要包括一系列与专题相配的人口统计特征，如年龄、性别、家庭特征、种族和住址。在一个“弹弓”焦点小组中选择的具体类型和招募的参与者数目有所不同，这主要基于讨论的目标是探索性的还是开发性的。

一个以探索性为目的的焦点小组的重点是向从事相关内容的专家学习，给他们足够的时间相互配合，分配专题的时间。因此，对内容在行的一小部分消费者/客户是焦点小组最好的探索对象。如表 4-1 中表述的“弹弓”法的议事日程，“弹弓”法流程可以包含多个焦点小组，允许与更多的专家在探索内容方面进行深入的讨论。

一个以开发性为目的的焦点小组的重点是基于参与者在专题方面的经验获得尽可能多的相关的观点。例如，产生“弹弓”法的英国机场的例子就是以开发性为目的的焦点小组。它始于几个可能重新设计座椅的观点，因为座位是在漫长的飞行过程中一直被使用的。在关于新经济商务舱座椅设计的焦点小组讨论中，参与者是经常穿越大西洋的商务舱的使用者。“弹弓”法流程包含多个焦点小组，允许在开发背景下拓宽参与者建议的广度。

案例：筛选和招募消费者

在本案例研究中，“弹弓”焦点小组研究的目的是探索性的。每个“弹弓”焦点小组需要选择 4 名专业参与者，他们是儿童营养产品方面专业的消费者（不必是该公司的客户）。所有的参与者需要接受关于儿童健康和营养方面的专业的培训，如儿科医生、儿科护士、营养师。最后，每个专业参与者都要有关于儿童多尿症、体重控制或肥胖问题的经验。在表 4-4 中描述了波士顿“弹弓”法中消费者概况的案例研究。焦点小组案例研究讨论的问题、招聘规格书、用于招募消费者的保密协议参见附录 4-2。

表 4-4　消费者概况的案例研究

在（波士顿）“弹弓”法中探索重点为小儿肥胖症和儿童营养品的消费者
Pam：注册营养师，糖尿病教育家，有 20 多年的经验，是一个 14 岁孩子的家长。
Margaret：注册营养师，在大学工作，全职照顾 200 多名学生。帮助制订进餐计划，研究因视力缺陷而不爱活动的儿童的肥胖问题。
Lakshmi：减肥诊所的儿科医生，是一个 3 岁孩子和一个 7 岁孩子的家长。
Roberta：体重控制诊所的注册营养师，是一个 9 岁孩子和一个 12 岁孩子的家长

第 6 步：编制焦点小组讨论指南

“弹弓”法的讨论指南提供了从消费者和客户那里学习专题领域的构架。不论讨论的目的是探索性的还是开发性的，讨论指南的大纲和行动流程往往是相似的而不是不同的。探索性的和开发性的术语指的是焦点小组的主要目的。探索性焦点小组的目的是探索尽可能广阔的领域。它影响着讨论指南的内容和引入的刺激性因素。本案例研究就是一个探索性焦点小组的例子。开发性的焦点小组的目的是对开始的概念或原型的进一步深入和理解。它的讨论指南通常会涉及发现周围的自发反应的概念或原型的价值、可能出现的问题并改进。

典型的开发性讨论指南如表 4-5 所示。

表 4-5　典型的开发性讨论指南

过　　程	为参与者关于内容/职位的询问做准备	设计探索性问题
• 控制小组规模为 6～10 人 • 允许 2 小时的讨论 • 研究领域要少而精	• 需要准备工作来帮助开启社会和情感方面的经验和需要（特别是探索性目的的研究） • 在讨论中创造可能的刺激因素（特别是开发性目的的研究）	• 分解专题，以促进深入了解问题/机会 • 揭示暗含的关于功能、社会和情感方面的专题领域的知识 • 用怎么样、哪里和为什么开放式提问 • 加上准备工作和刺激性因素

（1）在家里完成并带到焦点小组会议上的前期工作对于帮助参与者关注主题领域以及帮助主持人产生丰富的讨论非常重要。例如，参与者在参加焦点小组之

前每周都坚持记录关于主题的行动和想法的日记，这里面的内容可能会有在其他时候被忘记或不被提及的内容。参与者在家里用的材料是聚集的拼贴图——将与主题有关的文字、图片和表格拼到一起。这些显示出的价值观和观点可能是在陌生人面前难以表达的话（图 4-2 是为研究专题准备的拼贴图示例）。

图 4-2　产消合一者关于 1～14 岁儿童营养挑战看法的拼贴图

（2）刺激因素是代表“弹弓”主题的事物。它包括产品、服务、物理原型、混合零食的样品、形象的代表产品/服务的观点、观点的描述、网站模型和软件程序。为参与者介绍刺激因素是焦点小组会议的讨论指南的必要构成部分。

（3）分解专题指的是使焦点小组讨论发现、了解并探讨各方面的专题中的一个或一系列的背景。例如，理解改善横跨大西洋的商务舱的服务的背景需要分解经历的所有方面，从做出旅行决策，到托运行李，最后离开机场，以及其间的所有步骤。

案例：编制焦点小组讨论指南

在本案例研究中，主持人和团队领导共同开发一个管理专题讨论的范围和复杂性的图表。从视觉上可以看出，讨论图表为多元的，有 3 个年龄段消

费者的 Y 轴和 6 种营养情况下的 X 轴（见图 4-3）。“弹弓”焦点小组详细的讨论指南如表 4-6 所示。

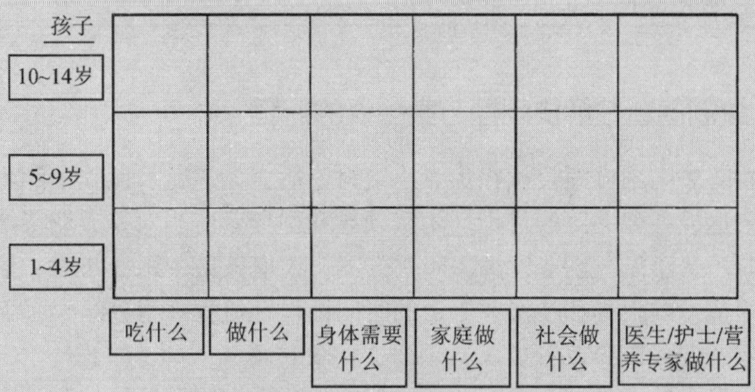

图 4-3　为案例研究的主题分析讨论准备的图表

表 4-6　“弹弓”焦点小组详细的讨论指南

参与者的准备工作：所有的焦点小组的参与者都被要求用能够代表美国现今儿童营养品挑战的且可视的图像、文字、表格等进行拼贴

时间	主　题
12:00	介绍——任务、参与者、窗户后面的人、视频录像
12:05	• 准备主题分析图表并将它挂在墙上（见图 4-3） • 将准备的思维导图/蜘蛛图挂在墙上（见图 4-4） • 将拼贴图挂在墙上让所有的人都能看到 • 让参与者介绍和解释他们的拼贴图 • 引导在消费者年龄细分和营养内容的交叉点上的讨论，并要求参与者用即时贴标明正确的东西、障碍和促进因素的营养战略 • 调查了解儿童营养战略的机会缺口。向专业人士和家长征求卫生保健的观点。注意：孩子的观点将在以后在孩子中调查 • 调查了解发生了什么，包括心理方面、社会方面及有营养习惯和行动的家庭动态
12:55	• 将焦点放到肥胖方面 • 询问参与者他们认为最核心的问题 • 将每个主题的核心放在一张图表文件中，要求参与者根据每个主题的核心来发散思维，构造思维导图/蜘蛛图
13:30	休息
13:40	• 寻求相互合作或两个讨论重叠的部分，要求焦点小组列出 8～12 条共同点 • 寻找缺口或两个讨论分歧的地方，要求焦点小组列出 8～12 条不同点

续表

时间	主　题
14:55	表示感谢，结束焦点小组会议

第 7 步：编制创造性解决问题方案会议的流程

创造性解决问题方案会议在焦点小组讨论后立刻进行，以收集深刻的见解和新思想，来达成“弹弓”的目标。团队领导和引导者应当对完成期待结果的必需的时间达成一致意见。创造性解决问题方案会议应该最少用 2 小时、最多用一天的时间。用适当的工具和技术在给定的时间内设计流程并得到结果是引导者的责任（参见《PDMA 新产品开发工具手册 2》第 17 章）。

发散和聚合技术是一个典型的、成功的创造性解决问题的技术。工具和技术的选择依赖于“弹弓”的目标。例如，一个服务商选择一个品牌的金字塔帮助营销小组开发一个新产品投产的沟通策略。形态学分析法在选定的市场的需求和技术能力交叉点上驱动创意生成，类比推理练习刺激思考新模式。

一个流程计划包含时间、任务和完成任务必需材料的信息。一定要考虑讨论结果的记录的需要。每次创造性解决问题方案会议基本的材料包括参与者所需的活动图、便笺本、不同颜色的马克笔、不同颜色的便笺贴、纸和钢笔、蓝色胶和粘贴纸张、足够的墙壁空间、不同颜色的投票区及写作概念的纸张格式。表 4-7 列出了可以供服务者参考的一些创造性解决问题方案会议需要的工具和技术。

表 4-7　创造性解决问题方案会议需要的工具和技术

创造性解决问题方案会议的任务	工具和技术
记录意见	• 单独工作，用即时贴标记，然后与其他成员分享 • 服务商的观点要记录在图表纸上
聚集汇总意见	• 思维导图/蜘蛛图（见图 4-4）
由意见产生的深刻的观点	• 头脑书写 • 用“我希望”将深刻的观点连接
将意见中消费者最喜爱的东西列出	• 积极情感的头脑风暴
将意见中消费者最不喜爱的东西列出	• 消极情感的头脑风暴
将建议排序和分类	• 汇总工作
选择并优先排序	• 圆点投票练习
按开始的观点进行创意	• 概念形式的模板（参见附录 4-3）

续表

创造性解决问题方案会议的任务	工具和技术
产消合一者的建议	• 给小组写一封信，包含深层次的策略、与众不同的强大的观点和仍需要进一步开发的地方等

案例：编制创造性解决问题方案会议的流程

在本案例研究中，主持人/引导者设计一个 4 小时的会议流程来获得丰富的、深刻的见解和学习总结，然后将它们引入突破性的观点和概念中。创造性解决问题的工具和技术包括头脑风暴法和圆点投票法的发散与聚合技术，也包括概念书写和综合学习的过程。表 4-8 概括了创造性解决问题方案会议的计划。附录 4-3 提供了产品开发开始阶段概念形式的模板。

表 4-8　创造性解决问题方案会议的计划

时　间	任　务
12:00	• 提醒产消合一者现在承担着项目团队成员的角色 • 审查任务和期待的结果
12:02	• 向产消合一者和项目团队成员征求重要的观点和知识，并将其写在图表纸上，以便让所有的人都能看到 • 以观点和知识为基础，引导确定一个 1～14 岁孩子的营养策略，将它抄写在图表纸上 • 采用头脑风暴法来产生每个营养策略组成中的关于产品和服务的想法
13:00	• 使用圆点投票法（每个人投票数要是所有墙上创意总数的 10%左右），团队成员要对其最感兴趣和好奇的观点投票
13:10	• 要求每个人用一个概念表单的格式，开发一个作为概念的创意 • 将概念写在图表纸上，然后将其挂在墙上，让所有的人都能看到
13:40	• 审查营养策略的组成部分，讨论任何一个缺口 • 将营养策略的组成部分按优先顺序排列 • 采用头脑风暴法来深入探讨所选择的领域，得到更多的建议 • 采用圆点投票法（同样 10%的原则），得出大家最感兴趣和好奇的观点 • 将选择的观点写下作为概念
14:15	休息
14:30	• 将概念向团队汇报，写下任何作为新概念的想法 • 在图表纸上添加概念，将它们挂在墙上让所有的人都看到
15:00	• 采用圆点投票法（同样 10%的规则），对墙上所有的概念进行投票
15:10	• 让产消合一者写下并读出基于“弹弓”的项目团队建议的信

续表

时　间	任　务
	• 让每个项目团队成员写下对项目团队的优先顺序，并将其读出来
15:20	• 审查“弹弓”的结果和下一步骤的概念
15:30	致谢，休会

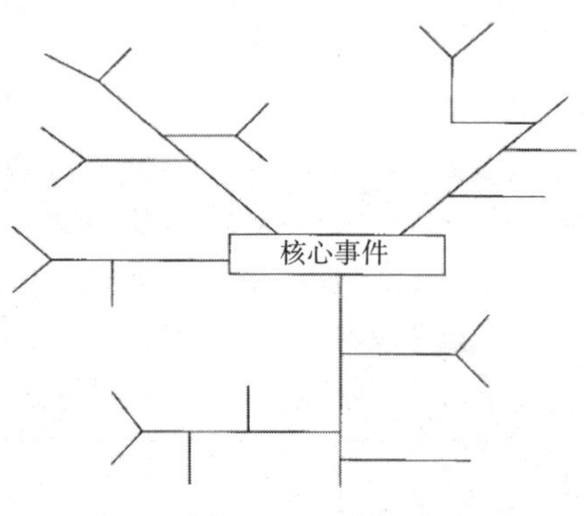

图 4-4　思维导图/蜘蛛图框架图

第 8 步：执行焦点小组方法

在开始“弹弓”焦点小组会议之前，主持人将指导项目团队成员和产消合一者认识并消除他们的偏见和臆断。为了帮助他们消除偏见和臆断，促使他们积极倾听，在后面屋子里的参与者被要求提高重视程度，延缓判断，以无条件的积极态度对待前面屋子里的人和他们所说的话。在后面屋子里的项目团队成员，在调查新生产线的问题或其他方面问题的焦点小组会议期间，也按照指示向主持人传递纸条。

主持人将指导在后面屋子里的参与者如何记录前面屋子的讨论内容，告诉他们注意观察并形成独特的观点（见图 4-5）。观察是产生深入的观点的基础，观察包括逐字记录口头意见和语气，详细描述参与者实际上是怎样对待刺激性因素和相关的肢体语言的；独特的观点是受到关于主题的商业背景的观察的启发后产生的。

主持人简要地向产消合一者介绍怎样把握他们的消费者的角色。在将消费者邀入会议室之前，主持人将让产消合一者和消费者一起在等待室等待，这样他们可以一起被带到会议室。

在焦点小组会议中，一名技术熟练的主持人必须保证所有的消费者参与到讨论中，促使所有的参与者相互配合，合理地控制时间以保证讨论指南上所有的任务都被提到，尽可能地将后面屋子里的参与者提出的额外的问题融合到讨论中。

图 4-5 后面屋子里的参与者从闭路电视中观察前面屋子里的“弹弓”焦点小组讨论的情景

案例：执行焦点小组方法

该阶段是为了从一个不同的高度获悉观点而进行深入的讨论。主持人将为专题分析准备的图表纸贴在焦点小组房间的墙上（见图 4-3），也为建立思维导图/蜘蛛图工作做准备（见图 4-4）。桌子上有为参与者实施活动准备的即时贴、钢笔和马克笔。焦点小组有 4 名产消合一者和 4 名消费者。讨论持续 3 小时——比典型的消费者焦点小组讨论的时间长，消费者焦点小组的讨论时间一般为 1.5～2 小时。更长的时间是必要的，因为专题具有复杂性，并且希望能够利用专门知识和 8 名参与者的经验。主持人在房间内放置翻页纸和便签簿，用于必要地激发和记录讨论。步骤 6 和表 4-6 为详细的讨论指南。

第 9 步：进行创造性解决问题方案会议

在创造性解决问题方案会议中，一名技术纯熟的引导者可以帮助项目成员和产消合一者产生突破性创意。有效的引导包括以下几方面。

- 管理小组动态地保证每个人都参与其中。
- 指导产消合一者在消费者和小组成员角色之间的转变。
- 在可利用的时间内执行所有的焦点小组的流程安排。
- 保证有一份关于会议讨论和产生结果的完整报告。

创造性解决问题方案会议开始于消费者离开讨论场所后。项目团队成员带着他们的笔记和产消合一者进入前面屋子（见图 4-6）。引导者审查流程并陈述全部的任务和期待的结果，然后向小组汇报工作，从第一个开始按照流程一直介绍到最后一个。在会议期间，引导者和团队领导登记所有的可能需要调整流程的反馈信息。在会议的最后，引导者复查结论，团队领导向产消合一者表示感谢并对下一步骤进行介绍。团队领导和引导者将收集在会议期间产生的所有的文件，将资料数字化，然后通过软硬件的复制将它传给下一步骤。

图 4-6 “弹弓”焦点小组进行创造性解决问题方案会议

案例：进行创造性解决问题方案的会议

在本案例研究中，在焦点小组访谈后，引导者指导产消合一者明确其在创造性解决问题方案会议中的角色。告知他们不用为执行负责并做出本能的反应，听从引导者的领导，做出的反应可超出寻常（见附录 4-1）。

会议开始于对任务和预期结果的重温。产消合一者和消费者需要提供重要的观点和知识。引导者围绕着屋子走，在 30 分钟内能走多少次就走多少次。所有的观点和知识要被清楚地写在翻页纸上，然后把它挂到墙上让所有的人都能看到。参与者指出能够看到的、有益的观点和知识，帮助产生下一项工作的内容。基于相关的见解和知识，小组被要求将营养策略的组成部分写在一个大的即时贴上，然后将它们挂在墙上的图表纸上，让所有的人都能看到。引导者随后让小组以“我希望”“我们能”“假设”“怎样”的格式为开头，进行头脑风暴，产生关于每个营养策略的组成部分的产品和服务的金点子（7～10 个单词）。

引导者引导参与者进行圆点投票来得到大家最感兴趣的观点。产消合一者、营销人员和专业人员用不同颜色的点进行投票，因为团队领导想要知道每个人群最关心的方面。引导者随后分发概念形式的模板（见附录 4-3）。每名参与者选择两个观点作为概念。每个概念都要为开发而进行演示和讨论，并将它们挂在墙上的图表纸上让所有的人都能看到。

然后，引导者让团队退后一步看看在各方面中还有没有缺口。如果教育策略存在缺口，团队领导就会认为在一点上继续没有用处。当焦点小组访谈结束后，引导者会让团队用 3 个点投票，对公司最重要的组成部分按照优先顺序排序。只有得到最少 3 票的组成部分才能进入下一阶段的工作。团队领导被要求按照优先顺序对每个选择的观点进行头脑风暴讨论。每名参与者要选择一个被投中的观点来形成一个概念。休息过后，每名参与者将他们的概念呈献给整个小组。这个步骤也包括推动讨论的建立和连接。这些概念也一样呈现在墙上。每名参与者被要求用 5 个点来确定他们前 5 个选择。

最后一个工作，每名产消合一者被要求给小组写一封建议信，每名成员被要求找出他最优先考虑的行动。每次“弹弓”焦点小组会议后，将所有记录数字化，并将票数最高的获得突破性的概念录入电子数据库，用于下一阶段创新过程的前端（参见《PDMA 新产品开发工具手册 1》第 2 章）。

第 10 步：记录和公布结果

记录结果是任何一个流程的重要的组成部分。一个“弹弓”法流程可以采用多种方式记录。

- 将后面房间的参与者制作的说明数字化。
- 将创造性解决问题方案会议中的所有的观点和概念（包括投票）数字化。
- 保存焦点小组访谈中的录音和录像文件。
- 创建一个可以检索的关于焦点小组访谈的音频/视频数据库。
- 由主持人写一份焦点小组访谈的报告。
- 将所有的概念录入数据库。

记录“弹弓”焦点小组的结果，需要建立一个数据库以供未来使用，帮助公布流程的结果。

选择哪个“弹弓”将决定流程结果的分发列表。这个分发需要团队领导来负责。所有涉及这个“弹弓”项目的参与者都会收到这个结果。小组成员和积极参与“弹弓”法流程的其他人都是策略结果的干系人，都需要得到一份用于下一步骤的结论报告。其他类型的干系人是那些在公司内需要知道结果来解决战略含义的人。报告——无论是战术的下一个步骤还是战略讨论——都应根据干系人的理解方式进行编写。

案例：记录和公布结果

在本案例研究中，概念产生于每场“弹弓”会议中，它被数字化地储存到可靠的数据库中。所有的项目团队成员可以访问这个数据库。这些人被要求对所有的用于下一步骤的寻找机会领域流程的概念重温和排序（见《PDMA 新产品开发工具手册 1》第 2 章）。“弹弓”会议上聚集的信息帮助塑造发展两个新的业务平台，每个概念的组合都由战略决策者讨论得出。

“弹弓”法检查清单

表 4-9 的检查清单由团队领导设计，他是最终对“弹弓”法执行负责的人。

表 4-9　“弹弓”法检查清单

“弹弓”法流程任务	负 责 人	时　间
定义项目、预算和招募团队		
确定应用“弹弓”的原因		
决定是否应用“弹弓”		
明确主题、目标和记录结果的格式 决定具体事项： • 焦点小组会议的次数 • 产消合一者的总人数 • 消费者的总人数 • 位置的数量 • 哪个位置		
决定主持人/引导者是用内部人员还是外部人员		
选择主持人和引导者		
决定日期和位置		
决定产消合一者的总人数 筛选和招聘产消合一者 收集保密协议		
建立招聘的筛选规格 选择市场调研公司进行招聘 筛选和招聘消费者 保证足够的空间供“弹弓”的需要 管理市场研究公司及其设施的所有的方面		
编制焦点小组访谈指南 批准访谈指南 向小组成员分发指南		

续表

“弹弓”法流程任务	负 责 人	时 间
设计创造性解决问题方案会议的流程 批准流程 与小组成员和产消合一者就流程进行交流		
管理焦点小组和创造性解决问题的后勤和会议餐饮的所有方面 向小组成员和产消合一者分发所有的详细资料		
召开焦点小组会议 记录讨论内容		
召开创造性解决问题方案会议		
记录和分发结果		
执行下一步		

要避免的“弹弓”法缺陷

当选择应用“弹弓”法进行交流时，需要了解为什么选择“弹弓”法流程，这点非常重要。因此，要避免“弹弓”法的缺陷，需要充分理解流程，要澄清流程的可交付成果。

“弹弓”法的一个缺陷是项目团队倾向于高估高姿态的产消合一者候选人的价值，低估众所周知的、低姿态和具备同样资格的产消合一者候选人的价值；另一个缺陷是当项目团队需要产消合一者候选人时，要求他和项目完全匹配。为“弹弓”法流程带来新的和富有挑战性的观点是重要的，因此需要考虑产消合一者中到底谁拥有与主题相关的核心竞争力。例如，在一个想要探索换尿布背景的制造业“弹弓”中，很难说服团队招募非常成功的蛇灯的男性设计师，尽管他是两个 3 岁孩子的父亲。这个团队并没有把男性看作换尿布的人。事实证明，这个男性设计者不仅有很多关于换尿布的第一手的经验，而且他创造蛇灯的灵感是由敏锐的洞察力所激发的，当两只手已被占用时，需要第三只手提供聚集的工作灯。看起来，在换尿布中也同样需要第三只手。

“弹弓”法成功的关键

“弹弓”法成功的关键有 3 个方面。

- 周密的准备和计划。
- 选择技能纯熟的主持人和引导者。
- 严格、规矩、灵活地执行流程。

所有成功的项目都需要周密的准备和计划。对最重要的细节概括如下。

- 确保“弹弓”任务中使用了合适的工具。
- 招聘能胜任的产消合一者和消费者。
- 要按照参与者真实的经验来设计讨论指南。
- 设计创造性解决问题方案会议的流程要使创造性张力达到最大效果。

用熟练的技能承担重要的任务和个人的特征是“弹弓”法成功的关键。主持人/引导者的一些重要的能力包括以下几方面。

- 流程设计技能。
- 获得适当的专题领域的语言能力。
- 不疏远参与者的探索与挑战的技巧。

恰当地将严格性、规矩性、灵活性混合是“弹弓”法成功的关键。成功的“弹弓”法流程要知道何时严格、规矩地执行“弹弓”，何时灵活地执行“弹弓”，这方面知识来源于实践。

附录 4-1 在一个“弹弓”法流程中，产消合一者如何身兼两种角色

懂得期望什么、如何对产消合一者在“弹弓”中的两个作用进行管理，这对有效率的产消合一者来说很重要。

作为消费者

在“弹弓”法流程中，作为焦点小组组成部分的消费者，产消合一者需要在焦点小组中有效地发挥消费者的作用。

有用的小建议：

- 跟随主持人的引导。一名有经验的主持人能够将消费者的消费经验引导和开发出来，也能让产消合一者很自然地融入讨论中。
- 在精神上努力管理自己，放宽心态进入消费者角色。
- 与其他的消费者一起分享经验，进行交流。

作为解决问题者

在创造性解决问题方案会议中，产消合一者需要有自我审查和管理能力，需要提供意见，知道如何工作。

有用的小建议：

- 准备创造性张力，并将它作为一个跳板。
- 跟随引导者的领导，超出可接受的范围。
- 记住你不需要为执行负责。

附录 4-2 焦点小组筛选案例分析

参与者的姓名：	家庭电话：
地址：	工作电话：
招聘人：	日期：
批准人：	日期：

你好，我的名字叫______，来自______（插入地点名称）。今天我们进行一项关于营养和肥胖问题的调查，我将问你们一些问题。请放心，此要求不涉及任何形式的销售。

1. 首先，前面的调查显示工作在特定领域的人与其他人对特定的产品有不同的见解。由于这个原因，我们需要知道你的每项收入在你的家庭中所占的比重。（在下面记录答复，不阅读清单。）

自己：______________________________

配偶/同伴：______________________________

不要招聘下面列出的这些人：

- 一个广告代理商。
- 一个营销机构或者营销调查机构或组织。
- 公共关系或促销公司。

2. 在以下行业中，哪一个与你从事的行业最接近？

农业，渔业，林业	结束
银行，财务，保险	结束
医药	继续
制造业	结束
建筑业	结束
公共事业	结束

批发业　　　　　　　　　　结束
零售业　　　　　　　　　　结束
住宿、膳食服务业　　　　　　　　　　结束
文艺类，娱乐业，休闲娱乐　　　　　　　　　　结束
公共管理　　　　　　　　　　结束
工业技术业　　　　　　　　　　结束
服务
请列出：________________　　　　　　　　　　结束，在医药领域的除外
其他
请列出：________________　　　　　　　　　　结束，在医药领域的除外

3. 你在医药领域从事的工作岗位是什么？

行政人员　　　　　　　　　　结束
外科员工　　　　　　　　　　继续
非外科员工　　　　　　　　　　继续
劳工　　　　　　　　　　结束
零售　　　　　　　　　　结束
其他　　　　　　　　　　结束，除了以下领域
请列出：________________

招聘时间	儿科医师、儿科护士、注册营养师（共计招聘 5 人）

4. 你所担任的职务是什么？

麻醉师（任何一种）　　　　　　　　　　结束
护士（任何一种）　　　　　　　　　　继续
勤务兵（任何一种）　　　　　　　　　　结束
医生（任何一种）　　　　　　　　　　继续
技术人员（任何一种）　　　　　　　　　　结束
营养师/营养学家　　　　　　　　　　继续

5. 你是哪种类型的护士/医生/营养师？ ________________

必须填儿科医师、儿科护士或者关于孩子的注册营养师。

6. 你工作对象的年龄范围是什么？

0～1 岁　　　　　　　　　　结束

2～10 岁	继续
11～14 岁	继续
15 岁以上	结束

7. 在日常工作中，你和 1～14 岁的孩子接触吗？

是	继续
否	结束

8. 你是否在以下领域为孩子工作或者为孩子提供咨询？

健康和营养	继续
体重控制/肥胖症	继续
疾病	如果只是一个领域的结束
家庭问题	结束
其他__________（描述）	如果不是营养方面或者是体重控制方面的结束

下面是一些不同类型的问题：你喜欢的电影是什么？（在下面列出）

____

当你说服他看这些电影时，你会怎么和他说？（探测口气）

____

____

____

确保回答者口齿清楚，表达清晰。如果他不能用自己的话将电影描述得有趣，或者不能用简短的话将其说完，那么就结束。

我们将邀请你参加关于儿童营养和体重控制/肥胖症方面的新产品的开发讨论会议。这将是与其他专业人士围绕着营养新品的头脑风暴会议。我们将为你提供的时间支付给你________美元。

你有兴趣参加这次会议吗？

是	继续
否	结束

- 劝告参与者，他们要签署保密协议。
- 通知他们，他们要参加一个 3 小时的会议，会议会用音频和视频记录。
- 告诉他们在未来某一天他们将接到一个后续访谈电话。

招募规格

4 月 14 日 17:30—19:30	至少是以下专业中的一个：儿科医师、儿科护士、注册营养师（共计招聘 5 人，显示 4 人）		
	儿科医师	儿科护士	注册营养师
4 月 14 日 17:30—19:30			

保密协议的样本

亲爱的参与者：

我们将为你的参与讨论、提供建议支付＿＿＿＿＿美元。考虑到我们的委托，你要保证对会议产生的任何策略、概念，或者建议、结论保密，不要向任何第三方透露会议的观点或者概念。此外，你要同意，任何你参与的会议产生的结论、观点都归委托方所有。如果有必要，请求你同意执行的文件可能被我们的客户获取并得到支持，或者行使我们自己的一些权利。

参与者签名	
参与者的姓名（打印或复印）	

附录 4-3　概念形式的模板

概念的名称：＿＿＿＿＿＿＿＿＿＿

工作于这方面的人：＿＿＿＿＿＿＿＿＿＿

用一句话描述这个概念：

创意：

如何将创意用于工作？

优点：

+

+

+

担心：

–

–

–

作者简介

安妮·奥尔班（Anne Orban）是创新聚焦公司（Intuitive Focus）的发明和创新总监。安妮将她的流程设计和交付的经验应用于其承担的委托业务中，以帮助客户通过释放员工的创造潜力来成长。安妮拥有成人和组织开发学硕士学位，还拥有 NPDP 证书。她在 2006 年 PDMA 年会上担任共同主席，而且从 2004 年开始一直担任 PDMA 年会的研讨会主席。

克里斯托弗·W. 米勒（Christopher W. Miller）是创新聚焦公司的创始人和 CEO。他于 1987 年创办创新聚焦公司，旨在通过有意义的创新帮助企业成长。他是 PDMA 的前任主席，因为其在“聚焦创新技术”和“寻找希望领地”方面的工作而广为人知。

第5章
整合用户观察和业务目标以驱动产品设计

拉里·马林（直觉设计公司用户体验和产品设计专家）、
查德·A.麦卡利斯特（LexisNexis 公司高级解决方案顾问）

新产品开发（NPD）的失败率惊人，大多数企业发现每 10 次市场上的尝试只有 1 次会成功。新产品开发企业如何才能提高其成功的可能性？一种方法就是把用户观察紧密地整合到产品开发流程中，并作为一种发现那些能够使产品成为市场赢家的独特创新机会的手段。

其他的书，包括之前的 PDMA 工具书，已经描述了如何执行“客户心声”（参见《PDMA 新产品开发工具手册 2》第 7 章）流程和“人种学研究”（参见《PDMA 新产品开发工具手册 2》第 8 章）。本章拓展了这些概念，介绍了一个将可操作的业务目标与用户观察结果相整合，以识别更多具有胜算的产品机会的流程。所有行业的产品经理都将发现，该流程改善了他们的产品和服务的设计。这个流程已经用于商业、消费者及企业的产品和服务，并用于游戏、医疗设备、制造工艺、电子商务网站、软件应用和很多其他领域业务的开发中。总之，用该流程已经成功地创造出 250 多种产品，每种产品都聚焦于达到既定业务目标，同时满足用户的需求。

概　述

本章是为了帮产品经理改善他们的 NPD 成功率（用较少的尝试获得更多的市场成功）而编写的，对于那些负责现有产品改善的产品经理也是很有价值的，并且可以用于 B2B 和 B2C 环境。另外，那些需要剖析他们的组织以提高产品设计流程的成功率的业务经理和营销经理，将从本章找到一种有用的工具来充实他们的工具箱。

本章简要描述了几个需要将用户观察研究与业务目标整合的关键原因，然后介绍了基于初始业务目标和用户观察研究生成产品设计流程的6个步骤。第1步：定义目标；第 2 步：制订执行观察的计划；第 3 步：进行第一轮观察；第 4 步：建立优先矩阵；第 5 步：进行第二轮观察；第 6 步：按工作设计。每一个步骤都用实际的案例来说明，所举的案例用该流程为一个大型政府机构解决知识管理问题。本章在最后介绍了在应用该流程时要避免的几个常见错误。

以业务目标为出发点的原因

射击初学者和奥林匹克射击手都有一个共同之处：他们都是先自己做好准备，瞄准目标，然后才开枪。这个简单的“预备、瞄准、开枪”的过程帮助他们一次又一次地击中目标。在企业中也存在相同的流程：定义一个目标的重要性，瞄准，执行并达到目标。尽管这是一个显而易见的流程，然而产品开发似乎经常遵循另一个不同的流程：预备，开枪，瞄准。不同于先瞄准一个特定的业务目标，如捕捉一个新市场或在一个现有市场中扩大销售额等，并做一些必要的事情以达到这个目标，NPD 的流程更常见的是以一个奇思妙想或新奇的技术开头，然后试图围绕由此形成的产品构建一个业务目标。

没有先瞄准业务目标，并为达成目标而付出必要的努力造成了低成功率 NPD 公司与高成功率 NPD 公司之间的差距。该差距的一个例子就是，那些较高成功率的公司只需开发 4 个创意就会产生一个市场成功的产品，而一个较低成功率的公司则需要开发 10 个创意才会产生一个市场成功的产品。那些没有明确特定目标的公司必须开发更多的创意才能产生一个成功产品，这就会导致事倍功半和更高的 NPD 成本。

用户观察必须作为 NPD 流程的一部分的原因

站在一个新产品潜在用户的角度去观察能够很好地理解用户的需求，并且能够为成功的产品设计提供有创意的投入。观察研究和人种学研究，对于新产品开发都是必要的，因为这能够让经营者洞悉人们的真正需求。访谈、焦点小组和调查都倾向于揭示与观察所见不相同的信息。这些方法源于人们对现有的产品或服务设计的一些评论、反应，而观察则是倾向于去鉴别那些能够引领新兴产品机会的前瞻性洞见。下面简单列示几点原因，说明为什么用户观察对于新产品设计有较大的作用。

用户总是在他们自己的感知局限内描述问题

用户习惯用自己对技术的理解去定义问题。当问及用户的需求时，他们只能以他们的经验来确定一些新的想法。而观察就能够确定更大的、更具革命性的变化以改变竞争的格局。因为大多数用户都喜欢在现有产品和自身经验的基础上阐述问题，通常他们会为了改进现有的产品而提出自己的意见，却无法为了开发一个产品而提出自己的创意。

用户可能会言行不一致

用户常常说想要一件东西，而实际上他们需要的是另外一件东西。他们会讨论问题最多的方面，但是这些方面往往并不能准确地表明他们真正的需求。通过对用户的观察发现：用户已经习惯于用一些权宜之计来解决问题，而不是把问题描述出来。因此，根据用户描述的需要所做的设计，可能仅仅能够解决他们现在所遇到的问题，而用户观察则将所有任务一起解决。举一个例子，许多软件用户提出，当他们拿到一些报告并且需要把报告中的数字转换为图表工具时，他们需要报告生成器。而他们实际上需要的是能够通过生成器生成的图表，并非报告。

用户不能准确地表达他们的需求

人类行为的一个共同特点就是，除非亲眼看到实物或者亲自置身于问题所在的情景中，否则很难准确地说明自己想要的是什么。因为用户不能确定什么是可能的，不能准确描述问题，或者不能充分地理解问题，所以确定需求是很困难的。用户经常用解决方案来描述问题，让采访者对解决方案进行逆向思考以定义问题。观察用户则能够解决这些人类行为中固有的障碍并且能够将制定要求的责任留给设计团队。

案例：完美的拖拉机

产品设计师为了改进农场拖拉机，在德国做了一个调查（参见《PDMA 新产品开发工具手册 2》第 8 章）。由农场主组成的焦点小组参与了此次调查。一名农场主说他的拖拉机性能很好，他还强调说以后生产的新型拖拉机都要像这种型号一样，不要有任何改变。在他的农场做访谈的时候，他反复地强调他的拖拉机很好用。于是，设计师们要求看看这个拖拉机。他很自豪地让设计师们看了他那经过 20 多次改装后的“堪称完美”的拖拉机。设计师们在看完这个拖拉机之后，就能够更好地了解这个被农场主认为完美的拖拉机了。但是若仅依靠农场主的描述将会得到一个将人引入歧途的调查结果。

第 1 步：定义目标

业务目标

一个明确的企业业务目标能够为开发新产品、改进产品或者延伸产品品牌提供有说服力的理由和有力的指导方针。许多企业的业务目标因为太过模糊、大众化而不能为产品开发团队提供帮助，他们先得花费工夫去理解他们要达到的目标到底是什么。在产品设计出来后，他们才制定一系列的业务目标，这充分反映了预备、开枪、瞄准的做法。辨别对于一个新产品而言是否已经有明确的业务目标的一个办法是，让团队里的每名成员将他所认为的这个项目最重要的业务目标写在一张纸上，然后大家一起讨论写的是什么。这时可能每个人都有不同的想法，这是很正常的现象。大家讨论各自的不同点，这样就能够针对企业的业务目标达成一致了。

企业的业务目标一定要体现两个基本目标中的一个。

- 提高收入。
- 降低成本。

企业的业务目标一定是可见的、可计量的，并且有一定的时间限制。可以参看下面几个精确、明晰的业务目标。

- 在未来 3 年内，在现有客户的基础上将销售额提升 25%。
- 打入邻近垂直市场，在第 1 年得到 20%的市场份额。
- 在 1 年之内将竞争对手 10%的客户变为我们的产品客户。
- 在下一版本将现有产品的成本降低 25%。

与下面这些比较模糊、缺乏竞争力或对企业的发展没有太大帮助的目标进行比较，我们可以注意到那些很强的业务目标是很明确的、可见的，并且是可计量的，相比于那些很弱的业务目标而言，它们对产品的目标市场和潜在用户都有很明确的界定。

- 使用现有技术。
- 打开一个新的市场。
- 开发一个国际知名的品牌产品。

提示：聚焦专一的业务目标。一个高层管理团队一起讨论了企业明确的业务目标之后，对相关的执行计划达成了一致。在会议过后，高层管理者都回到了各自的工作领域——销售部、市场部、企业发展部、产品开发部，由于每名高管的需要、看法和相应的政策不同，为实现目标所必需的执行过程会变得失衡。有时尽管这些目标很容易理解，执行起来也较为容易，但是相关部门还是会根据各自的情况选择另外的执行计划。为了将这个问题最小化，我们可以在制定目标时瞄准单一的、清晰的业务目标，就像熟练的射击手在射击时只看准一个靶心一样。

案例：业务目标

华盛顿的一个政府机构希望得到帮助建立一个知识管理（KM）系统来减少因答复国会议员的提问所花费的精力。这个目标是要避免重复的工作，帮助该机构的工作人员改进工作。第一个步骤就是要清楚地定义这个问题，KM对不同的人而言意味着不同的事情，但是它通常包括以下几个过程：收集、储存、存取、重取、应用和创建知识。在充分地认识到这个问题的各个方面并对这个问题有了一个全面的理解之后，业务目标定义为减少答复国会议员的提问所要花费的时间和精力。一个约束条件就是最后的解决办法不能花费过多的成本，因为该机构没有内部资源可用来编写程序，同时也没有资金来开发一个大型的客户发展系统。

最后这个目标定义为将回答问题的工作降低 50%，同时这个项目必须在 18 个月内完成，且费用不超过 100 000 美元。

营销目标

在为一个新产品确定了业务目标之后，下一步工作就是明确关键的营销目标。通过讨论这个过程，我们可以知道确定营销目标的目的是为新产品找到潜在客户群。营销目标大致可以分为以下三种基本的客户类别。

- 深化与客户的现有关系。
- 来自竞争对手的客户。
- 开辟或者扩大一个市场。

在许多情况下，通过业务目标就能够正确判断客户类型。举一个例子，如果业务目标是“在一年之内将竞争对手 10%的客户变为我们的产品客户”，这种客户类型就是“来自竞争对手的客户”。如果所制定的业务目标不能提供这样的市场决策信息，那么我们就需要重新制定企业的业务目标，或者制定能够清晰地描绘产品未来发展趋势的营销目标。例如，如果业务目标仅仅是在未来一年中将销售额提升 25%，那么销售团队就能很明确地知道，在发展还不饱和的市场中提升销售额是一个很好的机会。

案例：营销目标

这是一个想通过政府机构来获得客户支持的企业项目，而且已经使用了多种工具，所以“深化与客户的现有关系”这个营销目标是显而易见的。于是目标就确定为在营销方案执行一年之内让 80%的潜在客户采用该公司的产品。虽然这对于某个确定的客户或者商业市场来说似乎比较困难，但是对于这个领域的唯一开发者而言，这个目标是可以实现的。

第 2 步：制订执行观察的计划

在这个过程中，对用户进行观察的关键在于站在用户的立场了解用户，并且仔细观察他们的工作。观察能够找到我们将要开发的新产品必须为用户提供什么来满足用户的需求——价值主张。如此强调观察的重要性，原因在于多年的产品开发经验发现，询问用户需要什么得到的结果往往并不是他们真正需要的，这会错过产品开发的最好时机，到最后，提供的产品往往并没有预想中那么有价值。与其去询问用户需要什么，不如去观察看看他们需要什么。如果不把观察作为新产品开发过程的一部分，那么企业就很难确定真正能够增加产品价值的用户需求。

案例：Palm Pilot 的灵感

通过对用户的观察，我们能够看到许多问题——为新产品提供机会的问题、在调查或者访谈中用户不能可靠确认的问题等。在 Palm Pilot 上市之前，产品设计者就曾经观察过使用当前一代电子掌上电脑的用户。他们发现这个被优化后的产品能够收集信息并且存入掌上电脑，但是用户更多的是需要从掌上电脑中重新取出这些信息。这次的观察让设计者产生了开发一个能让用户方便地重新取出信息的掌上电脑的灵感。为此，他们观察了用户对掌上电脑不同功能的使用情况，他们发现日历、地址簿、备注和备忘录等功能是最常用的。于是 Palm 的设计团队设计了这些功能的快捷键，使用户能够直接使用这些功能。输入的信息更多的是依赖于与个人计算机相联系的同步性。在 Palm Pilot 上市之前，个人掌上电脑的市场基本上处于饱和状态且主要被

Sharp 和 Casio 占据。经过几年的努力，Palm Pilot 已经将个人掌上电脑变成了 PDA。Palm Pilot PDA 刺激了曾经被认为是处于饱和、扁平状态的市场，甚至也刺激了电视机市场。

两轮观察

为了得到最好的结果，应该进行两轮连续的用户观察。通过第一轮观察，我们应该知道什么对用户来说是最重要的。一旦确定了最初的发现并进行分析之后，就应该着重进行第二轮观察。经验表明最初的一轮观察就能够确定不同于现在的产品观念和机遇，同时也给企业、市场管理者一定的时间去重新考虑他们的选择。一旦业务、营销、设计和技术团队都审查并评估过了这些机会，就应该进行第二轮观察，以了解能够对产品设计定型的用户的任务。

观察对象

在进行观察之前，首先应该确定哪一类用户适合成为你的营销目标。用户通常可以分为三大类：现有用户、来自竞争对手的用户和新用户。利用表 5-1，根据业务和营销目标来确定适合产品开发项目的用户类型。尽管这看起来似乎是显而易见的，但是许多产品开发团队还是会去观察不适合的用户。举一个例子，观察现有的用户以寻找提高产品质量的方法，以此来吸引新用户就是一个常见的错误。

（1）识别用户的角色。首先确定与产品有关的用户角色，如最终用户、决策者、支持者、评价者、管理者等。通常在观察之前确定的用户角色在第一轮观察之后都有较大的改变，但这只是一个开始。

表 5-1　用户观察矩阵

业务目标 / 营销目标	提高收入	降低成本
加深关系	现有用户	现有用户
寻找客户来源	来自竞争对手的用户	不适用
开辟新市场	新用户	不适用

（2）普通用户而不是内行用户。内行用户和普通用户有很大的不同之处，所以除非他们是目标用户群，否则一般避免观察内行用户。观察的目的是确定典型的、有代表性的用户。但是请记住，即使行家也是从新手开始的。

（3）观察多少用户。一个普通的问题就是我们需要观察多少用户。这项研究并不是要得到具有统计意义的重要结果，因此通常在两轮观察中每一轮对每个用户角色或者类型观察 3～6 名用户即可。通过这个观察希望能够揭示 80%～90%的潜在用户的需求。当然，这个预测是建立在观察代表性用户的基础之上的。只有观察了足够的用户，才能清楚地理解用户的需求、目的和任务。

（4）补充新用户。寻找代表用户是一个困难的工作，B2B 商品比以客户为导向的 B2C 商品更困难。以用户的分类为基础进行观察——现有用户、新用户或者来自竞争对手的用户，要用不同的技术手段。

- 现有用户或者来自竞争对手的用户：对于现有用户和来自竞争对手的用户，公司里的营销部和销售团队是招募用户的最好资源。利用销售团队的一大优势即他们可能已经和代表用户建立了一定的关系，这就为建立观察任务做好了铺垫。许多参与者在最初都会对自己的隐私和公司的权益有所担心，建立了良好的关系之后就能够在一定程度上减少这种忧虑。
- 新的 B2C 用户：当必须观察新用户时，市场研究咨询公司就能够帮助找到用户，并且在确定时间进度表、处理其他相关事宜上提供帮助。他们在确定代表用户样本数量、制定合理的进度表、处理最后时刻的进度问题上很有经验。他们有一个登记在册的代表参与者的数据库，并且能够轻易地招募到数据库之外的参与者。就像许多销售团队一样，这是他们的主要工作，不会因为其他事情而受到牵制。
- 新的 B2B 用户：尽管为 B2B 商品选择新用户具有挑战性，但是对于确定候选用户而言，市场研究咨询公司、行业分析团队、专业研讨会和商品交易会都是有用的资源。同时，你的销售团队也是你获得代表用户的资源。

当然，也可以通过其他组织机构招募 B2B 和 B2C 用户，如美国退休人员协会（AARP）、学校、企业集团和制造业机构等。通过媒体广告、传单和网站目录（如 CraigsList.com）也可以进行用户定位。这些方法为普通的 B2C 商品寻找参与者的效果比较明显，但对于商品范围比较小的 B2C 或者 B2B 效果可能就不尽如人意了。

案例：观察对象

编写报告来回答国会议员问题的研究人员成了第一批被观察的对象，通过对他们的观察能够知道他们真正需要 KM 系统为他们做什么，这也是设计这个产品的本质。通过观察，我们能够陆续发现其他类型的用户，如能够为研究人员提供必要辅助工作和资源的辅助人员，评估产品质量以保证和国家标准及安全事项兼容的评估者等。辅助人员通常是代理处或者与代理处相联系的市场研究咨询公司的中层管理者；评估者则通常是工作在代理处的管理者或者研究人员。在观察用户时，每种类型的有不同程度工作经验的被观察者不要超过 6 人。这样对每一个用户类型，观察者确定他们能够收集最有用的信息，因为对每个类型而言的第 5 名或第 6 名用户观察者几乎得不到新的信息。

观察方式

对用户进行观察时要有听、辨、看、查四大技术。

（1）在观察过程中要让用户感到放松。在进行观察之前，应该告诉用户观察结果都将受到保护并且在观察过程中使用匿名制。举一个例子，统计所有的观察活动并对收集的数据设置访问权限是对用户身份的一种保护方法。同时，还可以限制观察者人数为 1～2 人，最多 3 人。这些观察者在观察过程中要处于用户直接视线范围之外，通常是在用户后面或旁边，这样就能确保在不妨碍用户的同时做最准确的观察。

（2）保持谦虚。在观察过程中，观察者需要提示、鼓励用户或者问一些证明性的问题，因此观察者在与用户交谈过程中必须控制自己的情绪，否则会影响用户的工作。在观察之前要确定用户各自的工作领域，不能妨碍用户的工作。当一些问题出现时，观察者可以先记下来，等到观察结束之后再细致地向用户提问。

（3）在用户的日常工作中观察他们。最好的观察结果出自非特别进行的观察。然而，许多工作并不是经常进行，用户在别人的鼓励下才会进行指定的工作。如果让用户重复上次的动作，用户就需要在相同的场景下再做一次这个工作，这无疑是一个鼓励用户的好方法。另一个方法是询问用户一些与工作有关的问题，如什么情况、什么动作或者什么触发事件能够让用户进行工作。一旦这些触发事件发生，就让用户依据这些场景工作。

（4）期待暂停。中途暂停是许多工作中很自然的一个插曲，如中途来电话、收到电子邮件信息、有人敲门、婴儿开始哭闹或其他根据具体情况发生的事情。对于许多产品开发者而言，了解产品是如何因为中途中断而被影响的、在用户重新回到工作中时如何为用户提供最快捷的方式是产品设计的一大重点。所以观察者一定要充分了解用户在中途暂停之后是如何重新回到工作中去的。

（5）尽量避免在用户工作时与其进行交谈。在尽力让用户在观察过程中感到放松的时候，许多用户却感觉到他们被迫去解释他们在想什么、做什么。这看起来似乎有用，但会让用户对自己的工作有一种莫名其妙的焦虑感。如果在观察过程中用户不是按照正常的方式进行工作的，而是思考太多关于任务的事，那么观察的结果必然会受到影响。在进行观察之前，观察者应让用户像平常一样进行自己的工作而不用去解释他们的动作。

（6）稍候提问证明性的问题。观察过程的第一步是通过一些简单的介绍缓解用户的紧张和忧虑，但是在之后应该尽快让用户进行工作，同时开始观察。在观察完成之后，与用户一起讨论 15～45 分钟，对观察中出现的问题向用户提问，确保最终观察结果的准确性。

（7）逆向工作以提高工作效率。通过从用户期望的最终结果逆向工作，我们可以更容易地理解用户的工作，同时能够确定工作中的无用功和提高效率的潜在机会。知道了用户想要的最终结果，可以反方向推知工作的过程并找到触发工作开始的事件。这个触发事件可能与另外一个工作相关联。如此下去，最终可以找到一系列的工作，它们有一个最初的触发事件和一个最终的结果。产品改进经常包括许多产品再设计的过程。观察的目标是通过将一系列有联系的工作放在一起以达到期望的结果，理想的情况是每个工作都能得到一个结果，并且能够触发下一个工作的发生。在进行分析时，尝试找出完成一个或多个任务的机会。

（8）至少进行三次观察。为了确保对用户的工作有一个全面、多角度的理解，对每一类型的用户至少进行三次观察。如果只进行一次观察，一些异常的情况可能会被错过。如果在观察过程中发现一些矛盾或重要的问题，可以在三次观察之后再额外观察一次。实践经验表明，与每一类型的用户进行 6 次以上的讨论是很少见的。

（9）记录观察过程。与没有参与观察的团队其他成员一起分享收集的信息的一个有用工具就是视频录像。视频录像对于回忆观察过程中许多不太清楚的细节有较好的帮助。录像必须得到用户书面的许可，特别是在观察小孩、病人或其他特殊群体时，这就显得尤为重要。在工作环境中的工作者通常都不太愿意在工作地点录像。如果音频或视频记录都不被允许的话，那么就只能依靠观察者的笔记记录和当时能够收集的空白表格、图表等资料。许多用户还是愿意拿出那些没有任何信息记录的空白表格让观察者看，观察者需要在恰当的时机收集这些资料。

（10）如果有，让录像都有价值。在视频拍摄的过程中，一定要保证相机拍摄的是整个工作环境。用户在工作过程中会利用一些非产品所属的资料，但这是他们工作的一部分。举一个例子，人们的计算机桌面上有许多文件夹，每个文件夹中的信息对用户来说都有不同的作用，也会在不同程度上影响用户的工作。相机就需要拍摄记录下在整个工作过程中用户对不同资料的使用。拍摄者在整个过程中要不断地变换拍摄角度，而不是仅仅将相机放在三脚架上就行了。如果用户在工作过程中是不断移动的，那么拍摄者的拍摄任务就更加复杂了，这需要拍摄者不断地移动相机并思考怎样才能更好地记录观察信息。

案例：观察方式

研究人员进行着他们日常的工作，收集信息或回答国会议员的问题。每名研究人员至少有一个问题需要收集大量的信息。两名观察者观察着研究人员如何利用各种各样的工具来查找、收集和组织信息。

每次的观察都是从一些铺垫性的问题开始，如“你是怎么接受这个研究工作的”“你的工作完成后会是什么样子的”。这样的一次观察一般要持续 1 小时。观察者主要观察的是研究人员如何收集信息、回答问题。在每次观察结束时，观察者就会向研究人员问一些澄清性的问题，时间最多为 45 分钟。举例说明，一些研究人员可能会被问道：“我们发现你不会经常把电子邮箱里的附件存到你的文件夹里，你能解释一下为什么吗？”回答往往是那样妨碍了工作并且会占用时间。结合其他信息分析这个答案，观察者就会发现传统的 KM 工具需要用户额外地分类存放信息，并且用户在重新取出这些信息的时候也很麻烦。如果新的设计能够自动地将信息分类而无须用户的介入，那么这样的产品就可以提供很大的价值而不影响用户的工作流程。

在观察过程中研究人员不允许录音或者录像，同时也不允许照相，这些约束让观察者很仔细地记录着整个观察结果、研究人员的回答，也得到一些空白表格的复印件，如研究提问表格。表 5-2 所示为在观察一个研究分析师时收集的用户观察记录样本。

表 5-2　用户观察记录样本

观察记录
观察对象：约翰——研究分析师 他花了许多时间去完成每篇报告，因为要花大量的时间去完成报告的内容，他对一些特别的问题、深奥的数据却没有足够的时间去理解。 现在的操作过程和系统还不适合做最后的改变。 因为要花许多时间去研究、分析、编撰、校订编辑这些报告，所以当这些报告完成时，它所揭示的几乎已经是两年前的数据了。 许多报告模型中对财政预算削减的预测有许多夸张的数据，所以最后的计算结果往往并不能让人信服。特别是当一个数据分析需要和其他分析联系起来并且是通过长时间的推算得到时，这样的结果会让大家持怀疑态度。

续表

观察记录
每个程序都有自己的“暗箱”模型——我们很难看到里面有什么弹性理论（Tweaks），因为它被其他的东西掩盖住了（没有人有时间从繁杂的信息里面去找这个核心）。
为了确保正确的计算，可能需要一些同行评审的流程。
11 个程序的所有分析都要能够可用。想要看看从细节到决策层的所有文件以了解整个过程清晰的思路。
现在的操作过程很灵活，这很容易产生问题，并且限制了成果的再利用。
在各部门之间缺乏交流和学习。
报告的可信度需要和其体现出来的信心联系起来。
大部分的报告都太长而无法在线阅读或评审。
一旦评审完成，他就需要将报告发给相关的部门，或者发表声明来说明报告已经完成，最后上传到共享的硬盘上。
将报告或使用过的资料保存起来，同时也要知道该把它们放到哪里。
把邮箱当作最重要的文件存储容器。
经常察看邮箱里的未读信息及其截止日期。
在手机上收取电子邮件，有限地同其他桌面应用集成（如日历，Daylite）

观察地点

观察地点并不如预想中那么容易确定。如果是为新产品做研究，用户的观察范围就比仅仅是为现有产品提供改进设计而进行的观察要广泛得多。在新产品设计时，需要观察用户在使用类似产品时所做的工作。例如，要开发一个体育赛事自助售票亭，就可以观察航空公司的自助值机过程。无论是设计新产品，还是改进旧产品，尽可能地在工作环境中仔细观察用户的工作情况是至关重要的。

即使专门为用户设计一个模拟办公室、家庭、汽车等环境的实验室也是不够的，因为这并不是他们工作的真正环境。如果脱离用户的真实环境，那么在其工作中起重要作用的内部因素也就不存在了。举一个例子，在一个模拟实验室中，自然发生的中断或其他让用户分心的事物不可能出现。观察用户也许要跟随用户从一个地方辗转到另一个地方。如果用户在工作桌前开始工作，在汽车里面继续工作，最后在仓库里面完成了工作，那么在不同的工作地点进行观察就可以收集到重要的信息。

案例：观察地点

研究人员都是在自己的工作桌旁开始自己的研究工作。因此，这些观察程序都是在正常的工作时间开始，并且局限于研究人员的办公室内。观察者所处的位置既能观察到研究人员工作的全过程，又不能妨碍研究人员的工作，即使研究人员要走到档案保管抽屉或书架旁边去查找与研究工作有关的资料。所以，观察者常常是站在研究人员的后面，这样就能看到研究人员的计算机屏幕和工作场所。

观察内容

观察并不只是看，它是一个看和分析相结合的工作。工作任务就是用户为达到目的而进行的动作、步骤和过程。比如，为了确保销售人员在下个月能分到红利，要决定下个月销售人员需完成的任务，这个决策工作就包括决定在接下来 4 周销售人员需走访哪些重要客户。这个工作还包括一些子工作，如查看每名重要客户他们已经拜访过多少次、哪些客户需要再次拜访，然后安排这些拜访。

研究观察内容的目的是了解用户是怎样理解他们要达到的目标的，以及为达到这些目标所要完成的工作。要明确哪些是用户成功完成任务需要的信息，分清楚用户需要的信息和不需要的信息之间的差别。一次成功的观察过程不仅仅局限于现有产品或待开发产品的使用情况和使用环境。在针对现有产品设计新一代产品时，要注意观察是什么促使用户选择这种产品，以及这些工作完成时会发生什么。换句话说，一定要观察到工作的全过程。

（1）寻找任务，而不是特性。观察必须和用户的任务及目的结合起来，不要过快地从观察转移到产品的特点上来，这样会导致用户的真正需求不能得到最充分的调查和理解。

（2）远离流行特性。许多产品开发，甚至许多产品经理的决策，都过多地关注产品的特性而不是产品对客户的实用价值。回想前面所说的：一家高成功率的企业只需要对 4 个构思进行挖掘就能够成为市场的赢家，而一家低成功率的企业则需要对 10 个构思进行挖掘。为了增大产品成功的可能性，首先要在观念上有所转变——从产品特性转移到客户任务上来。专注于用户所需要完成的任务而不是完成任务时可能使用的特性。在对用户的工作任务和他们所要解决的问题有了一个清晰的认识之后，特性就会随之形成。

（3）注意用户如何及何时中断他们自己的工作。在观察的过程中，要掌握的一个关键点是在什么时候用户需要放松休息一下。了解了这一点，我们就知道在什么时候一个子工作完成，另一个子工作开始。每个子工作可以看作整个工作的一部分。比如，一个人在询问一个电话号码，在记录这个号码时他不希望被别人打断。因为记住一个电话号码要求最大的记忆容量——著名的七加（减）二原则。如果中途被打断，他就会忘记其中的一些数字而不得不重新问一遍。这个记忆限制对理解用户如何完成工作是至关重要的，在根据新产品介绍重新安排工作时尤为重要。或许新产品开发可以避免记忆信息的必要性，但是请记住不要因为额外的工作要求而超过人的记忆力极限。观察时在脑海中要树立这样一种观念，用户工作时会在一定的时间点暂停工作，在其他时候则不希望被打扰。那么，注意是什么暂停了工作，哪些情况暗示了合理的暂停时间是必要的。

（4）识别用户的目标或结果。确定用户想要得到的结果是什么。知道了结果就能够更好地理解用户在工作过程中确定的各个步骤。同时还要注意最终结果是以什么形式出现的。如果一名用户要写一份报告，写出这份报告并不是最终的结果，这个报告可能有更多的用途，如根据这个报告做决策、采取相应对策等。观察者就要尽力找到工作任务的最终形态，而不是产品、服务或其他特性的最终形态。

（5）寻找完整的工作任务，从开始到结束。有时候产品虽然能够帮助完成工作的一部分，但是仍然需要用户在产品特性之外做一些辅助工作以达到最终目的。这种产品因为不能为用户解决所有问题而跌价，最终导致产品销量减少，同时还为竞争对手进入市场提供了可乘之机。例如，一个网络系统监控产品可能需要用户运行各种系统功能的报告才能找到网络性能异常，产品应该完成大部分工作并在遇到问题时提醒用户，而不需要用户运行报告来识别问题。监控产品甚至应该能够自动为用户执行一些修复操作。

（6）识别行动或任务的触发事件。多留意那些能够让用户开始工作或暂停之后重新开始工作的事件。这些触发事件或许是一个事件，如一个警告；也可能是一个人，如要求状态的管理者；或者其他不同的事情。对这些触发事件我们也有必要了解其优先性和重要性。如果用户工作过程被另外一个工作的触发事件打断，那么这个触发事件就具有较高的优先性。确定是什么让新的任务比现在的任务更重要，同时试着看看用户如何理解每个触发事件所带来的相应结果。

（7）记录用户执行任务的顺序。观察如此强大的一个原因就是它能够准确定义用户表达不清楚的工作和子工作。用户并不能保证在每时每刻的工作中保持高效率，有时他们是低效率的，甚至是退步的。这就表明工作中的某一部分是低效率的。这也为新产品设计提高工作效率提供了可能性。

（8）注意用户何时认为他们完成了任务。除了工作中的一些停顿，还需要确定用户什么时候认为他们完成了工作或关键子任务。观察者的一个重要工作就是记录是什么向用户暗示他们的工作已经完成了。新产品设计时就需要利用这些暗示条件，而不是忽视它们。

（9）收集证据，如表格、打印输出、笔记等。用户在工作的过程中会提供一些有帮助的资料。一些常见的资料包括表格、清单、笔记、有重要标记的用户指南、由专门的编撰者编写的控制手册和录音资料。这些资料都需要收集整理出来以帮助我们认识用户对各自工作的理解。这些资料表明用户不能完全依靠自己的记忆在工作中获得成功，同时这些资料还能够减轻用户的记忆负担。照片就是很有用的资料，但是谨记并不是所有场所都允许照相，那么在这种情况下，最好是认真做好记录。

案例：观察内容

要观察的是用户在工作过程中所使用的工具、资料及其工作的程序。

研究人员通常要通过收集、编写各种各样的信息表格来完成报告，最后用以回答那些研究性的问题。他们收集信息的方式多种多样，可以在网上搜索，也可以查看电子邮件、个人电脑上的文件夹、共享的文件，或者查阅档案室、书架中的各种资料。

确定观察者

观察者的确定如同选择观察对象一样重要。最理想的情况是由一名行为观察专家领导一个由 2～3 人组成的观察小组进行观察，观察专家可以是适用性专家或对人类行为观察技术有研究的人类学家。一名专业的观察者能够通过必要的技术和培训来了解用户的工作和行为，这样能够帮助我们更深入地理解用户的工作和需求。

（1）使用跨职能团队。观察成员具有不同的背景，这会为理解用户的工作提供多样的视角，并且能为产品的创新创造更多的机会，这无疑提高了观察的成功率。观察团队中有一名资深的专业观察者，那么其他的观察成员也会通过经验的积累迅速提高他们的人种学研究能力。除了专业的观察者，其他成员可以是有业务背景的人、技术人员，或者有丰富经验的人，如一名产品项目经理、商业分析师、市场工作人员、技术编写人员和技术开发人员。然而技术性的代表虽然能够在产品开发领域提供一定的建议，但是由于他们对观察用户没有太深入的理解，因此他们并不是观察者的最好人选。虽然如此，在部分观察过程中让技术人员参与进来，解决在观察用户工作过程中出现的一些问题，同时与产品开发团队一起研究确保产品开发的可行性，这也是可取的。

（2）少用缺乏经验的观察者。缺乏经验的观察者在观察过程中可能“知其然而不知其所以然”。这样的观察结果充其量只能告诉我们什么时间发生了什么事情，却不能为项目的成功提供专业的分析。确定某个人能否成为观察者要从技能和个性两个方面综合来看，但是每个团队里至少要有一名经验丰富、技术娴熟的观察者。当然，这名技术娴熟的专业人士有必要给团队其他成员一些初级的培训和指导。虽然如此，最多的技术还是来自实际的观察经验。

（3）分享、综合记录。如果几个不同的观察团队同时参与观察，一定要安排一个时间段让大家一起交流自己的心得，提出新的问题。这个环节让每个观察团队都能够做充分的准备。

案例：确定观察者

观察团队由三名成员组成，两名拥有认知心理学和用户界面设计背景的有经验的人类行为观察学家，另一名是来自政府机构的经理。这名经理在观察方面提出了不同于两名专业人士的观点和认识。于是在进行观察之前，观察团队重新回顾了当初政府机构确定的用户的角色，并讨论了用户的工作类型和他们会收集哪些资料。这个过程让他们对现在面临的问题进行了更深入的思考，同时也强调了观察最基本的规则——不在用户工作的时候提问题或打扰他们。

第 3 步：进行第一轮观察

在进行第一轮观察时，要注意去寻找新的发现，而不是去确认建议的产品设计。在观察过程中最好带着发现新事物的心态，观察的结果最好是让人感到惊奇的，而不要到最后大家说“我们想的就是那样”。许多新奇的发现可能让人觉得不可思议，但是它们很有用，到最后可能会让你的产品比竞争对手的要略高一筹。

不要太过于相信自己的直觉，第一轮观察成功的关键在于不要太专注于自己所看到的。找出全面的任务和活动，特别是那些运用即将设计出的产品能取得更好效果的工作。如果用户现在使用的是其他产品，那么就要注意观察那些对用户而言没有必要但为满足产品的需求而不得不做的工作。这对于提高用户的工作效率、避免用户不必要的麻烦是一个绝好的机会。

案例：执行观察

这次的观察目标是在政府机构中使用现有系统的用户，这就需要确定这些用户的角色。每个角色都与众不同，但是可以由同一个人在不同的时间扮演这些角色。三类关键的角色如下。

（1）主题研究者：负责进行研究，筛选数据，编写报告的草稿。

（2）报告审阅者：负责校验信息的正确性，确保与已经定下的方针保持一致，完善最终的报告。

（3）小组工作辅助者：负责为主题研究者分派任务，为这个项目提供必要的资源。

观察中最有趣的结果是记录用户工作过程中用到了多少不同的信息资源库，这些资源库都在什么地方，如计算机本地磁盘上的文件夹、计算机上共享的文件、电子邮箱中的文件夹、部门内部互联网，还有就是复印的纸质报告。用户也可能用到一些没有完成的原始资料，如其他还没有结束的项目里面的电子数据表、图表等。此外，由于信息障碍的存在，如互联网上的防火墙和其他安全措施，用户为了得到各种资源，以多种多样的途径进入资源库。

此外，还要记录每名用户为组织所获得的信息采用的内部储存形式和例子。一些用户习惯于建立广泛但不深的路径——建了许多文件夹，每个文件夹里面的内容较少；而其他用户则习惯于建立较少但有深度的路径——文件夹很少，但是每个文件夹里面的内容很多。这就说明，在一些 KM 系统中发现高度受限的组织结构会给用户采用产品带来障碍。

很显然，以前的 KM 工具已经不能解决这个问题，用户需要一个更好的信息搜寻工具。这个事实仅仅证明了对观察用户这项投资的正确性，如果没有这项研究，项目的结果可能就是得到一个昂贵的产品但不能满足用户的需求。

描述观察结果

可以通过一个简单的工作流程图来展现用户的主要工作和子工作。流程图不需要很多细节，只要能够体现整个工作过程即可，如关键资料、触发事件和结果。如果设计一些用户的形象漫画来帮助产品设计团队记住观察过程中的用户角色，对于观察过程无疑具有很大的帮助。例如，布朗思 · 贝蒂的漫画既可用来描述有确定目标的用户，也适用于随意浏览的用户。

案例：泛化工作流程图

图 5-1 是 KM 项目的总体工作流程图，该图说明了对一些研究人员进行第一次观察之后所得到的信息。赫里德·亨利（Hurried Henry）的漫画可以形容这些研究人员为尽快得到想要的信息的狂热本能。这个工作流程图表明，研究人员从事了三项基本工作，每个工作都包含若干子工作。值得注意的一个事实是，用户是同时进行这几项工作的，他们几乎是被时间赶着跑的。

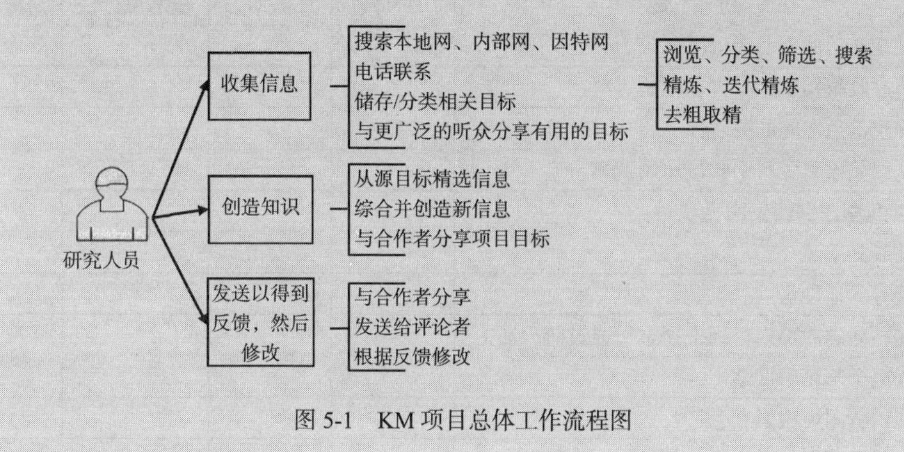

图 5-1　KM 项目总体工作流程图

第 4 步：建立优先矩阵

第一轮观察的结果为进一步确定开发产品的方向提供了有用的信息。这个结果将用户的需求、优先权和业务目标及技术限制结合在一起进行分析，在这个过程中，应该建立一个矩阵来量化产品的期望度、收益率和可行性。这个矩阵让工程团队知道该做什么，同时也让业务和营销部门理解工程部门的制约，如时间、资源。

优先矩阵为第二轮的观察重点指明了方向。如果在观察和确定优先次序之后确定新的业务目标和机会，这也是不奇怪的。在第一轮观察之后理应出现一些新的想法、新的观点。可能大多数人对新的想法都有抵触情绪，因为原来的产品设计方案已经先入为主。从第一轮观察中获得的信息往往与当时产品工艺设计领域的大多数人的想法不同，这使人们开始质疑这些观察。当这个矛盾出现在人们习惯的产品（或者反映在竞争对手的产品）与观察所揭露的信息之间时，那么这就是优化自己产品的一个绝好机会——一个清清楚楚的主动性竞争优势。不要选择跟随大流，效仿别人的产品，要在矛盾的基础之上让自己的产品走在竞争对手的前面。

列明任务

在第一轮观察中观察到的任务，而不是特性，将建立起优先矩阵。对应一名用户，通过这名用户角色及组织的任务（在复杂环境中还有子任务）来建立任务清单。如果一个任务不只局限于一个用户角色，那么这个任务就有必要重复多次。表 5-3 就是一个简单的任务优先矩阵范例。

表 5-3　任务优先矩阵　　单位：分

功　能	用户体验	业务潜力	技术可行性	总分
发现之前的发明者/用户				
留心收集档案、报告、原始资料				
确定信息之间的关联性				
从相关项目资料中收集原始资料				
与相关的专家/发明者联系				
搜寻共享盘				
搜寻本地硬盘				
在不同的内部因特网中搜索（通过防火墙）				
在电子邮箱中搜索				
在因特网中搜索				
在付费的网站搜索				
在图书馆中查询				
与其他人一起分享这些原始资料				
对必要的内容进行保密保护				
与部门内部的人员一起讨论部分内容				
编辑整理收集的数据				
建立工作文档				
分布　等级 1				
等级 2				
等级 3				

任务评级

三分评级制度对于区分每个工作的优先级是最有效的。每个出现在清单上的任务都是很重要的，只是它们的优先级不同而已。一个评级为 1 的任务并不是没有评级为 3 的任务重要，但是排名确实表明了在产品设计过程中处理任务的顺序。

记住，优先矩阵只是一个指导，在客观环境中还存在许多因素，它们可能没有出现在评级系统中，但是同样对最后的决定有影响。并不是将评级分得越细越好，过细的评级制度往往要增加任务重要性的评价难度，最后往往事倍功半。

为此，应该针对任务评级召开一次会议，与会人员应该包括观察者、业务和营销部门干系人，以及产品设计开发人员。大家坐在一起，可以讨论相关的工作，对其中的误解进行说明，并且每个人都有机会参与到这个过程中来。

（1）用户的排名：期望度。在矩阵中的用户体验这一栏中，观察者一定要根据任务对用户的整体目标的重要性来确定其优先级。观察者对这些任务的评级一定要在召开任务评级会议之前确定下来，其评级标准如下。

3：最基础、亟待解决的任务。

2：居于次要位置、等待解决的任务。

1：处在第三位的任务。

（2）业务和营销：收益率。在矩阵中的业务潜力这一栏中，业务和营销部门干系人就要确定用户的工作对业务目标的影响，如对未来收益率的影响等。这个过程通常是团队成员重新评估他们的目标、重新修改目标或实现目标的过程。其评级标准如下。

3：影响大且收益率较高。

2：影响和收益率都处于中等水平。

1：影响小，收益率低。

（3）产品设计开发人员：可行性。在矩阵中的技术可行性这一栏中，产品设计开发人员通过解决这个任务要付出的代价和所要承担的风险来对其进行评级。通过这个评级机制，产品设计开发团队就能够在讨论会议之前有时间考虑这个任务的影响，同时讨论一些必要的问题。其评级标准如下。

3：简单或者低风险。

2：难度、风险适中。

1：难度大，风险高。

请记住这个矩阵虽然只是一个工具，但是提供了非常有用的指导意义。虽然矩阵中略去了很多细节内容，但是对于有效决策来说，它已经包含了足够的信息。

排名的均匀分布

如果在矩阵中的 3 个分栏里面每个等级的任务数量都相同，那么这个矩阵就更有用。矩阵中任务的排名说明的是相应任务的紧迫程度，而不代表其重要性。

每个任务都是必不可少的，否则它就不会出现在列表里。对这些任务按优先次序区分，就等同于把产品的设计和执行过程按时间顺序分成了若干阶段，等级最高的任务需要首先被执行。

一个行之有效的办法就是先对这些任务进行评级，然后确定等级为 1、2、3 的任务数量，接着检验这些评级结果，调整相应的得分以确保结果呈均匀分布。这样每次可以轻松处理矩阵中的一栏。虽然这加大了工作量，但是对随后的讨论有很大的帮助。另外一个方法就是分派任务时就告诉大家要保证结果的均匀性，如有 12 个任务需要评级，在评级工作开始之前，工作人员就知道要均匀分派这些任务到 3 个等级中去。不论你使用哪种方法，第一次试验的时候都不是一件简单的事情，但是只有保持信心，才能得到最好的结果。

为任务评分

一旦评级完成，就应该为每个任务评分了。3 个因素的综合评分——用户体验、业务潜力和技术可行性——将是 3～9 分不等，得到最高分的任务就表示需首先完成。这个排序最好的结果是用户体验等级 3（期望度高），业务潜力等级 3（有最大的利润），技术可行性等级 3（生产的低风险和可操作性高），最后的总分就是 9 分。矩阵最常出现的结果是得分为 4～8 分。

下一步工作就是在时间和资源的约束条件下突出具有较高优先级的任务，将以后的研究和设计活动主要集中在优先级较高的任务上。这也为以后产品的演进提供了路线图。产品设计团队在了解了后续版本可能需要的内容后，在设计中就可以为下一组特性留有余地。表 5-4 是具有优先工作的完整的优先矩阵。

案例：建立优先矩阵

优先矩阵中的任务是从总体工作流程图中提取出来的，如图 5-1 所示。

如果与观察记录结合起来，这些可能还不足以进行产品设计，但是其中包含的信息对建立矩阵而言已经足够了。

在这个案例中，表 5-4 已经是具有优先工作的完整的优先矩阵。它只是简单地列举了一个用户类型中所观察到的任务，但是一般的矩阵会列举出观察中的每个用户类型的工作（即使有些工作是重复的），然后分别对每个用户评分。因此，这个优先矩阵能够对每个用户角色的工作，如研究人员、辅助人员、评估人员的工作进行分级。每个工作项目都各有不同，但是首先列出工作清单是比较容易的。

这个矩阵是根据从用户的角度确定任务的优先顺序建立起来的。这个过程要反复进行直到等级为 1、2、3 的任务数量呈均匀分布。只要用户体验这一栏确定了评分等级，业务潜力这一栏就可以用相同的方法来进行评级，同理技术可行性这一栏也是同样的做法。

建立矩阵的最后一步就是为每个任务添加必要的排名以形成一个综合的排名，如表 5-4 中所体现出的 5～8 分的广泛分布。分析完这个综合排名之后，产品开发团队有信心在给定的时间、资源和资金范围内完成那些综合排名为 6 分及以上的任务。那些评级为 6 分或者更高的任务凸显出来。在什么地方"划线"对于不同的项目有所不同，这也要以时间、资源和资金为基础，当然，最主要的还是由产品经理决定。

表 5-4 具有优先工作的完整的优先矩阵

单位：分

功　能	用户体验	业务潜力	技术可行性	总分
发现之前的发明者/用户	2	3	2	7
留心收集档案、报告、原始资料	3	3	1	7
确定信息之间的关联性	3	3	1	7
从相关项目资料中收集原始资料	1	2	3	6
与相关的专家/发明者联系	2	1	2	5
搜寻共享盘	3	2	2	7
搜寻本地硬盘	3	2	3	8
在不同的内部因特网中搜索（通过防火墙）	3	2	1	6
在电子邮箱中搜索	3	2	1	6
在因特网中搜索	2	1	3	6
在付费的网站搜索	2	1	2	5
在图书馆中查询	1	1	3	5
与其他人一起分享这些原始资料	2	3	2	7
对必要的内容进行保密保护	2	1	3	6
与部门内部的人员一起讨论部分内容	1	2	2	5
编辑整理收集的数据	1	3	3	7
建立工作文档	1	3	1	5
分布　等级 1	5	5	5	—
等级 2	6	6	6	—
等级 3	6	6	6	—

第 5 步：进行第二轮观察

第二轮观察的方法与第一轮观察相似，不同的是第二轮观察将重点放在具有较高优先级的工作上。另外，在第二轮观察中还要观察该任务的各种细节问题。比如，在第一轮观察中主要确定的是关键的用户角色和工作任务；在第二轮观察中则要着重观察如何优化这些任务，然后将产品朝着优化的方向设计。这就要求观察者对工作任务的细节有深入的理解，以保证最后优化后的方案没有改变原来工作的本质，不会让用户产生陌生感。在第二轮观察中必须回答以下问题。

- 触发事件。是什么让用户开始工作了？可能是一个提示、一些问题、时间表等。当然，许多用户都把事件本身当作触发事件。
- 原始资料。在工作过程中用户使用了一些什么资料？用户在工作过程中使用的任何东西都可称作资料，如铅笔、橡皮、日历、清单、即时贴、电子数据表、报告、书籍等。观察过程中所遇到的各种资料都是最好的素材。
- 结果。用户想要得到什么样的结果？用户完成每个任务都是为了达到一定的目的。有的时候最开始触发这个工作的东西就是要得到的结果，但有时不是这样的。一些结果最后是以资料的形式展现出来的，如一个报告或者一个电子数据表；有时，需要花一定的精力分析最后得出想要的结果，如通过对不同的数据表分析得出的一个趋势或期望，这样的结果最好是以一个单独的图表表示出来。
- 专业术语。要描述或明确一项工作使用了什么词语或者象征符号。一项工作越简单，那么在特定的用户中就形成了一定的术语来描述这项工作。这些术语对于明确用户如何看待工作的界限（什么时候开始、什么时候结束）有一定的帮助。比如，当一个人说他正在穿衣服准备上班时，我们就知道这包括几个动作，如挑选衣服，脱掉家居服，配上为了这套工作装而准备的各种各样的配饰，然后在镜子里面看看效果如何等。
- 衔接工作。谁会得到一个工作的最终结果，对此他们又要做什么？记录哪些资料在用户和工作之间传递。这些资料通常是与触发某项工作开始的事件相关的，特别是当这些资料是触发事件的一部分时。这时就体现出了理解一名或多名用户在工作环境中扮演不同的角色的重要性。即使一名用户，他在完成了一项子工作之后，也可以触发其他工作的开始。

建立工作流程图

在这一点上，观察的结果最好是能够收集足够的细节以供建立一个用户工作流程图。这个工作流程图能够反映用户对他们工作的理解。一个完整的工作流程应该包括各种原始的资料、触发事件、问题和对工作来说必不可少的决策点。

首先，建立一个包含主要工作和子工作的整体工作流程图；其次，对这些重要的工作步骤进行细致的分析描述。一个可行的方法就是用不同的颜色代表工作流程不同的方面。比如，绿色代表需用户亲自操作的部分，黄色代表可用产品代替人工操作的部分，橙色代表问题，紫色代表资料，粉色代表触发事件和结果等。

工作流程图中体现的是大众的、普通的工作，而不包括一些不寻常的工作。对一些不寻常的工作可以记录下来，但是不要放过多的精力在上面，我们要注意的是一般的工作。我们的目标是为用户面临的普通工作建立流程图，要对 80%的工作予以关注，而不是那 20%。

优化工作流程

在工作流程图完成之后，就要对流程图进行分析，找出那些能用产品代替人工操作的地方。仍然使用前面所提到的颜色代替法，用绿色代表用户亲自操作，用黄色代表可用产品代替人工操作，这就意味着找到了用产品代替用户操作的地方。在此过程中也可以发现新的产品机会。

案例：优化工作流程

第二轮的观察着重观察在优先矩阵中得到 6 分或者更高分的 12 个任务。对这个细节观察的分析得到的是如图 5-2 所示的优化工作流程图，通过对这个流程图的分析，产品设计团队成员就能够明确哪些工作步骤用户要借助不同的工具来不断重复，如搜索不同的信息库。优化工作流程的目的是减少用户的工作量，但是同样能得到用户想要的结果。在这个案例中，优化工作流程就是减少用户的工作步骤同时减少他们需要使用的工具。产品设计团队以前的经验告诉我们，一个综合的搜索引擎能够一步搜索各种各样的信息资源，而不需要许多独立的搜索。

在图 5-2 中，矩形代表人工操作，菱形代表逻辑或系统行为，圆角矩形代表资料或物体，矩形旁边的惊叹号表示待解决的问题。

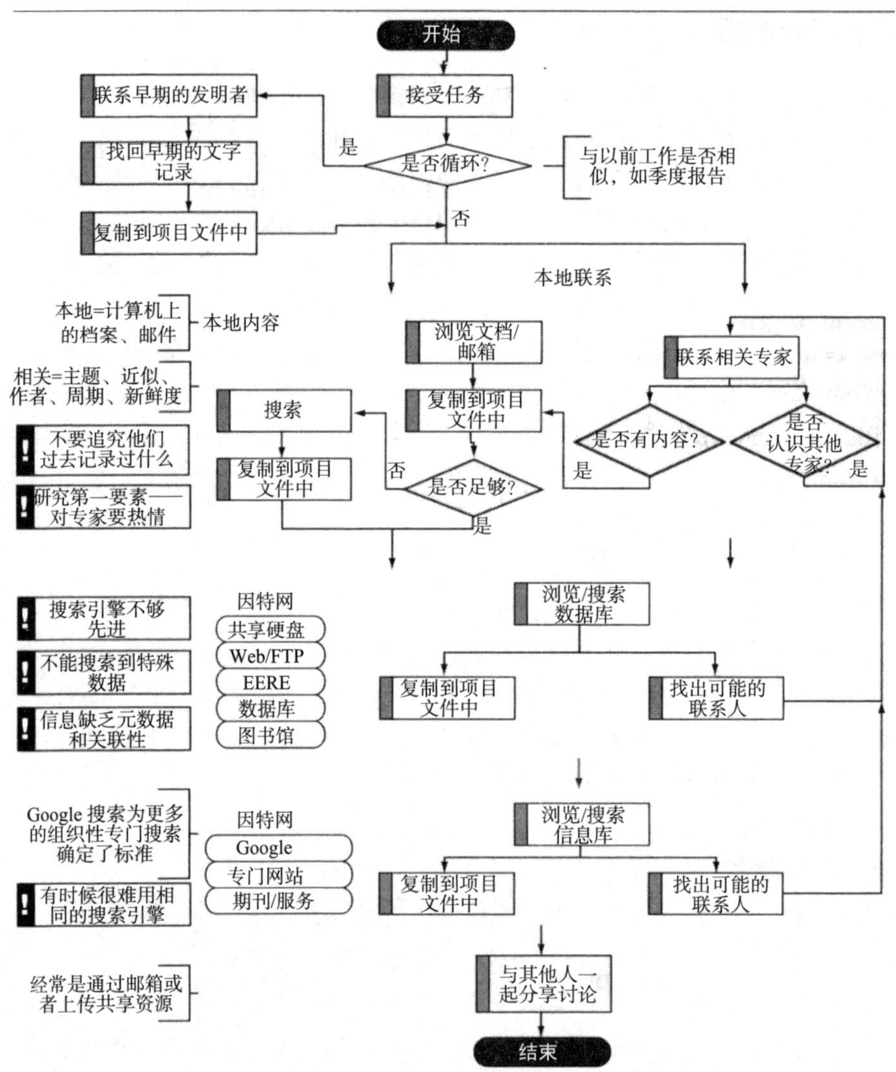

图 5-2　优化工作流程图

第 6 步：按工作设计

前面所提到的工作流程体现的是用户的优先级，优先矩阵是基于业务目标所平衡的工作，所以工作设计最本质的结果是产生一个既满足消费者的需求，又达到业务目标的产品。这也有助于防止在大多数产品设计工作中发生的范围蔓延。

只按优先排序的工作设计

在工作设计阶段，最重要的是要时常反思产品的某个特性是怎样解决当前工作的。有的时候一个产品的特性的确是有价值的，但是如果它不能解决当前比较重要的工作，那么它就不应该出现在产品中。在许多产品的创建中，如应用软件，“质量镀金”是经常发生的事情，开发者会在软件中加入一些特性，因为这对开发者而言是有益的。但是这样会让产品因为有一些不需要的特性而显得分不清主次，让用户使用产品完成最普通的工作显得有些多余。工作设计可能在开始时有些困难，但是首先要做的应该是设计最具有优先级的工作，即使想要设计“可能出现”的工作，也要先完成主要工作的设计。否则，产品反映更多的是面向特性的设计而不是面向任务的设计。

当然，也有例外。若设计工作偏离了优先矩阵，这个时候一定要三思而后行。在设计过程中发现了对用户更有价值、对完成工作更有利的新想法就是一个例外。

设计要能支撑业务和营销目标

产品的设计要能支持排序的业务目标。如果产品设计的目的是吸引新的消费者，那么新产品的设计就没有必要与现在的产品保持一致。如果现在的产品已经设计得相当好了，那么就没有必要重新开发产品了。反之亦然，如果最主要的营销目标是扩大品牌的知名度，那么采用一些与品牌相关的元素就会起作用。总之，设计最重要的一点就是与目标保持一致。

绘制设计图

要建一幢摩天大楼，在砌第一块砖、捶第一颗铆钉之前要做的就是画好大楼的设计图，设计产品同样如此。在设计之前绘制好设计图纸，可以避免实际设计过程中的许多错误。在需求规格说明书中加入设计图，最终会使设计的产品更符合用户的要求。

弗兰克·劳埃德·赖特曾经说过，在草图纸上用橡皮修改绝对比在工作台上用锤子改要容易得多。在真正实行之前画出设计草图，团队中的每名成员都能够针对这些设计发表自己的看法，这就能够避免在实施时才发现设计时的严重错误。在由产品设计人员、工程师和绘图设计师画好设计图纸后，就不存在因设计在各个产品开发团队中传递而发生传递错误的现象。一个完整的设计图保证了每个人看到的都是同一个产品设计模型。此外，由于并不是产品设计团队的每个人都参与了观察工作，设计图此时就充当了一个简单的交流工具，不需要大家很费劲地解释。

案例：绘制设计图

图 5-3 所示的设计图是根据图 5-2 所示的优化工作流程图绘制的，同时也考虑到了用户界面的友好原则和认知心理学。

设计过程简单明了，产品设计团队首先浏览了一般待优化的工作流程，然后设计用户界面来支持用户的各种工作。在图 5-2 中的矩形变成了一个个分离的用户界面，最后的设计是以设计说明书的形式交给产品设计团队。说明书中包含前面提到的可交付成果和资料等，即图 5-1～图 5-3 和表 5-4 中提到的内容。这个项目最终在几个产品设计团队之间分开进行，每个产品设计团队负责产品的一个方面。使用几个产品设计团队现在还不得而知，但是设计图相当好地支持了这种分工方式。

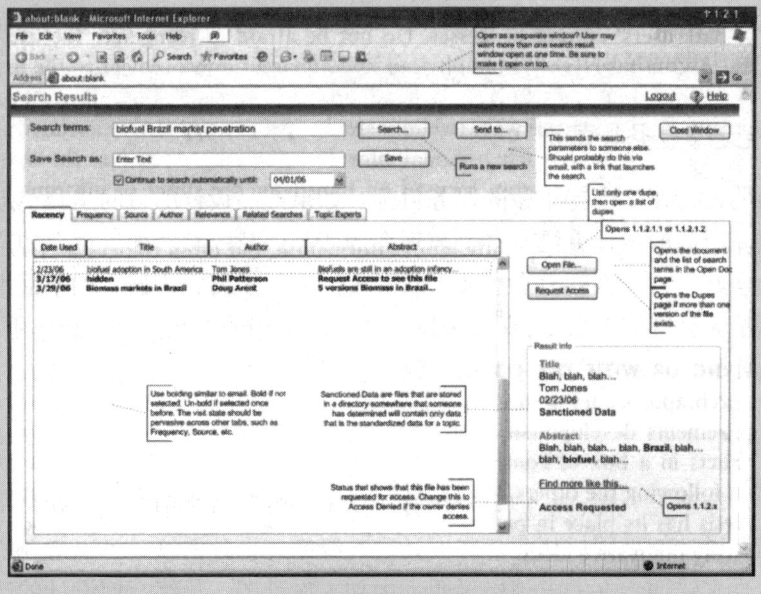

图 5-3　设计图示例

常见的陷阱

不论付出多少努力，总有不尽如人意的地方。以下只列出了部分例子中一些典型的错误，稍加注意就能够避免或修正。

（1）做了就会成功。如同可能会成功那样有吸引力，建立一个假设的结论（或原型），并试图和用户一起来验证其正确性的成功率比观察用户后再了解用户的要求要低。用户一旦看了产品原型，他们通常就会抑制（掩饰）他们对原型所产生的"盒子"（该原型产品所具备的特性或属性——译者注）的某些潜在感知，这就会给出与用户对产品的要求或需要不相符的错误印象。产品原型对于确认捕捉一个产品中的属性的工作结论是有效的，但不适合创新。

（2）重于形而轻于质。在设计的时候要从头到尾地考虑用户工作的每个过程，而不是简单地注意中间的几个步骤。现在许多产品的一些特性都浪费了用户的工作时间和精力。请记住首先要理解用户的工作和所要达到的目标，这样关于产品的特性自然而然就明确了。

（3）让用户的难处自动解决。成功观察研究的一个主要目的就是通过观察用户现在的工作预测接下来的工作，找到能减少用户工作步骤的方法。现在的产品很少能减少用户的工作步骤，因为这涉及重新安排用户的工作方法和过程，许多产品设计人员对此感到很吃力。优化后带来的工作效率的提升对用户而言是显而易见的，同时也体现了产品的价值。找出那些让用户感到头痛的工作，针对这些工作找出能减少用户操作的方法，这就等于减少了用户的"痛苦"。比如，早期的个人信息管理程序，如 Sharp Wizard 和 Apple Newton，主要致力于用迷你小键盘或笔迹识别的新技术来提高信息录入功能，但是用户观察结果显示用户并不是经常录入信息，他们使用更多的是存取功能。因此，提高系统的信息存取功能就是 Palm Pilot 设计的重点，这也为其找到了成功之路。

（4）时刻保持竞争力。一个最常用的市场研究方法是把竞争分析作为产品需求开发中的一部分。这个方法只会让产品陷入竞争的旋涡中。真正的创新产品不是跟着别人就能设计出来的，创新就是要独辟蹊径，走在别人的前面。在产品开发中，竞争分析不可或缺，但是用户观察才是产生新颖想法的源泉。

（5）分析瓶颈。成功不是绝对的，而是相对的。一个产品不需要完美，只要它比其竞争对手的产品好就行了，这才是优先和专注的优势。分析工作主要是从观察来推断一般的情况，同时要避免去找那些更重要的结论或发现。如果观察 6 名用户得到的是同样的信息，那么很显然这个发现很重要。没有必要再去观察 100 多名用户来证明这个发现的重要性。

（6）你不是用户。如果让内部员工扮演用户的角色，那么观察到的只是不真实的数据。此外，内部员工大多有自己的倾向，具体来说，容易被自己的观念、想法和环境因素影响。对他们来说，要准确地扮演用户的角色几乎是不可能的。

（7）不能只见树木不见森林。有了实践经验之后，就可以轻松地避免技术问题，也不用让用户去了解这个预期的产品。避免因为产品问题而使观察有所偏差的一个方法就是让一个不熟悉新产品开发计划的人参与观察，听听他的意见。

小　结

企业采用许多方法来决定新产品的设计，提高现有产品的性能。将用户的观察和业务目标整合起来以驱动产品设计的过程主要是为要成为市场赢者的产品设计创造的。整个过程对产品设计而言并不新鲜，但是这个过程明确了每件事在什么时候需要怎么做的细节问题。

每家企业都有自己的业务目标，这个过程可以让这个目标转换成可控制的形式来驱动产品设计。成功的产品设计团队总是让用户告诉他们产品设计的方向，这个过程就明确了在什么时候、怎样观察用户。许多产品设计方法的结果都是得出用户需求，而这个过程能够将观察用户的结果转换成设计图。用户观察研究总是能够发现新的机会——一些竞争对手错过的机会。将这些机会与业务和营销目标结合起来，就能创造成功的产品。

这个过程中一个关键的步骤就是建立优先矩阵，它能够将业务目标与用户需求结合起来。尽管优先矩阵不是一个完全新颖的概念，但是它提供了一个理解和评价各种机会的可视方式。并不是矩阵本身让产品获得成功，矩阵只是各个干系人之间交流的工具。矩阵或者说整个过程只是帮助企业专注于自己的目标和用户的需求，是这份专注获得了成功。

许多企业或组织在第一次试用这个过程时都持怀疑态度，直到他们看到了第一轮观察的结果，他们才意识到以前他们得到的都是用户不真实的需求。这的确是一个有用的产品设计工具。

作者简介

拉里·马林（Larry Marine）是一位受人尊敬的用户体验和产品设计专家。他为各种规模的公司做咨询，从刚创立的公司到位列《财富》100 强的企业，将它们的业务目标与客户需求联系起来。拉里是直觉设计公司（Intuitive Design）的出资人，该公司是一家善于进行创造性的产品设计的咨询公司，这种创造性的产品设计将客户需求与其必须完成的高价值任务相结合。拉里在取得加州大学圣迭戈分校的认知科学学位后创立了直觉设计公司。在这之前，他是一名计算机系统专家。拉里从事过设计进程方面的用户观察，旨在帮助委托人理解必须做什么产品。他最终的设计是创造性的，而且非常成功，通常使这些产品主导了它们的市场。他的主要客户包括美国卡地纳健康集团（Cardinal Health）、爱立信、联邦快递金考、美国航空公司、美国通用电话电子公司（GTE）、Vanguard 共有基金、房利美等许多企业。拉里和他的直觉设计公司的团队也举办一些研讨会，以改善组织设计流程。在喧嚣的圣迭戈生活了几年之后，拉里现在和他的妻子、两个女儿和一只爱犬住在空气清新、环境安静的科罗拉多州的科泉市（Colorado Springs）。你可以通过 Larry@IntuitiveDesign.com 和他联系。

查德·A. 麦卡利斯特（Chad A. McAllister）博士致力于建立技术解决方案、客户期望和企业目标差异之间的桥梁。他是 LexisNexis 公司高级解决方案顾问、直觉设计公司研讨会的主讲人，以及与信息系统相关课程的兼职教授。查德有将近 20 年的直接参与客户的开发、集成和配置软件系统工作的经验，这些软件系统满足企业目标并超越客户期望。他的学术专长涵盖了软件开发、企业发展、销售、市场营销和专业服务。他是 PDMA 和管理研究院的成员。他拥有电机工程的学士学位和组织与管理学的博士学位。他为组织提供需求工程、知识管理和产品开发方面的咨询。另外，他乐于为那些想要提升在开发技术产品方面的成功率的组织提供培训。查德和他的妻子与两个孩子住在科罗拉多州莫纽门特市美丽的山丘上，一个接收更多日光和白雪的地方，有时这些景色可以在同一天内看到。你可以通过 Chad@ckmcallister.com 和他联系。

第 6 章

市场和技术进攻型团队：开发下一代突破性平台产品的工具和技术

彼得·A. 凯恩（史蒂文斯理工学院副教授）、
托马斯·C. 霍尔库姆（Tholcombe LLC 公司出资人和总裁）、
克里斯廷·A. 格里斯（Engelhard 公司市场营销副总经理）

引　言

如今主导音频产品市场的苹果公司的 iPod，是新平台产品的实例，由一个专门的团队在 6 个月内完成从一个创意到最初销售的过程。与此相似，惠普公司在 1990 年开发了台式喷墨（DeskJet）打印机平台。直至今天，喷墨打印机平台仍然占据着打印机市场的大量份额。金姆和莫博涅（2005 年）在他们对 108 家公司的研究结果中指出：新平台产品或服务占有其全部销售收入的 38%和其利润的 61%，相对而言，渐进改善的产品占 62%的销售收入，但仅贡献 39%的利润。IBM 公司从 1993 年亏损 80 亿美元惊人地转变为 1995 年净收益 40 亿美元，进而到 1997 年净收益 60 亿美元，其中部分原因是公司“……全面接纳平台产品的思想……”。“高科技公司的产品失败经常是由于一个不完备的产品平台策略。”但是，一家公司怎样才能开发下一代突破性平台产品呢？

本章中的概念，产生于在满足现有业务对下一代改进产品需要的同时还试图开发新平台所遇到的挫折。为开发新平台而创建独立的业务部门和基础设施不是可行的选择，因为存在很多独立部门在把新平台转换为持续型业务时遇到困难的例子。另一个需要克服的困难是需要占用关键人力资源，即使面向一个令人振奋的项目，也要持续很长时间。此外，还有一个困难是将风险投资家的冒险文化与严谨的“门径”结合（但目的是要迅速得到一个结论）。本章的目标是描述怎样建立和利用市场及技术进攻型团队来帮助公司开发下一代平台产品。市场和技术进攻型团队可能被认为是短期的、特别的业务开发团队，利用的是从那些持续性业务部门临时分派来的资源。市场进攻型团队工作的整体目标是，在新的市场中定义一套特殊的产品或服务，在这个市场中公司能够获得持续性的竞争优势并能取得胜利。

本章主要针对组织中负责开发新平台的高管和市场进攻型团队的成员。本章首先介绍了已发表的有关文献，然后讨论和市场进攻型团队相关的关键原则。这些关键原则对于高管采纳这种方法的思想是有帮助的。之后是对实际的市场进攻型团队方法的讨论。这部分作为实际流程的指南，对那些要实施该流程的团队和需要指导这一过程的高管都将是有价值的。本章还描述了基于 Engelhard 公司（Engelhard 公司在 2006 年被 BASF 收购）视角的市场进攻型团队方法，该公司已经采纳了这种方法。此外，本章还简要地讨论了技术进攻型团队，它与市场进攻型团队方法相类似，但是聚焦于一个项目的市场熟知的某些技术障碍。本章在结论部分讨论了从 Engelhard 公司的经验中学到的关键内容。

案例：Engelhard 公司为什么会对市场进攻型团队感兴趣

Engelhard 公司是一家表面及材料科学公司，开发帮助客户改善产品和工艺的技术。作为一家位列《财富》500 强的公司，Engelhard 公司是一家在环境、流程、外观及实施应用等技术领域世界领先的技术供应商。尽管 Engelhard 公司已经是一家很成功的公司了，但是该公司仍想在新的成长型项目中改善业绩。一旦定义了项目/产品，该公司就会有相应的项目管理技术使项目商业化。然而，真正的挑战在于决定要开发哪个项目，特别是那些需要进入的对于 Engelhard 公司而言是新的、不熟悉的市场领域。通常，启动新市场领域中的项目是由一个强有力的拥护者，用技巧和信心说服高层管理人员投资这个项目。这种方法的问题是，在某些情况下，做出继续进行的决策不是基于扎实的市场研究，而是取决于拥护者的说服能力。结果，有一些项目由于在执行过程中发现其市场潜力不能令人满意而被终止，但已经对项目投入了大量的投资。在此背景下，Engelhard 公司的新业务开发团队“冒险家”决定要探索市场进攻型团队方法。

出版文献

在已有文献中，仅有一些文章描述了公司应该如何开发下一代平台。迈耶和马格（2001 年）在他们关于创新平台的文章中表明，每个业务部门要有“……子系统开发集团……对于现在的和下一代负责……”的平台开发观。这似乎是当时写文章时 IBM 所使用的方法，即使那时文章中还没有详细描述一个实际的新平台是如何被开发的。

一个更流行的方法可以在《哈佛商业评论》杂志中由迪安·惠特尼（1997 年）所写的案例中找到。那篇文章描述了宝洁是如何建立一个独立的业务开发团队，并用其开发全部“……基于该部门的核心竞争力的新产品和新类别的产品……”。然而，这一业务开发团队的负责人指出，在使业务开发团队“……过于合作和过高水平”时，它已经“……在一开始犯了重大错误……”。这个负责人表示，应该通过常规业务部门建立更强的主人翁意识。有很多关于这种独立业务部门在把他们的项目转换为持续型业务时失败的例子。这是由于持续型业务既不涉及项目定义，也不在随后制定的业务解决方案中。戈文达拉扬和特林布尔（2005 年）在他们出版的一本书中阐述了新的商业机会应该如何管理并组织，但没有讨论它们是怎样起源的。解决此问题的一个方法就是使用市场进攻型团队。

关键原则

市场进攻型团队专注于公司较为熟悉的细分市场。然而，本章还要描述公司对于一个毫不了解的全新市场的开发方法。与市场进攻型团队和技术进攻型团队相关的 5 个关键原则将在下面进行讨论。

专门的多职能团队

首先，在 3 个月内，团队中的关键成员要专门花费他们至少 80%的时间在项目上。特里萨·阿玛彼勒（2002 年）在对 7 家公司的 22 个项目团队的调查中发现，创造性思维能在极端的时间压力下产生，但前提是当人们“在一天中的重要时段能专注于一项活动”时。相反地，同样的调查显示，当人们经历了高度琐碎的一天时，创造性思维不容易出现。其次，掌握与问题相关的知识是很重要的。这涉及市场和技术领域的知识。

通常情况下，市场进攻型团队包括至少 1 名市场或业务相关人员，以及 1～2

名技术人员。在涉及多个国家市场的项目中，还应当包括来自那些国家的市场和业务开发人员；对于似乎很有可能需要收购的项目，其中应当包括来自收购与兼并团队的人员；另外，来自金融团队的人员对团队也是很有价值的。尽管团队成员中来自收购与兼并团队和来自金融团队的人员不能全身心地投入，但他们可以为团队提供支持并参加团队的很多会议。大多数市场进攻型团队包括 3～5 名花费至少 80%的时间在项目上的成员。

另一个建议还要包括公司中的"发明者",他们已经被认为是成功的革新者。大多数公司中的发明仅产生于一些独特的个体中。纳林和布里茨曼（1995 年）在对 Xerox（富士施乐）、AT&T（美国电话电报公司）、Fuji（富士）及松下电器超过 8 年的调查中发现，1%的顶端发明者的生产力是一般发明者的 5～10 倍；10%的顶端发明者的生产力是一般发明者的 3～6 倍。相同的结果也在其他的研究中得出。而且，在其他公司也有许多经验支持这一结论。在决定团队成员时，很多公司还要评估参与者的性格特点，以保证团队中创造力的多样性，如 Meyers-Briggs 测试。

市场进攻型团队方法成功的关键因素是，选择一个有正确领域知识的正确团队，市场营销和技术能力的正确组合，同时还要保证团队中的关键成员们能花费至少 80%的时间在项目上。

有效的团队领导者

最优秀团队的领导者具有以下特点。

（1）承担盈亏的责任。这些人对产生利润业务的关键因素有一种直觉。

（2）优秀的领导才能。被压缩的时间期限，以及对于被选择的人的高体力要求，经常给人们压力并突出团队成员的弱点。一名能够应对这个环境的团队领导者对于项目的成功是必需的。

（3）获得高级管理者的信任。高级管理者需要对人们的努力有信心，因为致力于市场进攻型的（人力）资源通常都是很重要的。这个团队会经常进入对于公司来说全新的领域。而且，团队或许还要处理一些教条的争端。比如，"我们曾经试过那个渠道，但没有用——为什么还要再试？""市场已经被主要竞争对手占据——为什么还要进入？""这是一个日用品市场——我们不可能赚到钱。"一个获得了高级管理者信任的领导将会被给予更多的特权去探索新的领域，而不会一直被猜疑、监视，最后使计划夭折。

销售收入潜力大

市场进攻型团队方法在人力和资金资源方面是需要相对较高的成本的。另外，我们的经验表明，仅有 50%的项目在过去 3 个月内着手进行，仅有 50%被批准的项目能在市场中取得成功。

Engelhard 公司在那些投入市场前几年就能有至少 5000 万美元收入潜力的项目上才会采用市场进攻型团队方法。这代表一个任意的门限，它会随着公司的规模及期望而变化。最低预期收益率应该代表一个真实且“足够大”的数字，它能增加高级管理者的关注，使他们愿意为项目分配更多的资源。在某些情况下，市场进攻型团队的项目是在更短时间内以更少专有资源和更小的获得收入机会的条件下完成的。

短期时间框架

在市场进攻型团队行动的初期会有很多未知情况发生。一个起初看起来极具吸引力的市场，在不久之后，也许会发现它需要大量投资来建立渠道；也许它有知识产权和监管约束；也许它需要对于公司来说难以达到的能力；也许它存在其他需要进入的障碍。因此，强烈建议市场进攻型团队要建立一个最长 3 个月的时间期限。

相似的市场进攻型团队存在于其他的公司，尽管许多会把时间期限延长到 6 个月甚至更长。然而，3 个月似乎是在公司里，为了使进程得以持续，市场进攻型团队努力的最大期限。项目成功的基础是选择拥有足够市场和技术领域的知识的正确团队。市场进攻型团队中的关键人物基本上需要全职承担任务，通常他们还参与到其他项目中。经验表明，一个项目能获得那些关键人物 3 个月的时间，不多也不少。

获得那些关键人物超过 3 个月的时间似乎不太可能。因为不可能与许多期望客户和市场专家会面来收集所需的全部消息，因此 3 个月的时间对于研究未知市场来说太短了，这也就出现了另一个挑战。

高层管理者参与并及时决策

在 3 个月时间的后期，高层管理者必须做出最后的决定：继续还是停止。仅有 50%的市场进攻型团队有希望获得 3 个月以后的资金支持。另外，大多数团队成员都把这项工作当作临时任务看待。因此，对市场进攻型团队来说，有一个确定的结论是关键的。不再浪费资源，尽快得出结论是很重要的。高层管理者参与项目和承诺时限保证了市场进攻型团队的工作能够在 3 个月内结束。

在这种类型的项目中，总是会有很多未解决的问题，但绝不会有充足的时间。因此，这种项目很容易被重新定向到进行更多的市场研究和竞争对手分析。对于高层管理者来说，询问更多信息比做决定来继续或停止项目容易得多。然而，重新定向到收集更多信息需要比原计划更多的人力和资金资源，这使得市场进攻型团队无法实现其目标。

通常只在决策会议上，高层管理者介入团队，这常常会导致项目重新定向，因为团队成员没有机会阐述关键问题。因此，高层管理者必须尽早参与项目，以便主要问题能得到解决，给予团队成员信息，并能够在 3 个月的最后时间做出决定。高层管理者在 3 个月的最后时间做出决定将会改变他们的行为——他们会抽出时间与团队一起工作，并在团队工作时，理解项目的可交付成果。通过这种方式，高层管理者能够影响过程修正，并在必要的情况下，引导团队尽早做一些另外的或不同的分析来影响团队的决策。只有当高层管理者参与项目市场进攻型团队的工作时，这些才会发生。

市场进攻型团队

图 6-1 是市场进攻型团队工作法的简图，由 4 个不同的阶段组成。其主要活动和事件的完整时间表如图 6-2 所示。

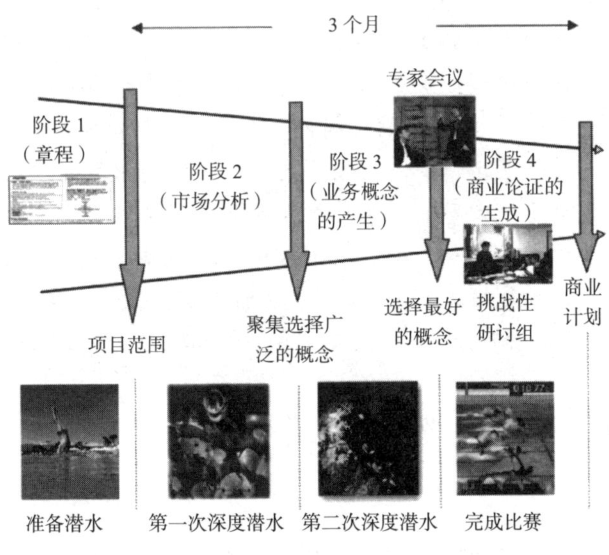

图 6-1　市场进攻型团队工作法

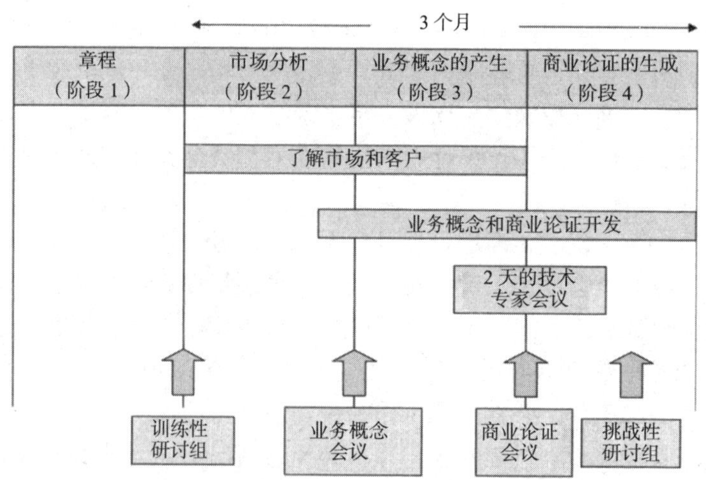

图 6-2　市场进攻型团队主要活动和事件的完整时间表

案例：Engelhard 公司首先采纳市场进攻型团队

在 Engelhard 公司，没有有效注册程序的新想法、进程、项目计划是不能被采纳的（用想法调整关键管理）。Engelhard 公司的新业务开发团队——Ventures，认为市场进攻型团队值得推行。Ventures 是一个独立于持续型业务部门的团队，负责开发新的业务机会。

因为市场进攻型团队的工作要涉及一些部门的人员，为了能获得关键领域的知识技能，在持续型业务部门中获得一致同意来试点市场进攻型团队是很重要的。这曾经在 3～5 个月的时间内，正式或非正式地讨论过了，包括市场进攻型团队的工作展示、有潜力项目的审查、支持项目必要的资金、发展新商业机会所做努力的回顾，以及持续型业务部门总经理允许组织中的关键人物成为团队中的成员。一个小团队由 Ventures 的成员和 Engelhard 公司中的一个业务部门的成员组成，由他们来决定特别试点项目。起草项目章程（见图 6-3），并递交高级管理层批准。之后，第一个市场进攻型团队开始运作了。

市场进攻型团队方法明显划分为 4 个阶段。

阶段 1：章程

这一初始阶段定义了项目的范围并表明市场进攻型团队和高级管理层之间达

成的一致。典型的章程是一份涵盖项目范围、市场规模、项目风险及完成项目所需人员和资源的文件。有时还会包括初始的竞争对手和知识产权评估。章程代表了市场进攻型团队和高级管理层之间的重要交流媒介。在项目开始以前，澄清项目和期望的可交付成果是必不可少的。大多数情况下，由市场进攻型团队的领导者制定章程，并与高级管理层多次开会讨论，直到章程正式成为文件。

范围：项目任务

- 鉴定 Engelhard 公司靠材料和表面科学（包括可能所需的性能）的能力赢得世界个人护理市场的机会
- "赢得"表明能够在 3 年内多增加 7500 万～1.5 亿美元的收入
- 范围之外
  - 基于颜色的材料
  - 商品贸易
  - 对最终用户（消费者）的商业销售
  - 设备或基于服务的贸易

确定时间

- 开始的启动大会：2003 年 7 月 10—11 日
  高级管理层审查会议：2003 年 10 月 17 日

可交付成果

- 完整的商业计划，决定最佳方法——让 Engelhard 公司"赢得"个人护理市场并对"继续/停止"的决定提出建议

假设

- Engelhard 公司有意愿收购在有机材料方面有核心竞争力的公司
- 合适的收购在 3 个月内是可实现的
- Engelhard 公司在这个市场上已准备在合适的时候进行收购

人力资源：核心团队

- 团队发起人（50%）
- 团队领导者（70%）
- 先进技术人员（50%）
- PC 技术支持（40%）
- 流程负责人（35%）
- 专利支持（30%）
- PC 营销支持（20%）

资金预算

市场研究	70 000 美元
交通费和杂费	40 000 美元
技术试验	20 000 美元
顾问（业务和技术）	50 000 美元
竞争情报	20 000 美元
合计	200 000 美元

初步的机会分析

（假设其他条件都满足）

图 6-3　个人护理市场进攻型团队的章程

某些情况下，团队也参与章程起草。虽然这是可取的，但它代表了在项目开始之前获得团队共识和利用团队资源之间的权衡。获得拥有正确领域知识的关键人物的全职或几乎全职支持一直是个问题。通常，谈判促进达成不超过 3 个月的时间承诺，这 3 个月是指从启动大会到和高级管理层审查会议。有时，团队成员参与章程起草过程被认为违反了谈判时间分配协议。

案例：Engelhard 公司的个人护理市场进攻型团队

Engelhard 公司是化妆品和个人护理市场高效着色剂的全球供应商，期望

在 3 年内增加 7500 万～1.5 亿美元的销量。在市场进攻型团队运作的初期，个人护理产品的全球零售额为 1800 亿～2000 亿美元。个人护理的原材料市场产值为 120 亿美元。其中，包括大约 52 亿美元的特殊原材料（25 亿美元的原材料没有界面活性剂和香味）。3%～15%的年增长率依赖于产品种类多样化和不同地域的情况。市场是高度细分的。拥有最多种类产品的是液流调节剂（超过 3 亿美元）和硅（超过 3 亿美元）。全球最大的供应商有 BASF、ISP 和 Dow Corning，它们的个人护理产业各有 1.4 亿～2.8 亿美元的销售额。Engelhard 公司再加上 7500 万～1.5 亿美元的增值收入会使它成为该产业特殊原材料的顶级供应商之一。

个人护理市场进攻型团队的章程如图 6-3 所示。章程包括以下几项条款。

- **项目任务**：确定项目范围以内和以外的事情。应该提供一个关于项目清晰的解释。
- **确定时间**：开始的启动大会和高级管理层审查会议要在工作开始之前进行。
- **可交付成果**：一个详细的商业计划。
- **团队和财务资源**：细化市场进攻型团队需要的实际人员和资金。
- **风险蜘蛛图**：风险蜘蛛图从 4 个方面进行项目风险评估，即技术与商业成功的可能性及战略配合和战略杠杆。由于潜在回报很难测定，因此潜在回报的范围也包括在其中。在章程文件中用于建立蜘蛛图的锚定表如表 6-1 所示，它与库珀、埃杰特和克莱因施密特所开发的相似。风险蜘蛛图的整体目标有两个。第一，它是团队成员之间及团队和高层管理者之间交流的工具，用于讨论项目中最关键领域的风险。第二，当公司开始采纳市场进攻型团队方法时，它可以作为项目组合工具。风险图标上的信息可以被填进项目组合 Excel 表中，用于平衡两个有潜力的项目。在众多等待分配资源和批准的市场进攻型团队中，章程和风险蜘蛛图可作为一种排序的机制。

表 6-1　在章程文件中用于建立蜘蛛图的锚定表

技术成功的可能性				
因　素	1～3	3～6	6～9	>9
技术缺口	目前的实际跟目标存在巨大的差距；必须开发新科学	提出数量级变化	逐步减少量级变化	持续改善；更加关注工程性
项目复杂度	很难定义；许多障碍	容易定义；许多障碍	有挑战；但是“可以做”	在公司的实际运作中很普遍

续表

技术成功的可能性				
因　　素	1～3	3～6	6～9	>9
技术基础	对公司来讲是一项新技术；几乎没有经验	有一些简单的经验，但是可能效率较低	在公司中有选择性地使用	在公司的实际运作中很普遍
外部技术	不存在的技术	存在这项技术，但是不知道在哪里能找到	这项技术存在且可以利用，但是公司以前从没用过	知道从哪里可以获得这项技术，并且以前也曾经整合过这项技术
生产能力	没有人了解生产的过程	有人了解生产过程，但是我们自身不知道	对现有技术做微小改进即可	了解生产技术，并且生产能力（内部的和外部的）可以达到
商业成功的可能性				
因　　素	1～3	3～6	6～9	>9
市场需求	需要进行大规模的市场发展；市场上没有明显的需求	必须把市场需求的重点放在客户身上；产品需要进行调整	产品和市场需求之间有清楚的联系；跟竞争对手的产品可以无差别替代	产品可以迅速响应客户需求；可以直接替代现有的公司的产品
市场成熟度	衰退中	成熟/未成熟	稳定增长	迅速增长
竞争强度	高	中等/高	中等/低	低
市场渠道	所需要的渠道对所有企业来说是新的	需要新的渠道	需要改进现有的渠道来适应平台	现有的渠道已经就位且可以利用
品牌	对这个品牌或形象没有印象/对市场来说是新产品	对品牌没有印象，但是可以借助公司的名称和形象	公司具有较高的品牌认可度，但是不占市场的主导地位	公司是行业的龙头，并且具有主导性的品牌形象
调节性社会政治影响	负面的	不确定的	一定程度上是有利的	对大多数问题都有积极的作用
原材料供应	没有了解的供应商	单一供应商，且不能保证供应	单源供应，稳定的关系	大量的价格适宜的供应商，容易进行谈判

续表

战略杠杆				
因　　素	1～3	3～6	6～9	>9
专利情况	容易复制	受保护但不具有威慑力	具有商业机密和专利权的坚实保护	通过联合专利、商业机密、原材料供应等构建的上、下游定位的保护
成长平台	终止全部/某一种类型	还有其他的业务拓展的机会	多样化的潜力	开发新技术和经济领域
耐久性（技术和市场）	没有特别的优点；很快会被超越	可能有几个“好年头”	稳定的生命周期（4～6 年），但是很少有继续改进的机会	较长的生命周期，同时具有继续改进的机会
公司内部与其他业务的协同	仅限于单一渠道	可以应用于超过一个的渠道	可以应用于公司的许多渠道	可以应用于公司的所有渠道
战略配合				
因　　素	1～3	3～6	7～9	>9
相似一致	跟商业战略仅仅是无关紧要的联系	比较符合，但不是战略的关键因素	较好的符合战略的关键因素	非常符合战略的多个关键因素
影响	微小的影响；即使平台没有建立也没有明显的害处	一般的竞争性的、财务的影响	显著影响，如果平台没有建立的话很难克服	业务单元未来要依靠这些平台
潜在回报				
因　　素	1～3	3～6	7～9	>9
对利润的绝对贡献（开始后的 5 年累计现金流）	<200 万美元	300 万～600 万美元	700 万～900 万美元	>1000 万美元
市场大小	<1000 万美元	3000 万～7000 万美元	7000 万～9000 万美元	>1 亿美元
市场成长度	>5%	5%～10%	10%～15%	>20%
潜在市场分级	>5%	5%～10%	10%～15%	>20%

案例：市场进攻型团队的组成

一支包含技术、市场、流程和专利支持的多功能团队被分配给一个项目。如图 6-3 所示，团队成员通常奉献 40%～70%的时间。其中关键团队成员贡献 80%的时间是必要的，团队能够通过高效的团队合作，占用较少的时间，取得不错的结果。不过，关键团队成员在准备专题研讨会及最后商业论证时会超负荷工作。

阶段 2：市场分析

本阶段至少持续 1 个月的时间，它更专注于研究章程定义的市场。这个阶段由团队领导者主持的历时两天的专题研讨会开始，会议聚焦于理解市场和未满足的客户需求。专题研讨会被分为 4 部分。

（1）介绍。第一天上午的目标是理解项目、市场进攻型团队方法和期望的可交付成果。

（2）了解现有的市场知识。第一天下午和第二天上午主要聚焦于理解市场知识、竞争对手和知识产权空间。团队通常对于尚未开发的市场，仅有有限的知识。然而，首次会议的目标是通过公司内部或外部现有的知识，确定市场的属性。通常会邀请公司内部的、市场进攻型团队之外的掌握情况的人在会议上陈述。另外，当需要补充知识时，团队还会去市场进行研究。许多市场进攻型团队还会雇用外部的市场咨询人员，他们能帮助团队在首次会议中填补知识的空白。

用于指导团队的两个关键图在这个阶段建立。第一个是市场细分图。Engelhard 公司业务开发团队建立的个人护理市场细分图如图 6-4 所示。第二个是某些关键部分的产品/流程图。个人护理市场交付系统部分的产品/流程图如图 6-5 所示。这些图的目的在于，在项目初始阶段，掌握团队的所有信息。这些图会在项目进行中不断完善和修改。

制图的目的不在于图本身，而在于制图过程中的讨论。大多数团队都发现，建立细分图和产品/流程图是阶段 2 中一项重要的活动。在几乎所有情况下，那些图会在阶段 2 中动态地改变。

（3）识别阶段 2 的目标细分市场和客户。关键图一旦完成，就会用来识别细分市场，是客户访问的目标。这在第二天下午被完成。在阶段 1 中，团队面临的挑战是花费相当多的时间接待细分市场中容易被吸引的客户。为了压缩领域至有潜在吸引力的细分市场，个人护理团队要鉴别成功的标准。在图 6-5 中，客户和消费者的各个因素在左边，被其他竞争对手满足的相关程度在中间，不同因素对于客户和消费者的相对重要性在右边。三个相互独立的竞争对手分别用 A、B 和 C 表示。由于所有权的问题，数据是经过修改的。

	UV 衰减器	条件全合体	流体修饰
市场亚分段			
评论			
EC 市场渠道能被使用吗			
WW 市场大小（MM$）			
增长率（%）			
毛利（%）			
竞争对手的优势		专利	
强大的进入壁垒			
未满足的客户需求			
基于现象（无商品化）			
技术创新需要			
技术战略适合			
平台的宽度			

图 6-4　个人护理市场细分图

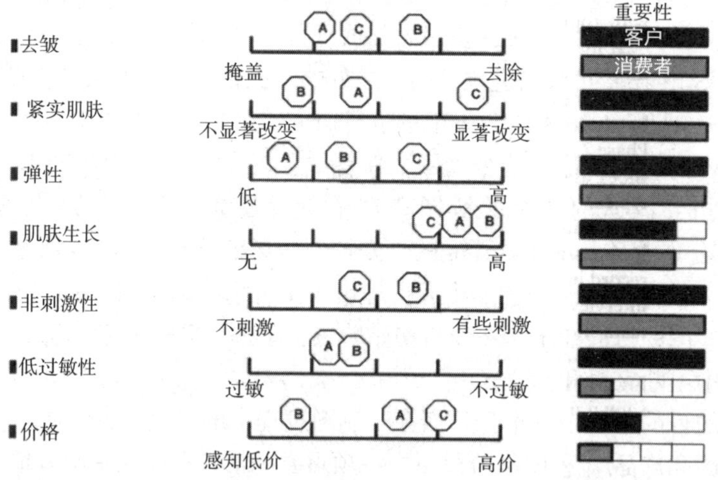

图 6-5　个人护理市场交付系统部分的产品/流程图

案例：Engelhard 公司个人护理细分市场的获胜准则

市场进攻型团队为在个人护理市场的成功策略制定以下标准。

- 避免日用品化。
- 适宜的策略（包括表面和材料科学的核心竞争力及利用现有的运营）。
- 巨大的市场（>1 亿美元）。
- 强大的市场成长力（>每年 5%）。
- 原料供应商取得好的利润率（>总利润百分数，>EBIT 百分数）。
- 拥有持续的、有竞争力的优势。
- 基于技术。
- 能获得大量的市场份额。
- 新增长的机会。
- 好的文化适应性。
- 提供宽广的平台。

团队在这个阶段被提醒避免思考解决方法，同时为了详尽地熟悉市场，他们还被鼓励花大量时间在市场上。与试图找到解决办法相反——聚焦于市场，是富有革新精神的公司一致采用的方法。

这个阶段的主要焦点是通过对客户、领先用户和行业专家的细节采访，收集目标市场的第一手信息。应在项目结束前完成 25～50 个采访，其中大部分在阶段 2 进行。采访开始之前，团队会做关于公司的介绍性的幻灯片，并准备采访中典型的引导性问题[①]。每次采访最少由 2 名团队成员来做，一个有技术背景，另一个侧重于业务/市场营销。在采访时，每名团队成员应努力记录讨论的全部细节。每次采访后的 24 小时内，笔记会通过电子邮件发送给团队中的所有成员。因此，整个团队在采访过程中的学习进度是一致的。实际的采访指导路线和市场进攻型团队整理好的采访个人护理市场的结果在下面给出。

（4）为业务概念的产生做准备。由阶段 2 得出的结论，团队定义最原始的业务概念和他们认为公司能够成功的细分市场。在这个阶段，为最终商业论证的每个部分分配的任务也会揭晓。一个“典型业务计划”的提纲如表 6-2 所示。

表 6-2　“典型业务计划”的提纲

细分市场	描　　述	页　　数
I	执行总结	1
II	项目范围	1

① 见《PDMA 新产品开发工具手册 2》第 7 章，“为了得到更深入的信息，在怎样进行这类采访的问题上，要听取客户声音。”

续表

细分市场	描　述	页　数
Ⅲ	市场与客户定义	2
Ⅳ	竞争对手分析	1
Ⅴ	监管问题	1
Ⅵ	为什么这个项目能成功	1
Ⅶ	进入市场策略	1
Ⅷ	知识产权分析	1
Ⅸ	科技和开发策略	2
Ⅹ	制造和运营策略	1
Ⅺ	项目计划	1
Ⅻ	财务	1
XIII	风险评估与风险降低	2
	合计	16
附录 A	关键竞争对手的细节	

案例：个人护理团队的采访指导

Engelhard 公司会说明公司的性质和拜访的目的。例如，介绍大致是这样的：

我们是为化妆品行业和个人护理市场提供视觉效果颜料的顶级供应商。我们正准备扩展现有的业务领域。大部分客户都认为我们为这一市场注入了力量，我们在材料科学和表面化学方面的专业技术帮助我们在市场创新中赢得了良好的声誉。我们愿意帮助贵公司/行业找到迎接未来竞争的方法。

以下是团队准备的引导性问题列表。

- 你能简短地描述一下贵公司在个人护理市场中的角色吗?
- 在以下个人护理市场的各细分市场中，你认为最应解决的五大未满足的需求是什么？（细分市场Ⅰ，细分市场Ⅱ……）
- 你认为未来 5 年各个细分市场将遇到的最主要问题和挑战是什么?
- 最难满足的需求是什么？为什么?
- 你在开发新产品和选择新品种的原材料时的策略是什么？（如最低成本、产品差异化、配方简便、自然资源等）
- 你选择原材料的标准是什么?

- 现有的供应商哪些是最有实力的，为什么？他们的弱点是什么？
- 在我们现有业务领域之外，Engelhard 公司能给你的组织带来实际价值，你是怎样认为的？

这一个月大约 90%的时间用来采访。在采访取得进展的同时，团队成员开始了解参与者、市场和技术。大约进行到一半时，团队确定了重要的模式并组织好问题以便更好突出关键信息。

案例：个人护理团队的采访结果

公司 A 的例子：贵公司涉足市场的哪些领域

皮肤护理和彩妆是我们的主要业务。现在彩妆产品是重点，我们希望它能使我们走出现在的财务困境。我们对增加能与彩妆产品融合的皮肤护理业务十分感兴趣。防晒霜是一个大的兴趣领域。虽然我们不想使用以吨计算的 TiO_2，但是我们对发展使用更多物理原料、更少化学材料的防晒霜感兴趣。小颗粒似乎更有价值。化学遮光剂的气味也是一个问题（辛基甲氧在高浓缩时有一种臭味）。

公司 B 的例子：你是否认为药品正在成为个人护理的新潮流

不，我不这么认为。没有确实的证据证明这一潮流正在发生。同样，人们还在担心利益与风险比率。你所看到的是各个公司试图取走活性物的浓缩精华（如植物提取物），并增加它们的实力，所以它们开始表现得像制药公司。你在维生素的案例中也看到了这种情况。你不得不关心那些主张或使用一种材料可能获得的利益。以前，许多制药公司认为它们的药品能制造个人护理产品，所以它们开始收购个人经营护理药品的公司。但是，由于一些原因，制药公司不得不转型并抛弃它们已获得的东西。

公司 C 的例子：防腐剂市场的潮流和客户需求是什么

防腐剂不是好生意。大多数公司是全球性的，它们还在寻找能在全球使用防腐剂的原则。如果你只在美国销售，这就会更简单些。在美国，如果你证明了一个产品使用是安全的，那么你能在任何地方使用它。然而，许多其他国家有一个清单，上面列有被批准的原料，而且再增加其他的原料是极度困难的。日本的情况是最糟糕的。欧洲的情况也不好，而且越变越糟。开发新防腐剂的成本很高，因此，没有人做这方面的事。大多数公司着手于混合已有的防腐剂。很少的防腐剂用起来足够好。所以，公司把活性物混合在一起，以期能得到想要的条件范围。

阶段 3：业务概念的产生

这个阶段开始于 1～2 天的团队会议，主要讨论对公司有内部优势的、最具吸引力的细分市场。确定的业务概念如下。

- 有大量未满足的客户需求和一个成功的价值主张。
- 持续的竞争优势。
- 巨大的并成长着的市场。
- 高边际收益。

案例：Engelhard 公司在阶段 3 的活动

这个阶段开始于 1～2 天的团队会议，团队成员邀请一名有行业技术经验的顾问，讨论不同团队成员带来的不同业务概念。当这场热烈的讨论进行时，我们开始争取获得那些只能选择其一的业务概念的一致意见。每名团队成员会被分配业务计划中不同部分的任务，同时围绕这些概念编写粗略草稿。在准备和审查这些草案的过程中，不同的细分市场所需要的更多的细节变得更清晰，它们把业务草案变得更完整，还能适当地比较那些概念。然后，团队还要进行另一轮的采访，补充遗漏的信息。他们也会组织一次技术专家会议，跟专家讨论每个业务概念，并吸收他们的技术性反馈和建议。所有的信息都是为了阶段 4 做准备。

在这个阶段，团队又到了市场中，但这次，他们的重点在于找出能使公司获得成功的特别细分市场。尽管阶段 2 主要聚焦于未满足的客户及消费者的需求，然而阶段 3 的重点是找到能够为公司在特定目标细分市场获得胜利的办法。团队还致力于识别竞争和知识产权的前景，虽然这并不需要细致的专利分析，但是专利空间的广泛考察能使他们大致了解潜在侵权和实践自由的问题。

团队还要决定是否需要举办技术专家会议，以及谁应该参加阶段 4 的专题研讨会。为了找到适合的人选，要及早了解参会人员，并保证能把他们邀请到会议现场。技术专家会议的重点是找到项目中存在的技术障碍。市场进攻型团队通常会找到可能的解决方法，这些方法需要比公司已有技术更高的技术水平。技术专家会议的目的就是确定关键技术壁垒。鉴于它从属于技术，技术专家会议的细节在本章的技术进攻型团队部分讨论。

案例：Engelhard 公司在阶段 3 的分析

团队将释放系统确定为阶段 3 的任务重点。这类系统是相对较小的，但是当包括活性物时，它就代表了显著的上升潜力。这是个人护理行业中增长最快的种类之一，它具有较高的增值潜力。

释放系统是一系列技术，它使一种敏感的、不稳定的物质加上保护性封装，直到物质被涂到皮肤上或需要使用时。释放系统能帮助各类产品混合。团队相信，Engelhard 公司能成为释放系统的领先者，并能把它们与皮肤护理产品、表面产品混合出售。释放系统每年大约增长 10%，动力来自新活性物和皮肤表面修饰材料的需求。由于大部分释放系统的生产者都是地方的，因此，Engelhard 公司能通过全球化得到更多的成长。团队在阶段 3 面对的挑战是为 Engelhard 公司找到一个特别的制胜策略。

阶段 4：商业论证的生成

最后阶段的重点是利用专业、详细的建议来建立商业论证，并把它递交给高层管理者。团队再一次在一个 1～2 天的会议上碰面，着手准备商业论证（见表 6-2）。一个具有挑战性的专题研讨会将在商业论证递交给高层管理者决策前进行。

专题研讨会的目的是严格地评价团队编写的商业论证。理想情况下，出席的总人数不应该超过 20 人，这样才能使会议有互动性，而不会变成一个讨论会。出席者应该包括团队成员、企业内部及外部的专家。

尽管参加专题研讨会的外部专家被要求签署一份保密协议，要求知识产权归公司所有，但由于保密性的要求，邀请外部的专家经常会引发争议。然而，会议中外部专家的意见是很有价值的，因为他们不需要政策上保证正确，所以通常他们的评论中有更多回旋余地。另外，相比公司内部专家，外部专家有更多细化和专业技术。高层管理者中的部分人员也被要求参加，这能让他们更熟悉商业论证。但是，部门经理或执行委员会的主席不会被邀请，因为考虑到他的想法会过度影响讨论。

团队领导者主持的专题研讨会从第一天下午开始持续两天。第一天，团队通常以幻灯片的形式展示他们的商业论证。第一天结束，所有与会者要参加一个晚宴。在晚宴中，与会者进行社交并更深入讨论商业论证。另外，晚间休息也会使与会者有更多时间考虑商业论证。在有些情况下，公司也会在一天内结束专题研讨会。

第二天上午，与会者被分为 3～4 个“挑战小组”。每组会指定一名领导者。领导者是团队之外的某人，最好是被邀请与会的外部专家之一。为了阐明信息，市场进攻型团队成员被分到各小组中，但是他们会被提醒，不要主张他们自己或在团队中的立场。每组都有以下几项任务。

- 开发出一个全新的概念。
- 在已有概念的基础上建议。
- 让不可行的概念成为可行的。

3～4 小时以后，每组都要展示他们的成果，之后是一个一般性的讨论。专题研讨会在第二天下午的较早时结束。

在专题研讨会上，市场进攻型团队不会试图把结果组织在一起或找出一个“胜利者”。专题研讨会所得出的结论能使团队更加清楚，什么样的概念更适合这个项目。在商业论证确定之前，还需要更多想法和团队讨论。

有一种情况是，团队在专题研讨会之后完全改变了他们的意见，项目应该终止，因为某种障碍已经显现出来了。还有一种情况是，负责本章讨论的案例小组，质疑一项收购而不是建议中的两项能否满足章程之前提到的增长需求。总体来说，专题研讨会使结论更清楚。

案例：Engelhard 公司的阶段 4——商业论证的生成

在进程的早期，团队就很清楚：项目的目标不能通过 Engelhard 公司内已有的内部方法，在规定时间框架内完成。团队不得不仔细考虑在个人护理领域，产品类别与 Engelhard 公司战略的契合度，而不仅仅是在技术层面适合，这将有助于项目未来的成长。但从可持续的竞争优势的角度，最初这些产品类别将来自外部，不管是通过并购还是准许。活性物原料和释放系统的市场比较分散，包括许多小规模参与者，他们的生产能力和优势各不相同。

成功是基于实际知识和科学，还有与客户的紧密联系。了解成功的准则和采访时客户的回馈，使团队做出更好的决策。活性物产品的种类和释放系统被选作除颜色之外的进入个人护理市场的突破口。团队建议，Engelhard 公司收购两个更大的释放系统公司（E.Setauket 的 Collaborative 实验室，法国里昂的 Coletica）作为核心竞争力的补充，并且其生产线上有重要的皮肤护理活性物。

最初实施这种方法时，市场进攻型团队有时会觉得进行专题研讨会是多余的。团队相信，他们花费了 2.5 个月的时间研究市场，已基本上完成了商业论证。后来，无一例外，公司里参与了市场进攻型团队的人都认为，进行专题研讨会是整个过程中最有价值的一部分。很多时候一个团队发展小组想出观点，专题研讨会克服实现这一想法的困难。这是一个非暴力的环境，他们能充分讨论他们的业务方案。

专题研讨会结束后，团队开始为执行团队准备最终的商业论证。执行团队的组成依赖于项目和公司的组织结构。当市场进攻型团队是由一个部门的人员组成的时，执行决策团队通常包括这个部门的总经理和他的直接下属，还包括研发部门副总经理、市场营销部门副总经理及首席财务官。当项目跨部门时，其中或许有各个部门的总经理和高级管理人员。

这是决定会议！高层管理团队被要求在 1 小时内根据团队的陈述做出决定。在会议上，市场进攻型团队的任务就结束了。这很重要，因为一个清楚的结束日期使得团队开始在整个公司征募关键团队成员，他们将参与项目并付出 3 个月的时间。会议的具体日期会在启动市场团队前确定，包含于团队章程中。

为了保证这是决定会议，商业论证方案在会议开始前 5 天就必须递交给高级管理层。整个过程如图 6-6 所示。团队还要负责为专业人员获得一个暂时的批准，这些人要把项目带到另一个里程碑。只说需要很多全职人员是不够的，商业论证必须说明继续这个项目需要的特定人选。这通常是一个高级管理层会议中的重要讨论话题。团队被鼓励在高级管理层会议之前解决这个问题。

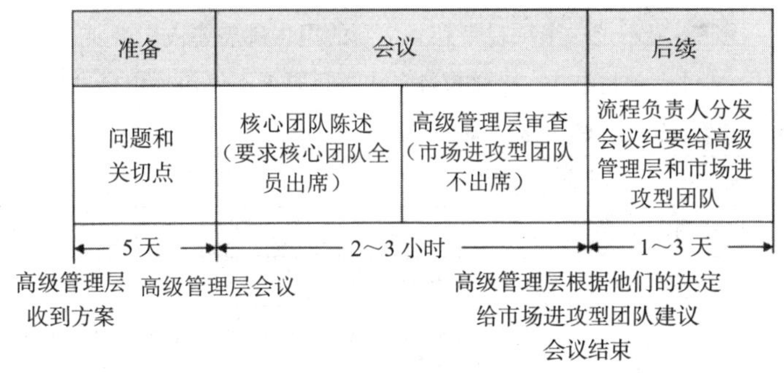

图 6-6 高级管理层决定会议的通用日程安排

在高级管理层会议前的 5 天里，执行团队的每名成员会跟市场进攻型团队中选定的成员进行一对一的讨论。市场进攻型团队发现这种一对一的讨论也是进程中的关键部分。这些会议使执行团队充分了解商业论证，而且能在高级管理层会议之前对方案进行修改。另外，最优秀的团队应在整个工作过程中，始终与高级管理层的关键人员保持交流。

在高级管理层会议上的实际陈述的重点围绕前 5 天已公开介绍的关键讨论领域。一个典型的陈述大纲如表 6-3 所示，陈述的观点应该是有决定导向的，而不能是业务计划的总结。在很多情况下，5 天的讨论会使执行团队修改他们最初的意见。图 6-6 说明，在高级管理层讨论时，市场进攻型团队会被要求离开。这样高级管理层能对意见进行更机密的讨论。在某些情况下，当执行团队修改意见时市场进攻型团队会变得不安，而且当市场进攻型团队又回到会议室时，讨论会变得更困难。然而在某些时候，能帮助决策的关键信息会在讨论中被忽视，所以让市场进攻型团队待在会议室确实能帮助决策。这是一个需要适应的企业文化的问题。

表 6-3　执行团队陈述的大纲

幻灯片 1	扉页：项目名称和团队成员的姓名
幻灯片 2	需要做出的决定：应该侧重于讨论需要执行团队做出什么特殊的决定
幻灯片 3	客户图：略述为什么这个计划能满足客户需求和打击竞争对手
幻灯片 4	产品特性：略述产品的特性、关键数据和产品成本
幻灯片 5	为什么公司会赢：解释关键产品特性和能使公司取胜的策略
幻灯片 6	科技和开发策略：解释将要进入下一层次的关键领域
幻灯片 7	项目概述图表：全部项目附带关键考察日期一起展示。期望的产品投放日期范围也被展示
幻灯片 8	团队：显示把这个项目带到一个新的里程碑需要占用必要人员时间的百分比，估计到项目结束。特别的名字和时间要求不仅包括市场进攻型团队的人，也包括被需要的能推进项目的人
幻灯片 9	财务分析：明确关键财务
幻灯片 10	风险评估：发表风险评分，同时明确关键风险并说明它们如何被降低
幻灯片 11	执行团队提问：讨论任何还未解决的问题
幻灯片 12	要求做决定：与幻灯片 2 相同，并在执行团队讨论和之后的问答过程中一直保留

高级管理层会接受或修改团队的意见。高级管理层不能选择退回重做或进行更多分析的决定。在大多数情况下，特别是在市场进攻型团队工作的初期，高级管理层会修改团队的意见。一个典型的例子会使团队建议同时增加市场方面的工作来更好地判断市场的规模，及技术方面的工作以解决特殊高风险的问题，从而保证产品的可行性。在很多情况下，高级管理层团队只会发现技术支出限制了公司的发展或对多出的资源需求进行拨款并推迟对市场的深入分析。在市场进

攻型团队项目中所做的分析往往足以证明技术支出的合理性。

案例：Engelhard 公司的个人护理市场进攻型团队的结束

高层管理者批准之后，Engelhard 公司组成一个新的团队完成市场进攻型团队建议的业务计划。新的团队包括一名全职领导者（个人护理业务开发总监）、一名市场营销人员、一名技术人员及来自法律、知识产权、兼并和收购部门的支持。两个收购候选者是 E.Setauke 的 Collaborative 实验室和法国里昂的 Coletica。2004 年 6 月 30 日，Engelhard 公司宣布已经合并了 Collaborative 集团有限公司（包括它拥有的全部子公司，Collaborative 实验室）；2005 年 3 月 17 日，Engelhard 公司宣布完成收购 Coletica，S.A.的大部分股份。

在一份公共声明中，Engelhard 公司表示并购“进一步加强了 Engelhard 公司在化妆品及个人护理行业的全球领先供应商地位。它扩大了公司在增长的市场中已有的能力，增加了用于抗皱护肤霜、防晒霜、润肤霜的皮肤护理原料及改善皮肤状况的材料。”

技术进攻型团队

技术进攻型团队的目标是解决项目中的技术障碍，这些技术问题是市场普遍了解的。与市场进攻型团队不同，后者更专注于公司不了解的市场。技术进攻型团队工作法也遵循相似的 4 个阶段。第一个阶段相同。但是，后 3 个阶段就有许多不同了。表 6-4 总结了市场进攻型团队和技术进攻型团队的不同点与相同点。技术进攻型团队的后 3 个阶段，后面会详细描述，并标出了不同点。

表 6-4 市场进攻型团队和技术进攻型团队的不同点与相同点

阶 段	市场进攻型团队	技术进攻型团队
1. 章程	相同	
2. 市场分析	广泛的市场分析（主要活动是深入了解市场）	市场知识的评估和技术性能的发展表。（活动以对未知领域的市场评估为主，以对技术专家意见有深入的了解）
3. 业务概念的产生	定义市场焦点的辨认和最初对业务概念的定义	这个阶段开始于技术专家会议上对技术障碍的认识取得一致。这个阶段的主要活动是通过技术实验去认识障碍和限制

续表

阶　　段	市场进攻型团队	技术进攻型团队
4. 商业论证的生成	商业论证的准备。专题研讨会的控制重点是市场障碍。专题研讨会经常包括许多来自阶段 2 中的市场顾问	商业论证的准备。但专题研讨会的重点是技术障碍。专题研讨会经常包括许多来自阶段 3 中的技术顾问

阶段 2：市场分析

这个阶段开始是市场分析。团队可能对他们正在发展或需要发展的技术市场有深入了解。详细的细分（见图 6-4）和产品/流程图（见图 6-5）的完成与市场进攻型团队相同。另外，还有一个技术性能表也要被开发，与表 6-5 相似。

技术性能表联系关键特殊客户需求和特殊产品规格。这些图和技术性能表是在技术进攻型团队 2 天启动会议上做出的。几乎在所有情况下，这些图和技术性能表的产生引发了关于认识的更多的讨论——定义技术目标需要另外的市场信息。因此，技术进攻型团队工作第一个月的重点在于深入了解市场及更好地理解用户需求。在许多方面，这与市场进攻型团队工作阶段 3 的“深入了解”相似，但它更多的选择项目关注的市场领域。在这个阶段结束后，我们应该了解所有的市场问题。另外，为了更好理解技术障碍及谁应该被邀请参加技术专家会议，团队会确认关键技术专家。这是阶段 3 的工作。

阶段 3：业务概念的产生

表 6-5 中的技术性能表是下一代办公复印机，复制速度为 25 页/分。本例中假定现有复印机的速度仅为 10 页/分，最终目标是将复印速度提升到 200 页/分。该表把每个需求特征分为技术性能标准、技术可行性、置信度，对此表更多的细节可见《PDMA 新产品开发工具手册 2》第 11 章的“技术阶段关卡”。

表 6-5　技术性能表

市场需求	理想性能	技术性能标准	技术可行性	置信度	最终性能标准	置信度
	每分钟明显复印更多的页数	让墨干得更快的高蒸发率	30 微秒干墨	50%	2 微秒干墨	<30%

续表

市场需求	理想性能	技术性能标准	技术可行性	置信度	最终性能标准	置信度
	每分钟明显复印更多的页数	快速干墨的红外线感应	测试 41X 中红外线吸收率>25%	50%	测试 41X 中红外线吸收率>75%	<30%
高产能		纸张移动迅速	每秒 25 英尺	70%	每秒 195 英尺	<30%
	无卡纸	减少静电的产生以减少卡纸	测试#21 中在 50%的相对湿度下<50 伏特	50%	测试#21 中在 50%的相对湿度下<2.1 伏特	<30%
	无等待	无暖机时间	1 秒启动	50%	0.1 秒启动	<30%
环境友好	无有害气体	无污染环境的溶剂	0.0ppm 烃	30%	0.0ppm 烃	30%
低操作成本	延长刷子的寿命	保持刚性	一年后丧失刚性<20%	90%	一年后丧失刚性<10%	50%

在技术性能表中使用的技术置信度锚定如表 6-6 所示。

表 6-6　在表 6-5 中使用的技术置信度锚定表

水　平	总体评价	影响变量	信 息 源
<30%	不确定	整体不可控制，很多未知变数和不可预测的实验结果	直觉及直觉知识，技术进攻型团队的信念及很少的实验
30%～50%	可能	几乎不可控，一些未知变数和低等预测的实验结果	一些很少的类似领域的实验，一些初步实验
50%～70%	很可能	非完全可控，少量未知变数和中等预测的实验结果	广泛的实验，理论性与结合广泛内部输入的实验基础
70%～90%	非常可能	可控，大部分变数可知和实验结果可预测	初步数据，独立确认，多功能的内部输入
>90%	肯定	完全可控，所有变数可知和实验结果已知	庞大的数据库和相似度，多重独立确认和多功能外部输入

这个阶段重点在于找到有潜力的技术解决方案。阶段 3 由一个技术专家会议开始，它主要为了达成对于涉及的技术障碍的一致观点。技术专家会议是一次 1～1.5 天的会议，与会者包括技术进攻型团队和全球范围内的重要技术专家。来自高

级管理层的重要技术人员有时也会被邀请。

大部分的技术专家都是学者，由于利益冲突，竞争公司的技术专家不包括在内。在很多情况下，技术专家是在公司其他部门工作的人。所有的外部技术专家被要求签署一个保密协议，协议规定知识产权归公司所有。大多数情况下这不是个难题。不愿意签署这个协议的外部专家不能参加会议。会议一般要有 2～3 名技术专家。

找到技术专家的最好方法是与个人大师交流、查找文献、上网浏览、咨询同事、查找发明专利。出席一个技术专家云集的会议是很理想的，如美国化学协会的会议。然而，技术进攻型团队时间不允许偶然事件发生。几周后，一些拥有多种资源的技术专家就能使一个模型产生。为了证明他们能产生价值，电话或某些情况下的个人拜访可以使团队和选定的技术专家一起考察项目。

尽管每次技术专家会议都各不相同，但它们基本分为两种类型。第一种与竞争对手技术途径对比。比如，一家公司比较自己与竞争对手的集成电路清洁方法。第二种涉及利用技术性能表，理解技术障碍。如表 6-5 所示，一家公司正努力发展下一代办公复印机。第一种是关注竞争对手，而第二种是关注客户。

表 6-7 列出了第一种技术专家会议的议事日程——一个技术途径议事日程。第一天的注意力集中于分享信息。起初的关于主题的讨论由每名技术专家提出。领先的竞争对手的技术方法、它的局限及竞争对手的知识产权地位会一一讨论。最终呈现的是公司的技术方法、它的局限和知识产权地位。最后的陈述还要包括为什么团队成员认为他们的方法能在竞争中取胜。会议剩下的部分是一个一般性的讨论，之后是晚宴，为了方便机密讨论能够继续，它是在私人餐厅举行的。会议在第二天继续进行。每名技术专家要求为第二天上午准备一个 30 分钟的陈述。为了防止集体思维，会议要求技术专家们单独准备他们的陈述内容。

第二种技术专家会议的议事日程（见表 6-8）开始是对技术性能表（见表 6-5）的审查，满足它们的技术性能标准、技术可行性和最终性能标准。然后，技术专家根据他们的置信度分别投票。之后，进行讨论以达成置信度的一致意见。接着，会议主题转移到交互技术领域和提高最低置信度的解决方案上。表 6-5 中低于置信度 70%的每行都会被讨论。技术专家们被要求在第二天上午做 30 分钟的建议陈述，包括所有在会上讨论的建议。

技术专家会议通常会提出需要另外进行的实验，以便于更好理解技术障碍，解决关于置信度差异的问题，了解更多交互的解决方案，尝试更多能完成同一目标的技术。阶段 3 剩下的时间就花费在这些问题上。例如，技术进攻型团队的工作重点是找到一种黏合剂，它能让设备粘在潮湿、多毛及不规则皮肤表面上很多天，而不会导致脆弱的老年患者退化。技术专家把这个目标作为组织项目继续的关键障碍，并判定团队没有在技术专家会议上充分解决这一问题。为了测定技术风险和必须在商业论证中讨论的使项目继续的现场试验，最后团队用不同的黏合剂做了很多试验。

表 6-7　第一种技术专家会议的议事日程

议事条目	描　　述	分配时间
1．介绍（第 1 天）	对会议观点的介绍和讨论	30 分钟
2．技术专家观点（第 1 天）	关于科技解决方法现有的、未来的观点（每名技术专家用 30 分钟陈述）	90 分钟
3．竞争对手 1（第 1 天）	陈述竞争对手 1 使用的科技方法	1 小时
4．竞争对手 2（第 1 天）	陈述竞争对手 2 使用的科技方法	1 小时
5．竞争对手 3（第 1 天）	陈述竞争对手 3 使用的科技方法	1 小时
6．公司方法（第 1 天）	陈述公司提出的科技方法	1 小时
7．开放式讨论（第 1 天）	讨论	剩下的时间
8．技术专家观点（第 2 天）	每名技术专家分别陈述观点	90 分钟
9．全部建议（第 2 天）	最后观点的讨论	剩下的时间

表 6-8　第二种技术专家会议的议事日程

议事条目	描　　述	分配时间
1．介绍（第 1 天）	对会议观点的介绍和讨论	30 分钟
2．技术性能表的讨论（第 1 天）	对技术性能表细节的讨论	2～3 小时
3．最低置信度领域的讨论（第 1 天）	讨论测试置信度假设的实验	2～3 小时
4. 下一个最低置信度领域的讨论（第 1 天）	讨论测试置信度假设的实验	2～3 小时
5．技术专家观点（第 2 天）	每名技术专家分别陈述观点	90 分钟
6．全部建议（第 2 天）	最后观点的讨论	剩余时间

阶段 4：商业论证的生成

与市场进攻型团队相似，技术进攻型团队会开发要递交给高级管理层决策的商业论证。技术进攻型团队也要召开专题研讨会，但是与会者有很多是与团队在阶段 3 一起工作过的技术专家。

案例：从 Engelhard 公司学到的经验

对于项目，高级管理层可见的责任是必需的。这表示给团队授权。如果没有授权，团队成员会更倾向于做他们的常规工作而不是进攻型团队的工作，后者需要付出很多的时间和进行很大的挑战。

团队必须获得一个关于项目范围、任务、时限和可交付成果清楚的章程。获得授权的过程是关键的第一步。在高级管理层同意授权给市场进攻型团队之前，他们必须被说服这个机会值得付出巨大的努力。通常，一个倡导者或小团队必须首先做足够的工作来开发一个案例，然后把应该继续深入项目的想法反馈给管理层。一旦完成，他们就会与高级管理层展开各种讨论，以清楚地定义项目的范围、时限、可交付成果等。

一个专门的小团队是必不可少的。启动市场进攻型团队的一个最大的挑战是挑选团队成员。从运营业务中提取关键业务和技术人员 3 个月时间通常是一个挑战。一支专业的精英团队是必需的。如果你没有这个，不要授权给市场进攻型团队。挫折、困惑、缺乏清楚的了解是团队一开始都会有的特征。没关系，这很正常。然而一名优秀的团队领导者是使团队摆脱这些负面影响最重要的因素。大量采访各种类型的领先用户——客户及公司外部、内部的专家是很关键的。通过这些采访，一个关于市场的清晰的认识才能诞生。当第一次研究市场/机会时，保持一种开放的思维是很重要的。因为现在的趋势是，用仅有的一点儿信息就得出"答案"或使市场输入符合预先形成的想法。

专题研讨会改善了团队的输出。其他人考察计划既能改善策略和内容，同时又阐明了信息。有一个简明的、带有重要建议的信息和资源需求，对于获得高级管理层的支持是关键的。市场进攻型团队引出了广泛的事实，可以有信心、有效地做出决策。

小　结

市场进攻型团队跟技术进攻型团队一样，都是 4 个阶段的进程，能使公司在不熟悉的市场或技术领域开发新的平台项目。市场进攻型团队法通常能考验一个组织。全新的概念有时甚至会大于初始的概念，经常产生于市场进攻型团队工作的末尾，即使在 3 个月之后，50%的市场进攻型团队工作没有继续。这些全新的概念成为后来市场进攻型团队的基础。这种方法的好处是在了解了风险/回报的情况下，提出真正的、可操作的建议。在新兴概念和未来需求方面，充足的信息通常是公开的。

案例：Engelhard 公司的市场进攻型团队得以保留

截至 2006 年冬天，Engelhard 公司已经建立了 7 支市场进攻型团队和 1 支技术进攻型团队。高级管理层发现，详细的市场分析、有竞争力的评估、产品和技术、增长潜力及团队的评估/建议，使 Engelhard 公司在进入新市场方面能更有效地做出决策。

另外，团队带回了多方面的市场知识和理解，使高级管理层做决策时更有信心。大约一半的团队工作取得了高级管理层的批准，现在仍继续；另一半快速放弃了团队已经开发出的概念。

市场进攻型团队的所有权由 Engelhard 公司业务开发集团保留。几乎所有的市场进攻型团队的领导都是集团的一名业务发展经理。这保证了一贯合理的过程和一致的输出。

然而，这种方法充满挑战性。指派全职或几乎全职的人员，参加市场进攻型团队总是会出现障碍。组织中的重要人物——你想要他参加市场进攻型团队——他的时间总是安排得满满的。有效地发掘并获得客户、领先用户和专家总会给团队在 3 个月的工作中带来挑战。另外，阶段 2 的工作有很多对客户的采访，看起来相当混乱，有时这些似乎会把团队引到各种各样的路线上。把这些信息组织成一份条理清楚的报告带来了持续不断的挑战。

市场进攻型团队总能用更多的时间。经验表明，在 3 个月的时间里，团队获得了足够的、能用来组成建议的市场知识。我们很难预测从开始到结束的路线。在大多数情况下，预先形成的关于最终的商业论证会在哪里结束的想法，会因为起初的预想而不同。

另外，整个过程使人成长。市场进攻型团队里的每个人都被期望表现出他的最高水平。平凡的参加者的弱点会在过程中被突显出来。在某些情况下，由于能力差的成员开始拖累工作，团队构成会发生变化。

最后，市场进攻型团队的成功依赖于被选入团队的人员及其在 3 个月内把时间、精力、激情及个人能力倾注于特定项目。本章的方法提供了一种引导并加快团队和公司进入全新平台项目的思想过程的方法论，而这些在很多公司从来没有使用过。

作者简介

彼得·A. 凯恩（Peter A. Koen）是史蒂文斯理工学院副教授，同时是公司企业家协会（Consortium for Corporate Entrepreneurship）理事，该协会的使命是促进“创新前沿”的高盈利能力的活动。他的研究旨在围绕公司的重大突破、知识创造和创新流程中发现环节的最佳实践来确定公司组织的规模，以及企业家如何获得启动资金，以实现那些正常资金周转顺序之外的构思。他有 19 年的从业经验。他具有纽约大学机械工程学士学位和理学硕士学位，以及德雷赛尔大学生物医学工程博士学位。

托马斯·C. 霍尔库姆（Thomas C. Holcombe）是 THolcombe LLC 公司（一家擅长催化剂和化学药品企业的业务开发的咨询公司）的出资人和总裁。在 35 年多的职业生涯里，他经营过大大小小的全球的化学药品业务，并建立了两家公司。他已经开发了很多化学药品、石化产品、石油加工和环境工业方面的新技术。他是一位发明家，有 15 项美国的发明专利，同时他还是一位在该领域发表过许多文章的作家。作为 Engelhard 公司［现在是巴斯夫（BASF）］的新任风险经理，他将市场进攻型团队的方法论引入公司中，并领导个人护理用品的市场进攻型团队，该团队将在本章中提到。他拥有弗吉尼亚理工学院和弗吉尼亚州立大学的化工理学学士学位，同时是佩斯大学（纽约市）国际业务的 MBA 和 DPS（专业研究博士），他还拥有纽约和新泽西州的专业工程师证书。

克里斯廷·A. 格里斯（Christine A. Gehres）领导巴斯夫在化妆品和个人护理品市场中的全球效应颜料业务。克里斯廷在特性化学领域有将近 20 年的国际化经验，主要是在业务、技术管理及全球市场营销方面。她发起和领导了塑料、涂料、农业和化妆品行业领域中的很多新技术的商业化。作为 Engelhard 公司的市场营销副总经理，她推动了将市场进攻型团队方法论在公司和她的部门的应用。克里斯廷领导的个人护理市场进攻型团队将在本章中介绍。她拥有米德尔赛克斯大学的欧洲工商管理学士学位（Hons）、罗伊特林根大学的工商管理硕士（FH）及罗德岛大学的 MBA 学位。

第 7 章
细分市场才能成功地定位新产品

布莱恩 · D. 奥托（奥托调查咨询公司总裁）

如果你想要成为一位成功的弓箭手，你必须做好 4 件事。第一，你必须能够清楚地看到靶子；第二，你必须瞄准；第三，你必须了解如何正确地放箭；第四，你必须真的射中靶心。成功的新产品开发需要完全相同的步骤。这 4 步称为 STUP。

- 第一步，细分市场（Segmentation，S）——都是些什么客户，哪些客户可能是我的目标？
- 第二步，瞄准目标（Targeting，T）——我要瞄准哪些客户？
- 第三步，了解客户想法（Understanding，U）——他们需要什么，他们怎样看现在的产品？
- 第四步，定位新产品（Positioning，P）——我想要他们如何看待我的产品？

图 7-1 展示了这 4 个步骤。箭头代表时间，这些步骤可以花费几个月的时间来完成。每个步骤的结果对于后续步骤的成功都是至关重要的，所以重叠是不可能的。

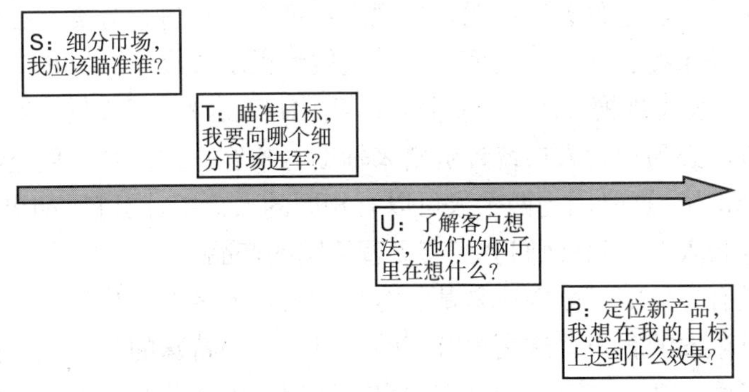

图 7-1　STUP

这 4 个步骤对于新产品都很重要。如果你没有彻底地考虑整个市场的细分结构，那么你就可能选到一个微小的或一个正在萎缩的细分市场；如果你没有有意识地针对一个特定的客户细分市场进行设计，那么你的新产品就可能试图满足所有人的所有需求（没有人会喜欢这种产品）；如果你没有投入时间深入地了解你选择的细分市场，你的产品也许就不能真正地满足客户的需要；如果你没有考虑定位，你也许会提供一种没有差别的“我也是这样”的产品，这种产品完全和竞争对手的产品相似。

本章将带给你一个完整的流程，通过该流程你能在你的市场中识别出关键的细分市场，为你的产品设计一个具有吸引力的定位。

本章从头至尾都在用汽车市场中的例子来说明 STUP 流程。在这个简化的汽车市场里，你会见到 5 个客户细分市场（S）是怎样被划分的；之后，你能观察到成功的制造商是怎样瞄准（T）这些细分市场的；一份调查示例将会告诉你如何了解（U）一个特定的细分市场的有动力的需求；最后，我们将得到的知识融入现在的感知中，为新产品创造一个独特且引人注目的定位（P）。

STUP 是产品开发早期阶段的工作。细分市场、瞄准目标及了解客户想法提供了产品开发阶段要依据的知识；定位新产品能够在新产品或服务正在形成之时和开发阶段并行进行。本章的其余内容说明了如何执行 STUP 流程的每个步骤。

细分市场

细分市场是把潜在客户划分成若干群体。群体（细分市场）能用很多种标准定义，但关键之处是，同一群体中的客户之间要有共同点。目标市场营销是成功的，因为特定的产品是为特定的细分市场设计并销售的。这比一成不变的方法好得多。

这显然是一种从原始到强大的等级制度的细分方法。大多数公司会选择传统的人口统计学方法。这种方法用明显的规定特征对客户进行分类。在消费者中，规定特征可以是年龄、性别、地理位置、受教育程度或收入；B2B 公司之间可能会用地理位置、公司规模、北美产业分类体系（NAICS）代码或员工数量等特征。所有的细分方法必须包含人口统计资料来辅助寻找客户，但是它们还不足以充分描述一个细分市场。这是因为两个人可以有相同的人口统计资料（如男性，40 岁，白种人，中等收入），但是他们会买有显著不同的产品。

此外，最有远见的细分方法是基于客户的需求或客户寻找收益的。找到一组被相同需求所激发的客户，这是很有用的。对于一种特殊的新产品，他们很可能反应一致。然而，基于需求的细分方法很难实现。因为这些数据不在公共数据库中，你不得不发现使有不同需求的客户都能考虑的特别产品。然后，你必须调查客户并开发细分方法。一个简洁却没用的基于需求的细分方法时常会被开发，因为公司在使用方法时没有参考人口统计学标准——所以不能确切了解描述细分市场的客户数据。表 7-1 提供了许多不同的、有潜力的细分市场方法。

表 7-1　细分市场的方法

细分方法	不同细分市场	优　点	缺　点
人口统计学	18～35 岁男性 美国南部，有房 企业销量超过 200 万美元	简单，已有数据并可以随时找到	不是预测新产品的反应的好方法
产品使用习惯与其他行为习惯	经常喝啤酒 观看警匪片 企业购买方式复杂	数据是集中的，有些已掌握，比较容易收集	2 名客户可能因为不同的原因购买相同的商品
对产品的态度	关注健康 对价格敏感 外形设计影响购买	展现为什么人们做他们做的事	经常不能起作用，因为找不到一个给定的细分市场
需求	需要加强的电脑制图 需要抵押但无文件 售后需要强力的支持和培训	对购买习惯最好的解释	经常不能起作用，因为找不到一个给定的细分市场

细分市场的数据

细分市场的第一步是划分客户完全不同的需求。也许，你已经有了这些信息。如果没有，一些定性研究方法在《PDMA 新产品开发工具手册 1》的第 1 章中已经说明，而且《PDMA 新产品开发工具手册 2》的第 7、8 章也有介绍。细分市场的第二步是做定量的客户调查。写调查报告是关键步骤。调查报告应该包括以下几个题目，并按如下的顺序编写。

- 多种需求的重要性。
- 客户行为（表明潜在的需求）。
- 产品购买（表明潜在的需求）。
- 人口统计资料。

一个关键的挑战是要使调查简短，最好能在 10 分钟或更短时间内完成。图 7-2 提供了一份调查样本，它划分的是汽车市场。这个调查大致需要 10 分钟来完成。

调查中提出的问题与本章所用的汽车的案例是一致的。图 7-2 中的阴影文字解释为什么包括每一细分市场。

感谢你同意参与我们的调查活动。你的回答将被用来帮助设计令人激动的新汽车。你的回答将是匿名且保密的。这个调查会占用你 10 分钟时间。

这些是需求评估问题，是细分分析的核心。

为了回答下列问题，请想象正要买（或租借）你的下一辆汽车。当你在选购下一辆汽车时，请画出影响你做决定的各种因素的重要程度。

	不重要			重要			极重要			
超高油耗	1	2	3	4	5	6	7	8	9	10
多座位	1	2	3	4	5	6	7	8	9	10
可装载大量货物的空间	1	2	3	4	5	6	7	8	9	10
发生撞车时的安全性	1	2	3	4	5	6	7	8	9	10
加速快	1	2	3	4	5	6	7	8	9	10
牢固的转向装置	1	2	3	4	5	6	7	8	9	10
无须维修	1	2	3	4	5	6	7	8	9	10
低价格	1	2	3	4	5	6	7	8	9	10

下面是一些证明潜在需求的具体行为。

你最经常用你的汽车干什么？请在下面标出。

[ ]运送很多乘客
[ ]运送很多货物
[ ]带孩子去运动或活动
[ ]拖船或野营车
[ ]长途旅行（总程超过 500 英里）
[ ]驾驶超过 20 英里去工作（1 英里=1.609 344 千米）
[ ]周末旅行（每年超过 4 次）
[ ]主要在高速公路上行驶
[ ]主要在郊区道路上行驶
[ ]主要在未铺好的路上行驶

当需要瞄准它们时，这些行为有助于找到更多不同的细分市场。

当你在选购或租赁汽车时，你会做什么？请在下面标出。

[ ]与朋友或亲属商量
[ ]拜访代理商
[ ]查阅《消费者报道》
[ ]在网络上研究车辆
[ ]读一些小册子
[ ]看相关的电视节目
[ ]在路上看车
[ ]在停车场看车

现在驾驶的车就是需求很好的代表：货物空间、可靠性和安全性等。

你最经常使用的汽车的品牌、型号及购买年份是什么？

品牌__________（纸质调查写下来，网络调查由下拉列表选择）

型号__________

购买年份__________

你家如果拥有另一辆汽车，它的品牌、型号及购买年份是什么？

品牌__________

型号__________

购买年份__________

图 7-2　汽车市场细分调查

需求总会在变化，所以提前预测是个很好的想法。

如果你要买车或租车，你会选择哪种类型的车（可以选择你所有考虑的类型）。

[　]多用途车（如福特探险者或本田 SUV）

[　]轿车（如本田雅阁或丰田凯美瑞）

[　]卡车（如雪弗兰西维拉多或福特 F-150）

[　]小型货车 / 货车（如马自达 MPV 或日产贵士）

[　]赛车（如 Mini Cooper 或福特野马）

[　]敞篷车（如斯巴鲁傲虎或福特自由式）

[　]豪华车（如凯迪拉克 CTS 或凌志 LS430）

[　]混合动力车（如丰田普锐斯或本田雅阁）

人口统计学经常与需求相关，有助于找到不同的细分市场。

请告诉我们你的家庭情况：

你家中有多少有驾照的人？ ＿＿＿＿＿＿（纸质调查写下来，网络调查由下拉列表选择）

你的年龄？ ＿＿＿

你的性别？ [　]女　[　]男

你的婚姻状况？ [　]未婚　[　]已婚　[　]离婚/丧偶/分居

你家里有多少孩子跟你一起住？ ＿＿＿

你家里的孩子年龄多大？ ＿＿＿　＿＿＿　＿＿＿　＿＿＿

你在外面有工作吗？ [　]没有　[　]有，兼职　[　]有，全职

你家每月的总收入是多少？（请记住，你的回答是匿名且保密的）

[　]少于 40 000 美元

[　] 40 000～69 999 美元

[　] 70 000～99 999 美元

[　] 100 000～149 000 美元

[　] 150 000 美元以上

图 7-2　汽车市场细分调查（续）

把不同类型的问题写下来：需求、产品购买、相关行为和人口统计资料。这些都有助于建立细分市场。核心需求评估问题用 1～10 标记。这是评价需求等级的简单方法。然而，如果需求清单太长，对于受访者而言，问题就会变得冗长乏味，而且数据质量也会降低。因此，检查最小可能性和不同需求是很重要的（没有重复的需求）。

用 1～10 标记问题时，一个经常遇到的难题是很多人会把所有的项目标记较高的程度。一个可用的方法是，要以一种强烈的、积极的态度来劝阻受访者使用较高的标度。图 7-2 解释了在调查报告中怎样运用（“极重要”代替“非常重要”使用）。另一个准确衡量不同需求相关重要性的方法是使用复杂联合的问题。

数据收集方法

在设计细分调查时，有很多收集数据的方法。表 7-2 列出每种方法的优缺点。

表 7-2 数据收集方法

方 法	优 点	缺 点
谈话	高质量数据，有益于复杂的调查	成本高，后勤支持困难
邮件	低成本，任何人都可以参与	低回复率使你怀疑那些真正回复的人
电话	快捷，积极的采访者能保证数据质量	电话营销导致高拒绝率，不能做长或复杂的调查
传真	快捷，通常受访者对业务有益	必须在传真到达前提醒受访者，减少了传真机的其他用途
网站	相当快捷，如果你有电子邮件地址或受欢迎的网页将会很廉价	有些受访者可能没有网络访问，关注保密信息

无论用什么方法，收集数据成功的关键是有好的受访者。在消费者的世界里，许多供应商有维护良好的消费者数据和消费者监测组。在 B2B 的世界中，你的客户清单必须是即时的和准确的。通常，数据收集公司要求清单中的名字是调查结束样本中名字的 10 倍之多。

为准备足够的样本做好计划很重要。除了最小细分市场不能包括少于 30 名受访者（标准数据障碍），没有什么严格的规定。作为一个普遍的规则，如果市场被分得很大而且差异程度很高，样本规模应该更大一些。例如，美国的汽车购买者市场很大，并且差异大；相反，双轮拖拉机（第 8 类车）的商业市场更适中、更相似。充分细分美国的无数汽车购买者，需要一个规模大约为 1000 的最终样本；而细分购买拖拉机的市场只需规模为 200 的样本就足够了。特殊的情况是 B2B 细分，当整个客户范围很小时（通常少于 100），在这种情况下，找到 2～3 个基于调查的细分市场仍然很有价值，只要可观的小细分市场（至少三分之一）包含在调查中。

细分调查数据收集完毕后，就要仔细地分析来识别细分市场。这个过程分为两步。

- 第一步，在调查的众多问题中寻找潜在的简单主题。做这件事时，你需要使用一种数据分析工具——因子分析。
- 第二步，找到倾向于有相同需求的受访者。这时你要使用另外一种数据分析工具——聚类分析。

第一步是数据缩减，其目的是把相当多的调查问题减少到少量的潜在主题。因子分析是用来寻找潜在主题的，通过辨别有倾向的、以同样方式回答的问题而达到目的。第二步是使用聚类分析来找到潜在细分市场，通过找到有同样需求主题的受访者以达到目的。因子分析归纳问题，而聚类分析把人归类。

数据减少到可控制的规模

让我们用一种流行的数据分析软件——SPSS[①]来说明这个两步的过程。想象数据是用图 7-2 的假设汽车市场细分调查，从 1000 名司机处收集来的。SPSS 的数据集有一行放每名司机的答案。每栏都会包括一个调查问题的答案。因此，包括 1000 行（回答问题的人）和超过 50 栏（他们对每个问题的答案）的数据集看起来像 Excel 的电子表格。

如前所述，最有权威的细分基于客户的需求。在调查中，有 2 组问题告诉我们关于需求的事情。有 8 个核心需求评估问题（用 10 个等级划分），以及 10 种行为，它们同样揭示了需求。所以，在我们的两步过程中会包括 18 个问题。

第一步是进行 18 个问题的 SPSS 因子分析。首先打开这个软件，点击最上边的“分析”，然后选择“数据缩减”，最后选择“因子”。这样就打开了一个对话框，显示左边栏的 18 个问题。点击右边的箭头，18 个问题就成了因子分析的变量。其他在菜单底部的选项通常就设置成它们的初始状态，除了 2 个。点击“替换”并选择“最大方差法”。我们就能看到区别最大的各主题（技术解释是找到正交维数）。点击“选项”，选择“压缩绝对值小于……”然后输入 0.2～0.3 之间的某个数值。这简化了输出，使焦点在最有意义的结果上。最后，你可以在因子分析对话框里点击“OK”，软件会很快地得到结果，如表 7-3 所示。

表 7-3　因子分析结果

问　　题	因子 1	因子 2	因子 3	因子 4
超高油耗	–0.6		0.8	
多座位	0.7	–0.7		
可装载大量货物的空间	0.6	–0.4		
发生撞车时的安全性	0.4		0.3	0.8
加速快		0.8	–0.3	
牢固的转向装置		0.7	–0.4	
无须维修			0.7	

① 其他的流行数据分析软件有 MiniTab，STATISTICA，SAS 和 S-PLUS。基本版的 SPSS 软件大概花费每位用户 1700 美元，MiniTab 是 1200 美元，STATISTICA 是 1000 美元。STATISTICA 和 S-PLUS 是大型程序，以年度授权的方式被大公司使用。

续表

问　　题	因子 1	因子 2	因子 3	因子 4
低价格		–0.4	0.6	
运送很多乘客	0.8	–0.5		
运送很多货物	0.7			
带孩子去运动或活动	0.7		0.4	0.3
拖船或野营车	0.5	–0.9		
长途旅行（总程超过 500 英里）	0.5			
驾驶超过 20 英里去工作		0.6	0.4	–0.3
周末旅行（每年超过 4 次）	0.6			
主要在高速公路上行驶		0.3		
主要在郊区道路上行驶		0.4	0.4	
主要在未铺好的路上行驶	0.3			–0.3

表 7-3 是“因子载荷表”。它显示了特定问题的答案与潜在主题（在统计学中称为因子）的相关程度。载荷越高，就有越多的问题解释了潜在主题。负载荷意味着倾向于回答的数值很高，对潜在主题的解释度低。表 7-3 的因子载荷向我们展示的 4 个不同的、独立的主题（因子）是从数据中体现出来的。一些条目丢失了，因为小于 0.3 的数据都被舍去了。

这个软件没有给因子命名。这是通过观察哪个问题有最高的载荷（绝对值）度完成的。在汽车市场的案例中，因子 1 被限定为“多座位”“可装载大量货物的空间”“运送很多乘客”“运送很多货物”“带孩子去运动或活动”“周末旅行（每年超过 4 次）”。因此，“需要运送很多人员和货物”可以作为因子 1 的名称。另外 3 个因子以同样的过程命名。因子 2 主要被“加速快”“牢固的转向装置”“驾驶超过 20 英里去工作”所限定，因此因子 2 的名称为“需要良好的性能”；因子 3 可以被称为“需要实际运输能力”，因为它对“超高油耗”“无须维修”“低价格”要求很高；因子 4 可以被称为“安全要求”，因为它对“发生撞车时的安全性”有最高的要求。表 7-4 列出了这 4 个名称。

一旦某个清晰的主题被成功定义，就到了再次运行因子分析过程的时候（分析>数据压缩>因子）。前面的选项还在，包括 18 个问题。首先选择“分数……”，然后“保存为变量”，最后点击“继续”。相同的结果会被重复，但是这次，软件会添加另外的栏到数据集（4 个因子各有一栏）。沿着这几栏一直往下看，你会发现数字在–2～+2 的范围内变动（它们被标准化了，它们平均为 0，而且标准差为

1）。更大的负数意味着特定的受访者没有那种需求，接近 0 的数字意味着受访者正好有那种典型的需求。所以现在有一个对每名受访者 4 种潜在需求的程度估计。用他们的描述名称在数据中标出新的因子栏（见表 7-4）。

表 7-4　因子名称实例

	因子 1	因子 2	因子 3	因子 4
因子名称	需要运送很多人员和货物	需要良好的性能	需要实际运输能力	安全要求

寻找有相同需求的受访者

第二步是把受访者分类以找到那些有相同需求的受访者。有几种数据分析工具可用，包括 K-均值、层次聚类、回归、判别分析、自动交互检测（AID）等。每种方法的技术讨论都超越了本章的范围。但是，K-均值和层次聚类很流行，所以这里列举一个 SPSS 的例子。

为了把受访者分类，在 SPSS 中，首先下拉“分析”菜单，选择“分类”，然后选“K-均值和层次聚类”。把左边的变量表向下拖动，选择最后的 4 个变量，它们创建在因子分析中，并且是你需要的主题。按右边的箭头按钮，把这 4 个作为变量放在聚类分析里。最后，建立需求的聚类数目会被指定。迭代的方法达到最佳效果。首先，选择最大数目可行的聚类，并给出数据的规模。包括超过 6 个独立的细分市场的细分方案是很稀有的，除非数据集已经到 1000。然而，对于一份包括 200 家购买两轮卡车公司的样本来说，寻找 3 个细分市场已经足够用了。如 1000 名汽车司机的例子，一个良好的初步尝试是 6 个聚类。每个聚类的数目在表 7-5 中列出。

表 7-5　每个聚类的数目

类　群	1	114
	2	272
	3	140
	4	238
	5	11
	6	175
有 效 的		950
丢 失 的		50

在这个分析中，一些受访者（50 名）没有回答全部的问题，所以他们的数据

“丢失”，没有被包括进来。5 号聚类的记录仅仅包括 11 名受访者。由于统计的原因，需要的受访者最少为 30 名。因此，可以把聚类数目重设为 5 个，并重新运行数据分析，每个聚类的数目如表 7-6 所示。

表 7-6　每个聚类的数目

类　群	1	114
	2	275
	3	142
	4	238
	5	181
有 效 的		950
丢 失 的		50

现在，在每个聚类里有足够数目的受访者，以保证充分定义一个细分市场。最终聚类中心如表 7-7 所示。数字表示需求程度，即在每个聚类中有特定需求的平均人数。数字越高意味着越大的需求。

聚类可以被命名，就像之前的因子。这些聚类就是细分市场，统计聚类结果如表 7-8 所示。

表 7-7　最终聚类中心

	类　群				
	1	2	3	4	5
需要运送很多人员和货物	1.12	0.28	−1.04	−0.25	0.10
需要良好的性能	0.55	−0.25	1.59	0.95	−0.46
需要实际运输能力	−0.62	1.22	−1.48	0.83	0.20
安全要求	0.49	0.32	−0.29	−0.36	0.97

表 7-8　统计聚类结果

聚类#1：“追求体验者”——“需要运送很多人员和货物”得分很高，在性能和安全处得分也很高（全部司机中 114/950×100%=12%）
聚类#2：“实际性”——“需要实际运输能力”得分最高，其他需求得分也很高（全部司机中 275/950×100%=29%）
聚类#3：“愿意为性能支付”——这些司机最大的需求是性能，他们不需要低价、高里程数的实用性汽车。他们同时关注安全性（全部司机中 142/950×100%=15%）

续表

聚类#4：“可负担/性能”——这些司机并不完全是以低价换性能（全部司机中 238/950×100%=25%）
聚类#5：“安全意识”——这些司机最关心的是安全（全部司机中 181/950×100%=19%）

瞄准目标

瞄准目标是选择会成为你的新产品重点的细分市场。最有效的瞄准需要公司与客户的仔细匹配过程。以下问题是与公司相关的。

- 公司的总体发展策略是什么？
- 公司的优势与劣势各是什么？
- 新产品项目的目标是什么？

从客户的角度来说，需要回答下列问题。

- 哪些细分市场正在增长？
- 哪些细分市场最有购买力？
- 哪些细分市场有最大的需求？

这些问题回答完之后，最重要的瞄准问题就能被回答了。

- 哪个（些）细分市场需要本公司所能提供的产品？

在汽车市场的案例中，根据他们在汽车方面的需求，5 类司机已经辨别出来了。为了更深一步描述每个细分市场，我们添加一些来自细分调查的人口统计学和行为学的分析，查看 5 类司机在人口统计学方面是如何被区分的。图 7-2 显示了调查最后的人口统计学问题。如果我们打算在超出调查范围之外的更大的世界寻找 5 个细分市场，这些人口统计学问题的答案是至关重要的。

细分概况（见表 7-9）可以说明汽车制造商是如何为其特定汽车瞄准客户的。

表 7-9　细分概况

	细分市场				
	追求体验者	实用性	愿意为性能支付	可负担/性能	安全意识
需要运送很多人员和货物	1.12	0.28	−1.04	−0.25	0.10
需要良好的性能	0.55	−0.25	1.59	0.95	−0.46
需要实际运输能力	−0.62	1.22	−1.48	0.83	0.20
安全要求	0.49	0.32	−0.29	−0.36	0.97

续表

	细分市场				
	追求体验者	实用性	愿意为性能支付	可负担/性能	安全意识
要买/租以下类型的汽车	SUV	轿车或混合车	奢侈车	性能车	轿车
购买时查阅《消费者报道》	5%	28%	6%	11%	12%
拜访代理商	50%	24%	76%	46%	29%
在网络上研究	25%	35%	10%	55%	50%
男/女	50/50	35/65	75/25	65/35	35/65
中间年龄	40	49	42	33	40
家里有孩子	80%	60%	30%	20%	50%
中等收入（美元）	70 000	60 000	85 000	35 000	60 000

福特探索者多用途车——追求体验的人是明显的目标市场，因为这些人会托运很多人和行李，据说他们打算购买一辆 SUV 作为下一个交通工具。这些家庭很可能有孩子和较高的收入。

丰田凯美瑞和本田雅阁——这两种车提供良好的性能和载客能力，设计不错，耗油量低，安全性高，可靠性高，价位合适。实用的细分市场是这两种车的目标市场，因为这些客户看重实际运输能力而且要求安全性及适度运送人员和货物的能力。实用的描述偏向女性，家里有孩子，而且很有可能是《消费者报道》的读者。

宝马车——这是高性能的汽车，花费比一般高很多。愿意为性能支付的人显然是这种车的目标市场。与在网站上出售新汽车相反，这种车很有可能在代理商处出售，购买者很有可能是男性（家里没有孩子）。

庞蒂亚克轿车——这是有价格竞争力的运动型交通工具。它与可负担/性能目标市场匹配得很好，因为这部分人的家庭收入不高（然而他们仍然看重性能）。庞蒂亚克能在网上找到购买者。

沃尔沃旅行车——这是较安全的交通工具。有较高安全意识的目标市场可以帮助沃尔沃品牌变得成功。沃尔沃能在网上找到这些购物者，其中主要是女性。

图 7-3 以直观的形式展示了上述目标的各种细分市场。当一家公司能很好地细分市场时，最有前途的目标细分市场就会清晰地显现出来。这就是为什么本章讲了这么多如何细分市场的细节。

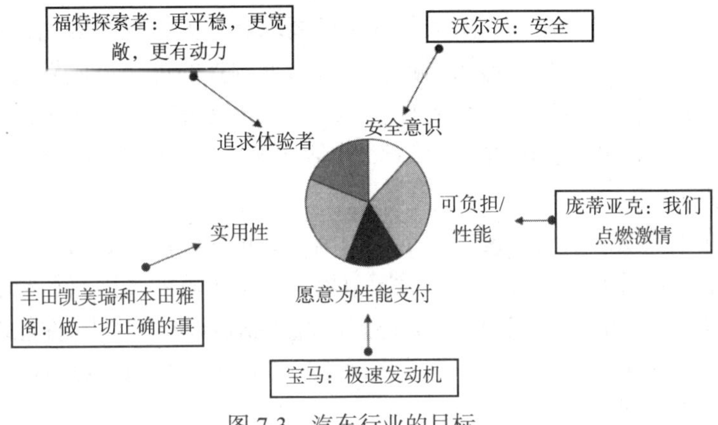

图 7-3　汽车行业的目标

了解客户想法

一家公司在确定了目标细分市场后，可能没有准备好制定一个定位陈述。这是因为通常会缺少两个关键问题的答案。

- 公司的目标客户的需求是什么，用他们自己的话是怎么说的？
- 客户怎样看待现在市场中的产品？

典型的细分调查对于揭示这两个问题的答案通常过于表面。因此，在做出目标决策之后，公司需要研究所选择的细分市场。

了解客户想法阶段的首要目标是了解每个目标细分市场的需求（满足的和未满足的、已说明的和潜在的、现在的和将来的）。公司会用这个信息来制定一个定位陈述来使目标客户产生共鸣。定位说明需要具体化、个人化，并且足够有吸引力从而刺激消费。

为了了解目标客户的需求，公司必须进行重点和深入的定性研究。在《PDMA 新产品开发工具手册 1》的第 1 章和《PDMA 新产品开发工具手册 2》的第 7、8 章分别介绍了实现这一目标的工具。所有的这些工具都可以帮助公司深入了解目标客户。只有进入目标客户的世界后，新产品开发人员才能更好地创建一个定位陈述。

了解客户想法阶段的第二个目标是了解当前的市场结构。这不是公司所见到的市场结构，而是客户眼中的市场结构。这种理解是至关重要的，所以结果定位是建立在现在的认识和利用当前感知的优势上。

市场结构可以通过使用同样的深入定性研究，从表面上被揭示出来，这可以被解释为寻找未满足的需求。然而好的了解要求定量的数据。因此，另一个调查也是必要的——一个当时的感知调查。来自这个调查的可交付成果是硬数据，它揭示了客户看待当时市场中产品的观点。结果可以用来进行 TOWS 情景分析：在外部环境中找到威胁（T）和机遇（O），评估你现在产品的劣势（W）和竞争对手的产品优势（S）。

继续汽车市场的案例来说明市场结构调查。正如你回忆起的，5 个细分市场已经找到了。让我们假设有一个对美国市场完全不了解的外国汽车制造商，它瞄准“可负担/性能”的细分市场。我们还假设汽车制造商对可负担/性能的司机做了深入的采访。在采访的过程中，它能揭示 20～35 个特性。让我们简化一下案例，只考虑其中 7 个问题。

- “汽车是我个性的延伸。”
- “汽车是我的说明。”
- “汽车有风格，很棒。”
- “这车看起来会很快。”
- “这车 0～60 千米/小时加速很快。”
- “我可以负担得起。”
- “我不用计较价钱。”

现在的目标是从“可负担/性能”的司机的角度揭示汽车市场的结构。图 7-4 是一份假设的汽车调查报告简例。

感谢你同意参与我们的调查活动。你的回答将被用来帮助设计令人激动的新汽车。你的回答将是匿名且保密的。这个调查会占用你 10 分钟时间。

迅速判断那些“可负担/性能”的司机是不是年轻的男性，如果是其他人即结束分析。

你的年龄_______

你的性别_____男　　　　_____女

找出不需要多座位的司机，但希望加速快、牢固的转向装置、低价格。继续余下的调查。

为了回答下列问题，请想象正要买（或租借）你的下一辆汽车。当你在选购下一辆汽车时，请画出影响你做决定的各种因素的重要程度。

	不重要			重要			极重要			
多座位	1	2	3	4	5	6	7	8	9	10
加速快	1	2	3	4	5	6	7	8	9	10
牢固的转向装置	1	2	3	4	5	6	7	8	9	10
低价格	1	2	3	4	5	6	7	8	9	10

图 7-4　汽车调查报告简例

到这里，应该仅仅有作为目标的“可负担/性能”的司机完成调查。

为了回答下列问题，请评价每辆车在每个领域的表现。请使用下拉菜单选择，从“完全不同意”到“极为同意”。

	现代鲨鱼	本田思域	MINI Cooper	大众甲壳虫	福特野马
汽车是我个性的延伸					
汽车是我的说明					
汽车有风格，很棒					
这车看起来会很快					
这车 0～60 千米/小时加速很快					
我可以负担得起					
我不用计较价钱					

感谢你花费时间参与我们的调查。

图 7-4　汽车调查报告简例（续）

只有“可负担/性能”细分市场的司机包括在这个调查中。根据细分调查，只有区别于大多数的问题才被采用。能最好说明“可负担/性能”的问题是年龄（年轻的），性别（多是男性），重视性能，重视低价格。不符合描述的受访者的调查会被终止。

表 7-10 显示了观点调查的假设结果（1=不适用，10=最适用）。在每个汽车的下边是它每个属性的评定等级。现代鲨鱼在“我可以负担得起”一项表现很好，而大众甲壳虫在“这车 0～60 千米/小时加速很快”这项表现很差。

表 7-10　观点调查的假设结果

属　　性	现代鲨鱼	本田思域	MINI Cooper	大众甲壳虫	福特野马
汽车是我个性的延伸	7.1	6.0	8.9	8.4	7.5
汽车是我的说明	5.0	5.5	8.4	8.0	8.9
汽车有风格，很棒	6.0	4.5	5.9	5.0	6.0
这车看起来会很快	7.8	5.5	4.5	4.5	9.5
这车 0～60 千米/小时加速很快	4.5	5.9	3.5	2.5	9.9
我可以负担得起	9.8	8.2	7.6	4.9	4.0
我不用计较价钱	6.5	3.9	6.5	7.5	2.9

这些结果的传统条形图可以用来理解目标“可负担/性能”的司机是如何看到“可负担/性能”汽车市场的。但是，这有很多数据。需要一个简明的、一页的市场结构的图形化总结。

把大量数据浓缩在一个圆图上的数据分析工具是感知图（见图 7-5）。一张感知图能把我们的 7 个问题浓缩成一个简单的二维图。有许多种类型的感知图，但它们都在追求这种浓缩。它们都使用变异的多维尺度法。举一个例子，SPSS 里的多层面展开程序会被用到，它试图找到一种普遍的数量规模，从而使汽车与属性之间可见的关系考查得以实现。

用 SPSS 制作感知图，首先，输入表 7-10 的内容。其次，下拉“分析”菜单，选择“规模”选项，再选“多层面展开”。弹出的“多层面展开”对话框有很多选项。在左边一栏选择 5 辆汽车，并把它们拖到右边的“相似性”框架里。选择有标示的属性（表 7-10 的第一栏），把它拖到右边的“行”框里（这样就把标示放到了得到的感知图上）。然后，在“模板”里选择“共同点”选项和“光滑”选项。这是因为汽车分析需要根据它们的共同点而不是不同点。最后，点击“OK”，图 7-5 中的感知图就会生成了。

5 辆车分布在整张图的空间里（见图 7-5）。它们离得越近，就表示它们在“可负担/性能”的司机的想法中越相似。7 个属性以圆圈的形式展示出来。它们也在整张图里延伸。它们离得越近，说明它们在司机的眼中更倾向于代表相似属性。最重要的是，一辆车离一种属性越近，表示那辆车更好地体现了那个属性。

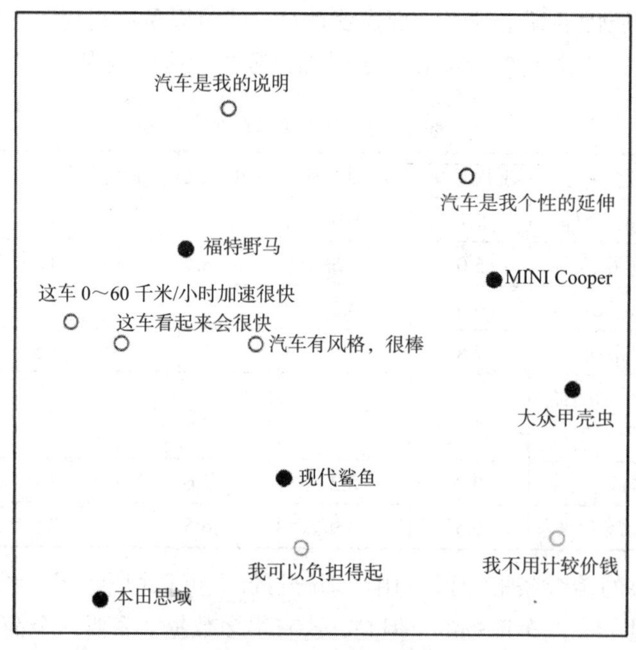

图 7-5　运动型车的感知

（1）现代鲨鱼和本田思域被认为是相似的车。它们在图中的位置相距很近。

它们的位置离其他车很远的原因是它们在“我可以负担得起”这项表现良好。

（2）大众甲壳虫和 MINI Cooper 被认为是相似的车。它们在图上位置相距很近。它们似乎都在“汽车是我个性的延伸”这项表现很好。而且在购买这两种车时“我不用计较价钱”。另外，由于这两种车位置的远离，它们不被认为“这车 0～60 千米/小时加速很快”或“这车看起来会很快”。

（3）福特野马自己在一边。似乎它是性能最好的（“这车 0～60 千米/小时加速很快”）。在“我不用计较价钱”方面表现很差。

回头看看那个表 7-10，你就能确信这些观察结果了。

外国制造商考虑加入美国运动型轿车市场，瞄准“可负担/性能”细分市场，现在他们知道他们的目标客户是怎样看待竞争的。但是这张感知图中还有很多要了解的东西。在当时性能轿车不存在的市场里有三个“空洞”（见图 7-6）。这意味着新产品的定位机遇。

机遇 1 是一种融合了福特野马的性能和 MINI Cooper 或大众甲壳虫的个性的汽车。它会更便宜。这种车是个性、性能和价格（在中心点附近）的完美融合。

机遇 2 是一种低价位车型，类似现代鲨鱼或本田思域（但或许不会那么低价）。在代理商那里不会有人为了它的价格而斤斤计较。这种车不必具有极快的加速能力，要比 MINI Cooper 便宜很多。

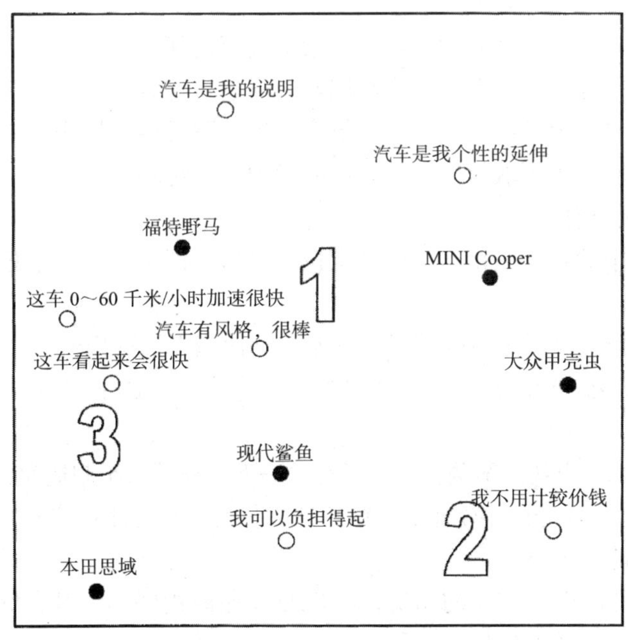

图 7-6　有市场“空洞”的运动型车的市场感知

机遇 3 是一种混合了福特野马的性能和“这车看起来会很快”的外表，还有本田思域的价位。

在汽车市场的案例中，外国制造商已经准备好为其新型运动车制订一个定位计划，瞄准“可负担/性能”的细分市场。

定位新产品

新产品的定位就是公司想要给客户留下印象，它是一个关于新产品属性和好处的精练的陈述。定位陈述是公司与客户之间的交流，它需要满足公司及客户双方面的需求。公司需要定位来构成它的公司和品牌策略的基本部分。除非产品定位能与客户的需求产生共鸣，否则客户不会关心新产品。

在汽车市场的案例中，你能看到所有丰田和本田的品牌都定位于“可靠的”；庞蒂亚克品牌使司机“很兴奋”；沃尔沃是“安全的”。这些都是品牌定位。新产品的定位更加具体。比如，2006 道奇 Charger 定位于便宜、有结实底座的时尚汽车。

定位与所有因素都相关。所有产品的定位相互排斥——更快、更便宜、更好等。这就是为什么感知图对了解客户感知定位是如此重要的工具。它显示了在相互针对中的产品位置。

对于定位新产品有 4 个因素很重要。

- 必须建立并清楚地表达定位。不给解读留任何余地。
- 定位必须根据客户看重的产品因素。通过宣传客户关心的特性来定位新产品。这些重要的因素应该在了解客户需求阶段用定性研究来揭示。
- 研究表明，为了取得成功，新产品必须是独特和优越的。定位应该显示独特性和优越性。
- 感知图中的空洞能指出新产品定位的机遇。但是，新产品必须兑现那些承诺。

在为你的新产品写定位陈述时，开始最好使用下面的模板。

为了【目标细分市场】,【新产品】是一种【定位陈述】，因为【最重要的支持观点】。

还是回到汽车市场的案例，让我们想象一下，外国汽车制造商希望利用图 7-6 中的机遇 2：一辆双开门小轿车，中等的性能，优秀的设计和较低的、可调整的价格。它的定位陈述如下。

给寻找“可负担/性能”的司机，新 Galaxy 是时尚轿车中最有价值的，因为它提供“不用计较”的低价位。

使用 STUP 的时机

在新产品开发过程中，细分市场、瞄准目标和了解客户想法是至关重要的早期步骤。在开发出一个成功的新产品之前需要这些步骤提供答案。图 7-7 展示了 STUP 流程与经常在 NPD 中使用的传统门径管理流程。与新产品和服务开发同时进行，定位才能被开发得最充分。

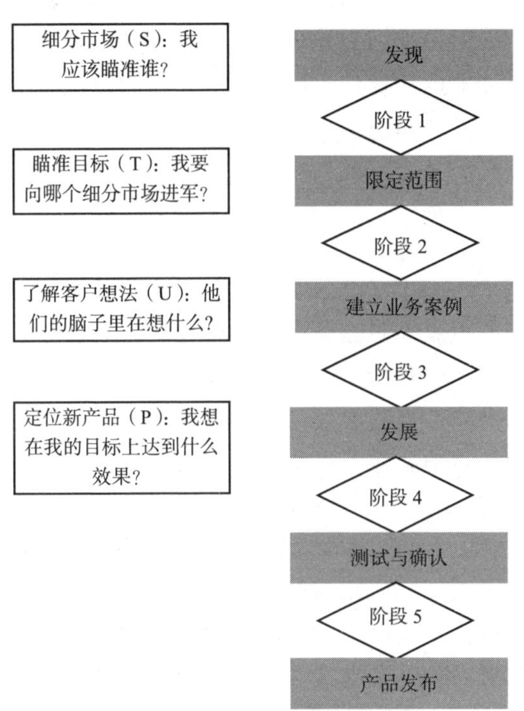

图 7-7　STUP 流程与门径管理流程

以下几项是 STUP 成功的关键。

- 根据“他们需要什么”细分你的市场。
- 瞄准“需要你所能提供的产品”的客户群。
- 深入了解你目标市场的希望/害怕/看法/需求。
- 把你了解的目标市场与你的新产品融合，建立一个独特且优越的定位。

以下几项是需要避免的常见 STUP 陷阱。

- 仅根据人口统计学资料来细分市场。

- 在已经开发出新产品以后才试图找到目标市场。
- 仅用表面化的方法（如一些焦点小组）理解目标市场。
- 假设你的新产品定位在市场中已经很明显了，就不去尽力阐述。

小　结

STUP 流程的每一步都是很重要的。为了了解你的客户中的不同点，需要细分市场。当设计和定位一个新产品时，深思熟虑的瞄准能帮助你记住一个特定的客户。一旦目标选定了，就该加深对这些重要客户细分市场的了解。只有前三步完成了，新产品开发者才能成功定位自己的新产品。两种最有价值的工具是用来发掘细分市场的聚类分析和感知图。

作者简介

布莱恩 · D.奥托（Brian D. Ottum）是奥托调查咨询公司总裁，公司位于密歇根州。他的工作实践集中在新产品开发早期阶段的市场调查。奥托调查咨询公司为成套商品、耐用品及高科技行业的客户提供服务。在成立他自己的公司之前，布莱恩在宝洁公司的新产品开发和国际市场调查部门工作。他拥有犹他大学的博士学位、泽维尔大学的 MBA 学位及威斯康星大学化学工程的理学学士学位。在过去的 15 年里，他开发了用于客户需求识别的工具（采用 KJ 分析法[①]）、概念筛选和优化及价格制定（采用离散选择模型）等领域的最新的方法。布莱恩是 PDMA 大湖区分会的创建人之一。他在 PDMA 年会的研讨会上讲授“最重要的十大工具”和“联合分析法（也称交互分析）”专题。他曾为 PDMA 的新产品开发专业认证考试编写市场调查试题。他经常在国家级会议和公司现场发表有关创新主题的演讲。他曾被 Marquis 的《美国名人录》2000 年第 54 版收录。他的联系方式：ottum@comcast. net，734-429-8215，http://mywebpages.comcast.net/ottun/。

---

① KJ 分析法也称亲和图法（Affinity Diagram）。是日本人川喜田二郎（Kawakita Jiro）于 1953 年提出的一种将未知的问题、未曾接触过领域的问题的相关事实、意见或设想之类的语言文字资料收集起来，并利用其内在的相互关系做成归类合并图，以便从复杂的现象中整理出思路，抓住实质，找出解决问题的途径的一种方法。

第 8 章

给产品正确命名

利兰·D. 谢弗（PLM 合伙公司常务董事）、

James S.Twerdahl（James S. Twerdahl 合伙公司常务董事）

本章将分步介绍命名一种新产品的流程。本章主要涉及在研究和选择名称时“不能做”和“能做”的事情。根据公司和产品的不同情况，给产品命名可能是相对简单和直接的可以自己做的工作，也有可能是需要精心设计的需要外部专家参与的流程。尽管对于那些参与的外部专家和其他任何与产品命名流程相关的人来说，了解这个流程是有好处的，但这部分内容主要是面向那些准备领导公司内部人员完成这项工作的产品经理或者市场营销经理的。

本章首先讨论你可能面临的名称的各种类别，然后进入实际的命名流程。本章的重点在于命名的创造性流程和你希望独立完成的典型活动，同时也会告诉你，在你应该使用外部专家时，何时应考虑调用外部资源和专家。本章将列出这些资源，并在本章的最后加以总结。

为了方便查阅，表 8-1 所示为各类产品命名失误汇总（不能做的事情）。本章结尾的例子是一个公司内部产品命名项目的案例分析。

表 8-1　各类产品命名失误汇总

没有预见到名称将来的作用	选定某个名称通常是因为它可爱、幽默或是在某人的责任期即将届满时的权宜之计。但当公司扩大规模且想用同样的名称来命名延伸的产品或相关的产品线，或当公司决定国际化销售时，这些名称可能就不再合适了。当丰田在波多黎各销售其产品时，Fiera 就成了一个引起争议的名称，因为在波多黎各，Fiera 的意思是“又丑又老的女人”

续表

没有留出充足的提前期	产品命名这项工作一直拖到产品投放市场前的最后一刻才做，这种现象太常见了。产品命名是一个漫长的过程，特别是这个产品将要在国际市场销售且必须在几个国家内研究时。命名过程中的许多工作都可以压缩时间，但是有些工作是不能压缩时间的（至少为了避免明显的风险，是不能压缩时间的）。命名过程应该在最初的产品定位确定下来之后马上开始，并且命名工作应该跟产品开发同步进行
没有分配充足的资源	一个好的命名过程要投入时间和精力。通常情况下，负责命名的人员（如产品经理）还有许多其他的责任，因此他就不能留出充足的时间来很好地完成这项工作
没有事先指定决策人	产品命名是一项容易让人情绪化的工作，每人都有自己的想法，并且有比你预期的更多的人觉得他们是产品名称的干系人。如果没有事先在谁是最后拍板的人这个问题上达成一致，就要面临后续阶段的问题和从头再来的风险
选中了一个顺耳的名称	最好的名称在诞生之初可能是刺耳和有争议的。（Yahoo！是在因特网高度商业化之前诞生的。想象一下，这个名字现在要通过公司范围的命名筛选是多么困难。）相反，一个顺耳的名称可能是安全的，但它缺乏吸引力也不好记忆。（Graphics 100 个人电脑图形卡就是这种类型。要不是依靠 IBM，只凭它自己不可能有这么好的市场。）要选择一个最能达到市场营销目标的名称，并且给它时间让你去喜欢它
决策的人太多	决策者太多会让你陷入困境，延长命名过程，产生的决策虽然没有错但不是最好的名称。产品命名决策不必通过民主或折中的方式来解决，应该由那些理解产品命名的目的和愿意跳出常规思维方式的人组成的一个小组来完成。当然，CEO 需要参与或指定自己的代表参与
选定一个早期偏爱的名称并且沿用下来	如果你被一个特别的名称所吸引，这个名称就会诱惑你将注意力集中在它身上并简化了许多检验的环节。这样做的一种风险是，这个名称在后来的流程中可能变得不符合要求，并且如果你没有在这个过程中准备另外可供选择的名称，那你就可能要从头再来一次了（尤其是在接近产品投放日期时，就更让人痛苦了）。另一种风险是，你总是有意或无意地在整个过程中“推销”这个名称，却不能从最相关的人群（目标市场的客户、渠道成员和其他的合作伙伴们）那里得到客观的反馈
挖商标代理人的墙角	网上的在线资源和“自己动手”的资源的可获得性增加了在公司内部进行全面的名称搜索和注册过程的诱惑，因为这样可以避免请外部专家命名所需的法律费用。一个称职的商标代理能够驾轻就熟地处理错综复杂的流程，并能分辨那些外行可能看不出来的细微差别。上述造成损失的风险会非常大，其损失肯定会大于节省的费用

续表

没有识别名称在其他文化中的负面含义	一个单词或词组的正式翻译看上去可能是好的意思，然而也可能有一些其他的含义，这些含义对于生活在其他文化中的人来说是负面的或不合适的。你应该和那个国家或种族团体的人们一起检查名称，这些人现在就生活在这种文化中，而不是仅仅和生活在美国的那些可能没有接触过当地文化传统的人一起检查名称
没有对商标注册实时关注	一旦你注册了你的商标，就应该采取措施来确保你不会失去它。在不同的国家要遵守不同的使用规定，同时还要注意当地所有注册相关的办公部门那里都有你的正确地址，以确保你能收到他们的通知

名称的类别

在开始实际的命名之前，了解公司内可能存在的名称的各种类别是有帮助的。这将为产品名称提供一个参照环境，确定你能做和不能做的事情的边界，同时也有助于避免混乱。

产品的名称

产品的名称是你的产品被赋予的实际的名称，同时也是本章的重点。根据产品线宽度的不同，某个名称可能特指某一种产品，也可能是同一条产品线上某一种型号的所有产品的总称。像摩托罗拉的 RAZR（它刚进入市场时的名称），Explorer（福特公司）和 Secret（宝洁公司）都是产品名称的例子。当然，如果一种产品获得了成功，就会衍生各种各样的产品延伸，原来这种产品的名称就变成了产品线的名称了。苹果公司的 iPod 和宝洁公司的 Swiffer 就是这样，某种产品获得了巨大的成功之后，这种产品的名称就与其宽广的产品线联系起来。

一条高度复杂的产品线可能有着更加复杂的名称和型号的层级。在图 8-1 所示的例子中，一家日用釉面陶器公司在它的 3 个品牌下面有超过 1600 种产品。主要品牌被组织成产品类型，产品类型再细分就是产品线了。产品线下面是各种产品，每种产品根据各自尺寸和包装类型的不同再进行细分。

如果名称和型号的计划还没有设立，那么在你开始实际的命名之前对此进行规划是十分重要的。随着时间的推移，考虑一下在产品线上再增加五六个延伸品牌或衍生产品会怎样。当一系列产品共用一个名称时，你不会再花时间给单个的产品取名字；而当某个产品有了一个非常贴切的名称时，你也不会再给该系列产品单独取名。在已经建立好的名称和型号的框架下进行命名，比已经命名几种产品之后再反过来进行调整以适应总体规划要容易得多。

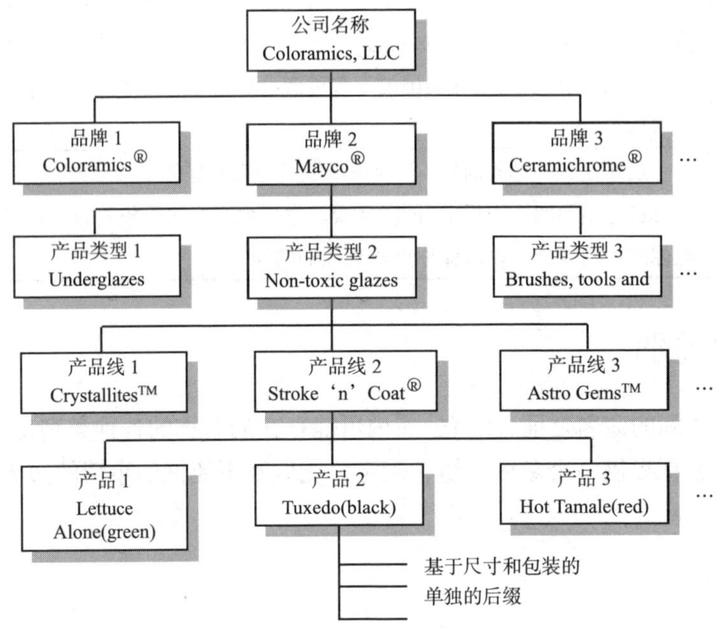

图 8-1　一个包含超过 1600 种产品的复杂的层级的例子

资料来源：Coloramics, LLC

型号/名称

名称和型号是某种产品在它所属的产品系列或产品线中的独特标识。产品的名称应用于一系列产品并给这条产品线一个共同的标识。宝马 740i、微软 Outlook 2003 和 LV 的 501 Jeans 都是型号的例子。戴尔 Dimension 系列的台式机根据价格和性能的不同分有多种型号。型号有时也会附加上细分的名称，如 iPod Shuffle、iPod nano、iPod 和 iPod U2。

品牌名称

产品所属品牌的名称就是品牌名称。品牌名称跟产品的名称可能相同也可能不同，常常会有某个品牌下的某个产品本身就是一个品牌的情况。Symantec's Norton 的产品就是品牌产品的例子（如 AntiVirus、AntiSpam。AntiVirus 是产品的名称，Norton 是最初的品牌名称，Symantec 是一个延伸品牌，同时也是公司的名称）。Coca Cola 是公司的名称，也是企业品牌，也是产品线的名称，它本身也是一种产品。一般来说，如果一个产品获得了成功，那么它的名称常常会成为一个品牌。

尽管命名一个产品和命名一个品牌的工作有很大的重叠性，但是后者的标准要高一些，因此过程也常常会更加复杂。如果你准备给一个品牌而不仅仅是一个产品命名，建议你据此制订一个计划，最好能从外面邀请具有专业知识的人一起参与。

公司名称

许多公司都倾向于不让自己公司的名称成为众人关注的焦点，而是通过产品线的品牌来定位和进行市场扩张，尽管公司本身的名称就是一个品牌。宝洁公司是这方面的佼佼者。它一共有 21 个品牌，每个品牌的销售额都超过 10 亿美元。

了解这些区别和联系是很有用的，因为品牌名称和品牌本身会对你产品的名称造成约束，而你必须决定你的产品是取一个新名字，还是只是再增加一个型号即可。

名称的重要性

名称真的那么重要吗？

在 1969 年一个小型的科学会议上，剑桥大学的物理学家（罗杰·彭罗斯）教授在他的发言中宣布他发现了他命名为“超引力完全塌陷物”的东西，丝毫没有引起世人的关注。

几个月后，他把这种东西改称为“黑洞”，他的发现便迅速传遍了世界各地。今天，“黑洞”已经是广泛应用于世界各研究领域的一个术语了。

约翰·韦恩是一个演过许多英雄角色的深受人们喜爱的演员，想想他要是还用他的原名马里恩·莫里森，会发生什么事情。

一个好名字可以帮助提升品牌的竞争力，让你的产品从众多的同类产品中脱颖而出，给人们留下深刻的印象，有助于产品在市场上定位。总之，认真地选择一个名称是营销组合很重要的一步。尽管一个好名字并不意味着不再需要公共关系、广告和其他的营销形式的投入，但它可以使你在这些方面的投资产生事半功倍的效果。像 Walkman、iPod、Pentium 和佳洁士（Crest）都不是公司名称，却是有着很高市场价值的产品线的名称。

如果对产品名称的重要性认识不够，就会出现这样的问题：因为可爱或权宜之计而选择某个名称，但没有考虑长远的发展。这种问题在新兴的公司中十分常见，这些公司在许多工业和高科技领域中发展迅速，跟产品的软因素相比，它们更加关注产品的特性和属性。如果一种产品卖得非常好，那么它的名字就会得到市场的认可和接受。通常它就成了一个品牌的备选名称，这种产品有可能衍生出延伸产品或相关的产品线，公司也可能将它推向国际市场。如果在取名字时没有预见到这些，这个产品的名称就有可能不适合作为一个品牌的名称，它有可能过于局限而不能适应延伸出的产品线，也可能不适合某些国外的市场。这样公司就不能充分利用这个成功的产品名称所具有的优势。一家雄心勃勃的公司把一种新高科技产品命名为“杀手”，因为这种产品将击垮其他竞争对手。不用说，这个名字叫不长。

谁应该给产品命名

给产品命名有许多种途径，也有许多个人或机构可以完成这项工作。在开始之前，明确责任是非常重要的。下面是 4 种可供选择的途径。

- 专业命名机构。
- 营销企业。
- 个体咨询人员。
- 企业自己命名。

下面我们详细了解这些途径来看看它们各自适用于何种情况。

专业命名机构

专门给产品和品牌命名的机构。这些机构大都是在对产品、市场、竞争对手、公司文化和公司或产品的定位进行分析之后，先确立一个目标，再通过正式的命名途径来完成命名。它们会依据语言学进行广泛的调研，同时也会对传统的客户进行调研（后面会有详细介绍）。很多这样的机构都在世界范围内设有分公司或跟国际市场上类似的能够在绝大多数国家展开广泛调研的公司有着合作关系。绝大多数这样的机构也可以在世界范围内做调研来确认某个名称是否已经存在。

当关系重大的时候，如产品销售额超过百万美元甚至数十亿美元的大型跨国公司，如果可能的话，可以雇用专业的命名人员。这通常是最昂贵同时也是最耗费时间的一种途径，对于大多数中小型企业来说，这种方式似乎有点过火——或者说至少超出了它们的承受能力。

一般来说，聘用专业命名机构的企业通常具有在控制外部组织方面富有经验的内部资源，而且能够从整体上把握产品命名的过程。作为一名产品经理或者市场营销经理，尽管你是命名小组的成员，你也不一定能够直接干预这家专业命名机构的工作。

营销企业

许多在其他的一些领域内比较专业（如市场研究、品牌建立、广告宣传、直销、公共关系、整体市场或所有这些的综合）的营销企业乐于为你提供产品命名的帮助，不管它们把这作为一项下属业务，还是作为它们其他服务的延伸。

跟专业命名机构相比，营销企业通常收费较少且在时间上更快一些。在许多情况下，你可以让那些已经在跟你的公司或部门合作，已经对你的其他产品、你所面向的市场、竞争对手、你的品牌和你的公司文化有所了解的企业来完成产品命名工作，这样做有额外的优势。如果你个人已经跟这家企业合作过且有着良好的合作关系，将更有助于在工作的过程中少走弯路。但是，跟专业命名机构相比，这类“多面手”企业在产品命名方面缺乏经验和专业的技能。当然，专业的技能并不能够确保更好的结果，但它确实增加了好结果出现的可能性。

跟企业自己命名相比，聘用营销企业做这项工作当然是有优势的。营销企业通常在创意生成和处理跟客户与预期期望相关的想法检验等方面很有经验，因此它能帮助减少产品命名过程中的困难并在某个方面提供专业的技能，而这恰恰是许多公司——尤其是较小的公司所不具备的。营销企业可能是跨国公司，也可能跟想要调查的国家的相关公司或个人有联系，因此它有能力开展全球化运作。把这些工作外包有助于减轻可能已经不堪重负的公司内部人员的工作量。很显然，这么做最大的缺点就是需要更多的资金支出。如果你聘用一家营销企业来做产品命名的工作，你仍然应该遵循本章中提到的要点，来确保你能够对最后的结果加以控制。

个体咨询人员

有很多个体咨询人员能够在产品命名的各个阶段提供帮助。有的人在更好应用头脑风暴法和创意生成的方面很有经验，也有的人在对已有想法的选择和评估方面能够提供帮助。个体咨询人员是公司内部命名小组的外延，当公司内部的命名小组对个别问题的处理方式进行讨论时，会想起让他们参与进来。

企业自己命名

当风险比较低的时候，这种方法适用于多种情况。同时，它也可能是财务上比较拮据的小公司的唯一选择。在这种情况下，产品命名的责任就落到了产品经理或市场营销经理的肩上，绝大多数实质性的工作通常也是公司的内部人员完成的。本章后面会对这部分进行详细介绍。

产品命名流程

本章的这一部分讨论的是产品命名流程，如图 8-2 所示。

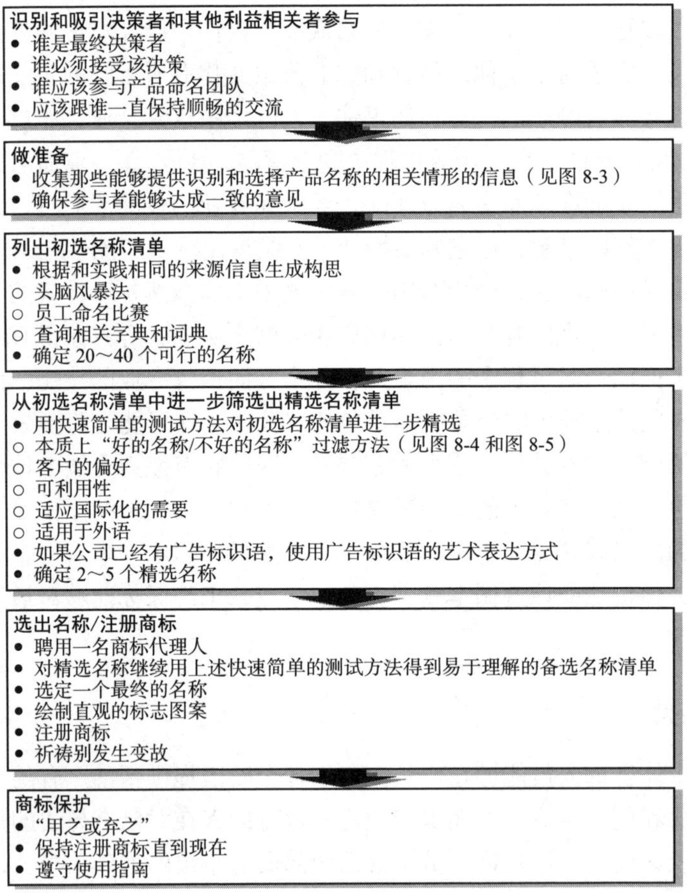

识别和吸引决策者和其他利益相关者参与
- 谁是最终决策者
- 谁必须接受该决策
- 谁应该参与产品命名团队
- 应该跟谁一直保持顺畅的交流

↓

做准备
- 收集那些能够提供识别和选择产品名称的相关情形的信息（见图 8-3）
- 确保参与者能够达成一致的意见

↓

列出初选名称清单
- 根据和实践相同的来源信息生成构思
  - 头脑风暴法
  - 员工命名比赛
  - 查询相关字典和词典
- 确定 20～40 个可行的名称

↓

从初选名称清单中进一步筛选出精选名称清单
- 用快速简单的测试方法对初选名称清单进一步精选
  - 本质上"好的名称/不好的名称"过滤方法（见图 8-4 和图 8-5）
  - 客户的偏好
  - 可利用性
  - 适应国际化的需要
  - 适用于外语
- 如果公司已经有广告标识语，使用广告标识语的艺术表达方式
- 确定 2～5 个精选名称

↓

选出名称/注册商标
- 聘用一名商标代理人
- 对精选名称继续用上述快速简单的测试方法得到易于理解的备选名称清单
- 选定一个最终的名称
- 绘制直观的标志图案
- 注册商标
- 祈祷别发生变故

↓

商标保护
- "用之或弃之"
- 保持注册商标直到现在
- 遵守使用指南

图 8-2　产品命名流程

对一项产品进行命名的主要活动如下。

- 识别和吸引决策者和其他利益相关者参与。
- 做准备。
- 列出初选名称清单。
- 从初选名称清单中进一步筛选出精选名称清单。
- 选出名称/注册商标。
- 商标保护。

识别和吸引决策者和其他利益相关者参与

提前明确产品的名称必须征得谁的同意（并且得到不参与决策的人的认可），将为后面的阶段省去很多麻烦，同时大大降低了重来的可能性。产品的名称是一个高度政治化和情绪化的主题，特别是几乎每个人都有自己的意见，许多人都认为自己是产品名称的干系人，很少有达成一致的情况。同样，由于产品命名不像常规的工作那样有确定的正式或非正式的决策者，因此这个名称很可能被日常权力体系中那些有强烈意愿或有组织影响力的人更改。这种更改常常在命名过程的后期出现。

明确谁才是拥有对产品名称有着最终决定权的人是非常重要的。有最终决定权的人是实际意义上的决策者，由他来挑选参与决策的成员，他应该是当讨论陷入僵局时做最后裁决的人。在小公司里，这个人通常就是总裁；在中等规模的公司里，这个人有可能是总裁，也有可能是分管市场营销的副总裁。如果是后一种情况，最好让总裁直接告诉你他的意见。

最终拍板的人通常会倾向于让某几个人参与到决策中来，可能是需要他们的认可，也可能是他认为这些人是靠得住的。这些人通常是副总裁或跟总裁关系密切的员工。你也可以再增加其他的成员，但一定要谨慎，因为参与决策的人越多，要完成这件事就会拖越长时间，困难也会越多。因为像命名这种主观性很强的决策，一名位高权重的总裁有可能想跟他的家人商量一下，或者先搁下等以后再做决定，因此要预先考虑到这样的情况，预留出额外的时间。

按照公司的企业文化，提前公布你将要进行的命名步骤和选定的参与决策的人员是非常明智的。这样做使你能够及早解决那些觉得自己应该参与决策的人的反对和质疑。当然，在头脑风暴会议、提出创意和对名称进行评价的时候你可以让其他一些人参与进来，但是每个人必须明确谁是参与者、谁是决策者。

命名决策不应该采用大众化比赛或民主式的方法，因为大部分人会投票给一个比较均衡但不是最能令人印象深刻的名称。通常一个真正的好名字在一开始都是饱受争议的，经受时间的考验之后才会被认可，看看“Xerox”或“Google”就知道了。正因为这个原因，最终决定产品的名称应该靠那几个对命名的目标非常明确和具有非比寻常的见解的人。

至于其他的商业决策，明智的做法是，不但向决策者说明你选择这个名称的原因，还要给出你不选择其他方案的理由。

做准备

由于你必须对名称的背景有详细的了解，因此在最初的头脑风暴会议召开之前还有大量的准备工作要做。产品规划和市场营销战略决定了很多关键因素。比如，你是要想一个新名称，还是只在已有的产品系列里增加一个型号即可；这个产品的市场定位是怎样的；这个产品会不会被投放到国际市场，会被投放到哪里，以及有多大风险。另外，跟团队成员以及高管对产品关键要素的管理和产品将采用怎样的销售方式等达成一致意见也是很重要的。

图 8-3 列出了一系列你应该已经解决好的问题，并且在命名小组内部达成一致。如果该产品有一个完善的市场营销规划，那么这些问题中的大部分就都解决了；如果没有，那么解决这些问题就更加重要了。

在后面的工作中，你可以用这些信息来确保产品的名称能够与产品的其他方面相适应，它甚至能够为你找到理想的名称提供有用的提示。准备工作的要素包括以下方面。

（1）确保产品名称跟营销组合中的其他要素保持一致，而这些要素又应该与公司使命保持一致。

（2）确保名称对产品的目标客户是合适的，这里的目标客户也包括可能跟最终用户有不同看法的渠道商。

（3）从客户的角度来看待产品。设身处地为客户着想常常是比较困难的，但是要记住产品的名称最终还是面向客户的。

（4）找出产品的特性和鲜明的价值主张。这将为你找一个好名字提供重要的提示（也能帮你排除另外一些名字）。

（5）像先前所说的，确定新名称在当前命名层次结构中的位置。如果当前没有命名方案，则建立一个。

（6）考察你现有的和即将发布的产品，辨别新产品跟它们之中的哪些相关、哪些不相关。

（7）分析竞争对手，找出其在竞争中的优势、可以利用的薄弱环节，以及你不想与之雷同的产品名称。

（8）决定你是要让自己的产品跟竞争对手的产品有本质的不同，还是就只是对其产品的模仿（只要不侵犯对方的注册名称和商标）。

- □ 你公司的使命或者说所宣称的目标是什么？它的愿景和它的价值观念是什么？
  - □ 这个产品的部分或系列有它自己的使命陈述吗？如果有的话就把它包含进来。
- □ 产品的目标客户群是哪些人？
  - □ 渠道商
  - □ 最终客户和用户
- □ 购买者或消费者会怎样用他的方式来描述这项产品？
- □ 是什么使这项产品与众不同？它跟你公司的其他产品和你的竞争对手的产品有什么不同？
- □ 购买者或消费者为什么要买这项产品？它能满足什么需求，解决什么问题，提供怎样的享受？
- □ 产品是什么档次？产品的名称应该从何处契合这个档次？
- □ 列出你的部门和你的公司的其他产品的名称。
  - □ 产品的名称跟其他产品或产品系列有联系重要吗？
  - □ 不跟其他的产品有联系重要吗？
- □ 竞争对手是谁？其生产的可能与这项产品构成竞争的产品的名称是什么？
- □ 产品的名称是不是需要特别标新立异？如果不需要，为什么？
- □ 这项产品预期的产品定位是什么？（高技术、低价格、地位象征、概念性、高品质、价值体现等）
- □ 描述最终用户将怎样使用这项产品。
- □ 描述公司和其他渠道商将怎样推销这项产品。
- □ 这项产品投入市场时有市场战略和主题计划吗？
- □ 描述产品的总体目标和目的。
  - □ 这项产品的目标销售额和目标市场占有率是多少？
- □ 产品的名称应该对使用者/购买者暗示某种理念或感觉吗？有没有哪些理念或感觉是应该避讳的？
- □ 这项产品会被投放到国际市场吗？这项产品会被投放到美国的黑人聚居区、西班牙人聚居区或其他民族聚居区的市场吗？
- □ 这项产品的价格跟公司的其他产品和竞争对手的产品相比是怎样的？
- □ 你将主要通过哪种媒体来进行产品的促销？
  - □ 印刷品　　□ 视频　　□ 音频　　□ 多媒体
- □ 许多产品被其他公司员工、渠道配送商甚至是最终用户起了外号。相似的产品有外号吗？如果有的话是什么？它跟这项产品的实际使用者对你取的名称所改的各种简称里面有相似的吗？

图 8-3　命名之前的问卷调查表/核对清单

（9）了解你产品的定位以选择一个能够支持这个定位的名称。

（10）描述产品应该怎样使用，包括基本的功能和其他可能的使用方法。名称可以暗示产品的用途，但一定不能起到负面的影响。

（11）决定公司和渠道商将怎样对这项产品进行广告、促销和推销。尽管在这一阶段这些计划可能只是一个雏形，但是你应该根据其他产品的情况做到心中有数。产品的名称应该跟这些推广方式相适应。

（12）审查已经存在或计划将该产品整合到其他产品的营销计划和主题中。

（13）达成销售预测的一致。尽管销售预测在这个阶段只是一个大概的数字甚至只是一个范围，但是销售量级将标示出涉及的风险。

（14）明确想通过产品的名字传达给购买者怎样的理念和不想传达给消费者怎样的感觉。许多人都把他们使用的产品看作他们个性的一种体现。这常常跟购买者的购买习惯有很大的关系，特别是那些很难区分的产品。

（15）决定这项产品将要投放的国际市场和不同民族。你必须确保产品的名称与你的目标国际市场是相适应的，同时也能准确地传达你想表达的意思给各民族。

（16）审查产品的价格跟自己公司和竞争对手的其他相关产品的价格相比处于一个怎样的位置。了解这项产品的价格下降到怎样的程度会对其名称产生明显的影响。

（17）决定对产品进行促销所使用的主要的媒体类型（如印刷品、视频、音频、多媒体）。根据你对其他产品的了解，你应该深有体会：当一个名称被眼睛看到、耳朵听到或用嘴说出来时，表达的效果可能是不同的。

（18）审查所有你其他的产品被你的员工（尤其是那些被外界所关注的）、批发商和最终用户所起的外号。这有助于你深入了解一个新产品的名字会不会被起一个外号、如何被起外号。产品的外号应该与产品原名想要传达的信息相一致。

（19）最后，但是也很重要的是，确立通过产品的名称想达到（如果有的话）什么目标。在定位一项产品时，它的名称是很重要的，这个名称可能暗示了产品的用途，有时也承载了你想表达的一种理念。当然，其他产品的名称的类型能够提供线索，但是如果那些名字平平无奇的话，你也可以利用这个机会来打破俗套。营销计划可以提出一个目标。如果没有明确的目标，就暂时先不确立了，因为这样将给你更广阔的创造空间。

在对初选名称进行筛选时，你将会用到以上这些信息。

命名工作开始之前在这些问题上达成一致意见是非常重要的，这样你就可以避免走入因为人们各自按照不同的假设开展工作所导致的弯路。怎样达成一致意见依照产生这些信息的不同方式而不同。如果是通过干系人讨论得出结果，通常能够充分地证实这些结果并把讨论记录流转备查。当然，如果某些参与者的非常强烈的意见在最后的结果中没有体现出来，而且在会议中也没有得到解决，那么跟他们单独谈一下其中的缘由是有好处的。如果你是通过现有的营销计划和其他的信息独立分析所得到的结果，你应该召开一个会议跟其他的干系人审视一下你所得到的结果。这些会议看起来是小题大做，但是这一阶段为达成一致意见所付出的努力会减少后面工作中的惨败和沮丧。

列出初选名称清单

跟你后面要用到的讨论每个名称都要耗费很多的时间与精力的精选名称清单相比，初选名称清单是大名单。这时你的目标是提出尽可能多的合理的备选名称，不用去管某个备选名称有多好。任何一个名称都可能是最后那个最好名称的引子。

下面是名称产生的几种可能的来源。

头脑风暴法

产生想法的一个常用的办法是来一次或几次头脑风暴会议。你可以把它作为小组会议的一部分，但是如果专门开一次头脑风暴会议的话，效果会更好，留出充裕的时间让创造的灵感尽情喷涌，并且找一个小组之外的人来主持会议。由一个主持人来主导头脑风暴会议，尤其是关于产品名称的头脑风暴会议，有助于处理会议过程中错综复杂的关系，而且会被认为是公正和客观的。

与大多数人认为的结构化工作存在弊端相反，做最初的准备工作和按部就班的工作确实能够有助于培养创造性。明确目标和约束有助于减少时间的浪费和遭受的挫折，从而少花费气力。有时提出一个非常棒的名称，但是它在当时的情况下不合适，或者它存在太多商标上的问题。通过缩小范围，可以使工作更有效率。正是出于这个原因，跟你的团队预先审查一下问卷（见图 8-3）的结果是非常重要的。

一个更加深入的头脑风暴法是划分若干个小组，这样增加了更有创意的方向被提出的可能性。你也可以让头脑风暴小组讨论与产品没有直接关联的主题。例如，如果产品名称的一个目标是传达出产品的性能很高的意思，小组成员可以就另一种产品类别的高性能方面来一次头脑风暴——许多名称就会被提出来。

员工命名比赛

对于小公司来说，从员工中收集想法是非常常见的，有时可以给员工们评出诸如最佳名称奖、最具创意奖、最幽默名称奖等。有人认为这是浪费时间，但这是很有趣的，它鼓励每个人都参与进来，而且这也是有可能产生好名称的另一个途径。但是，命名比赛并不是总能产生最终的产品名称，因此不要仅仅依靠这个方法，同时要注意明确说明正式的名称还要通过其他方式所收集的名称最终确定。如果有奖励来鼓励大家参与的话，一定要说明如何评奖，以及如果提议最终没有被采纳的话是否依然进行奖励。

查询相关字典和词典

你可能想要最全面的资源，那可以从收录了大概 450 000 个词汇的《牛津英语词典》中查到很多词根和衍生词，这将大大提高你从一本标准的字典里查阅知识的能力。如果你能接触到外文字典，如希腊文、法文、德文或意大利文，将能够进一步拓宽你查找的范围。（如果你对某种语言不熟悉的话，这种语言的字典能够给你提供其跟英语的相互参照。）如果你能找到的话，简明拉丁文词典将是一个非常好的资源。

你可以利用以上任何一种资源，再加上所有你能想到的方法，但是综合运用上面的方法会达到最好的效果。通常，头脑风暴法和员工命名比赛会提出很多有创意的想法，这些想法可以用查询相关字典或汇编词典所得到的信息加以扩充。

可以考虑的其他来源

在工作进展的过程中始终记着可以应用到产品上的各种名称的类型也是有帮助的，因为注意这些类型能够启发你想出新的主意。产品名称的类型包括以下几种。

（1）以个人名字命名。这种名称是源自一个真实存在的人，通常是产品的发现者或发明者。这样的例子包括 Lamborghini、Hewlett-Packard、Edison、Toyota、Ben & Jerry's 等。如果这个人有一个著名的名字或他是一个家喻户晓而且很有感召力的人的话，以他的名字命名对产品是很有利的。但是不利的是，这个人的名字跟产品没有什么关系，或者他的名字可能已经被类似的产品用过了。注册一个人的名字也是很困难的，因此美国专利商标局（USPTO，美国负责注册的机构）一般不禁止人们在他们的产品中用他们自己的名字。即使许多公司和部分产品使用个人的名字，大多也是在多年前就已经使用，现在这样的情况已经很少了（尤其是对于产品来说）。

（2）描述性名称。这种名称描述出产品是什么。这样的例子包括 PowerBook（苹果）、Execu Stay 和 Residence Inn（万豪）等。用描述性名称的优点是它传达了产品的信息。它的缺点是如果这个名称太一般化它将不会受到保护，同时如果这项产品非常成功并衍生出一个品牌的话，这个名称就显得太狭隘了。一个描述性的名称如果太一般化，也将面临看起来平淡、毫无特色的风险。

（3）功能性名称。这种名称描述了产品能做什么或暗示了它会带给使用者怎样的体验。这样的例子包括 Norton Internet Security、Dell Photo All-in-One Printer 和 TurboTax 等。尽管你觉得功能性描述的限制更少一些，但这样的名称可能跟描述性名称有相同的优点和缺点。

（4）感性名称。这种名称包含了一种你想让客户跟产品的名称联系起来的感觉、情绪或形象。尽管实际的产品跟这些可能并没有什么关系。这样的例子包括 Malibu、Pampers、Cougar、Lynx、Secret、Escapade（旅馆名称）、Eclipse（私人飞机）和 Zoom（数据交换器、航线）等。注意这些大部分都是地理位置、动物和其他非常形象的常用英语词汇。这些联系通常也包含了产品的颜色、气味或质地等一些重要的性质。

（5）用自造词汇命名。这种名称有可能是一个有实际意义的词的变形，但这个词本身在英语中没有直接与之对应的意义。没有明确意义的自造词汇的例子包括 Kodak、Zytel、Kofax 和 Viiv 等；从已有的词汇演变出新词的例子包括 Acura、Visteon、Inspiron、Encarta 和 Pentium 等。

（6）用数字、首字母和首字母缩写命名。松下公司常常使用型号命名，如“TH-65XVS30U, a 65”等离子电视；凯迪拉克有“SRX”这项产品；卢卡斯有“THX”音响标准；IBM 率先使用了 PC（PC 是英文中个人电脑的首字母缩写，所以也可以看作演变出的新词）。从长远角度看，可以的话应该在产品系列的序号之间留有间隔，这样将来你再开发出特色介于已有的两种产品之间的新产品时，就能保证产品序号的系列的逻辑性。

（7）双关语或幽默的名称。这样的名称提起来很有趣但可能无法树立起你希望产品带给人们的印象，因为幽默是需要有特定的背景的（换句话说，幽默在传播过程中会受到限制，有可能在你想要把信息传播到的其他的民族或文化区域的过程中就变得不幽默了）。这样的名称在翻译成其他语言时不容易翻译得很恰当。如果模仿已有的商标名称，还可能存在侵权的问题（“Dogiva”是对 Godiva 这个巧克力的名称的一个很聪明的重新排列，惹人喜爱而又令人印象深刻——直到 Godiva 巧克力生产公司把它告上法庭并且赢得了诉讼）。一般来说，你应该尽量避免双关语或幽默的名称，除非你的产品只在很小的范围内销售，通常指只在当地销售的这种情况，或者除非这样能够显著地强化你的品牌定位，就像 Ben and Jerry’s（冰激凌口味）的例子。双关语和幽默名称的例子有 Tex’s Chain Saw Manicure（一家提供树木修剪和场院清理服务的公司）、the Come On Inn（一家夜宿兼包次日早餐的旅馆）和 TEA-ReX（一种优质的茶叶产品）。

在给产品取名的早期阶段，你应该用这些类型来帮助你开拓思维，而不要让它们限制了你的思路。

在提出名称和筛选名称的时候要注意遵循字母和发音的常规。带辅音的词通常给人阳刚的感觉，让人觉得刚硬、有棱有角；带元音的词更柔和、更女性化一些。“X”表示高技术或极度的意思，但是用的时候一定要谨慎，因为现在这个字母都用滥了。

初选名称清单的理想目标是在你剔除掉明显不好和不恰当的备选名称之后还剩下 20～40 个可供选择的名称。如果更多的话一般来说是更好的，但是你要平衡好在想这些名称时所花费的时间和精力。

从初选名称清单中进一步筛选出精选名称清单

下一个步骤是把初选名称清单浓缩成将要进行严格的检测和研究的精选名称清单。首先要做的是，根据图 8-4（好的产品名称的特点）和图 8-5（命名时应该避免的错误和事项）所列的筛选纲要把备选名称过滤一遍。这样能够快速排除一些备选名称，让检测的过程变得更加简单。

- □ 简明
- □ 容易记住
- □ 容易拼写
- □ 容易发音
- □ 容易理解
- □ 让人产生积极的印象
- □ 没有隐藏的含义
- □ 在其他文化中得到恰当的翻译
- □ 在其他语言中没有负面的意义
- □ 能够生动、恰当地表达
- □ 与公司使命和品牌战略相一致
- □ 跟其他产品的名称相配合
- □ 不与其他产品的名称相抵触

图 8-4　好的产品名称的特点

- □ 包含宗教意义的名称
- □ 依据可能只是短期流行的潮流所起的名称
- □ 在国际上失礼
- □ 与宗教或民族信仰相冲突
- □ 包含两种或更多不同含义的名称

图 8-5　命名时应该避免的错误和事项

在缩小列表范围时，有多种可以采用的检测方法。如果时间允许的话，可以串行地采用这些方法或并行地应用几种方法。这一阶段的检测和研究要干脆利落，目的是产生一个将要被仔细审查的包含 2～5 个备选名称的精选名称清单。在这一阶段，你可能有一个特别中意的名称，但是至少留下一个备选名称，最好能多留下几个是有好处的，以免这个你最喜欢的名称在重要的检测中被排除掉（如它可能已经被使用了或不适合其他的文化）。利害关系越重大，你就应该准备越多的备选名称。5 个不是上限的绝佳数字，但是由于对精选名称清单再审查的时候成本很高而且很耗费时间，这就给名称的数目加了个实用的限制。

这一阶段检测的目标是剔除掉那些在对精选名称清单进行更严格的筛选时有可能落选的名称，所以不用担心过于严格了。宁可在这一阶段稍微多投入一点时间，以避免在后面工作中花费更多的时间和精力。

（1）检验名称跟市场营销环境和目标是否一致。用准备阶段所建立的标准来评估备选名称，剔除跟标准不一致或只是稍微有点关系的名称。

（2）检验名称的可用性。在这一阶段，你需要进行一些迅捷的检验来决定某个名称是否可用。当然，最终的备选名称将通过更加严格的检验，但是这时的目标是剔除那些明显不符合要求的名称。这一阶段的检测内容如下。

1）把名称输入搜索引擎，看看你提出的名称其他人是怎么用的。你也可以直接把名称作为 URL（例如，http://www.namebeingtested.com、___.biz、___.net、___.org、___.edu、___.tv）敲到浏览器里面看看会出现什么东西。

2）在美国专利商标局的官方网站上（www.uspto.gov/）搜索一下这些名称，并且在“商标”下面搜索一下（不是出现在主页上的一般搜索）。另一个可以利用的资源是“名称保护”（www.nameprotect.com）

3）用名称的误拼、缩写、用连接号连起来或拆分开形成的词、可能的别称和其他的拼写形式重复上述检测。只是因为别人已经使用了跟你相似的名称并不一定意味着你的名称就不能用了，但是你必须时刻保持谨慎，因为你可能面临侵权的危险。

4）在 www.register.com 上检验一下你的产品名称可能衍生出来的名称的范畴。你应该避免任何可能被误认为是其他的产品的名称和那些可能被其他人从中读出不好的隐含意思，从而对你的产品造成负面影响的名称。如果你有一项非常成功的产品，你可能希望除公司的网站外这项产品还能有一个自己的网站。例如，Tide 和 Crest 就有独立于宝洁公司网站的它们自己专属的网站。

5）如果你有开拓国际市场的打算，你可以在你感兴趣的国家检索这个商标的数据库。你可以通过搜索引擎来定位这些数据库。一个实用的方法是在“商标检索（国家的名称）”里面输入你的产品名称。

6）在这一阶段可以做的一个额外的检测是联系你所在州的政府办公室的官员，看看有没有别人已经用你的产品名称注册了公司的名称。你也应该查一下 Delaware 和 Nevada 这两个州，因为由于这些州适宜的法律和税收政策，兼并一家公司是非常普遍的。尽管在后面审查精选名称清单时也会做这项检测，但是在这一阶段剔除一些名称将会让后面的工作省力一些。你也可以登录 www.trademark.com（一个提供国有商标数据库检索服务的收费网站）进行检测。

要知道可能有一个名称已经被使用但没有注册为商标的情况出现。对所有权的关键性检测是看最先使用而不是最先注册。第一个使用这个名称的可能是另一个州的没有自己的网站、没有注册自己名称的一家当地的小公司。它的存在将使你无法注册你的商标：如果你向美国专利商标局申请注册的话将会被拒绝。你也可以冒险使用没有注册的商标，同时祈祷那家公司不跟你计较。如果那家公司比较小而且不想采取行动的话，可以冒这个险试试，但如果你的假设是错的，那你将为此付出高昂的代价。

另一个考虑是如果你的产品属于非竞争性的，即使某种类型的名称已被别人使用也并不意味着你就不能再使用了。国际上认可的关于商标目的的产品分类能够提供一些指导，却没有明确的规定和非竞争性的条款可以作为一个主观性的解释说明。你能够在 www.wipo.int/treaties/en/classification/nice/index.html 世界知识产权机构的网站上找到这些。（你也可以从 www.wipo.int 的导航到达那里，共有 45 种类别，如第 38 种是“电信”。）最终，这还是一个商标代理人在经验方面的细微差别的问题。

（3）用外语检验。如果你想开拓其他国家的市场，你应该确定你的名称在该国语言里的意思。你可以把名称输入在线翻译的网站里（如 www.free-translation.com），把它翻译成外语，再把它翻译回来。如果翻译的结果意思差得比较远，你就得做更深入的研究或舍弃这个名称。你如果在其他国家有配送商或隶属机构的话，你可以征询一下他们对这个名称的意见，以及他们觉得这个名称在他们国家里的效果如何。你不可能在每个国家都这样做，但是注意到早期的征兆可能会避免后面的失败。

（4）客户偏好检测。客户检测的目标是试着把名称告诉你的客户、渠道商、合作伙伴和其他干系人。最新的看法认为，这一阶段的检测应该包括公司员工（对这项产品没有个人好恶的员工）和容易接触到的客户和渠道合作伙伴。这项测试包括以下几种，但不仅限于此。

1）向被测试者提供获得提名的名称的主题和一个简短的产品或市场的背景材料，让他们描述这个名称引发了他们怎样的联想。不描述背景的话，你也可以让某个被测试者根据这个名称编一个故事——故事越长、越有趣，这个名称就越容易引发人们的联想，被人们记住。

2）把名称成对的提供给被测试者，让他们从中选出自己满意的名称，然后用另一个备选名称替换掉那个不满意的名称，直到所有名称都被比较一遍。

3）把整个名称清单交给被测试者，让他们把上面的名称根据自己的喜好排序。

在征求意见的时候，通过问被测试者为什么会做出这样的反应能够帮助你获得更多的信息，要注意捕捉这些信息。

你可能也希望能够全面地审视这个没有经过艺术加工的名称。除了被测试者只针对名称本身所提供给你的信息，名称经过艺术处理将使你获得更加完整的反馈。如果已经有一个产品的名称将要使用的艺术主题或模板存在，你应该让你的艺术设计师首先据此对名称进行艺术加工，再由他来指导这项偏好检测。如果对名称进行艺术加工没有约束的话，在最终的名称选定之后，如何让它具有自己的特色和达到最好的表现效果将成为一项重要的工程。

这项调查的目标是树立正确的改进方向，而不是要统计的结果，因为你是用公司内部人员完成命名工作的。（如果统计结果重要——当标准很高的时候可能是这样——毫无疑问你在刚开始的时候就会做出聘请外面的人来做命名工作的决策。）一个合适的样本的容量为 15～30 个，越接近上限越好。如果反馈的结果有很大的分歧，你应该增加样本的容量。调查方式不正式没有关系，但是你一定要注意在提供信息的时候不要掺杂个人的偏见。

把名称清单缩减到 2～5 个名称的目标是鉴别出表现力不强的名称和剔除无关紧要的备选名称，然后在更精简、更具有可操作性的名称清单上进行全面（同时也是花费高、耗时长）的检测。关于由哪些名称构成精选名称清单，干系人应该而且理所当然地参与决策。相信你一直让他们参与着这项工作，或者至少在最初检测的时候他们就把自己的意思告诉了你，这样一来就可以相当简单地做出决定了。尽管表决的方式可以是正式的讨论，也可以只是向每个人发送电子邮件征询一下意见，但是让每名干系人都有发表自己意见的机会是非常重要的。（电子邮件的效果受你公司的企业文化的影响。使用电子邮件的风险是可能会有人没有及时查看，或者这封邮件被忽略了。）

根据投入这项活动中时间的长短和干系人在调研阶段的参与程度，把初选名称清单缩减成精选名称清单可能会花费几天（如果被置于优先处理的位置）到几周的时间。不管调研的时间被压缩掉多少，一定要保证留给干系人充裕的时间让他们考虑。

选出名称/注册商标

在选出最终的名称之前，还需要做更多的检测和调研，大部分都是先前的步骤中在合适的地方采取额外的专业知识进行更深入的测试类型。

聘用一名商标代理人

有经验的商标代理人将对名称的可行性做全面的调研，包括逐个州地检索，他们还会在类别选择、拼写的选择和注册过程等方面跟你一起工作。在美国进行全面的调研的费用大概是每个名字 250～350 美元。国际范围的调研的费用要更高。由于费用跟被调研国家的数量成正比，因此如果你只在你想销售产品的国家开展调研的话，将会节省费用。你的商标代理人也能给你提供有关欧盟各国商业往来制度的建议，正如文中提到的一样，欧盟各国处在一个关注商标的过渡时期。要了解最新的状况，你可以在"欧盟商标"上搜索寻求结果；只是大概了解的话，可以去看看维基百科。

现在有越来越多的承诺将帮助你做专属于你自己的全面调研甚至帮你注册商标的在线服务。尽管通过这些资源可以节省聘用专业商标代理人的费用，是个很诱人的做法，但是这么做是有风险的。一个好的商标代理人能够完成相当复杂的调研和商标注册的过程，也能够处理好外行人发现不了的细节。如果出现了差错，导致卷入商标侵权的官司或给其他人提供了盗用你那没有得到合适的保护商标的机会，代价是相当高昂的。不值得为了节省几千美元去冒这么大的风险。

全面的调研是必不可少的，很多名称因此被淘汰。如果时间允许的话，你可以先做全面的调研，再针对你确信能够使用的名称开展后面的步骤。

开展深入的客户调研

根据最初阶段所做的针对客户的初期调研，你可能对你的选择感到满意。然而当利害关系重大的时候，你可能也想对你的客户、潜在客户、渠道商和目标民族群体做更加广泛的测试。如果你自己做这项调研，注意不要强调那个你最中意的名称——你想要的是客观的反馈。想要更好的效果的话，你应该考虑外面的资源——可能是你已经在跟它合作的市场机构，也可能是一名在进行测试和整合资源方面经验丰富的专家。

进行视觉效果设计

跟你的艺术设计师一起为你的备选名称设计视觉表现形式。由于这是个复杂的过程，因此除非已经有一个你必须使用的形式，否则应该把这一步留到你选定了最终的名称之后再做。然而在特定的情况下，视觉表现形式可能在最好的两个备选名称里决定出哪个更好。一个商标是怎样让人们更容易记住这个名称的；一个包括色彩和标识的完整的视觉表现形式将更具有特色，如表 8-2 所示。当然，你还是更希望选择一个本身就非常出彩的名称，而不是那种只依靠视觉效果而胜出的平庸的名称。

表 8-2　名称进行效果处理的例子

基本名称	标识图
Nest	Nestlé
Hertz	Hertz
IBM	IBM
American Icon Vodka	AMERICAN ICON VODKA
Disneyland Resort	Disneyland RESORT
Google	Google
Intel	intel.

祈祷别发生变故

有可能别人正巧跟你同时致力于研究相同的名称，而你们两个团队都没有意识到，直到各自的工作都做了很多了，才发现了这个情况。但愿你能打败他们，但如果不行的话，就准备退回去重来吧（至少也是从精选名称清单中选出个备选名称来再研究）。

再重申一遍，对精选名称清单上备选名称的检测，应该比前面阶段的快速筛选要广泛而且深入得多。深入的程度由对产品的期望值和你愿意冒的风险的大小而定。不管怎样，你不应该在广泛的调研和注册的过程上偷工减料。就这一阶段而言，你应该留出几周的时间，让你的干系人做相应的准备。如果一切进展得很顺利的话，花费的时间会少一些（这样你就可以把这些时间投入客户调研中），但是你必须考虑最合适的名称没被采用需要重来的结果。你也可以通过马上同时对几个可能被选中的名称做调研来保证你能在规定的期限内完成任务。

最后一步，当然是对商标进行注册。跟商标调研一样，聘用一名商标代理人是非常明智的，他能够专业地处理整个过程中细微的问题。如果你想自己进行商标注册，美国专利数据库（www.uspto.gov）和世界知识产权机构（www.wipo.int/madrid/en/）可以为你应该怎样做提供参考。也有像 www.tmcenter.com、www.marcaria.com 和 www.legalzoom.com 等这样独立的提供全程服务的网站。

使用商标就意味着你拥有该商标的所有权，虽然你并不需要在美国注册你的商标，但是这样做了之后，你就有额外的合法权利，而且给其他人你非常重视商标保护的信号。不管你有没有注册，你都可以使用商标的标志（™）；但当你注册之后，你就只能使用注册商标（®）。非常重要的一点是，必须提交一份能够证明你的商标已经"用于商业行为"的"使用报告"来完成注册。"用于商业行为"的意思是美国国会依法管理的所有商业行为（如州与州之间、国与国之间），而且必须是合法的（也就是说，不是为了把权利保留下来以备将来使用的表面行为）。证明包括一份商标用于商业行为的保证书、一份在任何地方使用和用于商业行为的日期清单和一份表明商标用于商业用途的样本。另一种选择是，提交一份使用意向申请，这将保护你对这枚商标的权利同时给你 6 个月的时间让你提交使用报告。每次使用意向申请的有效期可以持续 6 个月到 3 年的时间。（想要获得更多这方面的信息可以登录 www.uspto.gov/。当然也可以向你的商标代理人咨询。）

一个非强制性但可能值得做的步骤是把你的产品名称注册成一个域名——如果这项产品非常成功的话，你最终会希望把这项产品的 URL 直接连到你公司的网址，或者单独建立一个网站。关于这样的例子，可以参考 www.ipod.com 和 www.crest.com。

商标保护

恭喜你走到这一步而且已经把你的名称注册成了商标！最后一步是确保你不会因为没有使用而失去商标。在美国，你在注册之后的第 5 年和第 6 年之间必须提交一份继续使用或可以不使用的申请。在其他国家，注册商标一直不使用的最长期限大都是 3～5 年，过了这个期限，其他的组织就可以成功地申请一份此商标已被弃用的声明（保守估计，假设期限 3 年）。

如果你进一步向国际扩张的话，这可能将成为一个被关注的焦点。如果你决定不发布还在研制中的产品而把这个名称用于马上就要发布的另一种产品时也会出现问题（当竞争对手的产品先于你发布或研制一项新技术所花费的时间比预计的要长的时候，要重来的情况就有可能发生）。同时，一定要保证各种注册办公室那里都有你的联系方式，这样你就不会错过他们寄给你的各种通知。你的商标代理人在时间长度的对待和在不同国家商标应该怎样使用的方面能够给你提供具体的建议，而且如果你们一直保持合作关系的话，他还能帮助你处理这个过程中的部分事务。

想要了解更多暂不使用商标的规定和怎样证明已经使用——还有为什么你最

好不要自己处理这件事的一些极具说服力的例子——登录 http://www.ecta.org/position_papers/Trademark%20Use%20in%20Opposition%20survey.doc#INTRODUCTION。尽管这里面的一些信息可能已经过时了。但是你在网上查找到的大部分关于某个国家的信息也是这样的，因为法律和它们的解释是随着经济全球化迅速变化着的。

另一个考虑是使用——和确保他人的使用——商标是一个形容词或者说修饰性的词，不是名词或动词。这将防止你的商标被广泛地使用最终变成一种产品类型，这个时候你将失去你的商标保护。原来是商标，后来成为产品类型的例子包括复印机、阿司匹林、保温瓶和自动扶梯。这是一个好现象，因为这说明你的产品已经变得非常畅销，但当你不得不放弃一个你投入心血建立起来的而且已经具有很好的品质的名称的所有权时，这终究还是一个问题。恰当使用的一个例子是“施乐复印机”；不恰当的使用包括“做一次复印”或“请复印这份文档”。尽管你无法阻止或监管所有使用不恰当的行为，但你自己应该恰当地使用注册商标并采取合理的措施来确保其他人也恰当使用（如在抵押物和媒体上）。你的商标代理人能够给你具体的指导。

小　结

尽管命名一项产品需要丰富的创造力和极大的工作量，但这个过程本身还是相对直接明了的。工作量的大小和过程的复杂程度取决于要求的利害关系的高低——命名一项预计将要销往 20 个国家每年创收几亿美元的新的品牌产品所需要的关注程度，当然要比扩展一条现有的只在某些具体的市场上销售、每年创收几百万美元的产品线要高得多。如果整个过程大部分工作是由公司内部人员完成的，只有法律方面的工作从外面雇人处理，投入几千美元就可以解决；而如果聘用一个顶级的专业命名机构的话，可能要投入 6 位数的资金。本章的内容应该已经让你明确了解你应该选择哪种方式，如果你选择公司内部人员来做，本章也为你提供了一个实用的按部就班的解决方案。

表 8-3 总结了一些可以让整个工作更容易进行的在线资源。在互联网上有很多有用的站点，这是可以为你提供帮助的部分网址的列表。尽管这些资源中有些是讨论品牌名称而不是产品名称本身的，但是跟选择品牌名称相关的信息也适用于产品名称。

表 8-3　在线资源

活　　动	链接/评论
从美国专利商标局获得大概的信息	www.uspto.gov/，有丰富的信息和资源
从国际上的商标注册机构获取信息	www.wipo.int/madrid/en/，有很多通用的信息、资源和注册形式
搜索现已存在名称的用途	各大网络搜索引擎
搜索已有的商标	www.uspto.gov/，（美国专利商标局） www.nameprotect.com www.trademark.com，是一个提供国有商标数据库的收费网站 www.tmcenter.com www.legalzoom.com 使用搜索引擎可以搜索到在其他国家注册的注册商标的数据库。可以输入“注册商标搜索+国家名称”
获取商标注册方面的信息	www.uspto.gov/www.marcaria.com
决定产品的类型	www.wipo.int/treaties/en/classification/nice/index.html
把品牌发布到网上，包括创作过程中的纸质资料的收集和使用资源的清单	www.brandchannel.com

即使一个简单的命名项目也需要相当的工作量，但当你想到降低的风险和提升的收益时，这些投入还是非常值得的。《商业周刊》2005 年对世界最有价值品牌的研究表明微软的品牌价值超过 600 亿美元，其中至少有一部分是属于这个名称本身的。当然，你的品牌的价值可能达不到这个程度，但是值几千万美元或几亿美元并不困难。那些中等规模的公司，它们的价值大概是它们销售额的两倍，而销售额的 60%～80%通常是属于这个品牌的——一家年销售额为 1 亿美元、有一个强势品牌的公司，销售额中大概有 7000 万美元是属于该品牌的。

注：本章中提到的所有注册商标的名称属于它们各自的所有者。

案例：一个产品命名的案例分析

这是几年前发生在一家小型高科技公司里一项产品命名项目的例子。待命名的产品是中间件的一层，旨在为不同供应商的文档处理程序提供标准化、高水平的应用程序编程接口（API）。总体来说，这些应用程序将被整合形成一个企业级端到端的解决方案。关键价值主张在于其为系统集成商和增值经销商使用众所周知的最佳品牌的应用程序来很容易地构建客户特定的解决方案，这些应用程序已经被证明是容易销售的。这家公司还计划开发几款这样的应用程序，因此产品的名称必须能跟将来拓展的更宽广的产品线相匹配。

产品经理负责这项产品的命名项目。命名委员会的成员包括产品经理、市场营销传播经理、产品开发总监和公司总裁。他们委任了一个由管理委员会和产品开发团队组成的正式的扩大委员会，这个扩大委员会被指定的职能是提供新创意和反馈，未被指定的职能是提供政治上的支持。预先确定的决策过程是，由命名委员会就某个名称达成一致意见，再把它移交到扩大委员会，扩大委员会对这个名称进行投票表决，必要时再对另一个备选名称做最后裁决。尽管最后不可能依据广泛的投票结果做决策，但最终的名称还要由公司的大概 200 名员工投票表决，而且员工可以提意见。

产品经理立即召开一个员工命名比赛，设置了一项象征性的奖励，如果这个提名最终被采用，还有额外的奖励。大概有 10 名员工对这封电子邮件的通知做出回应，提供了大概 20 个名称。产品经理又对这个做了补充，补充后的名称清单还包括直接从扩大委员会成员那里征集来的名称（7 个）和从总共收录了超过 400 000 个词汇和拉丁文派生词的《牛津英语词典》中查到的名称，因为标准的词典局限性太强，她还查阅了英语跟法语、西班牙语、意大利语、德语等各种语言的互译指导手册。通过词典补充了另外 5 个名称（事实上要远多于 5 个，但是产品经理马上就把绝大多数都否决了。例如，有一个不错的名称——Imagery——已经被同行业中的一家公司使用了）。然而事后产品经理又觉得如果来一次或几次头脑风暴会议的话效果可能会更好，在那时这家小公司快节奏的环境中，头脑风暴会议没有得到充分的重视。

最初的 30 多个名称中的绝大多数很快就被淘汰了。比如，“Documator”让人联想起一部 Arnold Schwarzenegger 的电影，“Build-an-App”太普通而不能令人印象深刻，“Solution99”倒还不错但又容易跟某种洁厕剂弄混。还有一些名称被淘汰是因为它们和被选入最终名称清单的名称相似性太高。举例来说，“Ascend”和“Ascent”都在初始名称清单中，“Ascend”作为一个动词跟作为名词的“Ascent”相比，让人感觉包含了更多的工作，所以“Ascend”就进了最终名称清单了。

产品经理对最终名称清单做了个初步的筛选，包括跟其他的核心成员一个一个地讨论和让其他的员工挑选出他们强烈建议的和凭直觉感觉比较好的名称。公司还从外面聘请了商标代理人为最终名称清单做了一个是否可能存在侵权问题的快速检测。(那时候还没有能够检索注册商标的互联网搜索引擎。)这项检测是由商标代理人做的，产品经理负责向扩大委员会汇报进展和征询意见。

最终选定的名称之一是“Montage”，因为这是个惹人喜爱的词而且传达了产品的价值所在——“一项把多张独立图片处理合成一个新整体的产品”。另一个名称是“Collage”，相比起来就逊色一些：尽管这个词也是把单个的物体聚集起来，但是根据这个词的定义，处理的结果是不协调的。尽管“Ascent”因为没有表现出产品的属性而名次排在“Montage”的后面，但它的亮点在于表达了上升和先进（从艺术的角度来看）的意思。“ImageMaker”被认为是员工提供的名称中最好的一个，正如先前所规定的，这个名称获得奖项并进入了最终的名称清单。但是大家认为它跟计划的产品线的发展不相适应，因此它也没能参与最终的角逐。

命名委员会和扩大委员会的成员先后都赞成了“Montage”这个名称。从开始进行命名工作算起，时间已经过去了大概 6 周，产品经理已经准备从外部聘请商标代理人来进行商标注册的工作了。就在准备给商标代理人打电话的前一天晚上，公司总裁和产品经理正在开会的时候，公司的一名经理带着他在一份商业出版物上看到的一则声明闯了进来：一家刚成立的公司已经发布了一项叫作“Montage”的数据库的产品。(尽管在选择名称的时候没有公布最终的结果，但是调研也开展了很多天了，谁也不知道怎么会没人注意到这则消息。)产品经理由于之前为这个名称付出很多努力，现在有些泄气，她认为数据库这种产品跟公司的产品不在同一行业，而且由于对方是一家刚刚成立的公司，可能很看重自身的牌照而不愿卷入法律纠纷中，这样风险就大大降低了。但是她的意见马上就被总裁和一位高层主管否决了，他们认为不值得冒被卷入法律纠纷的风险。又经过几天的仔细商议，最终选定了“Ascent”作为产品的名称。

俗话说：“结果好，万事好。”“Ascent”逐渐成为公司的旗舰级产品，最后成功地 IPO。

作者简介

利兰 · D. 谢弗（Leland D. Shaeffer）是 PLM 合伙公司（一家帮助公司改善产品生命周期管理流程的咨询公司）的常务董事，负责执行诸如客户调查和产品/市场战略等特定流程领域的工作。他在一些公司的工程和产品管理领域拥有高层职位，这些公司包括风险投资创业公司、苹果计算机公司、优力系统公司（Unisys）及伊士曼柯达公司（Eastman Kodak）。他从麦肯锡开始他的职业生涯。谢弗是 PDMA 洛杉矶分会的创始人兼会长，他还活跃在南加州技术委员会和麻省理工学院/加州理工学院的企业论坛上。他在加州理工学院的工业关系中心和南加州大学的马歇尔商学院讲授高级管理课程，他还经常就产品开发和管理主题发表演讲。他在麻省理工学院获得电机工程的学士学位，在斯坦福大学获得 MBA 学位。

James S. Twerdahl 是 James S. Twerdahl 合伙公司（一家市场营销和一般管理的咨询公司）的常务董事。他的大部分经历在电子消费品领域，他曾是 Jensen Sound Laboratories（JSL，汽车音响和家用扬声器生产企业）、哈曼国际公司（家庭和专业音响产品公司）与 JSL 合资的事业部、马兰士公司（Marantz）（音响和录像机公司）的 CEO。他也是 Mayco Colors 公司（一家制造工艺品、艺术品、学校用品和业余爱好用品的企业）的董事长。他在罗耀拉玛利曼大学（Loyola Marymount University）商学院教授品牌和产品管理。他毕业于康涅狄格州哈特福德圣三一学院，在西北大学凯洛格管理学院获得市场营销的 MBA 学位。他在众多的工业、市民及慈善组织中拥有领导地位，其中包括 6 年的听力研究所（House Ear Institute）董事长的经历。

第9章

利用基于假设的模型预测新产品导入

肯尼思·B.卡恩（田纳西大学市场营销和物流系市场营销学副教授和 Stokely 学者）

卫星收音机被认为是一项重大发明。2000 年有预测说截至 2007 年，卫星收音机的用户将达到 3600 万人。但是仅仅过了 12 个月，预测结果就变得不那么乐观了。2001 年将这个预测做了修正，改为到 2006 年年底，卫星收音机的用户将达到 1600 万人。5 年过去了，实际上只有 1100 万名用户通过 XM Satellite 和 Sirius Radio 两家公司使用卫星收音机。用户数量的锐减导致实际的收入比预期要少得多。远低于预期的收入反过来又造成 XM Satellite 和 Sirius Radio 两家公司由于无法回收在巩固市场渠道、签约广播节目名人和开展市场推广活动中所投入的巨额资金而导致的财务损失。

有人说“数字是不会说谎的”。但是这个例子告诉我们数字也是会出错的，尽管不是非常的错误。再者，数字预测也无法解释它们为什么会出错。这些数字是基于怎样的假设呢？可惜的是，这些数字的来源没有给出任何假设的细节。假设没有被给出正说明了很多产品经理在新产品预测时更倾向于仅仅关注数字而不是关注这些数字所依据的假设。换句话说，人们天生就有种根深蒂固的观念：只关注新产品预测的数字本身而忽视这些所给出的数字背后的假设。而了解后者是非常关键的，因为对新产品的预测总是过于夸大和乐观。通过了解数字和这些数字所依据的假设，我们能够清楚地看到夸大和乐观估计可能发生在何处。

本章主要想表达的主题是，公司应该关注新产品引入预测所依据的假设。这样做能够让我们以应有的慎重、合理、系统甚至是怀疑的眼光来看待预测的数字。如果得出预测数字的依据不成立，只是简单地说数字过高或过低没有说服力，也没有什么意义。确认并理解假设，即使不比新产品销量预测的数字重要，也跟这些数字本身一样重要。

基于假设的模型是一种相当直接地用来确认假设和系统地设定假设的预测技术。实际上，基于假设的模型是可以应用于产品开发过程不同方面的具有很强灵活性的技术。运用基于假设的模型给出假设，在辨识产品发布计划过程中的关键性假设和鉴别用以保证成功运作所必需的策略时，显得更为重要。本章将要讨论和阐述的是一名产品经理应该怎样对一项新产品进行预测及怎样运用基于假设的模型对新产品进行有效的运作。

本章首先讨论什么是基于假设的模型并且通过对上文中提到的卫星收音机的例子应用基于假设的模型框架进行分析，从而阐明这些模型的实质。接着，将讨论基于假设的模型框架怎样被应用于更加复杂的商业情形和它所包含的诸如风险评估等更为复杂的分析研究的现象。然后，结合基于假设的模型的运用讨论产品发布计划和假设的管理的主题。最后，本章的结尾将讨论使用基于假设的模型时应该避免的缺陷和成功应用基于假设的模型的关键。

基于假设的模型概述

基于假设的模型试图通过把市场分割成细小的组成部分（也叫作市场驱动因素）来描述相关市场环境中的行为，再设定这些部分的数值并做出预测。这些数值表现的是基于判断所做出的假设，因为这些事项还没有发生，无法验证这些设定的数值。基于假设的模型是一类对预测结果的数值进行评价的技术，它也被称为链式模型和市场模型。

基于假设的模型的一个大致的框架是从确定一个整体的潜在目标市场的规模开始，利用各种市场因素把这个潜在的目标市场进行相应的分割。它强调在开始新产品的预测之前应该仔细地把潜在的目标市场弄明白、搞清楚、分析透并首先确切地辨认其他的关键市场驱动因素是多么重要。如图 9-1 所示，潜在的目标市场被按一定比例首先分成可利用的目标市场，其次是具有资质的目标市场，然后是可达到的目标市场，最后是渗透的目标市场。在本章中，我们将通过对卫星收音机进行预测来说明这个大致的框架，并且看一下基于假设的模型在 2000 年年初的时候应该怎样被用来为卫星收音机产业做预测。

确定潜在的目标市场的规模

运用这个大致框架的起点是确定整个潜在的目标市场的规模。按照定义，潜在的目标市场的规模将显示出某项产品针对确定的购买人群在某个确定的时间内可能达到的最大销量。正如确定基于假设的模型中任何一个市场因素一样，在分别为各个市场因素估计数值时，将会使用各种各样的方法和理念。时间、专业技能和其他资源将自然而然地影响到使用的一种或几种方法。当然，没有哪种方法是适用于任何情况的。

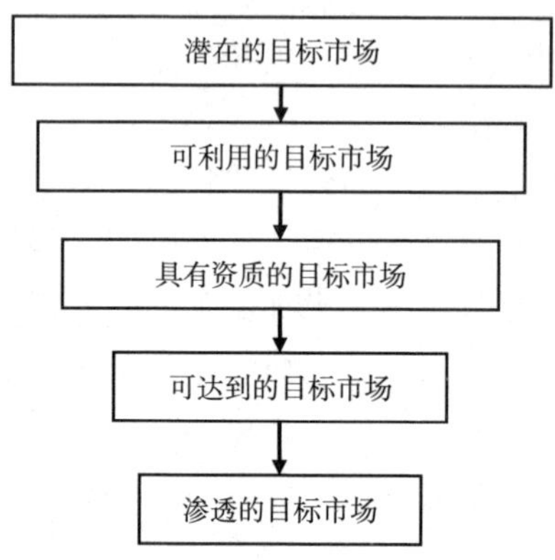

图 9-1　基于假设的模型的大致框架

在卫星收音机的例子中，就是采用了一种不够准确的方法：把美国市场上汽车数量的统计数据作为潜在的目标市场的规模。这似乎是显而易见的，但是对于哪辆车或者哪位车主应该被列为卫星收音机的潜在用户还是应该慎重考虑的。卫星收音机的目标客户是有经验的驾驶员还是刚学车的新手；是针对旧车还是新车设计的；或者还有其他的因素。美国的统计数字表明在 2000 年年初，美国乘用汽车、客货车、卡车和户外跑车等各种车辆总数大概是 212 706 399 辆，在这里面大概有 17 349 933 辆新车。为了方便起见，所有的车辆都被视为可能的用户，因为所有的车辆至少要配备标准的收音机。因此，卫星收音机潜在市场的总量是 212 706 399 辆车。

确定可利用的目标市场的规模

为卫星收音机做预测的下一个步骤是确定潜在的目标市场的哪一部分是可利用的目标市场。能够买到某项产品的买家被定义为可利用的目标市场。在卫星收音机的例子中，可利用的目标市场的规模是按照每个市场能够从它们各自的公司购买数量的多少及所分配的购买能力来进行估计的。其他从潜在的目标市场转移到可利用的目标市场的情况也是有可能的。

可以想象得出，XM Statellite 和 Sirius Radio 在寻找包括专门销售电子产品的商家和大型的综合商品销售商在内的销售合作伙伴时是雄心勃勃的。美国市场大概有 95%可以利用，这个结论是建立在汽车收音机市场上有综合商品销售商的巨大市场的存在和假设所有销售汽车收音机的商家都提供卫星收音机这两个条件同时满足的基础之上的。尤其是 95%这个估计数字意味着在所有销售汽车收音机的地方，有 95%的地方能够提供卫星收音机。尽管这个数字看起来高了一些，但是更高的数字也是有可能达到的，如根据 AC Nielsen（www.acnielsen.com）和信息资源库提供的杂货业销售网点的数据来看，即使 100%也是有可能的（100%意味着这项产品在所有能销售这种类型的产品的地方都有销售）。引入 95%这个数字后，卫星收音机可利用的目标市场的规模为 202 071 079 辆车。

确定具有资质的目标市场的规模

具有资质的目标市场表示市场中确实有能力购买某项产品的那部分人。再重申一遍，为了确定一个合适的数值，各种方法都可以引入基于假设的模型中。有一种方法就是可以利用类似的市场情形中的基准数据。例如，在有线电视（付费电视）进入人们生活的第一年里从免费电视转移到有线电视的人群的比例。为了简单起见，假设收入是一个人是否使用卫星收音机的一个重要的决定因素。再进一步假设只有一半的车主能够负担得起或愿意购买卫星收音机。因此 50%的车辆被认定为是具有资质的目标市场，现在还剩下 101 035 540 辆车。通过调查问卷和焦点小组而做的市场研究是非常有用的，而且也是一种很好的方法，可以用来确定和证实可利用的目标市场中具有资质的目标市场的规模。

确定可达到的目标市场的规模

可达到的目标市场表示某家特定的公司可能获得的合理的市场份额。一种方式是可以考虑那些车上的收音机使用率非常高的买主，如通勤时间 45 分钟或更长的人。这些人更能够意识到卫星收音机所提供的价值。认知也可以是卫星收音机公司自身发起的营销传播并通过各种媒体资源进行宣传的一种效果。在所举的例子中，可达到的目标市场被视为市场中能够意识到卫星收音机的价值的那部分人。认知是衡量可达到的目标市场的规模的一个重要的考虑因素，因为意识到卫星收音机的价值的人才会有购买它的倾向，而那些没有这种意识的人就不会去购买。

通过营销传播之后所产生的认知百分比可以衡量可达到的目标市场的规模。一些公司的历史经验表明，认知的程度可以从做出的市场预算和营销传播的计划中得出。根据卫星收音机公司深入的营销传播，能达到 30%的认知率。也就是说，每 10 个人里面有 3 个人能够看到卫星收音机的广告和宣传，进而意识到卫星收音机是值得购买的。引入这个比例后，现在的预测值是 30 310 662 辆车。

确定渗透的目标市场的规模

基于假设的模型的最后一部分是渗透的目标市场，可以理解为市场中准备买这项新产品的那部分人。一种方法是通过观察相似的或同类的产品和技术的历史渗透比例来确定。另一种方法是根据这家公司跟竞争对手相比在市场上所占有的份额来估计。还有第三种方法是根据传播理论来判定。传播理论表明，一项新产品和技术的客户可以分为 5 种类型：大概有 2.5%的人是创新者（最先使用的人），13.5%的人是早期接受者，34%的人是早期接受大众，另外 34%的人是晚期接受大众，剩下 16%的人是滞后者（最后用户）。根据第三种方法，占可达到的目标市场规模大约 16%的创新者和早期接受者将构成早期的客户群——他们就是那些市场中热衷于使用最新的产品或技术的人。

采用这种方法，假定可达到的目标市场中 16%的人可能购买并使用卫星收音机。可达到的目标市场规模的 16%是 4 849 706 辆车。再进一步假设每辆车上只装一部卫星收音机，因此这个数值就是第 1 年卫星收音机用户数目的估计值。

其他要考虑的市场因素

可能有人会说，如果这是第 1 年的估计数字，那么 5 年的估计数字用这个数值乘 5 就可以了。如果是杂货类商品或一般消费品的话，可以这样计算。但是在卫星收音机的例子中，每年会有 3 种结果发生：某位用户在下一年继续使用卫星收音机（保持），某位用户停止了使用（流失），一位新用户开始使用卫星收音机（获得）。应该讨论一下这些数字，而且每年的实际数字也可以作为以后年份的参考。举个例子，用户以 15%的比率增长，同时以 5%的比率流失，这样在 5 年内用户以每年净增 10%的比率增长。引入这个数值，第 5 年的市场预测就是 7 100 454 辆车。可以看出，这个数字要远低于估计的 3600 万名用户，但是它也比实际的 1100 万名用户要低。要判定这个数字为什么会出差错，应该把目光聚焦在假设上。在基于假设的模型框架下，由于预测所依据的假设是很明晰的，因此可以聚焦在这里。

基于假设的模型框架的调整

基于假设的模型框架灵活性很强，可以综合运用多种假设适用于各种市场预测的情形。下面的例子是为一种新的计算机网络安全产品做一个有重要意义的新产品的 5 年市场预测。这项要被预测的产品是一款新开发的安装在计算机上的网络应用软件。这款应用软件是特别为满足用户的安全需求所设计的，能够在任何网络环境下提供全面的安全保护、检测异常活动并对安全的项目做出积极的反应。这款应用软件的一个特色是通过改造，提高了操作效率，集中管理了工具的布局，自动对威胁进行隔离和减轻的处理。考虑到这项产品的信息技术特色，它的目标市场应该瞄准那些跟信息技术有关的人员，包括那些希望能够让他们公司现有的计算机网络服务得到更好的安全保护的公司主要的技术高管。对产品进行预测是产品管理的职能。

公司用半天的时间召开了一个跨职能团体会议来讨论产品的前景，包括监管产品开发和投放的产品经理、产品管理总监、其他主要产品线的产品经理、销售总监、销售供应总监及销售和运营计划总监。注意这家公司的情况，所有的新产品和产品投放是通过产品管理部门进行管理的，在产品投放方面跟销售和运营计划密切协调。

上级部门为这个团队设定了一个明确的目标：制订一个销售计划来预估这款新的应用软件的市场投放量。在会议的讨论过程中，确定了要成功营销这项产品的重要因素，构建了一个基于假设的模型框架，通过这个框架的结构确定了这些因素之间联系的特色，并将其视为这个模型的关键组成部分，同时还确定了每个模型组成部分的假设。这个团队决定用下面这个基于假设的模型框架来对产品的前景进行管理：整个市场的规模、计划/市场的作用、公司的市场份额、消费者购买意愿和公司的市场覆盖范围。尽管这个模型还包括其他一些部分，但是这五部分被看作相关度最高的部分，更重要的是，这五部分的每一项都可以根据已有的数据资料进行衡量。

整个市场的规模可以根据 Gartner Group（www.gartner.com）近期的调研进行预测，而产品管理部门所收集的客户的数据可以作为补充。据 Gartner 的估计，新型计算机安全技术有 30 亿美元的总市场。注意这个给出的数字是美元，那么衡量的基础就变成了美元；如果这个给出的数字是销售量，那么销售量就是衡量的基础。

计划/市场的作用的意思是市场把这项新产品技术作为核心技术使用的比例。也就是说，这项产品技术在使用中是作为主要的安全系统，还是次要的安全系统，还是无关紧要的安全系统。通过对公司的销售管理和产品管理团队的访谈，把这个比例定为 65%，意味着未来的客户中有大约 2/3 的人想购买主要的安全系统。

公司在这项核心技术上所占有的市场份额可以根据出版的行业报告中竞争对

手的市场份额进行估计，公司的销售管理和产品管理人员的判断作为补充。公司的市场份额的估计值是 20%。

消费者购买意愿是指市场上对一项新的核心技术有兴趣而且准备改用这项新技术的人所占的比例。销售管理是这个数字的主要来源，销售管理的后续工作是使用销售渠道工具来证实这个数字的准确性。消费者购买意愿的估计值是 25%。

公司的市场覆盖范围根据当前公司在世界范围内的销售网络来确定。这个数值表示了公司在世界范围内分布的广泛程度。给出的市场覆盖范围的数值是 80%，表明这家公司通过现有的配送系统能够覆盖 80%的全球市场。

按照基于假设的模型框架，把这 5 个模型组成部分的数值相乘。这款新型计算机应用软件的市场预测是 7800 万美元，这个数值是用 30 亿乘 65%乘 20%乘 25%再乘 80%所得到的。假设引用的数据都是有充分根据的，那么 7800 万美元这个数字就表示这款新的计算机应用软件第 1 年的销售预测。要想预测该计算机应用软件在每个季度的销量，尽管销售情况在一整年里很少呈均匀分布，但是从一定程度上来说，还是可以把这个总数除以 4 来分成 4 个季度，每个季度的数值是 1950 万美元。第 1 年的销售额会由于配送渠道的容量和波动而发生变动，市场传播的影响也是一个重要的因素。根据年销售额的估计来预测每月的销售额也要考虑相似的因素。要根据年销售额的估计来预测各季度或各月的销售额，需要做进一步的假设。

构建基于假设的模型

正如这些例子所显示的，应用基于假设的模型框架是很简单的。困难在于数据的收集、对假设达成一致意见和框架中需要引入的相关的数值。需要收集的数据种类的数值变动和可能要做的具体的假设，都依据公司和业务而定。最好的开始方式是至少召开一次会议，设定好假设，确认在哪里可以找到数据，并且确定哪些数字和假设是相关度最高的。进一步来说，与公司市场部、运营部、销售部、产品管理部和研发部等各个不同部门的代表召开一系列的会议也是很有必要的。尤其是在处理一项新产品的推广的时候，要决定构建一个基于假设的模型需要引入哪些假设，在销售团队和运营计划团队之间召开一个会议是首先要做的事。

当操作一个基于假设的模型的时候，要特别关注相关问题的正确性、精确性和数据的可用性。正确性是第一个因素。假设的正确性对于成功地做一次合理且有意义的新产品预测是重中之重。在任何一个假设上的未经慎重考虑、盲目的猜想，几乎都会导致错误的新产品预测结果，因为每个假设都会对最终的结果产生影响。如果有多个错误的假设，那么新产品预测的结果只能是更加错误。

精确性是另一个因素。任何一个假设中微小的偏差都可能导致新产品预测结果的巨大变化。当基于假设的模型只是根据精选出来的几个假设做预测时，这个现象尤为明显。这个由假设的精确性所引起的变化的灵敏程度，是由采用区间估计还是采用点估计所决定的。也就是说，是给每个假设确定一个区间，还是为每个假设设定一个明确的数值。根据每个假设的上限和下限，可以使用假设分析法来确定预测结果的区间范围。这是怎样使用基于假设的模型进行假设情景分析和使用敏感性分析建立关键的假设并检测风险的典型例子。

数据的可用性是第三个因素。决定模型中应该包含哪些假设固然重要，决定怎样为这些假设估计和收集数据也是很重要的。如果不能对一个假设给出有效的估计值并引入基于假设的模型中，那么这个假设是没有用处的，也是没有意义的。这并不意味着这个假设必须基于客观实际，管理的直觉也是对假设给出估计值的一个必要因素。但是对于后者，在考虑怎样系统地收集和估量主观数据时要非常慎重。

风险分析

基于假设的模型可以非常简便地用来进行风险分析。风险分析是通过对每个给定的假设设定上限和下限，分别对每个假设做出最好的情况（最乐观）和最差的情况（最悲观）的估计。

对前面提到的计算机网络安全产品进行风险分析，其中的基础情况（也被看作可能的情况）是初始的 7800 万美元的估计值。通过产品管理人员和销售管理人员的讨论，设定出可能的最好的情况和最差的情况。如表 9-1 所示，“核心应用”最高可能达到 80%，最低是 40%；历史数据表明，“市场份额”在销量好的月份达到的 30%和销量差的月份的 10%之间变动；“购买意愿”被看作一个在 20%与 30%之间变动的变量；至于“市场覆盖范围”，是给出的假设中最确定的一个，根据批发商数量的增长，有可能增加到 95%。注意最好的情况和最差的情况都是对除目标市场规模外的 4 个假设的展望。销售管理和产品管理的经理认为目标市场的规模应该被看作一个稳定值。表 9-1 所示为假设的基础情况、最乐观情况和最悲观情况的例子。

表 9-1　假设的基础情况、最乐观情况和最悲观情况的例子

假　　设	基础情况	最乐观情况	最悲观情况
核心应用	65%	80%	40%
市场份额	20%	30%	10%
购买意愿	25%	30%	20%
市场覆盖范围	80%	95%	80%

通过这些数值，可以对基于假设的模型框架进行敏感性分析。首先让所有的假设都取基础情况的数值，再让假设在最乐观情况和最悲观情况的取值之间变动。把最乐观情况下的预测结果和最悲观情况下的预测结果都记录下来，同初始（基础情况）预测值相比较。例如，要分别考察“核心应用”这个假设的最乐观情况和最悲观情况。把所有其他的假设都带入基础情况的数值，只有“核心应用”带入 80%这个最乐观情况的数值，得出新的产品预测值为 9600 万美元（3 000 000 000×80%×20%×25%×80%）；把所有其他的假设都带入基础情况的数值，只有“核心应用”带入 40%这个最悲观情况的数值，得出新的产品预测值为 4800 万美元（3 000 000 000×40%×20%×25%×80%）。这些数值表明如果“核心应用”真的升高到了 80%，那么销售额将比基础情况增加 1800 万美元（96 000 000–78 000 000）；如果“核心应用”真的降低到了 40%，那么销售额将比基础情况减少 3000 万美元（48 000 000–78 000 000）。这些变动描述了“核心应用”这个假设的敏感性和风险。同样的思路和分析方法可以应用于其余的假设，评估模型中这些假设的敏感性和风险。敏感性分析可以帮助确定那些取值很不明确的假设，如表 9-2 和表 9-3 所示。

表 9-2　关注财务结果的模型敏感性的例子　　单位：美元

假　　设	基础情况	最乐观情况	最悲观情况
核心应用	78 000 000	96 000 000	48 000 000
市场份额	78 000 000	117 000 000	39 000 000
购买意愿	78 000 000	93 600 000	62 400 000
市场覆盖范围	78 000 000	92 625 000	78 000 000

表 9-3　假设可能的增加量、减少量和总风险的例子　　单位：美元

假　　设	最乐观情况：比基础情况的增加量	最悲观情况：比基础情况的减少量	最乐观情况和最悲观情况之间的差值
核心应用	18 000 000	–30 000 000	48 000 000
市场份额	39 000 000	–39 000 000	78 000 000
购买意愿	15 600 000	–15 600 000	31 200 000
市场覆盖范围	14 625 000	0	14 625 000

最乐观情况和最悲观情况之间的变动范围是另一种衡量风险和敏感性的方式。例如，“核心应用”的最乐观情况的值是 9600 万美元，最悲观情况的值是 4800 万美元，表明可能的变动幅度是 4800 万美元。如表 9-3 所示，“市场份额”这个假设跟其他的假设相比，变动范围是最大的。这表明“市场份额”具有最大的不确定性。有意思的是，最悲观情况的最低值和最乐观情况的最高值也都是跟“市场份额”对应的，充分表明市场份额的假设是新产品预测的关键组成部分（见表 9-2）。

把敏感性分析的结果用图形表示出来的工具叫作龙卷风图。龙卷风图表示的是每个假设和它所对应的数值之间的联系。龙卷风图对各个假设按照范围从高到低的顺序进行排序，据此绘制一个龙卷风形状的图形。龙卷风图简化了辨认什么地方存在风险的工作；那些在图中的负半平面上对应的条形长度最长的假设，是需要密切关注的。而那些变动范围最大的假设，管理团队也需要对其进行讨论。图 9-2 的龙卷风图描述的就是表 9-3 中的数据。

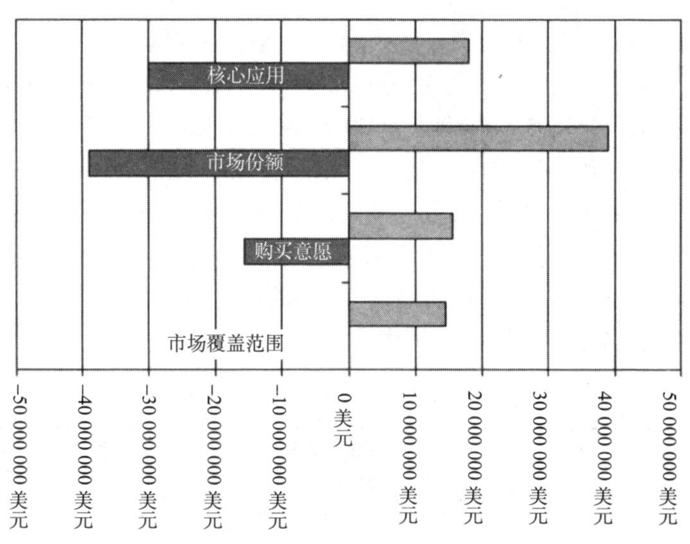

图 9-2　表示假设的风险程度的龙卷风图

进一步利用基于假设的模型框架，还可以做贸易模拟的分析。尤其是对于那些存在最乐观值和最悲观值的假设可以应用蒙特卡罗模拟法。这种模拟方法是在每个假设的最乐观值和最悲观值之间的范围内随机产生一个数值，再据此得出新的产品预测的数值。重复进行几次各自独立的模拟，就会产生一系列的结果，可以根据这些结果来确定达到某个给定的新产品预测值的可能性大小。

可以采用各种方法来产生随机数和运用蒙特卡罗模拟法。一种方法是利用 Excel 中的 RAND 函数，这个函数可以按照 0～1 均匀分布在最乐观值和最悲观值之间随机选择数值。运用 RAND 函数为每个假设计算结果的公式如下。

假设结果=[RAND()×(最乐观值–最悲观值)]+最悲观值

举例来说，假设 RAND()函数在一次模拟中产生的随机数值是 0.3324。这个数值根据公式对“核心应用”进行估计：[0.3324×(80%–40%)]+40%=53.296%。用同样的方法可以对其他的假设和随后的模拟进行估计，尽管每次产生的随机数值是不同的。

另外，利用 Excel 的工具栏里的随机数生成器可以更简单地生成随机数，而且除了均匀分布还可以套用其他的各种分布（一些其他的计算机程序也有这个功能）。

表 9-4 所示的是以每个假设的最乐观情况和最悲观情况的数据作为模拟的参数，做了 1000 次蒙特卡罗模拟的结果。把模拟的结果列成表，可以看到这些结果分布在新产品预测值的周围，使我们可以从中观察新产品预测的可能性。正如图 9-3 所示，模拟结果的 27%为 6000 万～8000 万美元。进一步观察累积的结果，可以发现模拟结果的 58%都低于 8000 万美元。初始的估计值是 7800 万美元，从模拟的结果中大致可以看出，达到或超过初始估计值的可能性大约是 42%（100%–58%）。到了这个时候，就看产品经理对达到这个初始估计值的可能性是否满意了。简单地说，就是产品经理对 42%的成功可能性是否满意。如果不满意，下一步讨论的焦点就是产品经理所能接受的风险的水平、哪些假设需要改变和应该怎样取值才能提高达到目标的可能性。

表 9-4 蒙特卡罗模拟的数据样本

模拟次数	核心应用（%）	市场份额（%）	购买意愿（%）	市场覆盖范围（%）	模拟结果（美元）
1	68	21	22	85	79 658 870
2	57	25	26	94	104 365 372
3	66	24	21	84	83 327 863
4	69	29	28	83	138 039 675
5	74	17	27	88	88 769 425
6	60	18	29	92	87 420 466
7	53	26	29	90	109 708 715

续表

模拟次数	核心应用（%）	市场份额（%）	购买意愿（%）	市场覆盖范围（%）	模拟结果（美元）
8	53	22	24	85	72 116 748
9	47	16	30	81	53 424 659
10	59	23	23	86	81 347 268
…	…	…	…	…	…
1000	71	30	20	89	115 924 185

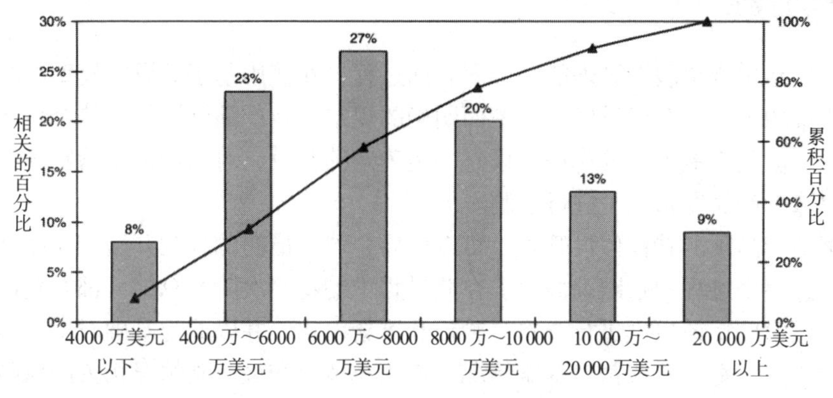

图 9-3　蒙特卡罗模拟结果的分布

产品发布计划

在制订产品发布计划阶段，基于假设的模型是很有用的。举例来说，在进行风险分析之后，为了给新产品的发布做准备，需要对一系列关键的假设进行设定和进一步的评估。随后的讨论将以这些关键性假设的可能的取值和它们对新产品发布的影响为中心。重点应该是假设本身仅仅是一个预测数字，这是产品发布计划中一个特别重要的问题。可惜的是，很多时候产品经理都是只盯着预测的数值，而不管这个数值是怎么来的。其实了解这个数值是怎么来的，跟这个数值本身一样重要。

各大处于主导地位的公司也已经发现，建立一系列能够应用于一个战略业务单元（SBU）下的所有产品的通用的、一般性的假设，有助于对即将开始的产品发布确定讨论的重点和进行评估。所有的项目中都可以考虑相似的问题，为每个项目的预测做一个相同的评估。换句话说，产品经理可以逐项对比每个项目的预测和预测所基于的假设。各种项目如果没有使用通用的假设，会导致彼此间预测结果的比较由于采用了不同的假设而更加困难。例如，货物运输的预测不能等同于消费者需求的预测，处于主导地位的公司会预先决定哪个预测是重点。使用通用的假设还可以通过制定标准化的产品发布计分卡来评估每一项新产品的发布过程。追踪每个假设的数据所伴随的销量，可以让我们更深入地了解市场行为的特点，也可以告诉我们为什么会有这样的市场行为。如果新产品的销量没有达到目标的数值，对于预测所采用的假设反馈的跟踪数据的分析可以提供这项产品销量不好的原因。销量本身并不能回答这个问题。

假设管理

新产品预测是假设管理的一个固有的过程。在使用基于假设的模型的时候，在做决策的过程中对假设做了清楚而明确的规定。新产品预测贯穿整个新产品开发过程，但是它最关键的作用是设立一组确定的假设，对诸如市场营销预算和供应链保障等产品发布决策进行预测。

把新产品预测看作假设管理，可以引导公司从最初的预测开始，对新产品发布完成的整个过程进行跟踪假设。在此过程中的每一次阶段总结，都对新产品的预测和假设的反馈再次进行查看、验证和重新设定，并以此为基础对新产品的预测进行修正。每个阶段都对基础情况、最乐观情况和最悲观情况相关的风险进行记录，并且采取相应的行动（如进行一项市场研究）来降低假设的风险、增加对预测的准确性的信心和新产品预测的意义。随着时间的推移，对多种计划的假设的跟踪记录，将建立起一个相当庞大的假设数据的数据库。根据这个数据库，可以评估新产品的各种假设的关系，分析它们的优劣。这将进一步确定假设的关键性。公司内部可以为将来的规划和新产品发布建立模型假设的标杆和指导方针。

使用基于假设的模型时要避免的缺陷

基于假设的模型当然不是预测新产品发布的万能良药。如果认为只要使用基于假设的模型就能立刻得出准确的新产品预测结果，那就错了。还有很多种预测技术可以用来预测新产品的发布，而且可能有一些技术更适用于手边的新产品预测的任务。但是，跟其他的预测技术不同，基于假设的模型特别关注对于假设的讨论和构成新产品的基础的各种问题，最终得出一个慎重的关于新产品预测的结论。基于假设的模型把预测使用的假设分析得如此透彻，所有的职能部门都可以对这些假设进行重新评价和核实，这样每个部门都能提供越来越多的关于市场和技术能力的数据和知识。

另一个缺陷是没有认真地把假设弄清楚。如果有数据，就应该对这些主观的输入进行一定程度的确认和证实，以保证假设输入的可靠性。对历史数据、替代产品和消费者数据都要进行分析。在构建基于假设的模型的过程中，应该准备好可用的数据和信息以供随时分析和参考。仅仅依靠判断、逸闻和直觉来代替分析的倾向，会把管理决策引入歧途。简而言之，使用基于假设的模型不能少了慎重的数据分析。

另外，如果没有把新产品预测作为假设来管理的观念，采用基于假设的模型可能不会产生有意义的预测。这样的观念重点着眼于对假设、数据采集和预测估算的系统性的思考。没有假设管理的观念，就不会对模型中的假设进行经常性的核实，也不会对它们进行跟踪以衡量其一致性。假设如果没有被证实或跟踪，很容易变得漫无目的、无人关注和跟公司内部的政策不相符。

成功应用基于假设的模型的关键

在构建基于假设的模型的时候克服这些缺陷是非常重要的。因此，要提出几个问题来激发建立模型的能力和对假设的管理。提出这些问题是为了对你的公司的新产品预测所做的努力进行评估，同时为基于假设的模型的应用做准备。尽管没有一定正确或错误的答案，但是对下面的每个问题都给出答案，至少能够为构建一个可能成功的和值得去做的基于假设的模型指明努力的方向。

- 哪些因素可以用来预测一项新产品的发布？
- 每个相关的因素应该相应地设定哪些假设？
- 这些假设应该怎样设定？
- 在新产品预测的过程中哪些假设是通用的？
- 可以利用哪些产品发布前的数据资源？
- 哪些假设和变量能够而且应该被跟踪？
- 这些变量在产品发布之前和之后应该怎样进行跟踪？
- 在对一项新产品进行预测时所付出的努力怎样有效地跟新产品开发、销售和运作计划的过程联系起来？

小　结

对新产品进行预测当然是一项值得称道的任务，为了便于理解和达到预设的目标，采用系统的方法对假设进行描述，在新产品发布时能够提供一个有意义的预测。通过对基于假设的模型的应用和对假设管理的实践，新产品的预测过程可以通过一种有效而可靠的方式进行管理和重现。正如定义中所述，预测是在一组给定的条件下，对达到要求的可能性进行估计的过程。新产品预测通过基于假设的模型说明了在特定的条件下伴随着什么样的数值结果。因此，新产品预测不仅是数字游戏或计算机生成的统计结果，还是为了深入了解产品和市场内在原理所进行的真正的分析。

作者简介

肯尼恩 · B. 卡恩（Kenneth B. Kahn）是田纳西大学市场营销和物流系市场营销学副教授和 Stokely 学者。他在佐治亚理工学院获得工业工程学士学位，在弗吉尼亚理工学院和州立大学获得工业工程硕士和市场营销学博士学位。他的教学和研究兴趣涉及产品开发、产品管理、新产品预测及部门之间的整合等。他在多种期刊上发表过文章，包括《产品创新管理》《商业研究》《预测》《商业预测》《市场营销管理》《研发管理》等。他还编写了《产品规划要点》和《新产品预测：应用方法》，他还是《PDMA 新产品开发手册》（第 2 版）的主编。

第 3 部分

用于改善整个企业的 NPD 绩效的战略工具

第 3 部分包括两大工具，它们覆盖了从项目层面的应用到事业部或企业层面的应用。然而，它们在事业部或企业层面的战略上的应用似乎更强大。尽管它们涉及的问题对所有规模的企业都重要，但是那些还没有实力担负大量法律或人力资源小组的小型企业将更受益于此。

第 10 章介绍了用于在 NPD 领域管理和保护知识产权的流程和工具。除了定义不同类别的知识产权，还介绍了如何创造、维护和保护不同类型的知识产权的方法，在整个企业范围内配置知识产权的方法，以及评估和分析包含在自己的技术组合中的知识产权的方法。该章作者曾经用一种清楚、易于理解的方式成功地讲授过一个非常复杂的法律主题。

第 11 章介绍了 4 种具体的工具，这些工具将促进 NPD 团队和组织的创造性、动力、团队合作和绩效。职业阶梯提供了一种机制，利用该机制，技术组织中的每位员工的能力和期望都可以组织起来，技术人员可以在专业上自我提升，而不需要走管理路线；选择模型是一个招聘模型，该模型包括一系列稳健的选择和提升评价指标；绩效评价确定每位员工相对于事先完成一系列期望达成的一致性协议的优势和劣势；行动计划是一组专门的、可测量的和可达到的目标，这些目标可以帮助每个人描述他当前的工作目标所需和成长到组织的下一个层次的步骤。将这些工具组合到一起，它们可以帮助一家大型公司得到最多的来自其技术员工的收益，还可以帮助小型的、管理上非正式的公司成长到组织成熟化的更高的一个层次。

第 10 章

知识产权和新产品开发

沙拉德·拉斯托吉（PRTM 管理咨询公司马萨诸塞州沃尔瑟姆市办事处负责人）、
筱崎阿里（PRTM 管理咨询公司加州山景城办事处负责人）、
马修·卡恩（PRTM 管理咨询公司纽约办事处经理）

引　言

知识产权（Intellectual Property，IP）如今已经从法律部门落满灰尘的房间里走出，成为创新导向型公司提升业绩最有效的工具。这些公司已经把 IP 的定义从“法律费用”提升到了“战略资产”。更进一步地讲，那些不仅创造一个知识产权组合，而且从中提取真正价值的组织，通常会在行业中占据领导地位。一家公司需要有系统的方法来接近这个目标，包括适当的管理系统、流程和工具。将领导者和追赶者区分开的是价值创造和价值创造资本化同时最大化的能力。价值创造指的是一家公司建立一个最优化知识产权组合，价值创造资本化指的是知识产权组合的真正的、可感知的价值。

理解这种价值的显著性非常重要。那些拥有强有力的 IP 战略的公司，它们取得的商业成就是很惊人的。IBM、德州仪器和宝洁公司都是这方面知名的例子。通过强有力发掘和注册大量的专利文件，IBM 在专利注册方面的收入从 1990 年的 3000 万美元增加到了现在的数十亿美元（还有很多余量）；德州仪器采取了相似的策略，使它的专利注册收入从 2000 年开始每年增长 8 亿美元；休斯顿和桑卡德（2006 年）描述了宝洁公司如何实施一种“开放式创新”商业模式，这种模式鼓励和第三方结成同盟进行内部授权和合作开发，并且为宝洁公司贡献了它推出的新产品的 35%和它的产品开发途径的 45%。在所有这些例子中，战略性的 IP 管理都是提升业绩的关键因素。

不过，除了带来显著的利益，IP 管理同样也会带来不可忽视的费用。不但保护和保持一个跨国界的 IP 组合的费用可以接近每个专利数十万美元的级别，而且赔偿风险和相关费用也可以达到百万美元级别。因为有这么沉重的成本负担，一些公司往往很难决定哪些已经披露的发明需要记录在案，哪些专利需要保持，在哪些国家需要保持专利存在，以及展开哪些 IP 调研。能出色管理自己 IP 组合的公司能使成本明显减少。皮特拉斯（1998 年）描述了陶氏化学是怎样通过纪律化的方法在 10 年里节省了 4000 万美元的。捕获到的价值的根源不管是收益增加还是成本减少，一家公司都必须采用系统化的方法，包括 IP、商业和技术的战略，应用有效的管理流程，贯彻实施业内最好的 IP 管理工具和技术。

本章的目标读者是两类区别明显却又有一定联系的人：①要为发展和（或）应用 IP 战略和相关投资做出决策的高级管理人员和商业领袖；②需要贯彻实施这些战略的中层管理者、NPD 项目团队领导和 IP 专业人士。同时，阅读本章是很重要的，因为 IP 战略和管理的实施总是与 IP 创造和价值提取交织在一起的。本章正是围绕着这个前提来展开的。

本章首先通过提供一个不同种类的知识产权的总览来给全章定下框架。其次讨论 IP 的创造、保护和维持。其中着重强调了典型的新产品开发过程中与 IP 相关的活动，给出了如何在不同情况下选择合适的工具来保护 IP 的提示，讨论了在哪些国家 IP 需要被保护，描述了一个专利生命周期里的关键事件和里程碑，回顾了选择被需要、被保护的发明的标准，同时提供了一些有效创造 IP 的战略和最佳实践。之后讨论不同的战略性备选方案，不同战略的成本—收益特征，以及影响做出恰当战略选择的因素。最后描述了一种考核和分析 IP 组合的方法并用一个实例来阐释，另外列出了一些知识产权总体管理方面的最佳实践，同样辅以实例。描述关键工具和利用实例的方法贯穿整章，使讨论变得生动。关于 IP 和 IP 创造、保护、维护以及 IP 最佳实践的内容会使那些来自大型或小型组织的读者都感兴趣；关于 IP 部署战略和组合管理的内容会使那些来自规模较大且拥有相当规模的专利组合的组织的读者非常受用。

知识产权概述

一个组织的智力资本可以有很多种形式。它包括创意、专有技术、技能、发明、技术、流程和出版物。已经被编码和记录在案的智力资本一般被称为知识财产（Intellectual Assets）。被某国法律保护的知识财产一般称为知识产权（IP）。

图 10-1 用一个源自沙利文（1998 年）的图标展示了这种关系。

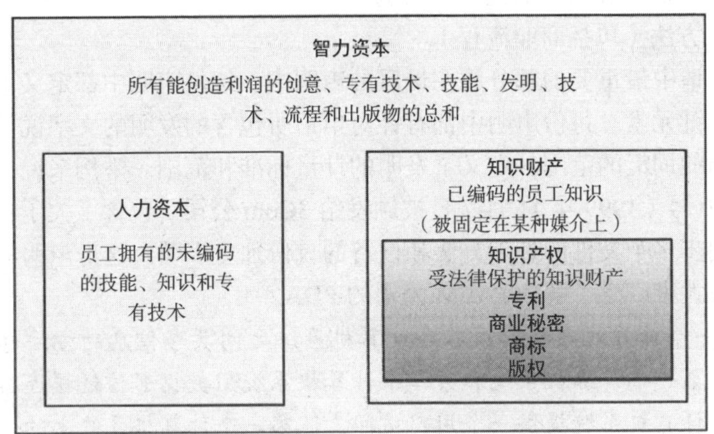

图 10-1　智力资本模型

大多数国家给知识产权规定了 4 种类型。约菲（2005 年）、康利和奥罗斯科（2005 年）也提供了很好的总览。

- 专利。
- 商业秘密。
- 商标。
- 版权。

专利

专利是一种政府援助的延伸，用以帮助发明的所有者防止他人在一定时限内制造、使用或销售这项发明，并授予所有者授权他人制造、使用或销售这项发明的权力。在美国，这个时限是从专利申请被登记在册算起的 20 年。

专利申请包括以下几个方面。

- 一个对发明本身及制造和使用这项发明的流程的书面描述。
- 一份或多份用以定义发明的关键元素和包含范围的声明。
- 发明所包含的将它与已有相似技术或构造区别开的先进之处，这些统称为现有技术。

一项专利一旦被政府代理机构发布，专利权人就必须在专利局的帮助下强制执行这个专利。总体来说，有 4 种类型的发明可以被申请专利。

- 物质化学成分。

- 机械。
- 关于制造的文章（如人造产品）。
- 加工方法（包括商业流程）。

专利申请中最重要的部分放在最后的声明中。每份声明中都定义了这份创新性概念的关键元素。每份声明中都有针对申请所包含的发明的文字说明的解释，其中所使用的词汇的范围，定义了发明的计量标准和范围。举例来说，美国专利第 6 000 000 号（1999 年 11 月 7 日被颁发给 3Com 公司）包含了关于在两个计算机系统间同步多个文件的外部方法和设备的首份独立声明。这份声明的发明就是在商业上被大家广泛了解的 PALM 公司的 PDA。

“在第一个计算机系统和第二个计算机系统之间共享信息的方法包括以下步骤：将上述第一个计算机系统和第二个计算机系统用数据通信链接连接起来；为上述第二个计算机系统提供一个用以访问上述第一个计算机系统上的信息的函数库；创建一个链路程序数据库，用以存储可能会被执行的链路程序，并放置一个标识符用以注册第一个链路程序，上述第一个链路程序由一个放置在上述第二个计算机系统上的计算机程序组成，这个计算机程序用以执行特定的数据传输任务；依次执行一组链路程序，这些链路程序都在上述链路程序数据库中被一个管理程序定义，上述每个链路程序都通过访问上述函数库来和上述第一个计算机系统通信。”

因为在专利中允许有多条声明，申请人就有机会用不同的范围来描述他的发明，从而就能在一些声明中把发明范围描述得尽可能广泛，并在另一些声明中把范围描述得窄一些。于是专利代理人就会和美国专利商标局的专利审查员谈判，以获得既能把该项发明和现有技术区别开，又能在始终围绕专利核心的前提下，相对范围最广的声明。

商业秘密

商业秘密是指满足以下条件的技术或商业信息。

- 因没有被能通过披露或使用它而获得经济利益的人广泛了解而具有经济价值。
- 是被合理水平的努力维持着的保密性的主体。

从另一个角度来讲，商业秘密是商业运作中使用的“不被他人所知”的“几乎所有知识和信息”。

- 这种信息在公司中被使用。
- 它能在一定程度上提升公司的竞争力。

- 它处于保密状态（如在行业中没有被广泛认知）。
- 有一个合理的系统来保持它的保密性。

一个商业秘密会存在直到它所在的行业普遍了解它为止。一旦它被公开披露，它就不再是一个商业秘密了。有些商业秘密已经持续存在了数十年（如可口可乐的配方）。商业秘密和敏感性的商业信息的例子包括配方、模式、编辑物、程序、设备、方法、技术、流程、客户清单、制造说明、营销计划、财务绩效数据和商业战略。

商标

商标是指任何被公司采取和使用的，用来定义自己的商品并把自己和别人制造的商品区分开的词汇、名称、符号、图像、声音、设备或这些东西的任何一种组合。

- 商标所有者拥有把商标用在它所定义的产品和相关产品上的独家权利。
- 服务商标以（商标为产品所用的）同样的方式为服务所用。
- 商标和服务商标只要续订，就是无限期的。

商标有一个™后缀。商标也能由政府代理机构注册，如美国专利商标局（USPTO）。注册商标有一个®后缀，赋予所有者使用该商标并且对侵权人采取措施的独家权利。未注册商标（被™符号标识）并不阻止他人使用该商标，但阻止他人注册该商标。

版权

版权是为一件依附于有形表达介质上的艺术作品的作者提供的、对该作品的保护。当一件作品在其副本中的表现形式足够稳定和长久，以致能被高效地感知、复制，或者在长于转换过程的一段时间内被交流，该作品就称为依附于有形表达介质。举例而言，有著作权的作品包括书写稿、图、影像、录音、结构设计和计算机软件。版权赋予所有者对作品展示、发行、授权、表演和复制的独家权利。版权的有效期为作者的寿命再加上 70 年。向美国国会图书馆提交一份申请即可获得版权，无须审查、评价或授权。

知识产权的创造、保护和维护

本段内容描述了用于创造、保护和维护知识产权的理念、工具和案例。

新产品开发中的 IP 活动

新产品开发（NPD）牵涉一些与 IP 管理相关的活动。图 10-2 用标注时间、序列和主要跨功能活动及里程碑的方法展示了一个典型的产品开发流程的示意图，包括与 IP 管理相关的活动。NPD 实践者必须保证这些 IP 活动和决策同整体的产品开发流程高度契合。

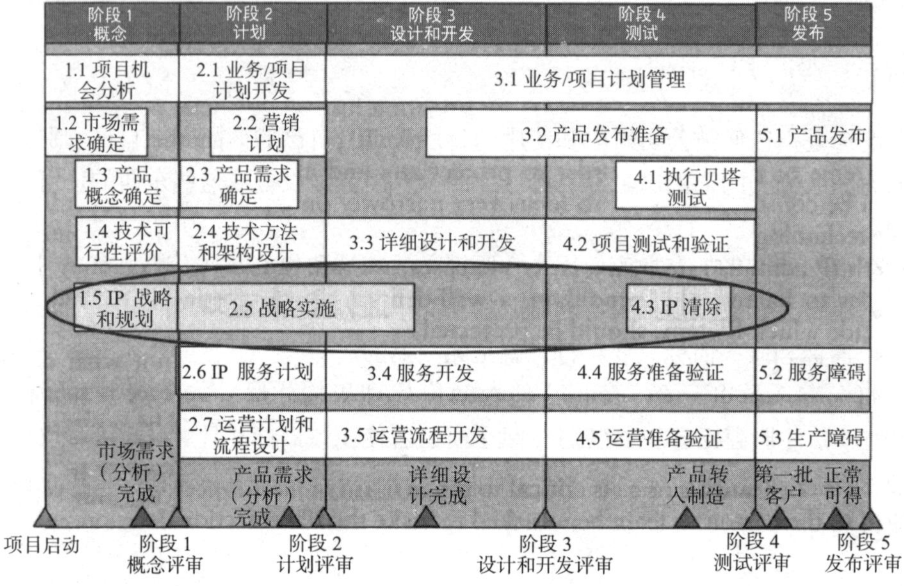

图 10-2 NPD 中的 IP 活动

IP 战略和规划是一项关键性的 IP 相关活动，在新产品开发的初期有重要意义。在评价新产品的概念和评估其技术可行性时，NPD 团队需要同时理解相关的 IP 愿景并开发一个 IP 战略。这包括理解 NPD 工作对于 IP 的需求、已有的 IP 和现有技术、有竞争力的 IP 和它在设计自由度和设计局限性方面的意义、这次开发工作可能产生的新 IP 及任何的 IP 相关风险。IP 战略可以由任何概念中固有的技术创新或未曾遇到的技术需求决定。技术和 IP 检查需要确认哪些内容可以从组织外部得到或获得授权，哪些内容需要在组织内部开发。IP 战略同时需要定义 IP 保护的范围（专注于目前的 NPD 工作或更广泛的领域）及 IP 需要在哪些国家被保护。

IP 战略实施包含先前的产品开发阶段中定义的相关活动。包括同任何在产品开发流程中可能涉及的外部组织（供应商、许可方、协同开发者等）谈判并履行合约；关键性外部 IP 的采集和取得授权；披露作为技术和产品开发的一部分的新发明；IP 申请的准备、注册、申诉和发行。发明者需要小心对待记录披露的时间表。像美国这样有“先发明”规定的国家，如果多个发明者声明了同一个发明，他们的时间表将决定谁能获得专利。再者，一个专利申请必须在公开披露的 1 年以内被注册。相比之下，欧洲国家采用“先注册”规定，而且没有 1 年的期限。后面会更详细地讨论 IP 创造和保护的问题。

另一项关键性的 IP 相关活动是产品上市前的 IP 界定。这项活动要确保任何包含在新产品中的 IP 都能被合理地保护起来。如果专利申请已经被注册，新 IP 中的专利就没有必要一定要在新产品上市之前发布（产品可以在专利未定的状态下上市）。IP 界定活动还必须确保产品不会对任何不属于公司内部的 IP 构成侵权。侵权行为会将新产品暴露于被 IP 所有者强制执行的风险之中。为了规避这种风险，NPD 团队应该考虑围绕已有的 IP 修改设计，或者取得该 IP 的使用权。

IP 保护的标准

管理 IP 保护的钟摆对实践者来说是需要技巧的。一家公司的竞争性愿景、IP 诉讼的历史、财务绩效或高层管理者的偏好都有可能把保护 IP 的动力引至极端，要么拼命保护自己的全部智力资本中任何可以被理解为 IP 的东西，要么只专注非常窄的范围内的具体产品线或技术。前者会加大支出并使发明者陷入专利执行的泥潭中，后者会增加风险并降低门槛。为了平衡这个钟摆，需要一个明确的标准来定义哪些 IP 项目需要被保护。

在这方面，重要的不是哪些 IP 能够得到保护，而是哪些 IP 应受到保护。虽然这两者的区别是微妙的，但影响很大。在理想的情况下，一家公司应明确哪些 IP 能够得到保护。但是，关键的定义因公司中不同的观点而不同。什么是关键，该公司不一定由重要的个人或团队（如研发、管理或法律部门）做出 IP 保护的决定。因此，一套跨职能的客观标准是必要的。最好的标准的使用将取决于公司的具体情况，但一般来说，应包括以下几类：解决这个问题的发明的临界性、创新水平（突破、重大改进或逐步改善）、发明设计的困难水平、商业价值、应用的范围、战略适用性和生命周期的 IP 费用。在投资组合的评估和分析部分讨论了这些标准，并提供更详细的工具来确定它们的结构。公司应该利用它来确定自己的系统的评估和确定发明披露的优先次序。

保护知识产权的工具

保护知识产权有不同的工具可用，如专利、商业秘密、商标和版权。通常，具体的 IP 情况有多种适用的工具。下面讨论 4 种常见的情况：①在专利、商业秘密或其他方法之间选择，如决定是由信息公司独享还是要披露它；②使用临时专利；③使用商标；④使用专利加商标。

专利、商业秘密或其他方法

在为一个 IP 项目选择合适的工具时，IP 可用寿命（在商业上的可行性和效益）和使 IP（发明和相关的技术）能供公众查询的需要，应该得到考虑。图 10-3 所示为 4 个不同情景的工具。

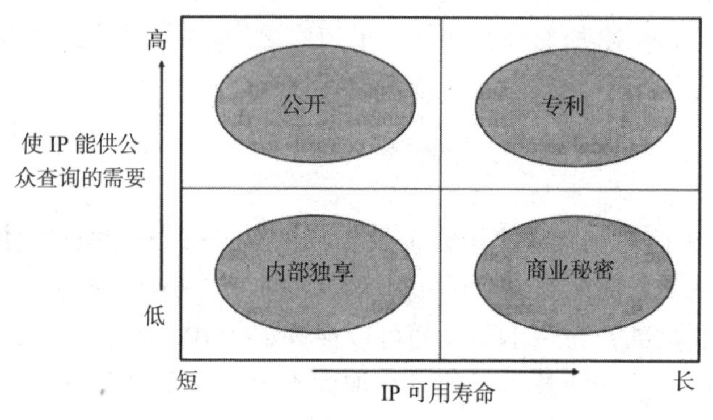

图 10-3　选择合适的 IP 工具

（1）专利最适合那些使用寿命很长但需要提供给外部公司的发明，如在商业产品或技术上需要与业务伙伴共享的技术诀窍。发明植根于商业产品，往往容易通过逆向工程识别和复制，所以专利提供了一种保护，防止其他人受益于这项发明。

（2）商业秘密是 IP 项目的最好的选择，有很长的使用寿命，但并不需要提供给公众，可以保持内部保密，如配方、公式和制造工艺。但是，商业秘密需要大量的投资、保密操作和内部程序，以保持其保密性。根据实现商业化所需的披露程度，商业秘密的级别有所不同。

- 第一级商业秘密：非常宝贵的商业秘密，如可口可乐配方。他们保持严格的法律辩护业务的控制来维护它的合法性，并采取适当的措施来控制他人获得商业秘密及限制任何公开披露。
- 第二级商业秘密：通过向第三方披露（如非全资子公司、合资伙伴或合同约束的发展伙伴）而产生价值的商业秘密。虽然业务保护覆盖对第三方披露的控制，但是这种类型的商业秘密是较难通过法律进行保护的。举例来说，因为之前披露给一个合资伙伴一个被专利保护的新产品的制造流程就可能无法被合法保护，但是它可能具有很显著的竞争价值，足以保持这个流程为一个第二级商业秘密，用以控制合资伙伴向公司外部合作伙伴的进一步披露。

（3）对于可用寿命很短的 IP 项目，专利和商业秘密可能不是有效的配置（由于保持业务的安全和内部控制的商业秘密的费用，以及采购和维护专利的费用较高）。对这种项目，如果没有必要向外部披露它们，就应该让它们作为公司机密或专有信息。对公司机密信息的内部控制（如未披露协议或员工保密协议）比对商业秘密的保护要轻松得多。公司机密信息的例子包括定价列表、员工清单和客户信息。

（4）对其他那些可用寿命短并且需要向公众披露的 IP 项目，最好的方法可能是公开这些信息（在科学或商业出版物上公开信息）。虽然这种方法不能提供任何保护，但是它可以创造现有技术，从而有效保护这项发明。有商标和版权的配方就是这个类别中的例子。

图 10-3 可以被以下两个场景论证。

场景 1：一种新产品的技术（硬件或软件）很容易被通过逆向工程识别和复制，但是具有很长时间的商业可行性。图 10-3 推荐使用专利（这在科技公司中很常见）。进一步的分析显示这种技术的商业价值很低，因为这是一个非战略性市场。这就暗示这项技术应该被作为一项非核心专利进行保护，即控制投资与知识产权的保护范围（更少的国家）、多项专利保护的各个方面/使用的技术，或保护期限（当技术过时时停止更新）。

场景 2：一种新的制造技术（如食品加工技术）被开发出来，它很难被通过逆向工程识别和复制，但是具有很长时间的商业可行性。图 10-3 推荐使用商业秘密（这在消费品公司中很常见）。进一步的分析显示这种技术具有很高的商业价值，但是有一定的披露的需要来使之商业化，因为需要将食品加工工序外包，从而同制造商及商业合作伙伴签署协议。因此，这种技术需要设为第二级商业秘密。

临时专利

关于选择合适 IP 工具的另一种方法是使用临时专利。在美国，发明者被允许注册一个低价、没有细节声明的临时专利来建立专利的数据，以确定该发明的日期。申请人须于临时申请日起一年内递交本发明的正式及详细的申请(包含声明)。

需要特别注意的是，临时专利申请（PPA）本身不能成为专利发布的基础，发明者仍然需要提交一份正式申请，专利才能被发布。临时专利申请基本上只是一座桥梁，在抢占发明日期的时候为申请专利争取时间。通常，发明的价值不会在它出现时就显现出来。因此，临时专利提供了一种节约成本的方法，能获得专利披露的优先权，同时避免了不得不申请专利及发布声明可能带来的专利费用。

虽然临时专利的使用越来越多，但是这项工具依然没有得到充分利用。因为美国使用“先发明”规定（专利会被授予能最先提供关于发明的证据的人），相对于“先注册”规定，一些公司认为临时专利是发明披露和提交正式专利申请之间的一个不必要的步骤。但是，由于临时专利的缺失，这些公司不得不借助于像内部记录那样不那么可靠的方式（如实验室笔记本）来确定发明时间。因此，在可专利性和商业发行物还要经过评估的情况下，需要考虑使用临时专利。

商标

除了专利和商业秘密，商标也是保护 IP 的有效工具之一。商标（和服务商标）可以向它的市场说明潜在的专利、商业秘密和其他方法的价值，从而帮助公司建立营销优势。如果一家公司提供的产品一贯具有卓越竞争力，相关的商标会越来越宝贵。随着时间的推移，产品过时，专利过期，商业秘密可能被发现。但是，商标可以被长久保持，并且当其他形式的 IP 保护手段失去效用时依然起作用。同时，如果被适当地维护，商标基本上是无懈可击的——相对而言，专利经常受到威胁，不是在法律意义上被视为无效，就是因为竞争对手注册相关专利的行为而使其效用变弱。因此，保护商标以确保所有品牌和标识迭代都包括在内就显得非常关键。同关键专利或商业秘密关联的商标和品牌标识必须被恰当注册并且持续地利用符号®被商业化，以此来保护品牌不被稀释或变得无所不在。

专利加商标

专利和商标的结合能建立一种比单独使用二者更稳固的 IP 组合。例如，一家在原料供应方面很强势的公司在原料生产和制造方面都有专利。但是更重要的是，这些原料还有一个强有力的商标。随着时间的推移，这个商标成了许多客户头脑中最好的现有材料的代名词。客户经常会选择这种原料而不管它实际的性能如何。其他的竞争对手们有能力生产相似的甚至技术上更好的原材料，但只有这家公司拥有这个广受认可的商标。另一个例子是，Xerox®（施乐）这个商标，是在最初的专利“静电复印工艺”（Xerography Process）的基础上命名的。虽然这个专利早已过时，但施乐商标仍然保留了下来。

选择国家以保护知识产权

NPD 专业人士经常会面对如何选择国家以保护 IP 的问题。大多数国家都有自己的法律和惯例，发明者需要在他想要保护专利的所有国家取得独立的专利。为了简化这个过程，世界知识产权组织（WIPO）通过专利合作条约（Patent Cooperation Treaty，PCT）创造了一种申请工具——PCT 申请法。这种工具允许发明者通过他所在国家的专利部门提交申请，并让发明以一份申请的形式接受多方检查。

欧洲专利局也提供了类似的工具。然而，每个国家 IP 的保护和维护都需要成本。保护成本包括起草和递交专利申请、对专利代理机构的行为做出反应，以及专利发行的官方费用；维护成本包括整个专利生命周期（通常是 20 年）中的专利更新成本（一年一度或更少次数，由所在国家决定）。表 10-1 显示了不同国家 IP 保护和维护的成本。实际成本取决于多种因素，如专利申请的复杂性、翻译费用、外部事务所的使用和法律支持、专利代理机构的行为次数。

表 10-1　不同国家 IP 保护和维护的成本　　单位：美元

国　　家	正式获取成本	典型的附加获取成本	专利获取总成本	维护成本	专利生命周期总成本
澳大利亚	762	4163	4925	12 449	17 374
巴西	476	6845	7321	17 360	24 681
加拿大	1444	3273	4717	11 506	16 223
中国	883	4501	5384	16 080	21 464
法国	1131	6391	7522	13 327	20 849
德国	526	6315	6841	24 440	31 281
印度	816	2620	3436	10 718	14 154
意大利	127	5463	5590	0	5590
日本	1758	7807	9565	15 681	25 246
墨西哥	1330	5360	6690	10 115	16 805
西班牙	1440	6445	7885	13 492	21 377
英国	380	3455	3835	11 730	15 565
美国	2600	6400	9000	7000	16 000

表 10-1 清晰地显示了保护和维护 IP 的成本随着涉及国家数量的增多显著增长。大多数公司都面临着海外保护的成本和广度之间的平衡。图 10-4 给出了一个框架，描述影响做出决定的两个关键因素。其中一个因素是 IP 在这个国家被保护的商业价值。商业价值通常取决于这些因素：市场容量、增长率、IP 相关的技术和产品能带来的竞争优势。

另一个关键因素是 IP 的可执行性。这取决于国家法律系统对 IP 的支持强度、实施诉讼的费用和时间、成功可能性及取得专利的周期长度。一名公司的管理者使用这个框架把国家分成 4 个等级。他决定专注于等级 1 的国家（高商业价值、高可执行性）来保护他的 IP，并选择性地在等级 2 的国家（低商业价值、高可执行性）加以保护，不在等级 3 和等级 4 的国家中做 IP 保护的投资。注意图 10-4 中列举的国家仅仅是作为图形化的例子。使用者需要根据自己 IP 的具体情况构造这些国家的数据。

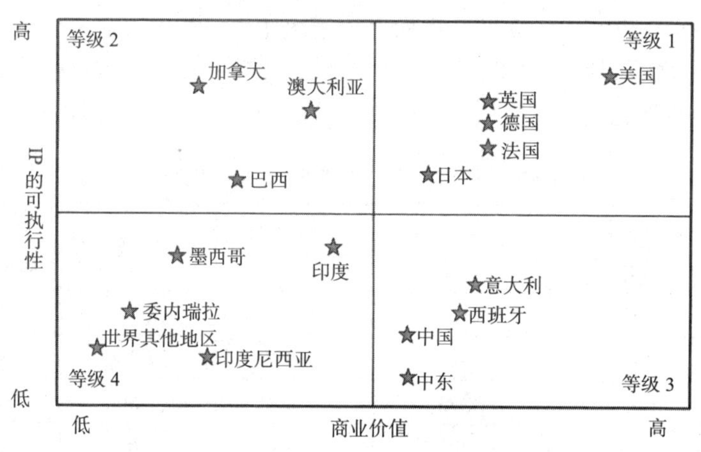

图 10-4　IP 保护的国家排序

专利生命周期流程

一个专利，像其他财产一样，有它自己的生命周期，开始于最早的发明阶段，终止于专利过期。图 10-5 所示为专利生命周期流程。这个流程可以分成 5 个主要阶段，而且可以同一个商品的生产流程进行类比。

专利生命周期有材料输入（如发明披露）和价值增值过程（如估价决策步骤，专利申请的创造、提交和取得活动），这个过程可能得到一个完成的产品（如专利），同时还有一个期望中的需要被管理的生命周期（如专利更新）。专利生命周期流程中的不同阶段如下。

- 阶段 1：披露。
- 阶段 2：评估。
- 阶段 3：决策。
- 阶段 4：提交和获取。
- 阶段 5：更新/维护。

每个阶段都有一个或多个步骤，接下来将进行讨论。

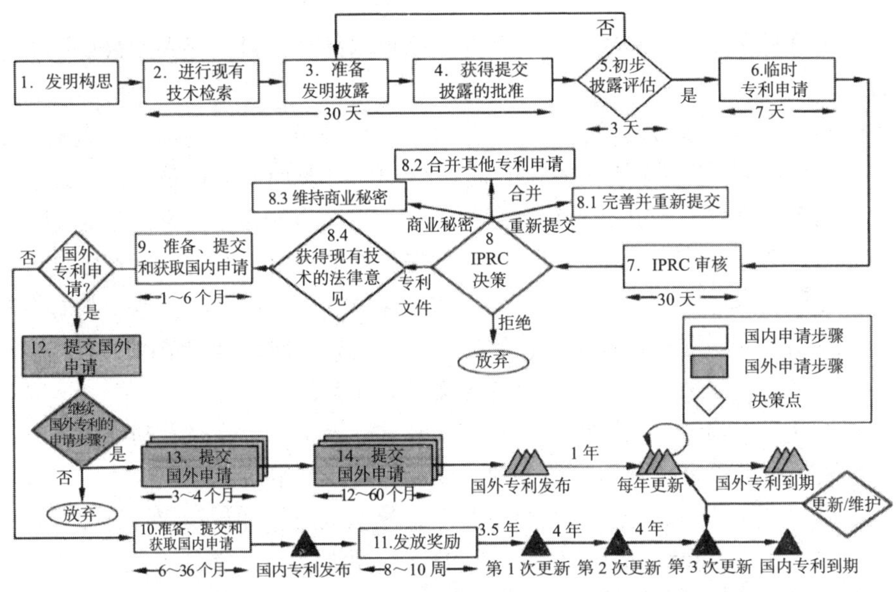

图 10-5 专利生命周期流程

阶段 1：披露（第 1～4 步）

产品生命周期中的最初步骤和发明构思相关，研究决定了其专利可行性，强调了向非发明者的正式披露。这些初始活动通常由发明者或研发部门进行领导，在专利开发周期中就好像创造原材料一般。

- 第 1 步：发明构思。不管是通过研究发现、市场营销观念还是其他一些内部能力发明构思，专利的生命周期都是从发明构思的第一天开始（这个日期在“先发明”规则的国家中特别重要）。
- 第 2 步：进行现有技术检索。为了确认该发明专利，现有技术的检索可以帮助了解有关发明的情况，并确保该发明概念是真正的新型——现有技术是指任何事先被公开披露或将称为发明的概念。

- 第 3 步：准备发明披露。这是最初的文件（很容易转移到专利申请的格式），用以描述发明构思，充分说明发明及它如何不同于已知的现有技术。
- 第 4 步：获得提交披露的批准。因为取得专利的过程可能漫长而昂贵，许多公司引进初步筛选发明的功能性管理，以确保在提交更广泛的内部评价之前，本发明的披露是完整的。

阶段 2：评估（第 5~7 步）

这一阶段在专利生命周期里涉及对发明披露的评估以确保采用最好的方法保护 IP。

- 第 5 步：初步披露评估。这一步决定里程碑使用高级的标准，做出一个继续/终止决定以判定是否提出临时专利申请。临时专利申请可以类比制造中的工作进程（WIP）。前面已经讨论过，临时专利申请已被广泛采用，这些公司考虑其成本效益和建立一个优先日期的价值，获得一年宽限期继续商业和技术评价，然后提交一个正式和详细的专利申请。注意，临时专利申请不会削弱对商业秘密保护的力度，因为（临时专利申请的）披露会被专利局隐藏起来，直到正式申请提交之后才会公布。
- 第 6 步：临时专利申请。发明披露被批准提交一个临时专利申请之后，专利律师就可以准备向当地专利局提交临时专利申请。
- 第 7 步：IPRC 审核。在这一步中，发明披露被知识产权审查委员会（IP Review Committee，IPRC）组成的高级、跨职能（通常是研发、市场营销、法律和其他有关职能）的决策者审查。IPRC 审核着眼于在该发明披露的范围内更广泛的知识产权、技术和商业战略，同时考虑知识产权的整个生命周期价值和相关成本。IPRC 评估发明的战略价值，评价发明如何适应目前的 IP 产品组合，确定用于知识产权保护的适当的工具，核准专利或商业秘密的保护所需的资金，并部署必要的资源，用以继续或扩大正在进行的商业或技术发展的发明。讨论 IPRC 采用的各种战略、工具和技术，以便做出适当的评估。

阶段 3：决策（第 8 步）

在 IPRC 审核之后，就是流程中关键的决策点，用来决定是否要进行发明披露。如果 IP 保护的标准和发明评估暗示保护 IP 会创造价值，就需要选择合适的 IP 工具。如果没有做出停止决策，IPRC 会做出如下继续决策。

- 8.1 完善并重新提交。如果披露不完整或正式保护不成熟，IPRC 应具体地指导不足并给予时间表，公司之后重新提交发明披露。
- 8.2 合并其他专利申请。对于提交大量专利申请的公司来说，这是一个考虑将信息披露与其他未决申请合并的机会。
- 8.3 维持商业秘密。如上所述，IPRC 可能确定商业秘密是保护 IP 的最佳工具，因为考虑到 IP 的长期使用寿命，以及使 IP 公开提取价值的最低限度的需要。选择这个保护战略需要一套不同的保护和维护活动（包括在开发和商业化中限制使用外部合作伙伴），公司要在充分认识这点之后才能做决定。
- 8.4 获得现有技术的法律意见。最后，但也许是 IPRC 最常见的，是决定文件的正式专利申请，其中包括获得关于现有技术的外部法律意见。第一步的正式专利申请是一种用来加快专利申请进程的常见的做法，而且还要满足某些专利局规定的法律标准。

阶段 4：提交和获取（第 9～14 步）

这一阶段包括准备、提交和获取申请以及与专利机构谈判以获得最佳专利（专利起诉）。根据申请的地域范围不同，这些活动可以在不同的国家或地区并行进行。这个阶段的输出是专利发行物，跟制造流程中的产品是对应的。

- 第 9～10 步：准备、提交和获取国内申请。这些步骤包括编写正式专利申请，提交申请给国内专利代理机构，并积极与专利代理机构交涉，以获取尽可能最佳的专利。这些“法律的”活动，通常由专利代理人管理。
- 第 11 步：发放奖励。成功的专利发行之后，一些公司会向发明者发放奖励，作为认可和财务激励。
- 第 12～14 步：提交国外申请。这是法律过程，类似第 9～10 步，扩展到向其他国家提出专利申请。一种普遍的做法是，在提交国内申请时就确定外国保护是否是必要的。如果是的话，如上所述，专利合作条约的申请是一个方便和符合成本效益的方式。

阶段 5：更新/维护

就像市场上成熟的产品必须接受管理直到它的寿命到期，专利也是如此。大部分国家要求周期性的更新来维持专利权。专利生命周期的最后一个阶段涉及规律性的决策来决定是否进行维护并承担相关的费用。

知识产权创造战略和最佳实践

许多组织的 IP 管理实践是无组织的，没有一个清晰的战略来发展一个相关的专利组合。在这些组织中，是否保护 IP 的决策是建立在自发和一次性的基础上的。相对地，领先的组织有明确的 IP 战略，建立明确的战略目标，可以帮助、指导日常决策。通常，IP 战略与其他研发和商业战略相关联。在这些组织中，对 IP 的认识不是一个松散、不连贯的集合，而是战略性的专利组合以作为企业资产。而创造 IP 已经从随机、主观、数量驱动型的专利战略升级为以品质为基础的专利战略。下面将讨论建立一个强有力的 IP 战略及其实例。

（1）确保保护涉及核心/确定技术的发明，使其成为产品持续差异化的载体。虽然这一概念可能是显而易见的，但许多组织没有明确界定产品属性，以致它们无法推动差异化持久产生并认识到差异化的基础技术。

（2）保护替代设计方案的核心领域，使竞争对手难以围绕被保护的 IP 设计产品。在新产品开发中，设计人员往往考虑多个设计方案，执行不同的产品功能和选择合适的选项来适应产品需求。许多组织选择只保护选定设计方案，但替代的设计方案可能是同样好的，如果得不到保护，将给竞争对手提供机会来制造性能相当的产品。在这种情况下，同时保护替代的设计方案是明智的。举例来说，里维特和克莱恩（2000 年）描述了在吉列公司的传感器剃须刀的开发过程中，设计工程师想出了 7 种设计来挂载剃须刀中的双刀片。吉列公司选择了竞争公司最难学习的一种设计，但是同时注册了 7 种设计的专利。

（3）保护下一代的改进。一个相关的做法是保护下一代的专利改善。专利持有人的权力能排除其他人对这个专利发明的使用，但可能无法提供足够的保护确保自己能使用改善以后的技术。如果竞争对手可以改善专利甚至阻止原始技术发明者访问它，这可能会成为一个问题。作为一个假设的例子，试想一下，如果一名发明者发明了电子设备的更稳定的形式，提高了设备原有的专利技术，而原有的专利技术是由不同的发明者提出的并且已经用于商业。在这个例子中，改善稳定性的发明者不能使用他改善的技术，除非他取得原始专利的许可，而原始专利持有者不能使用这个在商业上更可行的改善方案。

（4）通过对产品整体解决方案的突出设计特征和不同产品元素部分的识别和专利来建立一个专利墙（通常称为栅栏）。例如，吉列公司申请的传感器剃须刀的 22 项专利，保护剃须刀的不同方面，包括墨盒、手柄、包装甚至是制造过程。这一战略被称为集群。

（5）通过寻求广泛支持索赔和申请专利的其他应用的技术扩大发明的应用范围，甚至可能是无关核心的业务也不放过。这些专利可能在将来支持企业扩张或授权收入。

（6）通过注册竞争对手的设计蓝图周围的专利来限制它们的设计方案的改进。这一战略将增加竞争对手的成本，延缓它们将产品投放市场的时间。

（7）寻求机会，延长保护期。例如，通过建立新的但相关的专利，为原始专利提供一些保护。在某些情况下，可以在现有专利的一些重要方面拿出新的专利性的方法，如制造工艺。以这种方式，虽然竞争对手可能在专利到期后获得基本的技术，但不是通过最经济的方式。

知识产权配置战略

知识产权多产的组织时常会面对如何最好地利用自己的 IP 的问题，存在着一系列的 IP 配置战略，从保守的到极富攻击性的。在保守的战略下，公司主要把它的专利用作法律盾牌保护它的创新，阻止其他人从自己的创新中盗取专利并取得设计的自由；在攻击性的战略下，公司视 IP 为一个竞争优势和利润增量的来源，并非常积极地实施和授权它的专利权。

领先的公司在开发 IP 的过程中迫切地追求大量的提取价值的方法。这些方法包括外部授权以生成利润增长点；在谈判中获得有利的条件以在交叉授权中获得领先的技术，阻止竞争对手获得竞争优势；使用 IP 在新经济中获得公平利益、影响行业标准并提高企业评价。埃尔顿等（2002 年）推荐了一条经验法则，使那些拥有多于 450 项专利、每年研发支出超过 5000 万美元的公司大概 10%的专利组合都能产生利润增长点。他们同时引用了一个麦肯锡（McKinsey & Company）的研究，估计这些财产会贡献公司 5%～10%的营业收入。

知识产权配置战略的类型

图 10-6 所示为 IP 配置战略。赖茨哥（2004 年）描述了这些战略选择在制药、半导体、电信、化工和消费包装行业的例子。为了确定适当的 IP 配置战略，首先有必要根据 IP 与组织当前业务重点的不同将 IP 分为不同的类别。

（1）核心业务。这一类业务包含了同核心业务紧密相连的 IP。基本上，一个组织大部分的 IP 都应该属于这一类，因为在这个领域会专注于技术和产品的开发。关于调度这类 IP 的方法有 4 种配置战略。表 10-2 比较了这些配置战略的优缺点、需要的基础设施及各自适用的情况。

表 10-2　不同的核心 IP 配置战略

战　略	良性的忽视	自由行动	投资回报率	排他性做法
描述	无交叉授权、内部授权或积极的行为	广泛的交叉授权	用交叉授权来换取平衡性费用/其他商业利益，或者用外部授权来获得授权费/忠诚度	通过抑制竞争对手获得技术和 IP 来获取竞争优势
优点	• 易于实施 • 上市时间更短	• 最大的设计弹性 • 可以使用最新科技 • 较短的上市时间 • 较和谐的行业环境（竞争对手、客户和供应商） • 较低的维权和诉讼风险 • 低审查和监管风险，便于监管部门批准收购	• 自由行动战略的所有优点 • 额外的利润 • 中等的实施费用	• 减弱竞争 • 增加市场份额
缺点	• 风险极高 • 最容易受到起诉，特别是来自更强大的公司和将要倒闭的公司 • 高诉讼费用 • 自己的专利既没有强制性，也无法从中获利	• 不能利用技术优势 • 研发部门的投资回报率较低（会导致士气低落） • 难以控制获得的专利，或者鉴别技术上的“无牌”竞争对手或供应商	• 外部关系信任度和亲和度较低 • 较高的谈判费用 • 需要组合评估和许可条款确认 • 如果没有签署交叉授权协议，需要产品声明研究（会导致产品开发周期延长和成本增加） • 需要监测竞争对手的专利活动 • 更新的不确定性	• 导致敌意的行业环境 • 更加需要对产品声明研究 • 侵权成本较高 • 需要“回避设计”的可能性提高 • 基础设施和部署成本高 • 高诉讼费用 • 将研发资源转移到诉讼支持上，导致 TTM 误差和士气降低 • 高风险 • 需注意反托拉斯方面的问题

续表

战　略	良性的忽视	自由行动	投资回报率	排他性做法
需要的基础设施	• 很少	• 很少	• 对授权人和被授权人的组合评估（PRB、工程工期） • 工程师进行声明研究 • 需要发牌部门确认和许可被授权人，并谈判和管理协议 • 需要有组合管理经理来分析和评估 IP 组合	• 所有相关方都进行组合评估 • 工程师进行声明研究 • 活跃的侵权监测 • 有一个执行部门进行侵权分析，识别侵权行为 • 诉讼部门 • 有收集和保留证据的过程和机制
适用的情况	• 几乎从不（通常作为新兴公司的战略）	• 行业中专利的所有权比较混乱 • IP 组合的强度比交叉授权的伙伴要弱（但是，其强度足够用来攻击竞争对手） • 获得未来技术的能力十分关键 • 竞争对手拥有更多的资源	• IP 组合（数量和质量）比竞争对手的要强，但并不包含关键专利 • 需要同交叉授权的伙伴保持友好关系（如供应商、客户）	• IP 组合足够强且边界清晰，包括竞争中的关键技术；专利的质量要重于数量 • 竞争对手获取未来技术的渠道并不是很重要 • 保持友好的关系是没有必要的（如盗版者、竞争对手）

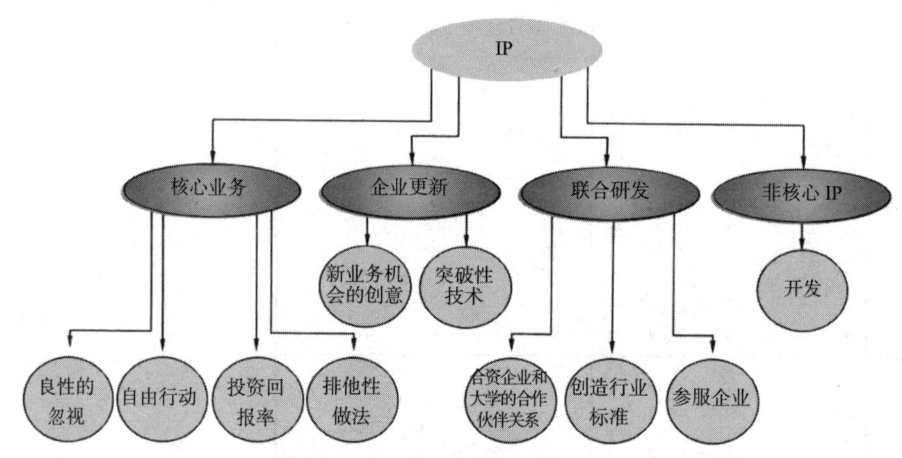

图 10-6　IP 配置战略

1）良性的忽视。这是最简单的“什么也不做”战略，在这个战略下组织采取一种消极的 IP 管理方法。对内部开发的 IP 的保护、调度和实施操作都没有被执行，所以对 IP 的负面分析也是最少的。这是一种低成本、高风险的战略，因为它没有开发内部 IP 的价值，而且可能导致组织因不小心触犯了外部 IP 而被其他组织强制执行。这种战略一般被新型组织采用。但是，公司遵循这一战略往往会被竞争对手或第三方挤压。这也说明了采取行动来防止外来的攻击及构造更复杂的 IP 战略的必要性。Research In Motion（RIM）和 NTP 公司之间关于黑莓手机的专利纠纷能说明简单的 IP 战略的风险性。RIM 因为没有在早期就对潜在的侵权行为予以重视，导致了后来严重的困境和金钱损失。商业调查指出，RIM 的失败在于没有对来自 NTP 的警告引起足够重视，而且没有通过早期谈判来付出一个很小数额的赔偿金，导致后来这个赔偿金涨到了 6 亿美元。

2）自由行动。在这个战略中，关键主体是拥有设计的自由而不用担心会触犯别人的 IP。如果一个行业中 IP 的所有权被传播给很多公司，想在设计中不侵犯他人的 IP 就变得很困难了。在这种情况下，公司之间通常通过交叉授权来取得设计的自由度。这种方法在 IP 分散程度很高的高科技行业中十分流行。

3）投资回报率。在这个战略中，一家公司通过开发 IP 为它的投资寻找回报。这个战略在公司拥有被他人需要的 IP 的时候尤为可行。回报的形式可能是通过交叉授权取得外部 IP，平衡 IP 组合的支出和赔偿，也可能是版权费。高科技公司，如 IBM 和德州仪器，都曾经使用这种方法来通过它们的 IP 组合获利，并取得利润增长。

4）排他性做法。在这种攻击性的战略里，公司为了获得竞争优势而切断行业中其他公司获得它的技术和 IP 的一切渠道，并且随时准备对那些侵犯它独家 IP 权利的公司采取强制行动。这种战略的实施需要依靠 IP 组合的强度，并可能频繁地引起诉讼。举例来说，在制药行业，数 10 亿美元的重磅业务是建立在药物配方和制造工艺的专利上的。这个行业的公司积极实行排他性战略来取得市场上的独家权利。

（2）企业更新。包括那些不属于核心业务但可以形成新业务基础的 IP。这种 IP 是为那种新兴的、能破坏一个行业原有秩序的 IP 准备的。

（3）联合研发。包括那种公司不想独家使用但可以在同第三方联合使用中发挥作用的 IP。一些公司经常向大学捐赠或共享这种 IP 来获得其他学术成果的信息（如陶氏化学），或者通过与行业内其他公司或协会共享 IP 来创造行业标准（如摩托罗拉和 Rambus），或者通过同新兴公司共享 IP 来取得收益。

（4）非核心 IP。研发型公司经常会开发与核心业务无关的 IP 却不知道如何处理它。通常这些 IP 都没有被利用起来。然而，一些公司制定了积极的计划来搜索可能使用这个 IP 的潜在用户，或者尝试通过外部授权非核心 IP 来取得利润增长源。

核心知识产权的备选战略的成本-收益特征

就像之前所说，通常一家公司的 IP 是跟它的核心业务相连的，而且有 4 种战略可以开发这些 IP。这些不同 IP 战略选择的成本和收益也不同，如图 10-7 所示。公司在选择相应的战略之前必须对这些不同有一个清醒的认识。

IP 组合管理成本
（创造和维护）

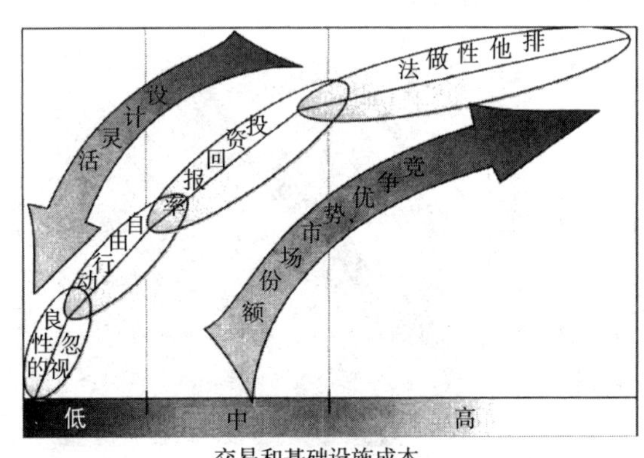

交易和基础设施成本

- 投资组合评估
- 合同管理
- 相关研究
- 谈判
- 竞争和侵权分析
- 诉讼

图 10-7 不同 IP 战略选择的成本和收益

从成本的角度讲，两个要素决定了一个战略选择的成本——IP 组合管理成本及交易和基础设施成本。IP 组合管理成本是创造和维护 IP 的成本——不包括研究和开发费用，但包括现有技术调查、申请、诉讼和维护的费用。对于一个覆盖很多国家的庞大的 IP 组合来讲，这项费用是很可观的。交易和基础设施成本主要是攻击性的 IP 战略带来的法律和筹备费用。包括 IP 组合评估、谈判和合同管理、侵权分析和排他性研究、诉讼费用和支出。IP 组合管理成本随着组合体积的增大而呈线性增加，交易和基础设施成本随着攻击性的 IP 战略而呈指数式增加。IP 诉讼非常耗费人力、财力。举例来说，康利和奥洛扎科（2005 年）引用了专利诉讼的数据说明，专利纠纷的平均时间为 1.1 年，费用为 100 万～1000 万美元，平均双方（原告和被告）各 130 万美元。

从收益的角度讲，战略选择的收益也是由两个因素决定的。保守性的战略会带来更大的设计弹性和更快的市场反应速度，因为产品的开发者不需要为复杂的 IP 状况操太多的心，而且会获得更大的自由来设计最好的产品。如果成功的话，进攻性的战略，会带来更大的收益。这些收益的形式包括大量授权带来的利润流、他人侵权带来的赔偿收入，及通过排除竞争对手带来的更大的市场份额。下面将讨论帮助选择合理战略的其他因素。

选择合适的核心知识产权战略

前面讨论了核心业务 IP 的 4 种不同战略选择。那么，一家公司如何判断公司的最佳选择是哪个呢？

图 10-8 显示了从“良性的忽视”到“排他性做法”的 4 个选择是一个连续体，并揭示了影响不同战略适用性的 3 个因素。

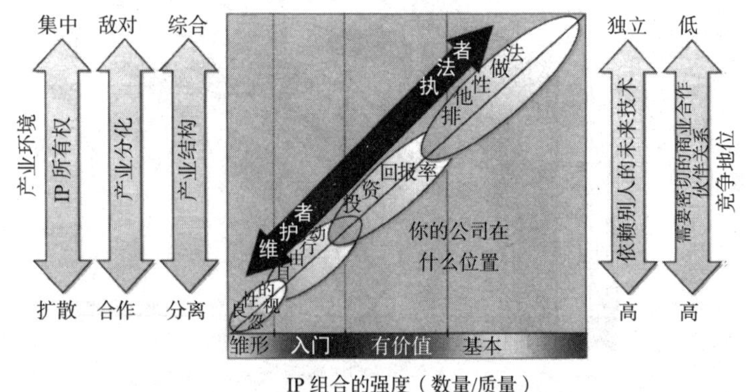

图 10-8 影响 IP 战略选择的因素

IP 组合的强度

IP 组合的强度取决于 IP 组合中 IP 的数量（如专利的数量）和质量（如声明的强度和宽度、技术申请的经济价值）两方面。IP 组合的强度可以被刻画成“雏形”（小型的组合且没有什么价值）、“入门”、“有价值”（当其他公司愿意为取得其中的底层技术支付一定的利益时）和“基本”（当 IP 同核心技术联系并且强大到被其他公司青睐时）4 个级别。图 10-8 展示了 IP 组合的强度越高，IP 战略就可以被指定得越富有攻击性。

产业环境

普遍的产业环境也可以决定不同战略选择的适用性。产业环境可以被刻画成现有 IP 所有权的集中性、产业分化的程度和产业中现有企业的普遍合作意向水平。如果 IP 的所有权广泛地分散在产业的参与者之中（如半导体、计算机和通信行业），就认为环境更适于交叉授权和运营自由的目标。然而，如果 IP 的所有权高度集中在一两家垄断性公司中，它们就会倾向于在 IP 问题上更有攻击性，而且试图从行业中需要它的 IP 的其他企业身上赚回自己的研发费用。

类似地，在高度分散的产业中，多数公司倾向于使用不那么具有攻击性的战略来保护它们的 IP。产业的普遍动力同样会影响战略。在一些行业中，竞争对手们使用缓和的 IP 战略，倾向于增加 IP 的内部强度，并通过产品和服务来进行竞争。在另一些行业中，攻击性的 IP 保护策略导致了频繁的诉讼和法庭上的竞争。举例来说，兰约和尚克曼（2001 年）发现平均的专利诉讼比率情况如下：化学专利为 11.8%，计算机、生物技术和健康专利为 25%～35%。

竞争地位

影响一家公司战略选择的第 3 个因素是它在行业竞争中的地位。一方面，如果一家公司希望从其他行业中的企业（竞争对手、供应商）那里取得关乎未来的技术来用于自己的产品，而且只能通过与它们保持友好的关系才能做到这一点，那这家公司最好采取保守的战略。另一方面，如果一家公司希望自主研发未来的技术，它可以采用更具攻击性的战略来保护自己的 IP。

知识产权组合的评价与分析

在研发活动的过程中，公司和发明者们创造 IP 项目。在一段时间内，它们的

IP 组合慢慢变大。然而，IP 项目的质量、强度和价值往往相差很大。大多数 IP 项目只有有限的价值，只有少数部分是真正的珍宝。当积累了越来越多的 IP，IP 组合变得很大之后，多数公司失去了对组合中有多少 IP、有哪些价值的追踪。对这些公司，阶段性地分析它们的 IP 组合，淘汰（通过停止维护投资来淘汰）低价值的 IP，使高价值的 IP 产生利润就显得非常重要了。这个实践中的挑战要求定义一个长期、有效的方法体系来评估 IP 和分析 IP 组合。

项目组合评估方法

IP 组合强度的传统度量方法很大意义上是建立在专利的数字游戏上的。典型的方法包括发布的专利数量，每个专利的研发费用、支持的申请经费、交叉授权的成功和专利的密度。这些度量方法能在一定程度上反映 IP 组合的强度，但较大的数字本身并不能保证 IP 组合能满足战略主体的需要。更系统的组合分析需要考虑两个因素：固有价值和战略价值。固有价值指 IP 相关发明所固有的基本强度或价值；战略价值指 IP 对于公司的价值。一个规律性和重复性的组合评估方法需要技术和商业裁决，用一种纪律化的方法，通过这两个因素来评价组合。

固有价值

IP 对一家公司的固有价值取决于以下因素。

（1）基本技术影响力。

- 高：如果通过未知技术的许多可能的应用解决了基础性的技术难题，专利的有生产能力的生命周期还剩很长时间，并且（或者）发现侵权很容易。注意有生产能力的生命周期比专利过期的时间要短。
- 低：如果有很多技术上的备选方案，IP 只是现有技术的改善，专利的生命周期将要结束，并且（或者）发现侵权十分困难。

（2）市场应用的宽度和规模。

- 高：如果 IP 能支持在广泛的市场空间中创造新的产品线或构筑壁垒，并能开辟对价格不敏感的市场。
- 低：如果 IP 只能支持范围很窄的应用并且（或者）它的应用被限制在一组特定的需求中。

（3）商业可行性。

- 高：如果 IP 能支持制造成本、可靠性或质量上的突破性成果，使一种新的商业模式变得可行或改善价值链定位，或者给持有者带来更高的边际效益、增长率及更大的市场份额。

- 低：如果 IP 没有或只有有限的价值能改变商业模式、改善价值链定位，或者商业量度，如成本、可靠性或质量。

战略价值

IP 对一家公司的战略价值取决于以下因素。

（1）战略适应性。

- 高：如果 IP 能直接提升市场、技术战略、核心业务的销售业绩和（或）活跃的竞争性排他的表现。
- 低：如果 IP 不能应用于核心业务，不能显著提升销售业绩，并且（或者）不能提供任何保护（积极地或消极地）应对竞争。

（2）市场/产品扩张作用。

- 高：如果 IP 开启了具有优先性的新市场机会或极大地扩展了现有产品的应用范围。
- 低：如果 IP 在任何市场和应用中都只有有限的作用。

（3）竞争定位、压制和自由实践。

- 高：如果 IP 是高度保护性和排他性的，从根本上影响竞争定位，并且（或者）是竞争对手迫切想要的。
- 低：如果 IP 对竞争对手构不成吸引力，没有能力排除竞争对手，或者在已有和目标市场中都没有任何交叉授权的价值。

表 10-3 提供了一个基于这些概念的实用工具示例。其中包括了对固有价值和战略价值的不同评级标准、不同标准的建议权重及不同分数等级的定义。特定的公司应该根据自身的具体情况来定义这个工具。这个工具可以被用于已有的和正在申请的专利。

表 10-3　专利评分标准

固有价值	权重	评级					分数
		1	2	3	4	5	
是关键专利，即这是一个先导性/定义性的技术或改善型技术	20%	好像不（0）	也许（1）	一般（2～4）	很可能（5～10）	一定（>10）	
回避这个专利或寻求替代方案的难度	20%	很简单	较简单	一般	较难	很难	

续表

固有价值	权重	评级 1	2	3	4	5	分数
监测侵权的容易程度	20%	很难	较难	一般	较简单	很简单	
技术的可用寿命	10%	过时的	短（1～2年）	中等（3～4年）	较长（5～6年）	很长（>6年）	
专利参照的数量（现有技术调查的效果）	10%	0～1（没有做或大于25）	2～4（不好或21～25）	5～8（一般）	9～12（非常好）	13～20（广泛）	
专利的年龄（从注册之日算起）	10%	>15 年	>10 年且≤15 年	>5 年且≤10 年	>2 年且≤5 年	≤2 年	
专利是否在其他行业拥有显著而且独特的应用	10%	好像不	也许	一般	很可能	一定	
总共	100%						

战略价值	权重	评级 1	2	3	4	5	分数
专利是否在公司的一个产品中使用	10%	否				是	
专利是否使得公司感兴趣的关键应用具有操作自由	20%	完全不	弱	一般	强	关键	
专利是否对行业里的其他公司有用，并且能潜在地限制它们的操作自由	10%	好像不	也许	一般	可能	一定	
是否具有应用于公司未来产品或开发新市场的潜力	20%	好像不	也许	一般	可能	一定	
公司是否有关于这一领域的进一步研究	10%	没有		低优先级		有	
专利是否支持一种关键技术战略或产品差异化	20%	完全不	弱	一般	强	关键	
专利是否为交叉授权的一部分	10%	否				是	
总共	100%						

知识产权组合评价与分析案例

作为一个具体的组合如何被使用的例子，考虑这样一种情况，一家公司有一个庞大且强健的组合，其中包括大约 1200 个活跃专利、1000 个待审批专利和 500 个未披露的声明。这个组合包含了超过 10 个技术类别和一些子类别。公司管理层很关心维护这个组合所带来的成本增加。他们不清楚这个组合中到底有什么，拥有这个组合有什么商业价值。他们也很想把这些 IP 商业化，却不知道该把哪些保留，把哪些进行外部授权来创造额外收入。于是公司采用了如下所示的这个组合分析方法来明确地理解它的专利组合，并制定具体的战略来实现目标。

步骤 1：开发一个技术分类方案来区分不同的技术类别和子类别。

步骤 2：通过这个技术分类方案来对所有现有的专利和待审批的申请进行分组。

步骤 3：授权一个小的跨职能团队，包括研发、商业、法律顾问和外部专家（如果适合的话），为组合中所有的专利和待审批申请打分，使用表 10-3 中的专利评分标准。

步骤 4：根据所有对专利的个人打分聚集成不同的专利族。

步骤 5：在 2×2 的框架里绘制这些专利族，如图 10-9 所示。这个框架包含两个因素——IP 的固有价值和战略价值，以及 4 个象限——取决于 IP 的固有价值和战略价值的高低。象限 1 中的专利族（低固有价值、低战略价值）是“抛弃”的候选。这家公司决定停止开发这个区域的新 IP，并且停止维护已有的 IP，因此节约了维护费用。象限 2 中的专利族（高固有价值、低战略价值）是“收获”的候选。这个区域的新投资被停了下来，公司开始采取行动来寻找这些专利中的外部授权的机会。象限 3 中的专利族（高固有价值、高战略价值）非常适合于加大力度，不管是将未使用的 IP 商业化，还是采取攻击性的方法来保护 IP 权利不被侵犯。象限 4 中的专利族（低固有价值、高战略价值）是通过创造新 IP，寻找授权机会来增加组合强度的理想区域。表 10-3 中介绍的专利评分标准及图 10-9 中介绍的组合分析框架使得公司管理层能够定义专利族，从而能节省维护费用，找出外部授权的机会，在保护 IP 上更富有攻击性，并且确认需要追加投资来增大组合强度的区域。

知识产权组合分析流程

在 IP 组合分析之上，每家公司都应该开发一个分析流程进行组合评价。根据公司规模和 IP 战略的不同，组合的分析流程可以是正式的。不考虑正式性，

表 10-4 给出了任何 IP 组合分析流程中都应该被评价和实施的一些规则。

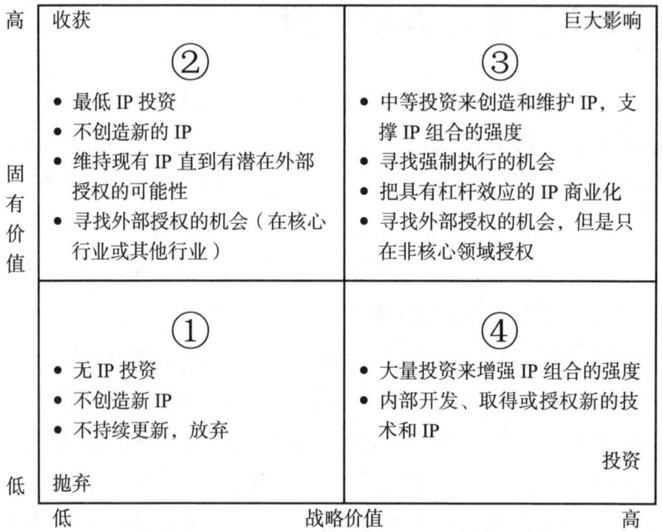

图 10-9　组合分析框架

表 10-4　组合分析流程规则

规　　则	考虑要点
负有责任的 IP 组合决策者	往往是一个跨职能委员会的结构（在大公司里有时是多层次的）负责集成研发、法律、战略、业务开发、市场营销和产品管理的观点
同商业规划及个人项目连接在一起的决策循环	先于为确定研发重点和投资的关键技术规划里程碑的 IP 组合审核。产品开发流程需要专利审核来明确潜在的声明和早期自由操作选项
积极的战略输入	市场和产品战略输入，伴以清晰的基于差异化的决策带来战略上的不同，要满足分析
相关组合边界和“战略木桶”	清晰的技术或 IP 分类，这些技术或 IP 同产品平台战略及战略创新相关联
有效定义的排序标准	通常基于 IP 组合评估的方法和定义而成立（见表 10-3）
清晰的优先级方法	通过循序渐进的过程，把决策者、信息和标准综合起来，产生组合分析和后续行动的决策。当 IP 组合大且复杂时，这个过程能带来可重复的和一致的执行，而且能基于时间建立期望，因此就显得尤为重要

知识产权管理的最佳实践

在行业里领先的公司都有一套完整的管理流程来进行 IP 的创造、保护、维护和配置。下面描述了一些关于 IP 管理的关键方面的最佳实践。管理人员必须进行法律咨询来了解法律审查与知识产权有关的进程，以确保知识产权不受无意的伤害。

最佳实践：IP 与经营战略的一致

在领先的公司中，IP 战略同经营及研发战略受到同等的关注，而且成为企业文化中无处不在的一部分。一个将创新作为主要武器的公司会比它的竞争对手投入更多的研发资金。然而，在一个显而易见的创新投资水平中，还有其他一些因素会影响对创新能力的投资。

（1）研发战略。如何关注和组织研发需要从战略层面上考虑。在研发战略中需要有一个分界线，来区分那些支持研究、产品开发的投资和支持新概念开发的投资。尤其要注意，不能把用于新概念开发的投资同总体上的产品开发投资混淆。对新概念开发的注意力应该聚焦于探索和解决新问题——而不是立刻进行商业化。如果能把新概念的选择从战略层面实施，那么得到的专利就会获得很大的价值。

（2）与有针对性的构想和能力改进项目相关联。同研发战略紧密相连，公司应该进行有针对性的构想和能力改善的投资。这个过程应该与业务优先级保持一致，以开发新的市场或应用程序。这些项目的管理者和促进者需要受过 IP 管理方面的专门训练，并对产生的想法进行保护。

（3）非研发部门的发明时间。给研发部门之外的人提供新想法的时间可以收获不错的新点子，尤其是那些同客户紧密联系的员工会比较活跃。让这些人取得研发的资源来倾听客户声音并且发明新的方法，可以获得战略性创意的源泉。每个人都应该同发明提交项目联系起来，也包括那些非研发部门的人。

最佳实践：与 IP 战略一致的奖励和强化激励行为

与所有的员工的沟通和愿景设定是成功实施一个商业战略的关键。IP 战略也不例外。尤其是一家公司需要明确它对 IP 的重视程度、员工参与的机会、奖励和其他认可，并关注开发的 IP 能促进何种类型的业务。

领先的公司经常鼓励披露，具体是指对发明者进行有效的认可和激励、IP 概念的发明培训，对取得关键突破的团队和个人的奖励，以及在某种情况下，对建立在披露数量的基础上的表现主题（尤其对研究者和资深工程师）的奖励。IP 专业人士需要同研发部门紧密合作来训练和鼓励发明者披露他们的发明，改善专利申请的技术和法律品质。

用来评价披露内容和投资申请的筛选标准需要同商业战略结合起来。类似地，对个人的认可和奖励需要同成功的筛选结合起来。在做出提交专利申请的决定时，需要增加奖励来提高创意的价值。另外，认可和奖励需要随着专利被应用于产品开发和逐渐商业化的过程而逐渐增加。

最佳实践：实施结构化的流程和实践进行 IP 管理

（1）领先的公司有一个高度制度化的流程向导来引导知识产权管理（创造、保护和维护），从而提升公司中一贯的理解和执行。这个向导描述了专利的生命周期过程和其中的关键步骤、时间表、传递性，以及发明者、专利审查委员会、IP 法律小组及其他相关人员的角色和责任。关键是不能让 IP 流程官僚化，让它易于理解、交流和使用，并且让它能被所有的相关关键人员（技术、营销、制造等）取得。这个流程还应该包括工具和模板使发明者能更容易地把披露文档化，如基于网络的流程向导或供发明者在线填写的表格。

（2）实验记录需要被一丝不苟地坚持。一个实验或工程记录是一个关键的法律文本，能提供关于新发明的范围和时间的证据。一个妥善保管的实验记录可以作为信息来源，以协助发明者发展用于解决技术问题的形式概念、一个建设性的想法、一个工作模型或模拟的概念运作。对于实验记录的基本要求是提供证据来表明做了哪些事，取得了哪些理解，以及做这些事和取得理解的时间。它保留了一个能被法院和美国专利商标局承认的证据。实验记录同样提供了记录来支持专利申请、工程奖项和保护性声明。关于谁、在什么时间、发明了什么的问题通过实验记录都能被很好地解决。

（3）谨慎的现有技术调查很重要。它提高了专利的发布率，避免了不当披露带来的费用，而且有助于对现有技术概况和竞争对手有一个更好的了解。很多公司使用技术信息系统或交流合作（专利代理人、专利局、相关工程师）来帮助发明者进行现有技术调查。

（4）产品排他研究是产品开发过程的一个必不可少的部分，用来保证公司所有的发明都被妥善保护，而且公司不会侵犯其他人的专利。

（5）积极监测市场和竞争对手来识别第三方的知识产权侵权。

（6）采取预防措施来保证公司不会成为专利诱饵的受害者。在这种情况中，一个通常被认为是专利诱饵的小组会积累 IP 用于对侵权进行指控，但是不会基于问题 IP 生产任何产品或服务。通常这类群体从破产企业处以“大甩卖”的价格取得专利。他们控诉某公司侵权，并希望庭外和解。许多公司认为，宁愿用较少的资金来购买许可证，而不愿通过打官司来取胜（还可能失败）。这些人不想交叉授权，他们从来没有想要使用专利。为了避免可能的专利诱饵，有时候公司最好监测 IP 来发现哪些 IP 可能会成为专利诱饵的目标，并取得或购买相关授权。

最佳实践：实施清晰的决策机制

披露需要接受高级、跨职能的专利审查委员会的审查，评估其技术、商业和法律的价值。披露审查应该包括发明者的展示（通常与同行评议期刊论文和博士论文答辩一样严格）来保证披露的质量。

专利审查委员会需要决定一个披露是否需要被保护。公司同时需要选择合适的法律工具（专利、版权、商业秘密）来保护披露。领先的公司有明确定义的方法来选择最合适的工具来保护它们无法申请专利的 IP，使之成为商业秘密、版权、出版物和商标，还能实施有效的保密措施来保护商业秘密。

专利审查委员会还需要采取预先的行动来管理专利组合，做出基于价值的专利更新和海外注册决定来履行商业战略。

最佳实践：定期进行组合审查

领先的公司在执行周期性（通常为 6～12 个月）内进行跨职能的 IP 组合审查，主要包括以下行为。

- 评估组合的优缺点。
- 比较自己的组合和竞争对手的战略，尝试阻止竞争对手的关键专利。
- 识别界限并围绕界限开发专利战略来保护自身的核心 IP。
- 识别交叉授权的机会。
- 审查预算和专利维护的实践。

把组合管理视为一个动态的和实时的过程非常重要，这能使组织快速适应商业环境的变化，并注意到组合自身的发展进化。IP 组合的评价应该被实施以改善组合，从而满足未来的商业需求。大体地标识出组合中的空缺不能从根本上改善业绩，除非辅以管理层进行投资的明确信息。IP 组合审查应该识别出填补空缺的方法，不管是内部的还是外部的。内部方法包括调整未来研发资金或启动针对填补空缺的特定的创新和创意计划；外部方法的基础是通过协同开发、合资公司、授权计划、并购和联盟取得外部专利。

小　结

在以技术为基础的公司里，知识产权组合代表了多年来累积的研发投资所产生的未开发宝藏。开发这些 IP 组合可以创造直接有益于公司最终盈利能力的增量价值流。在过去的 10 年里，多个行业的高层管理者开始意识到其中的机会，并且开始使用系统方法来获取这些价值，就像他们过去对待硬资产一样。

本章描述了用于一个系统的和全面的 IP 管理的关键战略、工具和方法，包括①创造、保护和维护 IP 资产；②开发这些 IP 资产；③评估和分析 IP 资产组合；④管理 IP 的商业流程。任何特定公司都需要根据它所处的行业、竞争环境、商业需求和法律分支来调整自己的方法。如果没有系统的方法，公司就会把自己暴露在风险之中，无法获取基于 IP 的利益，使竞争对手有机会基于 IP 的弱点攻击自己。理解 IP 的公司能充分利用自身的创新能力，并通过投资内部 IP 管理能力和将相关的流程和系统正规化来尽可能地降低风险。

作者简介

沙拉德·拉斯托吉（Sharad Rastogi）是 PRTM 管理咨询公司马萨诸塞州沃尔瑟姆市办事处负责人。他曾为几家公司做过知识产权战略咨询和管理知识产权的结构化的业务流程实施方面的咨询。除此之外，他在市场和产品战略计划、创新和产品开发管理、产品项目组合、项目和资源管理、合作开发和联盟管理方面有丰富的经验。现在，他专注于生命科学行业，但同时也涉及其他行业，如计算机和外围设备、软件、通信、电子消费品等方面的研究。沙拉德拥有印度理工学院坎普尔分校的学士学位、俄亥俄州立大学哥伦布分校的理学硕士学位及宾夕法尼亚大学沃顿商学院的 MBA 学位。你可以通过电话 781-434-1273 和 srastogi@prtm.com 与他联系。

筱崎阿里（Aritomo Shinozaki）是 PRTM 管理咨询公司加州山景城办事处负责人。他在某些核心实践领域有着十分丰富的经验，这些领域包括企业战略、创新战略、技术和知识产权管理、产品管理和开发、产品项目组合管理、产品战略、服务战略和 IT 运营等。他的工作经历涉及软件、计算机硬件、网络解决方案和生命科学方面。他的技术背景包括商业应用开发、高性能计算、网络技术及面向对象的软件开发。他毕业于普林斯顿大学，获得物理学学士学位；他曾在伊利诺伊州大学厄巴纳–香槟分校就读，并取得物理博士学位。他还取得康奈尔大学约翰逊管理学院的 MBA 学位。你可以通过电话 650-864-3582 和 ashinozaki@prtm.com 与他联系。

马修 · 卡恩（Matthew Kaness）是 PRTM 管理咨询公司纽约办事处经理。他在技术性产品和消费品公司有着丰富的工作经历，这些公司跨越多个行业，如食品和饮料、运动商品、鞋类和服饰、成套消费品、零售和专业化学药品等。他的专业领域包括新产品开发和介绍、业务和产品线计划、智力资本战略和资产管理、管理费优化、战略采购和海外合同制造商谈判等。他拥有美国天主教大学机械工程的理学学士学位、弗吉尼亚大学达顿商学院的 MBA 学位。你可以通过电话 203-905-5616 和 mkaness@prtm.com 与他联系。

第 11 章 职业阶梯

道格拉斯·奈夫（图坎学习系统公司出资人和总裁）、
金佰利·霍钦（安姆科北美公司产品开发副总裁）

许多熟悉的质量管理原则都阐述了这个简单的真理：创新的、健康的组织，要求我们与人们合作，而不是为他们做事。

——阿尔菲·科恩，美国教育和哲学领域的讲师和作家

乘风破浪进入市场

将一个新产品推向市场就像滑翔一样。对于产品经理来说，它们的主要区别是，滑翔机不是从有信誉的滑翔机制造商那里购买的，而是自己从零开始设计和建造的。团队发明、开发了产品，并且在实验室中建成了原型。他们对产品进行了仿真测试，所有的数据都表明它会像鹰一样直冲云霄。产品经理的工作就是启动这个产品，并验证结果。

很快，这名经理就会给自己系上安全带，以最快的速度跑到悬崖边上，去看看发生了什么。一旦他的双脚离开了地面，他就会发现创新这个词语真正的意义，正如他会亲自感受到他和他的团队开发的产品一样。他们的新产品是像鸟一样飞起还是像石头一样坠落呢？

如果这样的场景让你感觉很熟悉，那么你并不孤单。逐渐逼近的发布日期，就像悬崖的边缘一样，会对你的产品开发团队产生灾难性的影响。创新者如果想要"飞翔"的话，就不能害怕失败。为了在市场中发布成功的产品，他们必须全身心投入，并且全力向悬崖的边缘冲刺，而不是惧怕可能的失败。

令人遗憾的是，有一些团队的成员会站到一边，指向深渊，抱怨机翼织物上的草率缝合，或者将你的名字刻在墓碑上，拿着铲子站在旁边。如果不加以遏制，这样的态度会影响团队的其他成员，进而逐渐扩展到整个组织，破坏团队创新的能力。

如果创新要求一种无所畏惧的态度，那么创造和维持这种态度的秘诀是什么呢？显然你的公司的成败是建立在产品开发团队的表现上的，但是这种奇怪的动机和想象力的混合物通常不受控制。尽管你尽了最大的努力，商业世界固有的社会结构和期望，以及真实的失败威胁，经常会轻易破坏一个团队最需要的创新能量。(一些研究甚至指出每 7 个产品中就有 6 个是失败的！)

然而，创新是可能的。可能你相信这一点是因为你在团队中特定的人身上看到了它的影子，或者你想起了上次产品发布时围绕你的冲动和热情。但是现在呢？随着资源的削减和满足销售预期的高压，“按需创新”越来越重要。然而，你越需要创新，创新就越难捕捉。你如何找回它？而当你发现它之后，如何维持它呢？

本章将会简述团队开发系统的 4 种工具。如果能被整合进团队的工作周期中，这些工具可以提供可靠的基础来提升创新能力、团队合作能力和高绩效。这些工具可以作为你的创新的基石。

- 职业阶梯——一个透明、公平、简洁的模型，用来显示在你的每一级的技术组织和其他公司的层级上的职业层次，包括它们的相互关系和必要的技能要求，以及每个水平提供的不同的职业道路。
- 选择模型——一个招聘的工具，包括一套强大的标准和评价工具，用来分拣一堆堆在你办公桌上的简历和你现有的团队潜在的晋升机会。
- 绩效评价——一个易于理解的审查过程，使每个人看到自己的长处和短处，以及一套明确的预期。这种模式对组织的每个职位使用相同的标准，因此每个人都可以看到他们的表现与较高和较低职位的职业阶梯。
- 行动计划——一个具体的、可衡量和可实现的目标，帮助每个人理解大致的步骤来持续地满足期望。这也许是最宝贵的工具，管理者可以使用它来帮助员工找到成长的新方向。

本章内容的获益者

这 4 种工具构成一个全面的员工甄选和评价的过程，对研发管理人员来说将是非常宝贵的，特别是在对整体结构的组织上。研发部门的项目负责人肯定可以从这些工具，特别是绩效评价上受益，对开发创新团队的有效行为进行指导。(从这里开始，“团队”这个词将用来表示你的工作组，无论是 150 人的研发部门还是 5 人的项目团队。）

本章的团队开发系统特别有助于管理人员来建立一个基础坚实的 NPD 团队。这个系统不但为建立新团队提供了一个很好的蓝图，而且对革新现有的团队也很有益处。它不但能帮你找出团队的优势和劣势，而且能让你有效地计划未来。最重要的是，它创造了创新所需要的环境和特定品质。

本章的写作基于这样一个假设：开发工具是为那些被良好授权并且在工作中更高效的员工设计的。经验显示让这些工具在整个组织里保持透明会鼓励个人的成长和职业规划，以及自我激励（这能让你的员工从一开始就全力以赴地工作）。

最后，本章所有的观点都是基于相信授权能产生产品创新的观点。一套良好的工具将使你的团队在更高水平上创新，并给公司带来更大的成功。

开发职业阶梯

在了解这个系统各个部分的具体细节之前，最好先看一下在实际组织里会用到的流程。想象你是研发部门的经理，负责一个超轻飞行器的制造，而且你要负责组建一个高度创新性的团队来创造组织最新的滑翔机模型。你如何开始？你怎样选择最好的发明者？你怎样从一无所有的组织中构建一个常胜的团队？

在雇用单个的员工之前，你需要开发一个职业阶梯。这意味着你需要首先评估你的团队的需求，这在一定程度上是由你要开发的产品决定的。举例来说，如果你要发明滑翔机，你并不需要医生在你的团队里（但愿不需要），但是你会明确需要航空技术、物理和工程学方面的人才。团队的需求还由你作为一个教练或管理者的优点和缺点决定。也许你能领导好有独立思想的人，因为你使用放权的方法；也许你是一种教学风格的管理方式，所以你更喜欢那些经验较少的团队管理者，这样你可以帮助他们成长为强大的管理者。

你的职业阶梯不但是你的团队如何的表现，而且是你在多年变化的需求中的一个可用的向导。当你建立一个新团队时，它能起到一个蓝图的作用，总是让你的注意力集中于那些最重要的技能和人员上。当你管理一个已有的团队时，职业阶梯是一个非常宝贵的工具，能显示出你拥有的现状和你期待的未来之间有多大的差距。

你的下一个工作是获得一些新员工。选择模型在这里是最有用的。用你的职业阶梯，你能制作一张清单，列出你需要雇人的职位，包括每个职位需要的全部技能和经验，以及你总共需要多少个职位。有了选择模型，你可以开始招募新人。

这个模型将会帮你专注于你真正需要的东西，从而可以掌控面试的过程。更进一步来说，当你有太多的申请而没时间去一一过目的时候，你（或其他人）可以用这个模型在正式面试之前进行初步的筛选工作。

当你有了一个能取胜的团队，或至少拥有这种素质的团队之后（开始工作的那天你会在悬崖边上看清这一点），你需要通过一个绩效评价流程来设定愿景。当然你不会指望技术人员和发明者能有同样水平的表现。但你会希望他们有同样的态度，而技术人员并不需要凭空创造什么东西。

机会在于你可以评估这些技术人员的具体工作情况，评估机械师的焊接和精确实现图纸的能力，以及发明者们创造新产品的能力。因为你的职业阶梯是透明的，而且同评估流程整合在一起，每个人都能看清自己的位置和同他人的联系，以及他们需要学习哪些能力来取得一个新的职位。谁知道呢？也许一个技术人员就正在秘密地开发一个新产品！

精炼和培养团队的工作就是行动计划发挥作用的地方。一旦你成功评估了你的团队中的个人，你会发现他们有些提早完成了自己的目标，有些却落在后边。他们都需要（用行动计划）重新设定目标来确定下一步需要做什么（或你需要他们做什么）。对那些落在后边的人，他们的目标取决于他们需要弥补的差距，而已经完成目标的员工应该有更大的自由来自己决定目标并专注于职业提升。但是，这两者都需要进行评估：一方面是评估他们为自己设定的目标；另一方面是评估他们执行计划的能力。

一个团队开发系统不是什么新概念，它的部分流程可以在每个公司或团队中被找到，并以各种形式存在。但是当这些方法被整合在一起，就像这里建议的一样，这 4 种工具会给你的团队带来持续的放权、创新和团队合作。

职业阶梯：你的梦之队的蓝图

想象这样的场景：约翰是顶点超轻飞机公司的一名首席工程师，在公司待的时间比你还长。前任领导对他非常尊敬，而约翰的资历和可靠性让他一次又一次地升迁。现在，他是你的首席工程师、你的团队中等级最高的工程师。你发现他是一个工作很努力而且乐于奉献的人，但是你同时发现他的能力有一些缺陷。而你雇用的一些其他的工程师，他们中有些人比约翰更有经验或更好的解决问题的技巧，而且很多人都有较强的领导能力。

你个人对约翰有点看法，因为他总是出现在办公室，频繁地指出团队中存在的问题，如为什么每个将要开发的新产品都会成为一个灾难，他认为你应该做些什么之类。你开始感觉沮丧，尤其是当你发现他的能力似乎仅限于指出问题时。你被迫使那些较低级别的工程师对约翰的抱怨做出反应。

更进一步来说，他不擅长同公司的其他部门（市场、销售、财务等）进行谈判，而且经常在尝试同团队外部进行交流时惹下麻烦。这对你来说是一件烦心事，对团队的其他人来说同样如此，因为约翰已经变成了一个消极的典型，导致团队中出现猜疑和分裂。

他像你曾经管理过的某个人吗？你对约翰感到沮丧的原因是他的职业和能力不相称，而且他没有拿出你需要他拿出的表现。（约翰对这也感到沮丧。）当你和其他团队成员在紧锣密鼓地为启动做准备时（带好你的头盔，全速向悬崖冲刺），约翰却站在另一边，拿着扩音器，向你（和任何会听他说话的人）描述峡谷的岩石和谷底。

你的团队中并不需要运动解说员，事情为什么会变成这样？为什么前任领导会把约翰提升到一个这么重要的职位上，而他并不具有担任这个职位的能力？

这就是职业阶梯需要解释的问题。如果每个人都能在自己的位置上发挥适当的作用，那么约翰不会只是因为他工作的时间最长或是第一候选人就在他现在的职位上。首先他应表现出一些非常重要的技能和特点。

不管是不是严格定义的，职业阶梯在每个组织里都有用，它描述了每个职位需要的技巧、能力和权威。它还提供了确定薪水、奖金和其他报酬的指南。一个简单的职业阶梯的例子是团队中使用的组织结构图。典型的组织结构图可以显示责任，但不能显示一个追求上进的员工的太多信息。你可能认为他们是以经理为中心的。

但是幸运的话，你的组织结构图能回答以下几个简单的问题。

- 我的组织中有哪些位置？
- 这些位置怎么互相配合形成一个整体？
- 谁向谁汇报？

然而，如果你的组织结构图像大多数组织结构图一样，它通常不能回答以下这些问题。

- 如何界定不同责任对应的工资、奖金等？
- 每个职位有怎样的教育、技术、经验要求？
- 不同的职位是如何水平联系的，尤其是在公司的不同部门中？
- 什么情况下需要在公司中提升或调换职位？

还有一个常见的关于技术人员的问题。

- 那个只有英语学士学位的销售员的工资，真的是那个今年开发了 3 种新产品的工程学博士的 3 倍吗？

这些问题能通过建立一个以员工为中心的模型找到答案，像下面这样做：想象一个有 3 个梯级的阶梯。（梯级本身也很重要，想象它们分隔出的 4 个空间。）把它们标上 1～4 的序号。同组织结构图不一样，你接下来不是要用员工来把它填满，而是用具体的职位。图 11-1 显示了以员工为中心的职业阶梯。

开始想象哪些职位属于哪个级别。有些很明显，有些却一时看不清楚。现在列一张团队中所有职位的清单可能会比较有用。在职业阶梯中填上你能填的部分，然后继续阅读清单来加上剩下的。

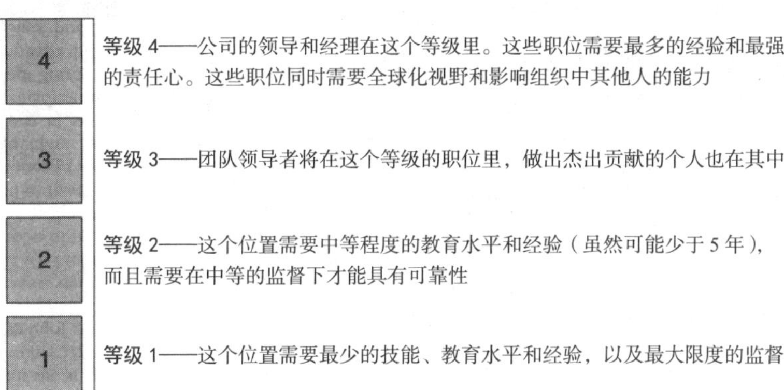

图 11-1　以员工为中心的职业阶梯

注意这个阶梯有 3 个梯级。你可能会认为这些梯级是绩效的分界线，那么你猜对了。一名员工需要获取特定的技能或能力来从一个等级进入下一个等级。当然任何晋升都是如此，但是这些分界线能更清晰地向你展示这一点，如图 11-2 所示。

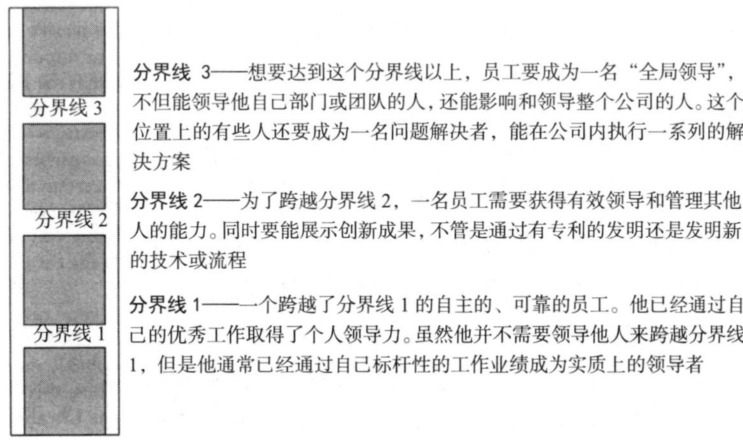

图 11-2　绩效分界线

回到本章约翰的那个例子，现在你可以看看一个有效的职业阶梯将怎样阻止约翰进入一个他没有准备好的工作岗位：在这个工作岗位上的人需要全局的领导能力。如果他的经理有一个规划清晰的模型来建设一个高效能团队，这位经理会清楚约翰有适应某些职位的能力，但不是等级 4 的职位。（这位经理也有可能帮助约翰制订一个有效的行动计划来弥补这方面的能力。）从这个角度来讲，你可以把约翰的令人沮丧的行为看成是一个管理失误。约翰发现自己不在应在的位置上，而且已经尽自己最大的努力来弥补。这不令人吃惊，事实上，他的交流能力经常是消极的、批评性的，或者在责怪他人。你应该认识到，被安排了错误工作的人经常会陷于批评、抱怨和惹麻烦的行为中。

现在从一个不同的观点来看这个例子。如果约翰是跑到你的办公室里来要求把他提升为首席工程师的话，怎么办？考虑一下约翰在多年的工作中表现出来的高质量和可靠性。你非常了解他，想要奖励他的刻苦工作，而且约翰做了一个有吸引力的陈述。此时你会怎么做？你对首席工程师的要求有一个清晰的认识吗？除非亲自做过这个工作，大部分人并不会有这方面的信息。但是，很多经理都能记得曾经错误地提拔某人到他并不能胜任的工作岗位上（指望他能自己进步），或决定把自己最好的员工提升为主管，却在稍后发现他在团队中并没有做出最好的表现。

职业阶梯创造了一个对双方来说合理对话的机会。作为经理，你无须再去费力地“猜测”约翰是否适应新工作，而他被要求在升迁之前拥有特定的能力和禀赋。从约翰的方面来讲，他现在知道了如果他想要升迁的话，他需要具体做些什么。所以现在你可以集中精力来帮助他开发相关的技能来取得提升。

还有一个步骤，你需要把你的职业阶梯完全填满。你现在对 3 个梯级和 4 个不同等级很熟悉了，但是记住你的组织里可能不止一个部门或职能。因此，有不止一种方法来描述职业阶梯。你可以参考图 11-3 所示的顶点超轻飞机公司的技术职业阶梯样本。

顶点超轻飞机公司的职业阶梯被划分为 3 个不同的梯级：科学家级、工程师级和管理者级。显然，这样给那些生涯意识较强的员工提供了一个更清晰的图景，尤其是对那些想要转换到不同阶梯的人来说。像这样实施了职业阶梯之后，你会发现自己同团队成员进行了有意义的有关职业生涯的对话。例如，预备科学家会严肃地思考他要在管理项目里工作，还是继续在科学领域做出个人贡献。

一般人关于是否接受一个管理角色的决定是与薪酬联系起来的。在很多公司里，管理或商业阶梯上的人会比处于其他阶梯上的人得到更好的待遇，所以那些做出杰出个人贡献的人（在你的公司里开发滑翔机的所有科学家和工程师）会发现自己单纯地因为想要更好的薪酬而企盼一个管理的位置。因此，这种战略会形成一大批不胜任（或根本没兴趣）管理工作的领导。最好的替代补救方法是使用职业阶梯来重新设定薪酬等级，来平衡不同的职能区域。例如，高级科学家、高级工程师和项目经理应该有同样的薪酬水平。如果你发现自己周围有一大批不想当经理的经理，你就应该问自己这样的问题：为什么你要把金钱上的好处放在他们眼前（他们还要考虑家庭）来诱惑他们进入管理领域？他们的成就不应该在发明伟大的产品上吗？如果公司基于职业阶梯来制定薪酬水平的话，无疑会创造一个公平的环境，能成就一个人的职业生涯，而且让个人和领导者在各自适合的岗位上发挥作用。

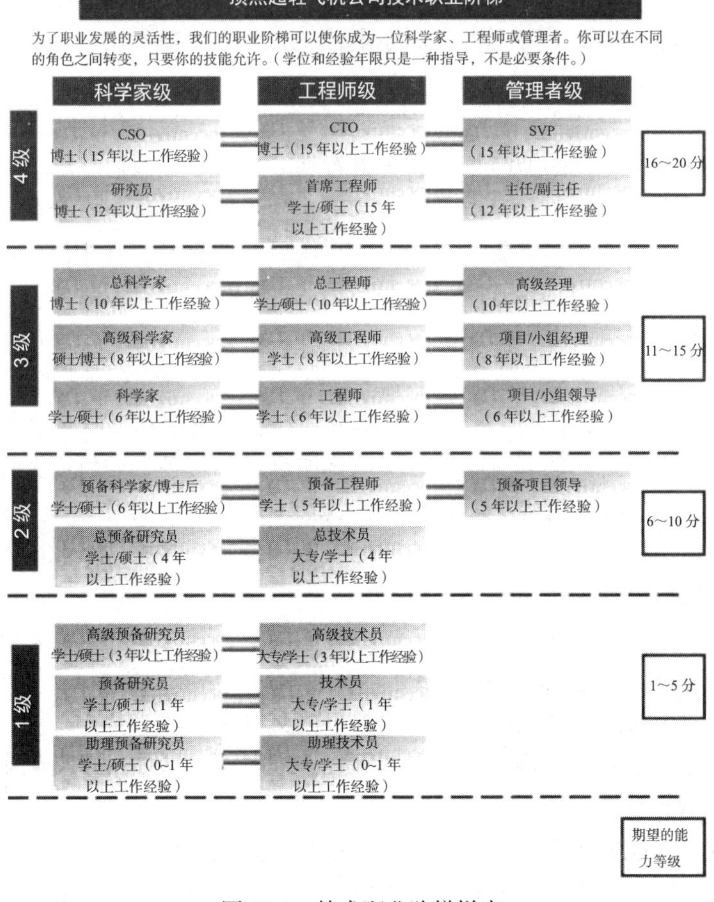

图 11-3 技术职业阶梯样本

现在你应该能指出你的部门或组织中每个职位应该放在职业阶梯的哪个位置上了。做好这个蓝图之后，你就该制作自己的人员清单了。如果你是在组建一个滑翔机产品开发团队，你需要在每个职位的旁边写下需要的确切人数，如 12 名技术员、4 名项目领导、2 名预备工程师等。

一旦你完成了这个清单，你就可以招兵买马了！

选择模型——招聘最好的员工

有一个清晰简明的职业阶梯，你就做好了雇用你能雇到的最好的人的准备。不久之后，你的收件箱就会塞满简历，你的电话会响个不停。很多优秀的员工就在你的门外排队，期待着面试的机会。只有一个问题，对于你的收件箱里的每位“明星”应聘者，都有许多中等水平的应聘者与之相伴（更不用说那些灾难性的应聘者了）。

在所有这些应聘者中，你怎样才能选出那些能组成最佳创新团队的人呢？不要相信那些经理告诉你的他能从人的眼里看到闪光，也不要轻易相信他们的直觉。这些都是面试中重要的工具，但是很多人都学会了如何假装有一个假的闪光，事实上那些中等水平的人经常看起来跟那些“明星”应聘者非常相似。更进一步地讲，你的直觉是用来识别人才的。一个杰出的人是伟大的，但是你应该把你的时间花在识别你的团队需要怎样的职位、技能和能力上。雇用 12 个杰出但在错误水平上的人可能是一场灾难，还不如不雇人。换言之，一个管弦乐队需要 85 名杰出的小提琴手吗？因此，你也许能从持续地聚焦于特定的雇用流程上受益。

你已经设计了自己的职业阶梯，所以你明确地知道各个职位需要什么，而自己期待什么，不管他们有什么具体的工作责任。此时你可以建立一个选择模型来帮助确定新员工能满足相应职位的所有的技能和经验要求。从职业阶梯中选择一个职位（如项目经理）作为开始。

你要问的第一个问题，可能也是最重要的问题，是这个职位需要什么可交付成果。换个说法，你将为他们的什么东西支付报酬。答案只能有 1～2 个，而且是全局性的。以项目经理的例子来说，有两个可交付成果。

- 管理新的和独家的商业化产品的开发，同时满足从项目定义到生产就位的研发截止日期。
- 领导一个团队来创造独特的知识产权和商业化产品。

第一步，想象这样的任务陈述。不要只是写工作描述，而是要花一些时间想一想你到底想要这个人为你创造什么价值。你在这个方面想得越多，在以后的时间中就越轻松。

第二步，看一下第一个可交付成果。对一名项目经理来说，第一个可交付成果全部是关于项目开发的，而且它会具有跟第二个可交付成果不同的期望和要求。你应该对你将来的项目经理必须掌握什么经验、证书、认证或技能才能在工作中取得成功有一个清晰的认识，然后在第一个可交付成果的下边把这些列出来，给它们一个字母等级来描述它们的重要性。可以参考以下几项标尺。

- Q：合格线（Qualifier）。这在筛选流程中会非常有用，那些在这些方面不合格的申请者甚至不会被考虑。在选择模型中用 Q 来表示这不是一个简单的认证，这个条件的缺失会立刻排除一批候选人。通常，合格线包括高学历、工作经验等。
- A：必须具有（Must-have）。这是那些在简历或申请表上未必写明的东西。这是你的团队运作所必需的关键，而且会同团队的独特风格相符合。
- B：需要具有（Should-have）。这个不像以上两种资格一样关键，但也是对团队很有价值的。
- C：最好拥有（Nice-to-have）。用这个标签来标示任何对你的团队有益的特点、技能或能力。

这些标尺非常容易理解，但是把资格变成了真正的关键标准，因为它能帮我们在筛选和面试的过程中保持专注。一些关于项目经理的例子如下。

第一个可交付成果：管理新的和独家的商业化产品的开发，同时满足从项目定义到生产就位的研发截止日期。

- Q：高学历或在航空产品和小型飞机开发方面有可观的经验。
- Q：能满足开发截止日期的有说服力的能力。
- Q：有管理开发者团队的经验。
- A：商业化产品的证明。
- B：原材料方面的经验，足以成为一名内部专家。
- C：用特定的纤维制作翅膀组件的经验。
- C：安全系统方面的专业培训（以防万一）。

第二个可交付成果：领导一个团队来创造独特的知识产权和商业化产品。

- Q：有能力创造一种控制混乱的文化，以支持创造性的过程。
- Q：作为科学家、研究者或实验室员工取得过有说服力的成功。
- A：良好的口语交流能力。
- A：优秀的书面表达能力。
- B：参与型领导风格的证据。

- C：说多种语言的能力。

完成这个资格的列表之后，你就可以开始组织面试流程。对每个资格，写下一两个问题来用于鉴别。如果检验一个人是否具有产品开发的行业经验，问题应该非常简单，如“告诉我你的行业经验”；如果是为了发现申请者如何管理他人，问题就需要复杂一点，如“告诉我你怎么管理你团队里的冲突”或者“告诉我你在一个压力很大的产品项目启动中会扮演什么样的角色”。

对于你的每个可交付成果重复这个步骤。（稍后你在建立绩效评价工具时定义的素质会成为了不起的材料，提醒你取得成功需要哪些属性。）如果职业阶梯是你理想的团队的蓝图，那么选择模型就是你的“明星”员工的蓝图。

这可以成为一个非常好的电话筛选工具，补充一句，尤其是当你没有时间自己做所有的筛选的时候。然而，要记得写下一些关键词和短语，这样你的面试就会更有效果。它们能帮你发现适合这项工作的正确的人，前提是你对自己的要求知道得明确而且详细。例如，在那个压力很大的产品项目启动的问题的例子中，加上下面的内容。

听取整个团队会取得成功的承诺，不仅在产品方面，而且在员工的发展、士气和有效的领导方面都取得成功。

你的筛选人员会对初始的会议做一个关于你关注的内容的记录，你能在信息充分的情况下决定是否请这个候选人面试。这个工具曾经被一家外部招聘的公司使用，虽然这家公司没有技术培训，但是这个工具使它能筛选出那些不满足技术或领导力需求的候选人。

人格这个在任何团队中都很重要的观点在这里没有什么价值。不计其数的书籍和研讨会都专注于不同人格的模型，所以在这里就不再讨论了，但是熟悉其中的一种理论对招聘过程是非常有用的。对团队中的人格的任何深入理解都可以给你一个人们将如何应对难关和冲突的边界。两个典型的例子是 Myers-Briggs 类型指标和九型人格，这两者都能通过因特网搜索轻易找到。

请记住，一个成功的招聘流程最终归结为做出好的选择。为每个职位开发一个全面的选择模型，你就为这个选择做了最好的准备。

全面的绩效评价

当评价你的团队的绩效时，有很多不同的模型可供选择，所有这些模型都存在广泛性和彻底性。有一些是简单而直接的，提供了清晰的、适用于每名员工的通用评级系统，一小部分标准及一个附加的评价部分。另一些是极其细致的，涉及数十个标准的打分，在每个打分级别后边引出评论，并且有数量可观的关于员工整体得分的图和表。

为了开发一个既全面又有效的绩效评价标准，在细致性和简洁性之间取得平衡是非常重要的。最有效的绩效评价标准需要满足以下条件。

- 提供有效的信息和反馈，同时呈现给员工和管理者。
- 足够简单，能在 20 分钟内做完。
- 同职业阶梯和选择模型相结合，能反映团队的管理风格。
- 与那些可能产生纪律问题的话题进行强硬的对话。
- 给每一方提供一个能谈及职业转换的起点。

传统的绩效评价经常会给技术能力或领导能力的其中一方加过大的权重。就像我们在职业阶梯中看到的，技术能力自身并不足以使员工跨越不同的分界线，而单纯专注于社交技巧和领导能力的绩效评价也没什么价值。当然作为一名管理者，你需要评估你实际需要的素质，既包括技术的，也包括人际关系的。

如果你准备把你的需要分成 5 个类别，那么这 5 个类别是什么？对这些尝试，要考虑全局。什么样的素质是你的新员工需要的？对顶点超轻飞机公司来说，这些类别像下面显示的那样。你的公司的文化和需求是不同的，所以你需要开发一组自己的关键素质。下面的例子是一个很好的借鉴。

- 我知道我们如何能成功。我设定且达到目标，并遵从团队的独特风格。
- 团队协作铸就成功。我在一个团队的环境里工作，支持我的合作者来达成他们的目标。我以我的态度、准时性和工作成果树立良好的榜样。
- 我是有弹性的。我能很好地适应计划和变化，而且我在团队的需求发生变化时显示出良好的适应性。
- 你可以依靠我。我是值得信任的而且对我的团队守信。我做出合理的承诺，然后管理自己的工作，所以我能持续地获得良好的结果。
- 我尽最大努力。我有同我的职位相关的技术能力。同样，我有野心把那些最好的技巧带到我的工作中并让它成为一种日常习惯。

一些绩效评价模型可能会在这里停下，让你去用那 5 个类别来评价员工，可能使用的分数为 1～20 分。显然，这对某名具体的员工产生的信息是少得可怜的，但是在比较一组员工的优缺点的时候非常实用。员工雷达图如图 11-4 所示，你会选择把哪名员工提升为项目经理？

通常，你可能希望你的项目经理在人际导向的领域里得到高分，如“团队协作铸就成功”“我是有弹性的”“你可以依靠我”（雷达图的右半侧）。各项得分都很高也很好，但是如果你要在技术能力和领导能力之间做出选择的话，你可能会为这个特定角色选择领导能力。所以，休可能是最合适的人选。可能她不是你部门里做出科学贡献最大的那个人（罗布和马蒂更符合这个要求），但她在技术能力方面有非常显著的竞争力，而且她已经显示出一定的领导能力，这才是这个角色最需要的。所以，简单的 5 个类别绩效评价能给你提供一些重要的信息。

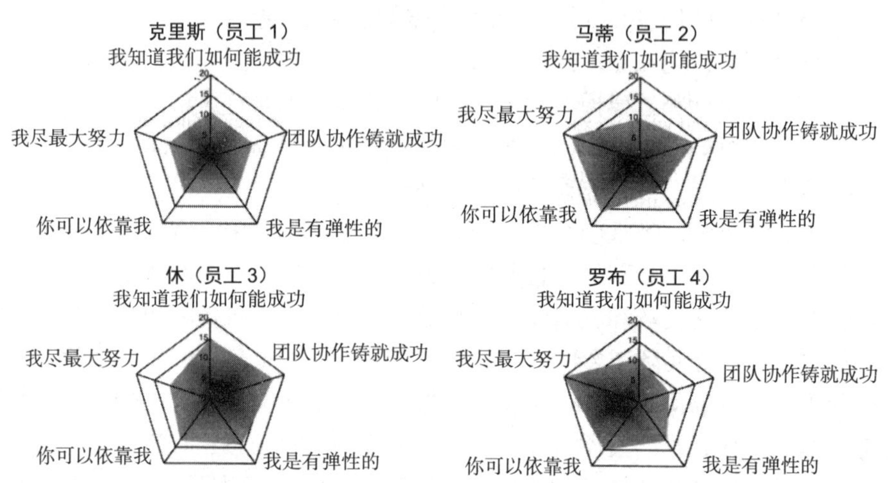

图 11-4　员工雷达图

但是如果能同职业阶梯整合起来的话，这个评价的过程就更有价值了。你是否注意到顶点超轻飞机公司职业阶梯右侧的表格了？在 1～20 分的范围内，这些表格指出了职业阶梯中每个等级期望分值。例如，一名项目经理应该获得 11～15 分。在那个特定的职位上，15 分是一个非常出色的分数，19 分就超过期望了，如果是 5 分那就有很严重的问题。项目经理等级如图 11-5 所示。

等级 1	等级 2	等级 3（项目经理）	等级 4	
1～5 分	6～10 分	11～15 分	16～20 分	??
你可以依靠我				

图 11-5　项目经理等级

正如你所看到的，这个绩效评价将给组织中的每名员工提供评价，同时对每个职业保持合适的期望。这对员工有什么价值呢？考虑下面这个情景，本章中提到过的约翰。如果约翰收到了一个传统的绩效评价结果，他的得分可能非常高，因为他是一名非常努力的员工。举例来说，假设他在每个类别都得到了 20 分（这是可能的，因为他的评定只与自己有关），就没有人可以比较他的得分了。他不会知道他在人际关系方面表现如何，尽管他是一名首席工程师。然而，如果每个人都根据职业阶梯获得一个评分，他们就能有一个更加清晰的认识，不但知道公司对自己有什么期望，还知道公司对最高等级的人有什么期望（还有他们期待的升迁有什么要求）。在约翰的例子中，他可能不会在所有的打分中都得到 20 分，但他可能会得到 11～15 分，这能给他更多有用的信息。

即使这个层次的绩效评价依然相对简单。它只评估了 5 个广泛的类别，并不能显示出太多的信息。如果这些类别能被描述得更细致，而且打分是基于一系列的标准，那么可能会更有用。例如，如果你把“我是有弹性的”进一步分成一些具体的子类别，你就会得到以下几项类别。

- 我能很好地适应变化。
- 我有战略性和批判性的思考能力。
- 我能区分和解决复杂的问题。
- 我善于应变且富有创意。

就像先前的例子，你可以用这些子类别给你的员工打分。你还可以用职业阶梯中的 20 分来划分范围，大体上考虑员工已经取得什么水平的战略性和批判性的思考能力（举例而言）。如果你的项目经理在这个类别中得到了 12 分，那么你和他都可以知道他的绩效及对他的期望。

这个工具如果更进一步分析的话，可以变得更有用。在每个子类别中，对不同等级的员工的期望显然是完全不同的，这会使像“我善于应变且富有创意”这样的描述变得没有什么意义。你真的指望一名技术人员会富有创意吗？而“我善于应变且富有创意”真的能描述你的组织中一名经理需要的特质吗？为了给这些子类别赋予更多的意义，有必要把它们重新写到职业阶梯的不同等级上。图 11-6 显示了一个关于“我善于应变且富有创意”的绩效评价的例子。

等级 1	等级 2	等级 3	等级 4	
1～5 分	6～10 分	11～15 分	16～20 分	
我善于应变	我富有创意	我善于应变且富有创意，热爱我的团队。我能创造新产品和新知识	我能开发富有创意的战略，从而塑造商业模式并很好地支持客户的需求	14

图 11-6 “我善于应变且富有创意”的绩效评价

把每个水平想成是累积的，假设得 14 分的人（就像例子中的）同时具有等级

1 和等级 2 的素质。评价在这里会变得很有趣。如果这是在评价一个第一年上任的技术人员助理会怎样？如果这是在评价你的首席工程师呢？在每种情况下，你作为经理都会进行一个有趣的谈话！

图 11-7 所示为顶点超轻飞机公司的绩效评价实例。

这个评价工具写了整整 5 页，还有一个总结页。每个评分页面都包含了 5～8 个评分等级。整个的系统是使用 Microsoft Excel 创造的，而且被用于每名员工，从首席工程师到实验室助理。这个评价还被用于 360 度设定。这意味着对每名接受评价的人来说，这 5 项评价调查发给了他们自己、他们的经理和 3 个合作伙伴。是的，这增加了很多评价的过程，但由于这些评价只需要 20 分钟就能完成，为它付出的努力还是非常值得的。而相关的反馈信息往往比单个经理的意见要有用得多。举例来说，员工的自我评价通常是开始一段关于职业转换的谈话的好的开端。评价的总结页包含了平均分和雷达图。雷达图对于总体上把握员工的绩效非常有用。如果你的团队足够大，可以做到匿名，那么总结页最好也包含同级别其他员工的雷达图（不加区分），以此来帮助员工看到关于升迁的竞争大概是什么样子的。

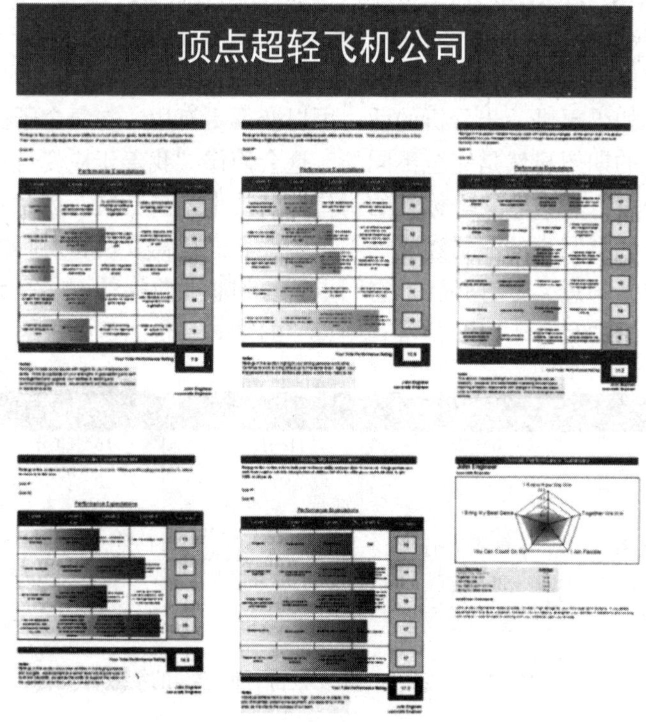

图 11-7　绩效评价实例

记住评价只是谈话的开始。一个有效的评价应该有助于为任何出现的情况建立一个对话的机会，这样谈话的双方就可以用支持性和客观的框架进行交谈，而不是被道听途说或流言误导。这听起来很少见，但当你看到紧邻你的人被解雇，而导致他被解雇的标准就在上次的组织评价中公布过时，你会知道你的绩效评价正在进行。

在大多数评价中，尤其是在那些可能导致纪律处分的评价中，如果员工希望他们收到反馈之后可以做出改变，就需要采取一些进一步的行动。这就是团队开发系统的最后部分。

行动计划

没有行动计划，任何正式的绩效评价都是不完整的。事实上，如果你的员工没有能把信息转换成具体行动的方法的话，你之前为了建立一个高效团队所做的努力都是没用的。如果你曾经做过管理者的工作，你不会对设定和达成自己和组织的目标感到陌生。那么这个行动计划有什么特别呢?

对于参与了这个过程的员工来说，行动计划跟他们熟悉的设定目标的实践可能只有细微的不同。大多数都包含一个清单列出员工要做的所有事情及要用的时间。而且为了有效执行，这个清单会非常详细、可衡量而且可执行。一个行动计划，就像任何的目标一样，最后会创造一些东西。然而，在这个开发工具的语境中，行动计划有更多的含义：在下一次绩效评价中创造令人羡慕的结果。

传统的绩效评价，尤其是那些倾向于技术能力的评价，经常会产生非常简单的行动计划。例如，如果一名员工因为缺乏焊接技术没有达到期望的评分，那么相应的行动计划就是相对直接的（焊接课程）。但是当我们开始讨论人格形象和领导素质的时候，只有课程就不够了。这种类型的改变一般需要深思熟虑的方法。

不要低估了这个清单的影响，卓越的管理者和领导者是那些能从他人身上激发最大能力的人，而绩效评价过程创造了一个难以置信的有效环境来实施行动计划。

在开始之前，并不是每名员工都需要一个行动计划。虽然每名员工都负责一些预定义的可交付成果，而这些确实值得做一个行动计划。但是有些员工正在实现自己的（也是你的）目标的征途上，他们并不需要额外的帮助。虽然行动计划不是每名员工所必需的，但是他们中的多数人也都能识别出一些自己想要改进的领域。行动计划是一个为这些员工提供一些新东西的很好的工具。

组织一个行动计划总要以确定目标作为开始。需要考虑以下问题。

- 你的员工想要在下次绩效评价之前改善哪些方面？是新的技能组合，还是升迁？
- 你作为项目经理需要他们做什么来保持团队高效？
- 在绩效评价过程中需要开发哪些概览性主题？哪些评论语被重复了不止一遍？

继续约翰的例子。在他的绩效评价的最后，你告诉他他还不具备成为一名首席工程师的条件，而约翰认为为了获得这个职位他什么都愿意做。那么现在你需要帮助他来获得必要的技巧和素质以成为一名成功的首席工程师。下面是如何实施这个行动计划。

通过约翰的绩效评价结果，你很清楚交流能力是他的弱项。具体来看："我的交流能力具有影响力而且在整个组织内有效。"很显然他不擅长同团队外的人进行交流。为了取得提升，约翰向你征询他需要学习什么。同样，约翰在冲突谈判方面也取得了低分。显然，在他准备履行执行层面的职能之前，这些方面必须得到改善。所以你可以假设下面这两个区域是约翰和他的提升之间的主要障碍。

你已经确认了两个障碍之后，就可以改造它们来取得成果。

- 在整个组织里进行有影响力且有效的交流。
- 有效地进行冲突谈判，不管是他自己的工作关系中的还是和其他团队成员的工作关系中的。

对每个期望的结果，你需要同约翰协作设计一系列的行为或步骤，来帮助他实现一个新的结果。作为他的经理，你的角色是帮助他实现这些步骤，但如果你尝试代替他来做这些的话，你会发现这是无效的。为了让行动计划取得成功，约翰必须全力实现这两个目标和为了达成目标所做的行动计划。在这个例子里，想象你同约翰一起实现了以下的行动计划。

结果 1：在整个组织里进行有影响力且有效的交流。

- 读一本关于 Myers-Briggs 类型指标的书，然后记录不同类型的方法并与同事进行交流。
- 同一个副总裁级别的导师一起工作，这个导师最好对特定的技能非常熟悉。向他询问提示、建议等，每两周同导师见一次面。
- 报名一个高效交流的课程。在课程过程中同你的导师最少见 3 次面讨论你的进程。

结果 2：有效地进行冲突谈判，不管是他自己的工作关系中的还是和其他团队成员的工作关系中的。

- 参加一个培训班或辅导班来学习冲突解决，然后结合学习的内容和自己身边的实例写一个总结。

- 找一个搭档（你尊敬的人）来和你进行角色扮演谈话，尤其是那些在过去表现不好的人。寻求反馈和协助来使谈话变得不一样。

显然，这些步骤中没有一个能保证约翰能成为一名首席工程师，但如果他真的致力于开始改进，这些步骤就能帮他开始他的行动计划。（另外，这些步骤的保证信息对你是很有用的，当另一些人要求获得领导职位时你可以给他们看。）记住，持续给他提供反馈是你作为经理的责任。

注意行动计划的每个步骤都是具体的、可衡量的和可实现的。这些在写计划的时候很关键。不要用类似"更好地交流能提升领导能力"这样的语句。一个模糊的行动计划不会有任何具体的结果！

小　结

各种大小组织的董事、经理和团队领导都可以从本章介绍的工具中获得一些东西。想要有效管理一个发明者团队，首先应该了解这个概念，把这些工具提升到很高的位置——也就是说，当你用开放和公平的态度对待这些工具时，员工的工作才会更努力、更好、更有创造性。这种开放和公平不能只是建立在个人基础上，而应该有系统和规章来评价员工的绩效。团队开发系统的运用能创造和支撑一个有利于创新蓬勃发展的环境，根据创新所需要的属性来评价发明者和领导者。

在做结论之前，看一下这 4 种工具各自能从哪些方面使你现有的工作变得轻松，即使你选择不应用整个系统。

（1）职业阶梯。你的组织已经有了一个职业阶梯，即使没有把它印在纸上。在你做任何事情之前，首先确定它是什么！这是一个不可或缺的工具。作为一名管理者，你需要知道你的直接下属在这个阶梯中的位置，还有你自己所处的位置。即使单独使用，职业阶梯也是一个用于职业规划和薪酬设计的出色工具。

（2）选择模型。显然，这个工具只有在你做招聘工作的时候才有用。但是如果你是一名管理者，你需要在下一年雇用一批人，这就是一个好机会。你会发现它非常有用，它可以帮助你集中注意力并确保你明确所有自己需要的素质。

（3）绩效评价。在 4 种工具中，这个工具显然最花时间，但它也会唤起参与者的强烈反应。很多人都评论说这是他们做过的最好的评价，他们从中得到了真正有价值的信息。如果你被指派负责一个有效的评价过程，可以考虑使用这个工具。在它上面花费的时间是值得的。

（4）行动计划。行动计划是这些工具里最普通的，而且你可能早已对它很熟悉了。制订和实施行动计划本身就是一门艺术，值得研究。如果你在帮助一名员工转换职位时遇到困难，你可以从这里开始。记住要让行动计划的每个步骤都是具体的、可衡量的、可实现的。

获得领导能力是一生的旅程，而这些工具将帮助你的进程更加顺利。如果使用得当，它们能为建设和重建你的创新引擎提供一个平稳的基础，并确保你的组织不会失去他们最初招聘你和你的团队的初心——创新精神。

愿你有信心和决心来到每一个悬崖边缘，这种信心和决心来源于拥有一个创新的专业团队，他们与你一起工作并致力于飞行。愿你们愉快地着陆！

作者想要特别感谢 VisionaryHR 公司的 Julie Ganim，和 ATALX 公司的 Marilou Myrick，感谢他们对于本书内容的贡献，以及在 Nano-Tex 公司的创新团队的发展中提供的支持。

作者简介

道格拉斯 · 奈夫（Douglas Neff）是一位教师、拓展教练和作家。他在肯尼迪大学获得意识学文学硕士学位，在伊萨卡学院获得音乐和宗教文学学士学位。他是 Nano-Tex 公司（一家位于加利福尼亚州北部的高级材料公司）的信息设计经理。他还是“转换领导力”的注册训练师、肯尼迪大学的兼职教授，以及伊甸抉择（Eden Alternative，一个致力于使不停的变化恢复到长期关注环境的非营利性组织）的教育家。他是图坎学习系统公司（Toucan Learning System，一家专注于突破训练和开发工作的教育咨询公司）的出资人和总裁。你可通过 dougneff@mac.com 和他联系。

金佰利 · 霍钦（Kimberly Houchens）是一位革新者和创新团队的领导者。她曾经领导的团队已经商业化投产了许多不同类型的产品，这些产品包括食品和饮料的包装袋、纳米涂料、商用墙面涂料、手术袍，以及军事和太空装备等。她是安姆科北美公司（North America for Amcor，一家全球化的包装公司）产品开发副总裁。在此之前，她担任过 Nano-Tex 公司的 CTO 和 OMNOVA Solutions 的研发主任。她拥有北卡罗来纳州立大学的纺织技术和管理的硕士和博士学位、密歇根州立大学的理学学士学位，以及佛罗里达理工学院的设计学的辅修学位。她是 PDMA 克利夫兰州分会的共同出资人和总裁。你可通过 Kim.Houchens@AmcorPET.com 和她联系。

第 4 部分

改善 NPD 项目绩效的战略工具

第 4 部分重点介绍了改善 NPD 项目绩效的战略工具。该部分首先介绍了项目启动前必须实施的工具，如制定战略、组成团队和编制项目计划等；然后提供了一个用于在项目持续过程中（和项目结束之后）增强学习能力的工具；最后介绍了度量成果的工具。

由于越来越多的 NPD 项目都有明确的战略合作伙伴参与，因此了解如何系统地描述一个合作开发（或共同开发）项目和制定合作双方“双赢”的战略是势在必行的。第 12 章介绍了制定合作开发战略的流程，即先分析合作开发战略可能给企业带来的收益，然后系统描述战略的细节。这些细节包括明确合作方的目标、决定需要多少合作者、与每个合作方之间的关系应当有多密切及制定补充战略（以应对最初战略确定的一个合适的合作伙伴无法确定的情况）。总之，本章的内容对于任何规模的企业都是非常有效的。

第 13 章介绍了用于成功地发起和组建一个高绩效团队的工具。这个工具引导新的团队经历确定方向、组织、采取行动及获得成果的各个步骤。这个工具的重点在于了解前期流程，这些流程与启动团队和团队导入，业务、组织和环境形势分析，建立使命说明、目标和运营战略等步骤相关，而这些步骤都是在定义团队的行为规范之前进行的。开发这些前期流程可以减少在后期流程中的执行时间。

第 14 章介绍滚动式规划，或“计划一点、做一点”的工具。滚动式规划是敏捷工具性的一个例子，敏捷工具性需要一种开放式思维的、适应性的工作环境。尽管它也许不适于递增的项目（完成这类项目的路径是明显的，并且完成目标不存在真正的未知），但是对于那些有更多不确定性的项目（这类项目中有许多未知因素存在，完成这类项目的完整路径仍不清楚）还是极有用的。因此，在滚动式规划中，编制完成较短时间内的详细计划，不是用于项目的全部流程的。由于目前的工作模块中已经执行的任务会使得每项未知都更加确定，详细的计划就会滚向下一个时间段，直到最后项目完成在望。

第 15 章详细介绍了事后回顾工具，该工具帮助团队确定项目中哪些做对了和哪些做错了。另外，它解释了为什么会出错，应该怎样预防错误，需要做什么才能避免在项目的剩余阶段不再发生这些错误，从回顾中得到的信息如何帮助其他团队，以及如何将这些信息传递给其他团队等。知识管理流程是 NPD 的基本内容。然而，不同于大多数知识资产管理解决方案，实施该流程并不依赖于建立和维护大型的信息数据库和投资一个大型的信息技术基础设施。事后回顾不同于典型的 NPD 项目后总结的做法，事后回顾可以很短、很快，并且可以在整个项目中的多个审查点进行，以最大化正在进行中的团队的学习能力，而不是在项目结束时仅做一次。或许，该工具更加显著的价值之一就在于它将组织文化改变成共享知识和建设学习型组织的能力。

“那些没有被度量的事情就无法完成。”第 16 章介绍了用于测量 NPD 成果的度量指标确定流程。度量过程首先开始于明确改进目标并确定与该目标相适应的度量指标。接下来，确定引导实现每一目标的行动，并指派这些行动的度量指标责任人。该流程的最后一步是审查项目的度量指标集，并确保团队仅关注关键的、有助于他们获得理想的成果的少数度量指标。本章介绍的工具的一个重要信息是团队（及个人）度量指标必须与更大的组织度量指标相联系。

第 12 章

制定合作开发战略

凯文·施瓦特（PRTM 董事）、
詹妮弗·阿伯尔（PRTM 经理）

合作开发的定义

20 世纪的大部分时间，出于竞争原因，公司在内部资助及管理新产品开发，并将这一领域视为合作的禁区。20 世纪 90 年代，人们对于这种封闭的创新模式的态度开始转变。在当今的全球经济中，外包和合作在大多数商业领域都很常见——从供应链到核心研究和产品开发。

一系列的研究证实了这是一种增长的趋势。根据业绩衡量集团（PMG）2004 年的调查，超过 75%的受访者（从 2004 年起增加了 30%）指出，其新产品开发中有至少 20%的工作用于同主要战略伙伴构建合作。此外，几乎所有的受访者都预测这一比率到 2007 年能显著上升（见图 12-1）。在亨利·切斯布罗的《开放式创新：创造和利用技术的新要求》一书中，对在研发中走向更广泛合作的举动进行了深入讨论，解释了开放式创新形成的历史背景及原因。这本书包含了大量来自工业领先者的典型的例子，如英特尔、IBM、施乐及朗讯。

什么是合作开发？我们把它定义为两家或多家公司为开发新产品和服务、获得共同利益的技术而一起工作的战略性关系。按照承诺及所做的共同决议，合作开发关系处于关系范围的中心（见图 12-2），这种关系范围介于传统的一臂距离的交易关系与完全合并的组织之间。因此，从供应商那里购买现成的组件作为新产品设计的一部分，这样的一项简单协议，并不构成研发合作。然而，如果供应商重新设计组件，以满足特定的设计要求，那么合作开发关系就已经发生了。合作双方应建立正式协议以共同开发完整的产品线，此时它们将进入一种需要大量的时间承诺、拟订共同决议及典型的知识产权分享的合作关系。

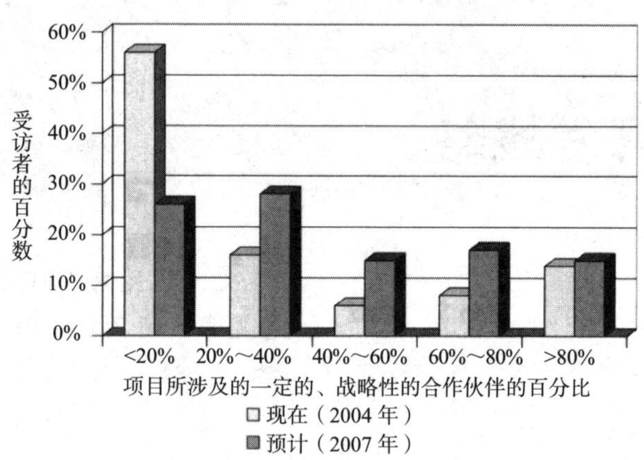

图 12-1　研发合作呈上升趋势

资料来源：The Performance Measurement Group，LLC（PMG），2004 cross-industry survey。

如图 12-2 所示，关系范围有不同的种类：合作开发、合作生产、联合营销、合资企业等。实际上，两家公司之间的关系常常不止一种。合作开发新产品的合作方也会选择达成一致进行合作生产或联合营销。例如，一家公司可能同合作方关于产品开发进行合作，也可能选择与合作方制定联合品牌。尽管本章关注合作开发，但这里所讨论的工具和技术能够更广泛地应用于合作策略的其他层面，对在更大的合作背景下制定合作开发战略是有帮助的。

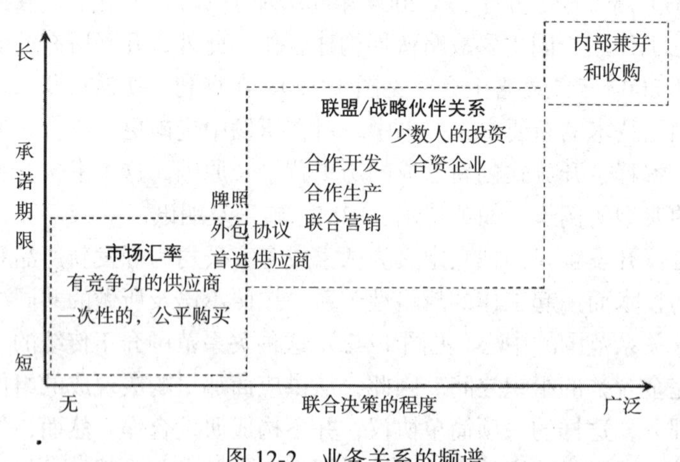

图 12-2　业务关系的频谱

比合作开发趋势更为明显的是最近出现的一系列最佳实践，有效地利用外部合作伙伴，以实现研发目标。在《PDMA 新产品开发工具手册 2》的第 6 章中，作者注意到“最佳合作开发的过程中业绩优秀的 3 个方面：战略制定（哪里可以合作及为什么合作）、项目执行（如何与合作者执行项目），以及选择和管理合作方（如何启动和培育富有成效的伙伴关系）”。《PDMA 新产品开发工具手册 2》的第 6 章专注于第 3 个方面——新产品开发外部合作方的选择和管理；在本章中，我们将探讨一种用于第 1 个方面的方法——合作开发战略。合作开发战略是指为了配合企业的整体战略构想，用于制定交流策略的一系列战略工具，以此指导日常决策和选择合作伙伴。

合作开发战略的定义

简单来说，合作开发战略是一种组织为什么、在哪里及怎样利用合作伙伴执行其研发和业务目标的明确表述。这看上去似乎是一个简单的概念，然而事实上大部分的组织并没有决定明确的策略来指导它们的合作决策，尤其是在新产品开发方面。相反，这个决定一般由开发团队根据其特定的偏好和环境做出。虽然公司对于选择合作伙伴有明确的标准和标准化的方法，但这些标准和方法往往没有解决更基础的战略问题，用以指导何时何地建立伙伴关系。

然而，如果没有一个明确的路线图，你如何确保内部和外部资源将被最合理地部署以有效地支持你的业务战略呢？没有清楚地了解目标，合作决定随机产生，而且可能不符合整体业务战略。此外，还可能没有足够的基础设施，以管理有效的关系。

一个有效的合作开发战略产生于公司的核心战略构想——基本的意向声明为公司定义了一个可持续的水平分化，并指导所有功能和跨职能的决定。一个明确的核心战略构想在以其能力和知识产权的理解为基础的公司的目标市场中，有助于了解增长的机会；它还可以指导管理层调整战略目标以符合该公司增长的业务目标。一个有效的核心战略构想可处理 3 个基本问题，来指导合作开发战略的制定过程。

- 为什么会取得成功？可能的答案包括竞争力的定位、战略业务目标、基础分化及有关的文化属性。
- 将要去哪里？这是意图方向、产品和市场的重点及财政目标的一种决断，公司会怎样及不会怎样。
- 如何到达那里？可以利用战略主题、投资评估和结果计分卡。

建立在这种战略愿景基础上的合作开发战略，在满足公司的业务目标的基础上将合理利用外部合作伙伴，指导何时、何地利用合作伙伴：采用哪种产品/技术组件；在哪些领域研发；达到何种程度和目的。

制定合作开发战略

下面将讨论制定符合业务战略或核心战略愿景的合作开发战略的主要步骤。我们专注于针对 NPD 合作的问题和工具，而不是一般性议题的开发战略（其他文献中的）。这里提出的 3 个阶段的方法代表了一个工具包，它帮助了大量各行各业的公司，以指导其研发合作的决定。

制定合作开发的业务目标

在创建一个合作开发战略时，制定一组明确的业务目标是至关重要的一步，因为它们决定公司的目标，并最终引导公司选择合作伙伴。为了确定这些目标，你必须考虑 3 个关键问题。

- 你的高层次的公司目标（削减成本、科技创新、灵活的研发能力等）是什么？你期待帮助实现这些目标的研发合作吗？
- 你的业务与竞争对手的相比，关键的战略差异是什么？你希望研发合作能提供一些与众不同的东西吗？
- 对于你的整个 NPD/创新战略，合作究竟有多关键？

没有清楚地了解目标，合作决定随机产生可能对你的公司战略产生反作用。例如，在这种情况下，消费品公司的产品线溢价销售毛利率为 60%～70%。这个产品线被认为是非常高端的清洁产品，并拥有有力且牢固的外部包装（瓶），从而强化了这一品牌形象。总经理的战略是从这个重磅产品线推动更多的额外收入的增长。然而，该公司的研发主管是刚从其负责的低端产品线提拔上来的。考虑到降低成本是一件好事，尤其对于这个高端产品线，他与供应商建立了合作伙伴关系，生产一种对于产品而言更新、更便宜的包装（瓶）。新的供应商在亚洲，并在低成本材料和制造技术方面有专业知识。因此，研发主管要求新包装要与原包装有相同的大小和形状，供应商能按此设计，并且成本低得多。

新包装节省了数百万美元的成本，但也导致消费者在体验中产生了一个微妙但重要的变化——消费者感到新的瓶子档次不高，它没有传达出同样的高端品质。这个变化带来的意想不到的结果是，它造成该公司的收入几乎在一夜之间减少数千万美元，因为消费者认为该产品代表的档次不高，从而选择低价位的同类产品。

这里的关键问题不在于研发主管选择的合作伙伴重新设计包装，而是他选错了合作伙伴。如果他选择合作伙伴的目标是提高用户的产品感知价值，他可能选择其他合作伙伴，对方可能在消费市场和用户体验上有经验且能够低成本生产。由此产生的设计很可能会花费较多，但可以通过积极地改变消费者观念，从而达到更大的销售量。另外，研发主管可能只是决定把合作重点放在产品的其他方面，如香水或化学配方，这可能会影响产品的感知价值，但可能因此推动销量增长。结合这家公司的经验教训，对业务目标不同的解释可能会导致不同的日常决策，合作开发——造成的错误代价高昂。

一旦业务目标明确，那么明确阐明其对合作开发的影响是很重要的。对于每个业务目标，都应该有一个由此产生的合作开发目标（见表 12-1）。

表 12-1　将业务目标纳入合作开发目标

业务目标	合作开发目标
盈利能力的改善	非关键组件的合作伙伴或外包在低成本的设计能力上有优势
增加了创新	发展战略研究的合作伙伴和重点组件与快节奏的技术变革
灵活的研发能力	建立战略研发合作伙伴，吸收瓶颈地区的峰值
市场准入	合作伙伴的互补性的研发能力可以调整现有产品的新市场
周期的改善	非关键组件的合作伙伴或外包在一些现有设计或产品上市时有优势

表 12-1 表明，合作开发目标不涉及具体的产品组成部分或个别的伙伴关系。这些目标的目的是为做出更加具体的合作开发战略的决定提供高层次的方向。虽然形成合作关系可能会有多个目标，但是我们建议选择最重要的那些目标，以保证公司的重点。

在电信电子行业，关键业务目标的合作，主要包括降低成本和灵活的研发能力，这使得合作伙伴的作用非常清楚。朗讯科技平台和工程副总裁戴夫 · 艾尔斯认为，外包一些开发是有意义的，因为它允许工程师专注于下一代技术。艾尔斯说:“这释放了新的生产线的工作人员。对我们来说，外包不是转移了就业机会。它是灵活性的，使资源用在正确的地点和正确的时间。”

例如，一家互联网公司试图扩大其市场进入中国。在通常情况下，该公司认为网站开发是其内部的研发能力。但是，为了达到目的，它决定与一家拥有汉语技能的网站开发公司进行合作。此合作伙伴可以是中国公司或外国企业——为打开中国市场提供了最好的前景。通过清楚地了解中国市场的业务目标，该公司能够做出正确的决定，以扭转其正常做法并使合作伙伴参与开发工作。

识别合作的目标

你如何决定哪些业务可以由公司自己开展，哪些业务可以部分外包，哪些业务可以完全外包，哪些适合在某种程度上合作开发？虽然合作开发目标提供一些指导，但是你需要更深入地分析你的产品和市场来决定以下问题。

- 你提供给你的客户什么样的整个产品或解决方案的要素或组成部分？其中的哪些组成部分是适合内部开发的？哪些可以更好地由合作伙伴来开发？
- 为有效地保持或增加你的新产品的渠道，需要什么样的技术要求？有些技术是否为外包研发合作伙伴设置候选对象？如果是这样，是全部还是部分？

这一分析的出发点是将公司的全套产品或服务（整个产品）分解为组成构件。这些构件可以包含物理组成部分、内容的提供服务或在开发中需要的研究和设计工作。不管如何进行细分，重要的是要彻底分解公司的产品，以便在公司内部或外部分配开发责任的具体决策。但是，如果过于精细，这个问题会比较难以应付。因此，试着利用各种办法找到适当的分解结构是必要的。一辆汽车可能需要如下组成部分。

- 音频组件。
- 传动系统。
- 底盘。
- 安全系统（安全带、安全气囊等）。
- 引擎。
- 排气系统。

此外，在确定产品的组成部分时，你应确定你的产品或服务提供给客户的客户价值主张——客户价值链——即使其中一些价值主张不是直接由你的公司提供的。换言之，在开始分解组成部分之前，尝试从客户的角度来分析你的产品或服务。

一旦建立了将公司价值产品（整个产品）分解为分离组件的方法，你需要做出是否每个分离组件应当在内部开发，或从外部渠道获得，或置于两者之间（如在特定情况下考虑潜在的合作）的战略性决定。为了做出这些战略性决定，我们将使用一个简单的分类系统的核心领域、关键领域或背景领域，以表明对某一特定分离组件应考虑的各种开发方案。

核心领域

核心领域是那些真正不同的、战略的和经济的重要组成部分、技术组合或能够提供公司的竞争优势和股东价值的基础活动。出于这个原因，公司对这些活动进行投资，一般来说，这些活动是在内部进行。但是，也有例外。

例如，一家公司可能会选择在核心领域合作，以获得新技术。思科系统公司提出了这种类型的伙伴关系，它与在其核心网络产品领域提供新的、突破性的技术的小公司（最终常常被收购）进行合作。这一战略使思科系统公司不用内部发展所有能力而一直处在尖端技术前沿。尽管有例外，但是指定设计或开发产品的能力为核心表明了这一点。因此，你的战略是，要着重保持在这一领域的研发，以便使这一领域成为内部领域，并且有目的地选择合作伙伴，以提高你的内部研发能力。

关键领域

关键组件或功能是为客户提供价值的关键要素，但在公司的细分市场上不被视为核心的因素。这些产品/服务内容的重要性迫使公司积极参与开发，这是最现实的合作开发。然而，实际的合作开发并不能最大地利用公司的资源。

这方面的一个例子是生产手机屏幕的手机生产商已经将提供最高质量的要求作为它的核心价值主张。因此，客观的屏幕技术的发展仅仅是为了维护平等的竞争。如果有一个专门从事屏幕技术和制造工艺的很好的合作伙伴与该生产商合作开发，则可能更符合成本效益，并且更有利于公司整体的内部开发。

因此，你的战略是，在关键领域将大量利用外部合作伙伴，但对于与预期有一定联系的相关技术，也应保持密切的关注。

背景领域

最后一种分类领域，用于“核心”开始的战略范围另一端的组件和能力。它代表那些支持公司的产品或服务但对客户价值认知并不重要的活动。这些是非常适合外包给精心挑选并被良好管理的供应商的选项，对他们来说，会选择、会管理的供应商是完成外包的不二人选，因为他们确实代表着核心能力。公司着眼于能推动其竞争优势的核心活动，而不是那些其他人能使用较少的投资资产、资源和管理时间完成的活动。

虽然我们强调合作对于关键领域和背景领域都很重要，但是二者的区别更重要，因为它会帮助组织了解需要与发展合作伙伴相处的密切程度（如与不关键的部分相处就远不如与关键的部分相处那么紧密）。在这个领域的一个例子可能就是对手机供应商可下载的铃声的开发。在这种情况下，更多的铃声对于消费者使用手机的功能并没有多大影响，但它们确实代表了一些与手机公司产品相关的附加价值。因此，可以与一家或多家国外公司建立简约关系，这既没有全面合作开发关系那样错综复杂，又可以推动铃声的创新，确保铃声可用性。（关系深度的区别会在后面的章节进行更多的讨论。）所以，把部件或能力看作背景强调这样的战略决定，可以积极避免在这个领域的内部研究和发展，相反利用扩展合作伙伴来推动发展。

下一步，我们需要一种方法为每个组件完成“核心—关键—背景”的任务。因为这种分析在生产那些涉及多种零部件并要求有一系列研发能力的产品的工业界是尤其重要的，所以在研发合作实践中处于领先地位的公司已经开始为做战略决策建立分析模型。图 12-3 就解释了一个这样的模型，它简化了基于一系列定性标准的“核心—关键—背景”分类（作为合作/外包决定的向导）任务。

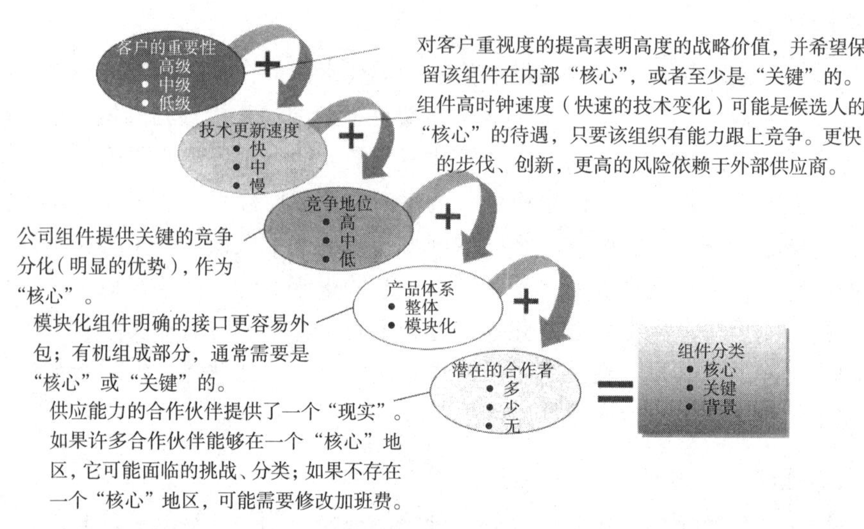

图 12-3　准则决定首选合作开发的选择

在这个模型里，每个组件的全面评价标准有 5 个。

（1）客户的重要性。一个组件的来源会怎样影响客户对质量、安全性、有效性的感觉？客户的重要性越高，就表明了越高的战略价值和希望把研发工作放在内部的偏好，即在内部发展，或至多发展一个紧密合作的伙伴。

（2）技术更新速度。基本技术的更新随时间的改变有多快？节奏越快，某一特定技术的竞争优势越弱，对外部合作伙伴的依赖性也就越高。

（3）竞争地位。公司是怎样逐步建立设计和发展组件（成本、质量、技术领导等）的能力的？一个强大的地位要求不断地保持内部的发展。

（4）产品体系。一个组件如何融入整个产品体系？模块化的组件比较容易外包，从外部来源获得；内部组件则风险比较大，也比较难以从外部来源获得，所以应该在内部开发，或者和联系比较密切、合作有保证的合作者合作开发。

（5）潜在的合作者。有多少潜在的合作者拥有合适的研发技能、能力、财政状况和位置？尽可能寻找潜在的合作者，组件的外部来源才有保证。同时也提供了一个有用的信任检查：同一地区有太多潜在合作者表明应该转向内部发展，或者同一地区几乎没有合作者应该学着寻找外部来源，或者表明你把一些其他的评价标准进行了错误的分类。

虽然可以发明一种算法来大概近似这种基于数学得分的 5 种评价标准（或者其他更多的定量标准），但这并不是绝对必要的。在一个最简单的等级中，可以由战略团队考虑以这些标准作为做出哪 3 个分类（核心、关键、背景）应该用于产品或服务的组件的合理决策判断准则。在下一步，我们将见证这些分类是怎样得出并且变成合作开发的实际战略的。

制定具体的合作开发战略

最终目标是制定具体的合作开发战略，即提供一个客户价值链的每个组成部分，以便明确和详细地了解企业的发展意图。因此，这一步骤代表着主要的工具，并产生合作开发战略演习的结果。核心内容分析完成后，现在的问题是，我们如何使其运作？下面我们描述了一个业务发展的合作开发战略矩阵——一个简表，明确公司的计划，建立研发伙伴关系产品或解决方案的组成部分。这是一个具体的文件，在每个组成部分的基础上抓住了发展的战略意图（内部与外部），以及如何实现这一战略意图的一个粗略的计划。

图 12-4 显示了一个典型的合作开发战略矩阵的基本结构。前三栏是前面的步骤中讨论的为合作确定目标的信息：产品或服务提供的组件的名称，以及每个组件核心、关键或背景分类。在这个矩阵中，我们已将两栏的“核心—关键—背景”分类以便区分战略方向的研究和发展重点。这样区分的原因是，有些公司可能会选择对某一产品组件的开发能力作为企业的核心，而不是在同一地区的早期研究。如果这种区别对你的公司并不重要，那么可以把这两栏合二为一。

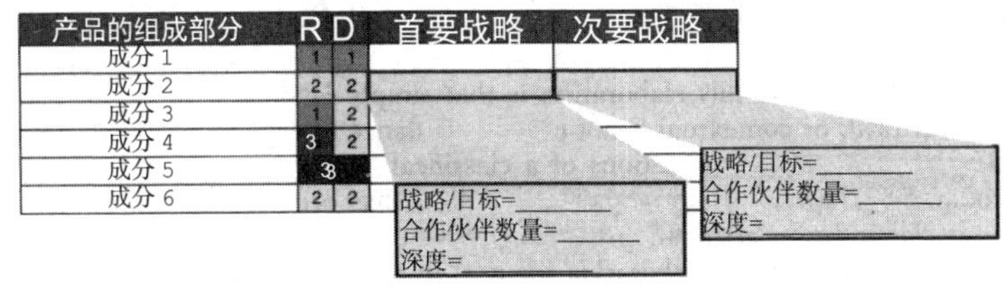

图 12-4　合作开发战略矩阵

注：R 表示研究的比重；D 表示开发的比重；1 表示核心；2 表示关键；3 表示背景

为了了解如何填写合作开发战略矩阵，我们需要讨论最后两栏的信息——首要战略和次要战略。这一额外的信息提供了你的公司执行一个合作开发战略所需要的关键业务细节。下面我们将讨论如何填补这个额外的信息，分成 4 个不同的步骤，矩阵必须适用于每个不同的项目（产品/服务组件）。

- 合作开发的主要意图（战略/目标）。
- 理想合作伙伴的数量。
- 合作伙伴关系的适当深度。
- 二次合作开发战略。

合作开发的主要意图

这个步骤其实只是在前一步的指导下，为每个组件制定在做出核心、关键或背景分类决定之后的细节。这方面的资料应当作为每个组件合作开发矩阵中首要战略中的战略/目标。

这样做的原因是简单地标记一个组件的核心、关键或背景作为日常指导来做出合作决定是不够的，因为对特定的组件类别的分类会有所不同。为了给较大的公司提供清晰的分类，使分类可行，你必须定义（和明确）对基于所期望的控制水平的给定组件领域进行合作（或无法合作）的主要目的。

这个定义还应该指定协作对于特定产品或服务提供组件的好处。例如，有成本优势吗？有知识产权的好处吗？合作将帮助你的公司的发展吗？你选择合作的原因，是苦于没有足够的技能，还是你希望能从中获益？

在分析可能带来的好处时，可以考虑以下几个方面的产品和市场的成熟度。

- 客户获取技术。合作将消除你的市场的技术瓶颈/差距吗？合作将通过其技术生命周期而加速产品开发吗？
- 标准化。合作将帮助你标准化客户价值链中的技术组件吗？
- 竞争格局。竞争对手的数量和规模会影响你和合作伙伴的业务空间吗？
- 合作伙伴规则。你能找到一个与你在客户价值链的内容上合作的伙伴吗？

另一点需要注意的是，这一战略意图对于每个组件的阐述，将为你的原始“核心—关键—背景”的任务提供一个“现实”。例如，如果将某一特定组件分类为“背景”，在市场上也没有可行的合作伙伴，你可能需要趁早重新考虑你的战略。

理想合作伙伴的数量

评估你需要有多少个合作伙伴，需要分析相对风险性和每个组件领域的重要性。对于背景组件，通常期望有多个合作伙伴，以确保这个领域能提供整个产品，但问题在于特定的合作伙伴。当共享知识产权的风险很低时，多个合作伙伴就是首选，并且与其他部分的一体化是明确界定的。

对于关键和核心组件，大多数公司选择限制合作伙伴的数量，以便更深层次地投资（关于人、沟通频率、基础设施和资金）。当共享知识产权的风险高时，最好限制合作伙伴数量，这时关键和核心组件与其他部分的结合点不明确，或者如果对于一个特定的客户价值链的组成部分，存在完整的技术差距（通常也是高风险的知识产权）。

例如，一家医疗设备公司一直在考虑一个合作伙伴关系（多个），以将其技术应用到另一家公司提供给美国和欧洲的医院的产品。为了允许高度的知识产权交换技术，该公司希望有一个的合作伙伴关系。但如果没有这种关系，为了保护其进入市场的能力，该公司将拥有 2 个或 3 个合作伙伴。考虑这种取舍是战略伙伴关系的重要决定之一。

合作伙伴关系的适当深度

如同任何关系一样，合作伙伴关系在深度上有所不同。轻度关系只需要很少或一般形式化的互动，比如很少的知识产权共享；深度关系是更具有战略性的，因此更具有“高维护”的性质。在通常情况下，它需要大量的企业之间的互动。例如，当外包设计对于公司的整体产品解决方案是至关重要的组成部分时，或有复杂的技术接口参与时。

对于合作开发战略矩阵中的每个组件，你应该确定在这方面的预计合作伙伴关系的深度（见图 12-6，后面的章节中会讲到）。当然，首先你需要界定对你的公司而言，什么是轻度、中度、深度关系，从而使整个组织的这些类别变得有形且有意义。

核心和关键组件往往需要有比与背景组件相关的领域更深入的关系，但其他因素考虑应在确定的理想关系深度。图 12-5 可以帮助你确定给定的一组关系的深度。

		关系深度		
		轻度	中度	深度
标准	1. 重视产品供应	1. 低 →	→	1. 重要组成部分
	2. 战略价值（潜力、竞争价值、扩大市场、IP 接入）	2. 低 →	→	2. 高策略性价值
	3. 合作开发项目及关系期限	3. 少数，短期 →	→	3. 许多和（或）长期
	4. 模块化的解决方案	4. 高度模块化 →	→	4. 高度集成
	5. 功能接触点	5. 低 →	→	5. 多功能

图 12-5　合作伙伴关系：从随意到严谨

判断关系深度的标准往往有不相等的重要性：有些标准比其他标准更重要，

则应相应地给予加权。例如，一家医疗诊断公司采用 5 项标准来界定关系深度，但前两个权重更大。

- 解决方案组成部分的临界性（核心与背景）。
- 每年的收入影响。
- 影响客户价值链的若干要素。
- 商业合作的水平。
- 股权投资合作伙伴。

这种分析需要适当进行，因为最终这将指导合作伙伴的选择小组确定适当的关系和沟通，以期望这些合作伙伴的关系深度适当。它还将有助于建立适当的管理结构、处理好执行和管理的关系，使它在持续的基础上——要比轻度关系更深入，需要更多的基础设施、接触点、资源和投资。

微软的关系生态系统说明了这些。在轻度关系上，微软有扩展独立软件开发商的网络，不断创造新的应用软件，以扩大该公司的产品供应；在中度关系上，微软与硬件厂商保持关系，如戴尔和 IBM，这需要更直接的互动；在深度关系上，微软有一些合作伙伴（如英特尔），与它们的合作可能涉及新平台发展的广泛信息交流。

二次合作开发战略

在许多情况下，没有一个“放之四海而皆准”的答案。尤其是对被列为重要的产品组成部分或价值链的内容，这意味着他们可以内部开发或与合作伙伴共同开发。因此，一个完整的合作开发战略矩阵不仅包括一个主要计划合作开发战略（意图、理想的合作伙伴数量、关系深度），而且还包括二次合作开发战略，适用于在某些明确界定的情况下。例如，一家公司可能会决定，其主要策略是尽量减少内部投资，在特定的领域选择了网络的合作伙伴。但是，它也希望保持一些内部发展能力，以推动下一代技术（二次合作开发战略）的发展。

西方网络或电信设备公司往往采取这样的双重办法，以发展先进的产品，同时也利用成本较低的海外研发资源。合作开发战略矩阵中的最后一栏（见图 12-4）提供了一个捕获管理思想的场所，与这些后备战略个别产品或解决方案的组成部分有关。通过提供此信息，你可有效地预测“现在该怎么做”的问题将出现在该组织无法找到合适的合作伙伴以支持其首要战略时。

记录和社会化合作开发战略

一旦你已经通过上述步骤，你应该有一个蓝图，形成一个详细的合作开发战略矩阵。图 12-6 的示例说明了前面所讨论的汽车零部件，对于“关键”组成部分之一有代表性的战略细节。

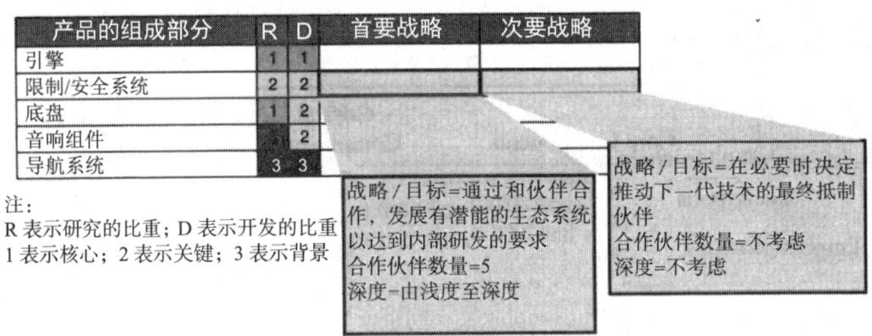

图 12-6　合作开发战略矩阵示例

当然，为你的公司真正建立一个合作开发战略矩阵不容易。一个有效的办法是根据你目前的合作关系经验、现有的产品路线图和战略制定草案。你可以使用这些草案来促进讨论和建立内部共识。不一致的地方可以在会议上与行政管理和研发领导一起讨论，作为项目组合更新过程的一部分。表 12-2 提供了一些指导原则，以促进这些讨论。

表 12-2　制定合作开发战略的短期指南

	核心组件	关键组件	背景组件
建议建立对伙伴关系的重视	专注于内部开发；考虑培育几个具有高度战略意义的伙伴关系	发展战略合作伙伴，提供关键的功能，但不是核心的	建立一个以这种能力为核心的、符合公司要求的合作伙伴网络，确保有多余的能力
目标的合作伙伴	极少数	可控制的一些关键伙伴提供备份，防止 IP 共享或合作伙伴的管理人员太少	许多
关系深度	深度	由中度到深度	由轻度到深度
次要战略	可能选择的战略伙伴合作，推动研发用于特定目的（如新的市场/应用）	发展的需要（如确定有内部专门知识，或缺乏能力的合作伙伴）	只有在绝对必要时才发展内部能力

矩阵的一种策略或战略矩阵

如果客户价值链（或整个产品）的目标市场有很大的差别，公司可能会考虑开发多种战略。但要小心！请记住，策略和基础设施要有可扩展性。在可能的情况下，公司应努力使客户的价值链以尽可能少的策略矩阵来维护、沟通和追求，合作开发关系尽可能简单明了。

你需要出示你的合作开发战略指导方针给他人，使其尽可能明确，因为管理是一项共同的责任，且有多种职能。

- 企业发展。符合合作开发策略的关系。
- 产品开发。直接与合作伙伴一起开发，并可以建议或选择新的合作伙伴。
- 联盟管理。支持和监测合作伙伴的开发。
- 供应链/采购。赞同（或反对）合作伙伴采购的决定。

因此，建立合作开发战略的最后步骤是与主要干系人的组织建立联系，更重要的是确定其是否遵守合作约定。因为战略决策可能代表一些机密的信息，因此合作开发战略矩阵一般不能随意张贴，但你需要确保它便于决策者跨越组织，在日常工作的基础上，为研发安排合作伙伴。

合作开发战略矩阵是一种好方法，有助于对你的合作战略进行清晰的双向沟通。它是合乎逻辑的选择，包括个人的企业战略联盟的核心管理职能、企业规划、研究和发展或业务发展。具体的功能定位与确定定期更新驱动的战略文件的重要性不同，为了确保能够明确地跟组织多次交流，并且为了观察问题，有人可能会选择与现有的战略发生冲突的合作关系。

合作开发战略案例

为了帮助了解合作开发战略是如何制定和使用的，我们讨论一个已经使用这种方法的公司的案例。该公司是一家中型公司，在开发和系统的商业化方面是市场的领导者，帮助科学家进行基因研究。该公司的客户包括制药、生物技术、农用化学品、诊断和消费电子产品的公司，以及学术界、政府和其他非营利性研究机构。虽然该公司拥有几个合作开发伙伴，但缺乏支持它的基础设施及对公司如何进行合作开发的认识。

该公司需要把如何选择、管理、执行外包与它的产品合作开发组成部分统一起来。客户越来越重视整个产品（整个客户价值链），使得无论企业内部或外部，越来越需要严格管理公司所有产品。该公司在过去拥有合作开发的成功经验，但最近经历了一些失败的关键项目，涉及复杂的研发合作。该公司的困难是其战略伙伴关系没有明确阐述和通报。该公司缺乏明确的“自己的”合作伙伴关系管理，没有用一致的标准和程序来选择合作伙伴，也没有具体的业绩衡量标准评估成功合作开发能力，并且没有迹象表明该产品开发项目有合作开发的部分。

该公司的管理层决定建立一个合作开发战略矩阵。项目团队要进行技术水平的核心组成部分内容分析，因此首先要确定客户的价值链和适用的技术公司（多个），以证明该公司做出的购买战略。由于该公司有合作开发伙伴，也有一些原有的战略，但这些是无证的及不一致的。因此，该公司并不赞同单一的合作开发意图。

通过一系列的研发领导的一对一会议，项目团队起草了一份合作开发战略矩阵，经过几次修改后达成一致意见。至关重要的是围绕这一战略选择主要负责人。在高层管理者的支持下，各级研发组织能够计划项目的合作开发战略矩阵，作为基础和关键投入服务于产品组合规划进程。各种产品组合的管理人员能够适当平衡内部和合作开发项目来制定路线图。最重要的是，这一战略产生了具体的共识，将内部研发投资远离公司的产品套件（仪表），从而更多地关注大量的更具有战略性的部分（应用程序）。这种转变是可能的，因为该公司开发了一小部分深度合作伙伴，来承担大部分仪表元件的开发工作。

该公司目前正在执行其合作开发战略中所定义的矩阵，操作步骤如下。

- 确定合作伙伴的选择过程，启动、管理和终止。
- 争取资源，以便充分地管理任何深度关系的合作伙伴。
- 执行合作开发具体活动以取得产品开发的成功。

战略合作伙伴关系的建立促使致力于开发具有突破性的新应用的内部开发费用（和工程师的费用）迅速增加。这种转变有利于管理团队通过推动新产品的开发以实现其总体目标，同时保持精益成本结构。

小　结

合作开发战略矩阵以各种不同的方式为该公司的研发工作提供指导。例如，在产品组合的规划中，矩阵可以促进研发领导者之间的讨论，并确保所有的产品路线图与战略保持一致。通过在客户价值链中明确阐述合作开发目标，产品开发领导者可以相应地调整其资源组合和需求，以及项目进度、目标和方法。事实上，该路线图应明确识别涉及合作开发伙伴的项目，用可视化的方法提醒产品计划正在按照合作开发战略的预期执行。

矩阵的战略框架也可以用在其他基础设施方面的合作开发中。例如，它可以用于盘点现有的和潜在的合作伙伴的组合，作为业务开发的一项指令，用来确定或终止合作开发关系。同样，该框架可以用来评价合作伙伴的投资组合业绩，包括战略的适用性、目标伙伴数量的实现情况，以及关系的深度。此外，它还可以用来确定支持合作关系所需的资源。

显然，花费时间和精力制定周到的合作开发战略——并作为产品组合规划流程的一部分进行定期更新——对于研发外包或协作成功至关重要。正是由于这种创新的新产品开发模式存在，善于将合作开发整合到其业务和产品的组合战略中的公司将走到前面。对于才刚刚开始合作开发的公司来说，迅速实施本章描述的基本原则将有助于推出其第一个举措。对于有许多合作伙伴的公司来说，制定严格的合作开发战略的方法，将确保他们的伙伴关系能产生最大的商业价值并尽量降低外包风险。

作者简介

凯文·施瓦特（Kevin Schwartz）是 PRTM（一家专注于运营战略和创新的全球化管理咨询公司）的董事。作为一名咨询师，他曾为刚起步的公司工作，也曾为位列《财富》100 强的公司工作，以优化其创新绩效。他领导了 PRTM 的开放式创新的发起，并且帮助界定了跨行业合作开发的实践，包括应用生物技术、电子、软件及消费品等。在加入 PRTM 之前，他曾供职于通用电气和洛克希德马丁公司，在航空航天领域的新产品开发方面担任不同的职务。他拥有康奈尔大学的机械和航空航天工程的理学学士学位、宾夕法尼亚大学的系统工程的理学硕士学位、加州大学伯克利分校哈斯商学院的 MBA 学位。他现供职于 PRTM 的加利福尼亚州山景市办事处。

詹妮弗·阿伯尔（Jennifer Abell）是 PRTM 的经理，曾进行合作开发战略的实施和在生物技术行业的实践。作为一名顾问，她曾为各种公司工作，通过开发和实施支持战略的流程来使战略产生作用。她的工作跨越多个行业，包括生命科学、硬件/软件、电子消费品、电信及电力配电与控制等。在加入 PRTM 之前，她曾致力于生命科学在市场营销和技术能力方面的开拓，曾为 Oracle 公司管理 ERP 系统的实施，还曾负责 Eaton 电力公司的新产品开发与销售。她拥有密歇根大学安娜堡分校的机械工程的工学学士学位、加州大学洛杉矶分校的 MBA 学位。她现居住在旧金山山湾区。

第 13 章

团队发布系统：如何持续构建高效能产品开发团队

道格拉斯 · A. 彼得斯（DS 绩效集团总裁）

团队发布系统（Team Launch System，TLS）是在团队开展的 6 周内不断开发高效能的一个全面系统。TLS 可分为具有具体里程碑、任务和交付物的 4 个发展阶段。这将创建一个定义的进程——高层次的绩效问责制，它可以被定义、衡量、分析、改进和控制。

组建 NPD 团队是一个挑战

团队是复杂的。由于缺乏共识、规则、作用和结构，它们通常运行在高度复杂的组织和动态当中，并始于某种混乱的局面。团队变动是剧烈的。团队成员的动机和承诺，可以有很大差异，有些成员甚至没有参加团队的初始会议，有些成员仍处于被动状态，直到他们能够对形势做出准确的评估。

我们的研究小组已确定 10 个团队的动态，这些是预测团队绩效的关键成功因素。任何一个团队都可以有全部，或没有，或有其中的一些变动因素，这导致了任何一个团队都可能有 1200 多个组合的变数。这些变数并不绝对化，它们并不一定就是“有”或“没有”。这意味着，在 1200 多个组合中，每个组合对于每个变量都可以有不同的表现。总之，团队动态极其复杂。

除了这种内部的复杂性，每个团队也面临着一组不同的外部变量，这将影响其业绩。对于每个团队，即使团队在同一组织中，这些变量也会有所不同。例如，一个产品开发团队可能会发现，某一职能是非合作的，因为它付出了高昂的代价以支持团队；另一个团队可能会发现，同样的职能会是高度合作的，因为它能从团队中得到好处。因此，该团队正在做的工作的成本和为其他团队创造的效益，将综合为每个团队形成一个不同的外部环境。

鉴于这种极端的复杂性，有关每个团队的发展问题的答案都是相同的——视情况而定。在这种环境下，组织内部和跨组织的团队绩效表现通常有很大的差异。需要几个月时间才能建立一个高性能的新产品开发团队的情况也是存在的。通过组织这些关联因素到里程碑、任务和交付物中来创建一个团队，基于 TLS 创建的高性能的团队将会更快、更好、成本更低。

团队发布系统概述

TLS的发展基于3M公司75个不同部门的高效能团队的20多年的应用研究。其最佳实践已广泛应用于团队、企业和行业，以验证它们的普遍适用性。基于研究超过 400 个团队的培训和团队建设会议，TLS 确定了高效能执行、业务、新产品和重大项目团队的最佳实践。

TLS 不是一套僵化的规则，而是一套提供了一个团队所需的明确路线图以实现高效能的准则。每个团队必须决定应该投入多少时间和精力在每项任务上。根据独特的任务情况，团队应决定添加或删除哪些任务。

不论规模、组成或目的，所有的团队都经过四个阶段的发展，以实现其高效能，图 13-1 展示了四个阶段及每个阶段的主要里程碑。

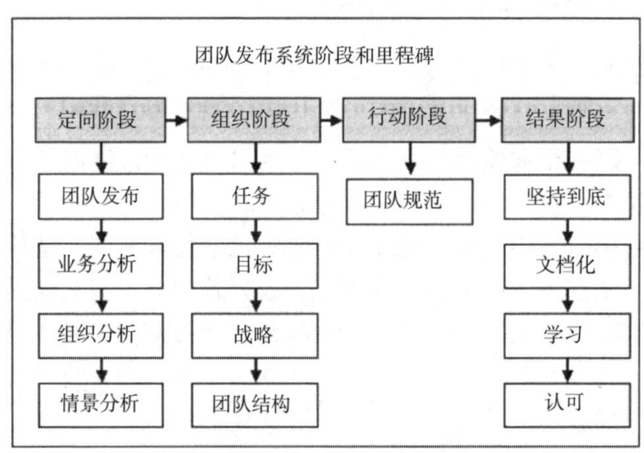

图 13-1　团队发布系统

定向阶段的重点是创造一个情景分析，以确定团队的重要性。这是一个紧迫的任务，团队必须采取行动，权衡水平、影响力和团队支持在组织内的作用，团队必须弄清什么是“真正进入”和摆在面前的挑战。这个阶段的学习将确定有多少时间和精力应放在下一阶段团队的发展上。

在组织阶段，团队确定其任务、目标、战略和团队结构。这些活动将个人集中起来成立团队。通过积极参与团队建设的进程，这个阶段建立起团队的所有权和承诺。

在行动阶段，团队开始执行其目标和战略。团队将成为一体化的所有活动和新产品的推动力量，克服和完成许多将出现在 NPD 进程中的障碍和挑战。这个阶段建立了管理部门的协作关系来解决冲突和管理成本、质量和周期之间的关系。

在结果阶段，团队通过保证它的计划、决定和解决方案得到充分执行，以最大限度地实现其成果。通过记录结果、分享学习并认同对团队成功的贡献，团队可以最大化对组织的投资回报。

定向和组织阶段需要投入大量的时间、精力和资源来完成，但是就开发产品而言，它们没有取得任何的具体成果。然而，忽略或短期改变前两个阶段通常是导致错误的开始，造成前后不一的表现、大量的废料返工、决定的错误、关系的损坏、时间和精力的浪费。

团队发布系统通过定向和组织阶段推动团队发展，在行动和结果阶段，最大限度地提高团队绩效。本章提供了与每个里程碑相关的任务的概述，以及一些实现这些任务的例子。

第一阶段：定向阶段

定向阶段通过为业务、组织和有关情况创建一个共同的方向，使“人人在同一页上”。当人们被分配到一个团队时，他们想解答“我为什么这样做”“它能给予我什么”这些问题。团队成员必须了解团队在业务中的位置、支持和抑制团队工作的组织动力，以及情况的重要性和紧迫性。

首先，团队要整理一些类似于拼图游戏的资料，每名成员都有一块不同的拼图。团队要做的第一件事是让所有的团队成员把他们的难题摆在桌面上。团队也可能需要收集其他拼图。团队成员不需要达成协议或共识，在这个阶段，他们只是分享自己的观点，以创造出他们正在进入的最准确、最完整的画面。拼图完成之后，很可能仍会有不同的解释，但至少团队正在研究相同的拼图。

从进程的角度来看，第一阶段的大部分任务都是在专注于深入讨论的工作会议中完成的。有些团队可以在单次会议中就能完成所有的任务，但大部分团队将需要进行几次工作会议。

在第一阶段，需要强烈依赖团队领导来让事情顺利进行。因此，团队领导必须建立一个明确的进程，通过里程碑和任务来推动团队；团队领导还必须积极推动集体的讨论以明确在这个阶段必须实现的任务。这就是团队领导的作用，通过积极参与这些团队的建设活动，令团队集中精力完成任务，并创造均衡参与，以便最大化所有权和承诺。

里程碑 1：团队发布

一个强制性的和正式的团队启动过程表明管理层的承诺，并确保团队成员进入了一个良好、快速的启动过程。无论对于管理层还是团队领导来说，这都是第一个里程碑。同时，团队领导可以使团队迅速开始工作，并为一个高效能的团队建立一个行动的发展方向。

任务 1：团队分配

管理层控制资源。管理层必须将成员分配给愿意、有能力、有机会执行的团队。由于移除团队中的人比引入新的团队成员更容易，因此强烈建议管理人员在团队开发过程开始时分配多余的人。在结束阶段，团队将调整其成员，因此不需要的团队成员可以在那个时候离开。

任务 2：调度工作会议

为了完成这项任务，团队领导必须为初步团队会议制定时间表。通过设立议程和开展调度工作会议，团队领导要组织领导团队第一次会议，以实现在第一阶段的里程碑 2、3 和 4。该工作会议是由个人简介和第一阶段的里程碑组成。这可能需要几次会议，以完成议程。

工作会议议程包括以下内容。

- 简介。
- 业务分析。
- 组织分析。
- 情景分析。

调度工作会议是非常困难的，特别是当团队成员除了负责新产品开发团队工作还有其他工作。一个典型的新产品开发团队将需要 2～4 次 4 小时工作会议。每隔一天的半天调度工作会议可以让团队成员有时间来消化信息和思考问题。大部分团队应在一周内完成第一阶段。

任务 3：团队成员准备工作

为完成这项任务，团队领导必须为团队成员参加的第一次会议和其他工作会议做好准备。这些会议将主要深入讨论业务、组织和有关情况。在通常情况下，对这些主题，团队成员是否有广泛的认识和了解，这取决于他们的立场和经验。因此，在工作会议之前应共享信息，如共享业务计划、技术计划、营销演示、组织图表等信息，达成一个更加统一的认识。

团队在此阶段开始前集思广益，列出清单，共享初步想法和反应。在工作会议之前，征求和分享这种类型的信息，会大大提高工作效率。在工作会议中，团队可以集中精力于更高层次的讨论，以创造更多的成果，而不是花时间共享初步想法。这样就缩短了完成第一阶段的时间。

网络和基于软件的文件共享工具可显著提高工作会议的效率。这些工具可以帮助团队成员在第一次工作会议和其他工作会议之间，在虚拟环境中交流思想和观点。通过让团队成员在最有成效时参与，这些工具可以最好地利用团队成员的时间。

任务 4：第一次工作会议

为完成这项任务，在第一次工作会议上，团队领导必须让团队成员介绍自己。第一次工作会议从个人简介开始，有利于团队成员之间的关系建设。团队领导为个人简介提供范式，使团队成员可以预先准备，从而减小压力。

为了增进团队成员之间的互相了解，从而对团队的能力和使命做出正确的判断，团队成员需要共享下列问题。

过去的经验：

- 关于这项业务、产品和（或）技术，过去的经验是什么？
- 你的专门知识和经验的主要领域是什么？

知识库：

- 关于这项新产品，你有什么见解和了解到的信息？
- 关于这项新产品，你有什么想法、结论或意见？

动机：

- 这个团队是否让你兴奋？为什么？
- 这个团队是否让你关注、担心或恐慌？为什么？
- 从这个团队中，你想获得什么？你的职位是什么？

行动：

- 关于其他类似的团队，你有什么经验呢？
- 你将采取什么行动来影响这个团队呢？
- 在不久的将来，你有什么计划或承诺来影响这个团队？

由于一些团队成员的个人情况，他们对于这些个人简介中的自我揭露感到不舒服。例如，缺乏经验的团队成员，通常感到不舒服，因为他们不能回答许多问题。这可能给人留下一种他们是负担的印象，因为他们将不得不回头复习才能积极参与小组讨论或决定，当团队处在压力下做出决定或采取行动时会影响团队的绩效。因此，团队领导应提前处理这个问题，而不是直到团队在压力下爆发才采取行动。这需要团队领导大量的技能和技巧。

团队必须承担风险，以建立信任。由个人简介引发的风险，对于团队开始建立信任和强有力的工作关系是必要的。它开始建立一个准则，团队将谈论事务上的问题，而不是彼此的问题。这项活动将是第一项真正考验团队工作关系水平的活动——人们是否彼此信任到足以分担风险并讨论可能使团队成员遭受危险的问题。

里程碑 2：业务分析

第一阶段的第二个里程碑是业务分析，它为团队的存在提供一个“令人信服的理由”。准确的业务分析授权团队“为正确的业务做正确的事情”，并在行为上自我导向。为了实现这一里程碑的目标，团队必须完成以下任务。

任务 1：市场分析

为完成这项任务，并保证团队“为正确的业务做正确的事情”，团队必须分析当前的市场动态，包括客户、竞争、机会及关键指标。这可以把每名团队成员转变为一名商人。

- 了解客户：谁是你的客户，以及如何让这种新产品影响他们？
- 了解竞争：谁是你的竞争对手，以及如何让这种新产品影响你的竞争地位？
- 了解机会：将这项新产品地区化或创造市场，目前或未来的机会是什么？
- 了解关键指标：有哪些来衡量使用这项业务的关键指标，以及如何让团队影响这些指标？

第一次工作会议团队成员反映的问题，将使团队领导能够评估团队成员的业务理解水平，并确定用多少时间才能让每个人都达到要实现这一目标的里程碑的理解水平。最初的应该总结团队成员的想法和反应。几个回合的总结和交流可以使团队在第一次工作会议之前，以长期的方式建立一个共同的方向。

任务 2：战略分析

为完成这项任务，团队必须分析公司更大的计划和战略。珍惜每次机会的公司往往很少宣传自己，以致它们没有充分利用任何一次机会。为了避免这个问题，应制订战略计划、业务计划及功能计划和预算，以确定公司优先事项和维护的重点。团队成员必须意识到，他们负责这些较大的计划和战略，以评估其对组织的重要性。

为了准备这次讨论，团队成员应提供相关业务计划和战略的副本，并回答下列问题。对这些问题的回答应该在团队成员第一次工作会议之前进行收集和共享。

第一个为什么——项目层面。

- 为什么这个项目对于每个参与的组织单元是重要的？
- 如何使这项工作的各组织单元的计划和策略相一致？

第二个为什么——业务层面。

- 为什么会针对业务出现这样的新产品？
- 这方面的努力如何配合更大的业务计划？

第三个为什么——战略层面。

- 为什么这样的新产品对于公司的长期战略很重要？
- 这项工作如何与公司的长期战略计划相配合？

通过了解与较大战略、业务计划和战术的一致性，团队可以评估组织的优先程度、能力、影响力和支持程度。强有力的一致性表明，团队将与各组织单元进行配合，并为其提供大量的资源和支持。

任务 3：强有力的商业理由

为了完成这项任务，团队必须借鉴学习任务 1 和任务 2 阐明的商业理由，以证明投入这个项目的时间、精力和资源是值得的。一个强有力的、令人信服的商业理由创造了高水平的动机使团队取得成功。例如，如果很明显，这不仅是为了找到故障原因而制订的一些管理计划，而且是为了解决组织的迫切需要，那么显然团队将能够有所作为。

开始这一进程的一个很好的方式是要求团队成员回答下列问题：如果你的老板向你提出质疑，你会如何解释公司投入新产品开发团队时间和精力的正当理由？

回答这个问题，需要团队成员综合所有的信息并了解他们通过商业分析获得的认识。把问题放在应对挑战的背景下，他们的老板迫使他们把令人信服的商业理由用自己的话表述出来。这保证了商业理由不仅可以被写下来，而且不会被很快遗忘。

里程碑 3：组织分析

第一阶段的第三个里程碑是要准确评估组织的动态，团队将随着新产品的开发来进行分析。组织分析允许团队评估它真正深入哪里、需要多少时间和精力去成功地推出新产品。

任务 1：主要干系人鉴定

为完成这项任务，团队必须确定其主要干系人，以取得成功。具体而言，主要干系人都是较大的团队，而人们赋予的产品开发团队是核心团队。核心团队的作用是涉及合适的主要干系人，在适当的时间，以最有效的方式，通过新产品开发使其协作和性能最大化。

主要干系人处于风险中，他们需要提供资源，也吸收成本和（或）团队行动的利益。为了准备这次讨论，团队领导可以在第一次工作会议之前，为团队成员创建一个表格（见表 13-1）。几个回合的交流可以使团队迅速查明主要干系人，并将重点放在工作会议期间的微调名单上。

表 13-1　主要干系人识别

主要干系人识别

	功　能	人　物	原　因
1			
2			

任务 2：成本和效益分析

为完成这项任务，团队必须分析流向主要干系人的成本和效益。这种分析确定了谁从团队行动中获益（获胜者），谁在团队行动中付出了代价（失败者）。团队可以请那些受益于团队行动的人来支持；团队可以为那些为团队行动付出代价的人提供支持和保护，避免给团队做正确的事情带来负面后果。但团队必须知道谁是主要干系人及成本和效益将如何流向每个主要干系人，否则什么都不能做。

在准备这次讨论时，团队领导应选出出现在最配合参与者的名单上的主要干系人，并创建另一个表，要求团队成员确定流向每个职位和（或）人的成本/利润（见表 13-2）。团队领导应使这个活动保密——领导将分享成果，而不是由其他的人说出去。保密往往有利于产生更加开放的反应，特别是关于具体职能或个人的否定答复。

表 13-2　成本/利润分析

主要股票持有人	成　本	利　润
1		
2		

任务 3：力场分析

为完成这一任务，团队必须分析支持和抑制团队绩效的组织动力学（指文化和基础设施）。这些变化可以被看成是一组动力和阻力。动力，如管理层的支持、奖励、表彰、提供足够的资源等，有利于推动团队提供支持并鼓励其努力；阻力，如缺乏奖惩制度、资源不足等问题，为团队的业绩和成功设置障碍。

了解动力与阻力的平衡给团队成员提供了一个明确的概念，让他们明确团队所处的阶段、取得成功将需要付出多少努力及取得成功的可能性。它可以帮助回答下面的问题："对我而言，这有什么好处？"

可以在第一次工作会议之前给团队成员介绍接下来的方向和模型，用于开始创建的动力和阻力清单。由于这一过程可能引起敏感的政治问题，所以最好保密。几个回合的交流可以使团队在其工作会议上花时间评估这些动态的结果。

力场分析的指示。从组织的文化（围绕组织做事情的方式）和基础设施（如人员、流程、奖励、测量、结构、政治）中，你看到是什么动力支持着团队，是什么阻力对团队的业绩和成功设置了障碍？创建一个动力和阻力表，如表 13-3 所示。

表 13-3　动力和阻力

支持因素（动力）	不利因素（阻力）
•	•
•	•
•	•

里程碑 4：情景分析

第一个阶段的第四个里程碑——要求团队成员利用他们从以前的任务中学习到的东西创造一个情景分析。开发一个高效能的团队需要团队成员大量时间和精力的投入。团队成员必须对项目重要性、项目的紧迫性、团队动力及成功的概率进行准确的评估并确定和证明他们将致力于团队的时间和精力水平。

任务 1：项目重要性

为完成这项任务，团队必须确定团队对于组织的重要性。这种分析将有助于确定努力和资源利用的程度。对组织来说，更为重要的是该组织有很多成功的收获和（或）失败的损失——更高的优先项目将由团队成员及该组织给出。

领导者可以在讨论这个主题的工作会议之前向团队成员发送下列问题，从而展开讨论。

- 如果这项新产品失败了，将会对组织产生何种影响？
- 如果这项新产品成功了，将会对组织产生何种影响？

任务 2：项目的紧迫性

为完成这项任务，团队领导必须安排团队会议。在更为紧迫的形势下，团队必须采取更迅速的行动。对于很少有紧迫任务的工作团队，为了取得成果可以进行得慢一些。调整工作水平以适应形势的紧迫性，可以通过释放可用于其他关键和紧急项目的资源来直接帮助提高组织的生产效率。

团队领导可以发起这一讨论，不过在讨论之前，要先向团队成员提出下面的问题。

固定日期：

- 有无固定的日期是否会影响到该项目的紧迫性？如贸易展览、后续项目的发布日期、客户的最后期限、市场活动或特定的销售周期。

机会之窗：

- 这一项目的成功机会将有多大？新产品开发往往处理有限的机会窗口的具体情况。

前任/继承人：

- 是否有其他组织的成就是由前任或继承人完成的？如果有的话，他是如何影响该项目的时机的？

对于一些项目，应考虑哪些是前任或继承人的。前任的项目可指望团队利用已经形成了的有限的机会之窗；其他项目可能会在这个项目完成后，在它的基础上，建立它的机会之窗或利用其资源。

任务 3：团队动力

为完成这项任务，团队必须分析团队成员、人际关系和组织动力学。拥有强大动力的团队可以积极地通过每个阶段，而拥有较弱动力的团队将需要投入更多时间，以加强团队的动力，然后才能够成为一个高效能团队。

以下的几项的团队动力对于团队成功是至关重要的。

- 个人接受。高水平个人接受能力的团队将理解并重视个别差异，消除个性和风格的非生产性冲突。

- 专业方面。专业方面高层次的团队将理解并重视职位差异，尽量减少职能的宗旨、目标和优先事项的冲突。
- 强有力的工作关系。拥有强有力的工作关系的团队，可以建立高水平的信任及个人承担风险。这就创造了一种环境，使团队可以建立规范、公开、诚实、直接的交流。

一些团队发现他们为成功而建立，建立强大的团队动力并不需要多少时间和精力；一些团队发现他们为失败而建立，开始运作甚至成为一个团队之前，将需要进行很大程度的修复工作。大部分团队处于这两个极端之间。

任务 4：成功的概率

为完成这项任务，团队必须评估取得成功的概率，发现自身赋予的独特的业务、组织和团队动力。这项活动要求每名团队成员思考并综合第一阶段中产生的所有的信息和分析。

为实现这项任务而努力的一个进程就是让每名团队成员通过选择 0%～100%的一个百分数，来总结他认为成功的可能性——0%代表没有成功机会，100%代表确定成功。团队领导应将每个人的答案写在纸上，进行讨论，以了解成员想法上的差异。

认为成功概率非常高的团队在迈向下一阶段的团队的发展时，会感觉很舒服；认为成功概率很低的团队可使团队领导意识到团队的风险水平，即使团队运行陷入困境时，他也不会吃惊；关于这项活动拥有广泛的答复的团队能清楚地看到一些与众不同的事情，对这种情况尚未达成共识。在开始前，他们将需要更多的讨论。

第二阶段：组织阶段

第二阶段组织团队取得成功。在这一阶段，团队必须达成对任务、目标和战略的一致意见，然后通过给团队成员提供最佳完成机会的方式来组织团队。通过高度的参与过程，达成共识。这个过程可以平衡参与并进行公开和诚实的交流，将所有权和对团队的承诺最大化，确保团队做正确的事。

里程碑 1：任务

第二阶段的第一个里程碑——组织要建立一个在限定团队的行动范围并确定团队最终取得成功的基础上的团队任务。团队任务说明确定了重点，并确定了小组将做什么和不做什么。没有它，团队将会追逐每个热点问题，团队的行动看上去会武断和反复无常，会面对人格力量和政治问题。最终，团队将陷入一个“活动的陷阱”——做的越来越多，而实现的越来越少。

例如，一个团队的任务说明可以包含以下内容。

- **行动动词**：加速。
- **主题**：开发某种新产品。
- **测量**：消除竞争威胁。

行动动词

新产品开发可能有团队进行，也可能没有团队进行。因此，行动动词界定团队将为产品开发过程带来什么贡献。团队将加快、整合、协调、界定、监测或驱使新产品开发吗？在这个例子中的行动是要“加速”某产品的开发。因此，团队要考虑加快开发这一新产品的任何行动。

主题

这一主题确定了团队的重点和范围。在前面的例子中，团队的主题是“开发某种新产品”。将之与其主题可能是“某解决方案的商业化投资组合”的团队相对比，第二个团队的范围更加广泛，并可能包括几种新产品的开发。

测量

这个例子中的测量是“消除竞争威胁”。这种测量表明，团队衡量成功的标准将不是一个固定的日期，而是触及机会之窗。如果团队成功地推出此产品，但是已经太迟了，不能消除竞争威胁，那么团队将无法实现其使命。与此相反，“某解决方案的商业化投资组合”的测量可能是团队能够从该技术中得到的新产品的数量。

任务的最后检查是为了确保测量和行动动词相匹配。例如，如果行动动词是加快，但测量是销量（1 亿美元的销售额），任务说明是一个混合信息，那么团队是应该加快开发，还是最大限度地提高收入？

过程

下面的过程是建议在开发团队的任务说明时，平衡参与及所有权和承诺的最大化。

（1）根据团队成员数量把团队分成 2～4 个小组。

（2）提供给各组挂图，并要求他们确定任务的每个要素。

（3）在每一组写完其初步想法后，把所有的挂图放在一起，进行趋势分析。

- 要求每个小组来解释其挂图上的内容。
- 根据每个小组提出的问题，领导应强调每个挂图一致的部分。

- 鼓励提出问题、意见并做出反应，来推动思维向前发展。

（4）创建一个新的挂图，寻找与第一轮中一致的部分。

（5）让团队成员回到自己的小组中，使用一个新的挂图，再次尝试达成任务的讨论。

（6）重复过程，直到达成主要项目的共识。

相同的过程也可用于团队的目标开发。

里程碑 2：目标

第二个阶段的第二个里程碑——组织要制定必须实现的具体目标，以完成团队的任务。成功的团队，就像成功的个人，是目标驱动的。因此，制定目标是组织团队及“蝴蝶的形成”非常重要的步骤。

团队的目标为建立其结构上的行动创造了一个基础。关于成员、领导、会议、核心队伍、扩大的团队及子团队的决定都建立在取得了实现团队的目标的最佳结构基础上。没有明确目标的坚实基础，建立一个高效能的团队是极为困难的。

如果团队不同意一开始的目标，之后还会讨论它。在通常情况下，争论发生在团队会议期间，在激烈的时候，甚至会破坏团队的生产力。

在可能的情况下，对团队领导而言，从组织的建议目标开始将是更有效的，并领导关于修改或变更的讨论。下面的问题应纳入每个建议的目标的讨论中。

- 你同意这一目标时会如何？
- 你不同意这一目标时会如何？
- 你会支持团队实现这一目标吗？
- 如果不会的话，你建议采取什么样的变化或改变？

如果该建议目标遭到普遍反对，团队领导可以对每个发展目标使用相同的进程，用来开发团队的使命。

任务 1：规划目标

为完成这项任务，团队必须达成一致的目标，这将影响制定和实施规划的进程，组织和协调所有新产品的活动和行动的组织界限。没有计划，没有人可以看到全局，以及所有部分如何互相联系。通常，这将需要一个关键路径的项目计划。在某些情况下，团队可能只需要一个非常简单的甘特图。

项目计划必须是一个持续的过程，以确保该计划包含了最准确的、当前的信息。产品开发需要开发者把创意用在时间表上。因此，必须定期更新计划，以适用作为该项目向前发展的学习。组织也是动态的，而环境能够改变新产品的命运。因此，团队不得不更新计划，以反映不断变化的情况和优先事项。根据工作的复杂性不同，项目规划级别的需要差别也很大。

建议规划目标——新产品开发团队。

- **行动动词**：建立。
- **主题**：一个项目的规划过程。
- **测量**：保持准确的和当前的项目计划的关键路径。

任务 2：实施目标

为完成这项任务，团队必须达成一致意见，如将如何保证项目的计划得到充分执行，以及如何保护关键路径。项目计划直到完全执行才会产生结果。计划的实施是管理层的责任，因为他们控制资源并有完成事务的权力。有时，管理层可以将此权力委托给团队或特定的团队成员，但在管理层的自由裁量权下，该权力可以被撤销。

团队项目实施计划的一个主要的责任是管理层在项目计划过程中做出的承诺，并解决任何——问题、决定、机会——有可能拖延、阻碍，如属机遇则加快实施。如果管理层承诺资源而不实施，或采取消极行动影响计划，或拒绝采取行动，团队可以通过强调职能行为对于成本、质量或周期的效果，来承担管理层的责任。

建议实施目标——新产品开发团队。

- **行动动词**：找出并解决。
- **主题**：重要的问题。
- **测量**：影响关键路径，或有重大影响的成本、质量或周期。

注意这个目标如何使团队处于监视功能的位置，以查明任何可能出现在裂缝或被忽略的关键问题。这避免了团队与管理层关于控制资源管理的冲突。相反，团队的重点是为业务做正确的事，职能部门的重点是第一次正确地完成事情。

任务 3：交流目标

为完成这项任务，团队必须同团队内部及外部的更大组织进行沟通，达成一致意见。交流沟通是团队精神的命脉，良好的沟通可以建立信任、信誉。沟通不良会损害信誉，破坏信任，造成冲突，显著增加团队的工作量。

高效能团队能获得广泛的信息。当他们巩固这些创造了大量的知识的信息时，该团队将比其他人更了解他们正在开发的产品。在做出决策和解决问题时，对于组织中的其他人来说，这些信息是非常有价值的。通过建立共享此信息和知识的目标，团队正在改善组织决策，并增加团队内的投资回报。

建议组织交流目标。

- **行动动词**：确保。

- **主题**：主要干系人获得会影响他们的行动和业绩的信息。
- **测量**：及时。

人际沟通是团队合作的行动层面。从我们头脑中的想法到反映在挂图中的过程就是人际沟通的过程，因此人际沟通是团队合作的行动水平。

建议人际沟通目标。

- **行动动词**：要创建共同的理解。
- **主题**：复杂和情绪的问题。
- **测量**：确保对所有问题的观点得到理解和重视。

这些交流目标是弱于其他目标的。但是，当团队成员的行为对团队交流产生了不利影响时，团队领导应建立起这些交流目标。

任务 4：团队动力目标

为完成这项任务，团队必须在开发积极的团队目标上达成共识。建立这一进程，确保团队在合适的时间以最有效的方式做出正确的投资。

强大的团队动力提高了团队实现高效能的能力。一支团队动力弱的团队就像一辆引擎坏了的车。它效率低下，浪费了大量的精力，在受到压力时会分解。因此，团队必须不断增强团队动力，最大限度地发挥其性能并取得成功，来提高团队的执行能力。

建议团队动力目标。

- **行动动词**：建立一个持续的过程。
- **主题**：团队发展。
- **测量**：积极的个人、人际关系和团队动力。

任务 5：其他目标

为实现其使命，团队往往会超出规划目标、实施目标、交流目标和团队动力目标。为了确保团队的重点仍然是高度优先的活动，团队应为将进行的任何其他行动制定具体目标。这一举措显著提高了团队效率和效能。

例如，一个新产品开发团队被要求搞清楚为什么以前的产品开发失败了。这是一个消耗大量的时间和精力的重大行动。因此，该团队确定了以下目标。

- **行动动词**：分析。
- **主题**：过去的新产品开发工作。
- **测量**：确定失败的技术原因。

注意测量的目标是如何把有限的时间和精力放在寻找导致失败的技术原因上。该团队决定不分析可能导致失败的非技术问题，如缺乏重视、资源和市场信息，因为该团队成员处于不同的位置，对于这个团队来说这些问题并不存在。

为了实现这一目标，团队领导按照团队成员集思广益的潜在目标的清单，优先考虑这些方面的行动。一旦目标区域确定，团队应使用相同程序来建立开发团队使命的目标。

里程碑 3：战略

第二阶段的第三个里程碑——组织要为每个团队的目标制定具体的战略。任务决定团队的成就，目标决定团队为取得成就所需要做的工作，而战略将决定团队如何来完成其目标（见图 13-2）。

新产品开发团队建议规划战略

建议规划目标
行动动词：建立
主题：一个项目的规划过程
测量：保持准确的和当前的项目计划的关键路径

→ **目标 1：计划**
结果：制定一个项目计划及其关键路径
测量：准确和优化
截止日期：3 月 1 日
主要参与者：（职能部门和个人）
领导：（待定）

→ **目标 2：计划修订**
结果：提供重大计划的修订
测量：学习和反映不断变化的情况
截止日期：在进入一个新的阶段时，或当学习和不断变化的形势需要时
主要参与者：（职能部门和个人）
领导：（待定）

→ **目标 3：审查计划假设**
结果：审查规划假设，关注
测量：确定计划是否仍然有效
截止日期：每月至少一次
主要参与者：核心成员
领导：核心团队领导

→ **目标 4：进度更新**
结果：提供更新进展的主要利益相关者
测量：查明任何延误任务
截止日期：每月至少一次
主要参与者：主要利益相关者
领导：核心团队领导

图 13-2　建议规划战略

期待取得成果而形成的压力，以及一些成员的行动导向的个性，往往会使得团队在达成如何行动的共识之前就开始采取行动。这通常会导致错误的开始，因为团队成员会从不同的方面损耗人力，并产生非生产性的冲突，而指责的出现可以表明错误的开始已经出现。当发生这种情况时，会大大降低团队效率并浪费宝贵的时间和精力。更糟糕的是，团队可能不得不用额外的时间和精力来修复受损的关系。

制定具体的战略以实现目标为团队带来若干好处。

- 制定优良的战略，确立了明确的角色、责任和职能，更可能有效和成功。
- 寻求共识的过程，通过确保团队针对许多不同的观点考虑到可能的行动，从而避免错误的开始。
- 在寻求共识的过程中表达的各种观点，往往可以发现创新和创造性的方法，从而提高团队效率。
- 通过积极参与使战略达成一致，能够强调团队成员对每个战略的所有权。他们不是在做领导所告诉他们的事情，而是在做他们认为正确的事情。
- 高度的所有权将转化为高度的落实——团队成员将趋于工作更长的时间并更加努力以取得成功。
- 在制定战略的过程中，需要团队对其每个目标建立一个测量标准，从而提供一个明确的方法来确定团队是否取得成功。
- 明确的角色和责任，以及明确的测量标准，使得团队中每个人都对他们的绩效负责。

一个简单而直接的思考战略的方式就是要分解团队目标，主要包含以下内容。

- **结果**：制定一个项目计划及其关键路径。
- **测量标准**：准确和优化。
- **截止日期**：3 月 1 日。
- **主要参与者**：关键资源配置部门、主要的个体投资人，以及处于显著风险中的人群。（团队将列出职能部门和个人。）
- **领导**：团队成员中起带头作用的那个人。这不一定也不应该总是团队领导。

核心团队在对这个目标采取行动前必须接触更大的团队。从本质上说，该团队正在建立一个由核心团队成员和更大的团队成员组成的次级团队，从而实现这一目标。与该团队的外界进行接触并引进主要参与者，将增加该过程和项目承担的所有权，从而圆满完成该过程。

为了实现这一里程碑，团队必须在以下方面制定战略。

- 任务 1：规划目标。

- 任务 2：实施目标。
- 任务 3：交流目标。
- 任务 4：团队动力目标。
- 任务 5：其他目标。

图 13-2 介绍了建议规划战略，以实现先前提出的团队规划目标。注意战略是如何从根本上把目标分解为各个部分的，又是如何为团队领导和成员指定具体责任从而实现成功的。这种分工使团队能够实现多个任务及基于若干目标和战略的不同工作平行运行，这显著地提高了团队的效率和生产力。

里程碑 4：团队结构

第二阶段的第四个里程碑是团队结构。有明确的任务、目标和战略，团队现在可以建立一个团队结构，它将为取得成功提供最好的机会。最后一步实现了从个人积累向高效能团队的转型。

到此为止，团队一直侧重于效果——做正确的事情，并且已经建立了正确的任务、正确的目标及正确的战略。现在团队必须把重点放在提高效率上——首次权衡做事，最大限度地发挥其效率。因此，团队必须调整其成员，召开团队会议，建立一个团队结构，选择方法和程序，并确定领导角色。

如果没有组织高效能团队的规则，那么团队就不能照搬其他团队的工作来做，但团队可以根据具体任务、目标和战略的灵活性自由组织起来。有关每个团队是如何组织的问题的答案是相同的——视情况而定！这将需要大量的团队讨论，以确定所有的依据。

任务 1：成员参与

为完成这项任务，团队必须根据其任务、目标和战略调整其成员。团队要在其任务、目标和战略上确定范围并采取行动，要确定是否有实现其使命和目标的合适的团队成员。

在通常情况下，团队会发现有冗余的成员（一个职位上有太多的人），或者有成员不用全职出席会议也能轻而易举为团队做出贡献。请记住，新产品开发团队实际上是由数十人（专家）组成的。这个团队是由跨越组织界限的人组成的核心团队，确保合适的人都在正确的时间并以最有效的方式参与了产品开发过程。

减少团队成员通常会提高团队的生产力。较少的成员，可以花费较少的时间来讨论关键问题并可以在更短的时间内达成共识。因为团队可以从外部人员那里收集信息，减少团队成员并不一定意味着失去信息和减少投入。

当团队成员减少且不影响业绩时，被削减的人可以进行组织内其他价值更高的活动，这有助于提高组织的整体业绩和资源利用率。

在某些情况下，团队可能会发现需要添加成员，以满足特定的需求。由于新成员没有参加定向和组织阶段，团队需要建立一个流程，使新成员通过参与获得所有权和承诺。要做到这一点的一个好方法是让新成员审查文档（业务分析、组织分析、任务、目标、战略）和访谈团队成员，然后在小组会议上开展他们的评论。这有助于新成员通过参与开发所有权和承诺，很好地识别团队遗漏的问题。

当添加成员时，团队必须平衡组织和团队的资源需求。管理层有责任最大限度地进行资源分配，以获得对组织人员投资的最高回报。必须确保个人不会超负荷工作，并且不会导致任何项目延误。资源分配对于团队和管理层来说都是至关重要的。因此，管理层对团队成员做出调整时，团队需要密切合作。其目标不是团队或管理层的“双赢”，而是要求团队和管理层在整体业务上做正确的事。

在大多数情况下，一个人为什么被分配到一个团队有很好的理由。但在有些情况下，这一进程会被政治化或歪曲。例如，将几个处于同一职位的人分配到一个团队里以提高这一职能的能力，并控制其他职能。有时管理者及其下属都在一个团队中，这样可以有助于管理者的有效控制。

在这种高度政治化的情况下，团队领导应当首先同那些直接参与了这一问题的人在幕后达成协议。团队领导可能希望从上级、团队支持者和其他可信任的人那里寻求帮助和支持。如果问题不能得到解决，团队领导需要把这个问题交给更大的团队进行讨论并采取行动，使所有成员了解这一问题。在上级和下级同时在团队中的情况下，将迫使团队领导让上级和下级同时参与团队辩护。这会为做正确的事造成巨大的压力。这种情况在达成协议后，会有一个非常消极的影响，团队可能需要修正或收拾残局。但是，如果分歧的问题正在影响团队绩效，并且已经造成了损害时，团队最好尽快解决这个问题。

任务 2：会议

就其本身的性质而言，团队是低效的。规则、作用和结构必须有所不同，以便使团队适应具体的和变化的各种情况。一开始，这个有些混乱的状态创造了一项优势，因为它允许团队避免先入为主的概念，并以正确的方式来执行这个团队的任务。但是，一旦团队的任务和目标已经确定，团队必须集中精力高效率地完成任务。

在追求效率时，团队会议在团队的成功中发挥了关键作用。如果团队会议效率低下，会分散团队的精力并消耗时间，从而使团队无法实现高效运行。这种类型的会议大大降低团队的生产力和业绩，严重削弱了所有权和团队成员的承诺，他们开始认为团队会议越来越低效和浪费时间。

建立一个反映团队的使命和目标的正式议程，可以确保团队重点仍然是建立最重要的、成功的团队，确保花在团队会议上的时间可以实现团队的目标和战略，避免很多团队在最新的热点问题上的拖延。

高效能团队为团队会议建立一个定期的时间表。当团队以每月为基础组织团队会议时，往往使团队成员很难明确他们出席团队会议的日程安排。调度会议可以为一年一次，或直到团队任务完成——以先完成任务为准——从而使团队成员更容易制定围绕团队会议的日程。在特殊事件中需要团队会议时，相对于每月的团队会议，团队成员更容易安排会议日程。

一般每月举行的团队会议满足了大多数团队的需求。请记住，在每月举行的会议之间，可以有很多会议——分组会议、解决问题的会议、决定会议等——涉及部分或全部成员。定期会议的目的是保持团队的重点任务、目标和战略，并使其在学习和情况不断变化的基础上进行改变。

会议日程安排应该由团队在定向阶段决定。一个至关重要的、紧迫的、面临极大的组织故障的团队可能要经常开会。一个次级重要和不紧迫的团队，可能会发现每月一次的会议太多了。

常规团队会议议程如图 13-3 所示。这个议程可使团队集中其任务、目标和战略。小组应当安排额外的会议，在会上采取具体行动，如做出决定或解决问题。这将保证团队完成其日常议程。

常规团队会议议程	
1	计划 a. 审查计划的假设 b. 审查各种问题
2	执行 a. 确定和优先关注的关键问题 b. 制定行动计划 c. 审查目前的行动计划 d. 庆祝完成行动计划
3	其他目标 a. 由主要的领导人更新
4	交流目标 a. 开放性讨论 b. 主要干系人的交流
5	其他（特殊情况）
6	团队动态 a. 小组会议评估

图 13-3　常规团队会议议程

任务 3：结构

直到人们围绕一个团队的结构组织起来，才是一种个人的集合，得到了“蝴蝶的形成”!

确定的团队结构，侧重于团队的关键集成点，这是团队取得成功的关键。

高效能团队的优势之一是其极高的灵活性，可以针对其任务进行组织。职能组织单位、职务说明、指挥、办公室和补偿计划是极其烦琐的重组。因此，高效能团队应该像变色龙一样对所处情况做出调整。

所以没有所谓组织一个团队的正确方式。团队应当如何组织依赖于项目的复杂性、重要性及现有资源。因此，高效能团队的另一个优势是可以考虑到这些因素，并且具有针对其具体情况建立正确的结构的能力。

例如，为了制定新的班轮（磁带的支持产品），建立一个子团队。这表明，班轮发展的关键是这个团队的成功，发展的努力是需要大量的待完成活动的集中整合。更加重视子团队提供的一体化可以促使班轮以更快的步伐取得进展，因为子团队成员不受限制，无须等待核心小组会议，而且他们无须与从没有为班轮发展做出任何贡献的核心团队成员获得共识。

简单团队结构如图 13-4 所示。这提供了一个例证：一个团队结构的项目会受范围和复杂性的限制。这个新产品开发团队是由很多来自全国各地的组织贡献者组成的。然后这个大组被分成了三个小组。

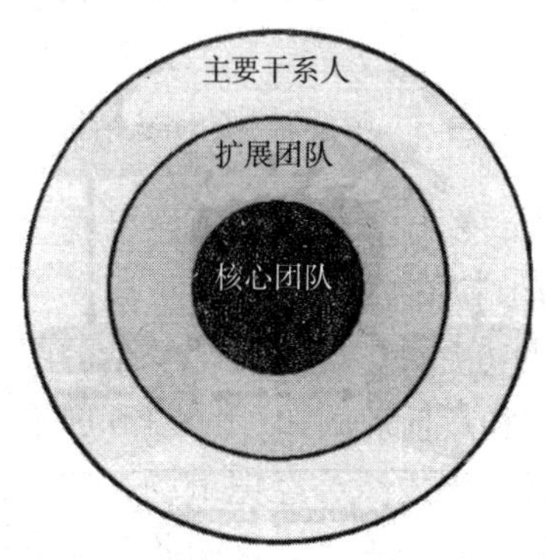

图 13-4　简单团队结构

核心团队由参加所有会议的全职成员组成，其责任是确保在合适的时间、以最有效的方式、有合适的人参与。一个理想的核心团队为 6～8 人，他们对新产品开发工作各方面有广泛的了解。

在这个结构中，核心团队的第一个行动是确定扩展团队和（或）主要干系人中谁必须参与关键问题。核心团队将组织一个进程，以便解决这一问题，可能包括非团队成员，并排除一些对进程无价值的团队成员。

核心团队让合适的人在合适的时间，以最有效的方式参与进来，减少了每个付出努力的人都成为正式团队一部分的需要。保持核心团队，一个小数目的成员可以显著提高其效率，因为关键的人会花更多的时间从事产品开发，而花更少的时间参加团队会议。

中度复杂的团队结构如图 13-5 所示。这个团队认为这个项目需要几方面不同的努力，每一个方面都需要高度的专注和团队合作，基本上涉及不同的人。因此，团队设立了一个结构，使子团队拥有了积极推动各自负责的领域的自由。

这种分工不属于核心业务的一部分，因此没有得到业务方向的指导。为了解决这一状况，团队建立了一个业务子团队以提供更多与业务有关的问题的关注和合作。

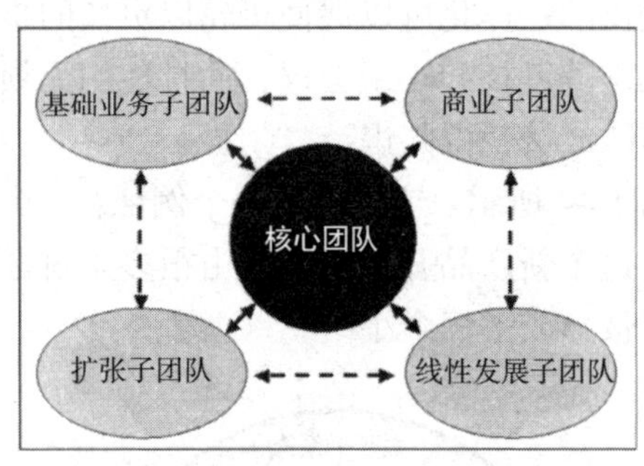

图 13-5　中度复杂的团队结构

核心团队由每个子团队的领导和项目的领导组成。这个小的 5 人团队能以最小的努力有效整合和协调子团队的活动。

复杂的团队结构如图 13-6 所示。建立一个复杂的团队结构可以为正在研究更复杂项目的子团队明确作用和责任。例如，图 13-6 展示了复杂团队任务的复杂性和项目的许多关键的集成点。该团队已经把市场、技术、现有的产品、功能、业务团队及一些产品开发团队融合为一体。该团队的成员可以看到他们所融入的更大的项目。

此项目正在实施一个技术平台，一些新产品开发子团队已处于大型团队框架中。在许多方面，这个复杂的团队结构就像在一个较大的组织中的一个小型业务分部。该团队的灵活性使组织得以发展这一业务，而不必直到取得了初步成效才重新安排其基本职能。

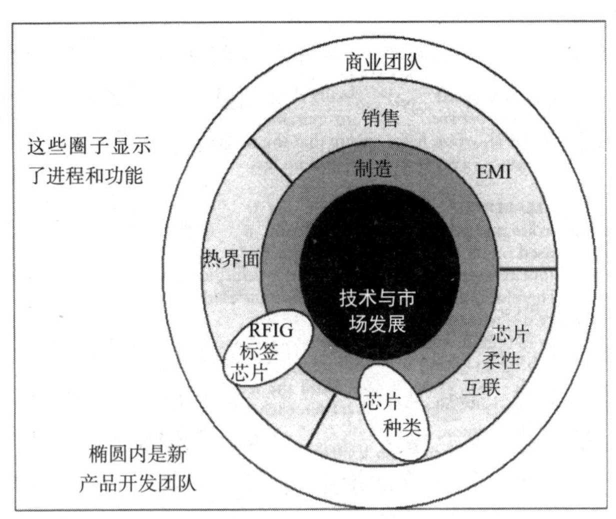

图 13-6　复杂的团队结构

任务 4：团队进程

为完成这项任务，团队必须确定具体的工具和程序用以决策和解决问题。团队将做出许多决定和解决许多问题。因此，决策和解决问题的效率和成效将显著影响团队的整体绩效，如果不能首先定义要使用的流程，会大大降低团队的生产力并产生团队成员之间的非生产性冲突。

有许多不同的方法可供团队决策和解决问题。如果对这些进程选择一个特定的方法，团队能够提高工作效率。如果团队没有做到这一点，团队成员会根据他们过去的经验工作，由于这些经验会有所不同，因此团队成员将有不同的工作流程。如果你问团队成员在决策过程中有多少步骤，你会得到一系列的答案。团队必须首先就流程达成一致意见，或者在工作过程中完善它。

团队也应选择一个与协作工具有关的软件包，以提高其绩效。网络软件工具可以通过在网络空间异步操作来收集与共享信息和思想，从而提高团队的生产效率。通过提供决策过程的方便的文件和通信的内容，这些工具也提高了生产力。一旦做出决定，可以单击一个图标和软件创建一个 Word 文档或 PowerPoint 演示文稿。

团队需要修改每个决定和问题的流程。复杂的决定涉及很多人，可能需要一个正式的、详细的流程以取得正确的决定；简单的决定涉及少数人，可以在一个非正式会议解决；大多数决定介于这两者之间。适应决策过程的状况有助于确保该小组花合适的时间，以取得成功。

任务 5：领导

为完成这项任务，团队必须确定领导的作用和责任。在通常情况下，管理层根据自己的标准任命团队领导。但是，因为团队领导通常不具有管辖团队成员的权力，团队不用必须遵循其领导。因此，团队需要确定领导作用并使团队领导的权力合法化。

关于团队领导的作用和责任可能有各种各样的观点。对于团队领导应该和不应该做的事情有着广泛期望，在团队成员对他们的团队领导的期望达成一致之前，每名成员将通过自己的标准来判断领导。

通过商定团队领导的作用和责任，团队可以将领导的权力合法化。例如，团队决定团队领导的作用和责任是了解团队成员的议事日程，如果团队成员被打乱，该团队领导可以指出，他只是做了该团队已经同意他需要做的工作。

关于团队领导的作用和责任的协定，也随之增加了成员根据领导者的表现来支持领导者的能力。如果团队领导负责维持团队会议的议程的重点，而他未能做到这一点，团队可以让领导对此负责。

为了完成这项任务，团队必须确定团队领导的作用。团队领导的作用至少应包括以下几个方面。

便利：

- 团队领导在促进团队的互动会议和工作会议中的作用和责任是什么？维持团队会议和进程中的“蝴蝶的形成”，往往需要领导做出决定并面对破坏性行为。

决策：

- 当团队无法达成一致意见时，团队领导关于决策和打破关系的角色和责任是什么？
- 团队领导是否做出决定继续或停止这一进程？
- 当团队无法达成一致意见时，团队领导是否会打破常规，或是否使用了另外一种符合大多数人意见的方法？

明确这一作用可以将成员的个性最小化，指明正确的政治方向，增加对最后结果的支持。

代表性：

- 团队面对更大的组织时，团队领导的角色和责任是什么？
- 如果团队领导因为团队的成功而拥有更多的权力，该如何处理以避免伤害感情？

团队领导在团队内立场非常明显。这往往使得团队成员感觉领导在为团队的结果做保证，并利用这个机会扩大自己的权力。为了避免这个问题，团队应确定领导在代表团队时的作用。

权力争夺：团队领导也需要处理团队不同要素之间的权力争夺。例如，产品冠军、六西格玛黑带、有很强的个性的人们常常争夺权力并控制团队的行动。团队必须商定领导应该如何处理这些权力的争夺问题。

优势和劣势：对团队领导的信心对于团队绩效是至关重要的。在通常情况下，团队成员对领导的能力将有不同的看法，根据自己的经验和从其他人那得到的信息进行判断。为了最大限度地提高成员对团队领导的信心，团队应客观地评价领导的长处和短处，并开始一个持续的反馈和支持过程，以确保领导的成功。

第三阶段：行动阶段

在团队发布系统的前两个阶段，团队在任务和采取行动上做出了重大的投资。这个投资在行动阶段得到回报。

- 自我指导愿意走出自己的职能角色的团队成员，为业务做正确的事情。
- 准确评估团队在组织内的权力、影响力及支持程度。
- 准确评估团队取得成功所需要的时间和精力。
- 明确角色、规则和结构，实现最大的效率。
- 高度的主人翁感及团队成员实现团队的使命、目标和战略的承诺。
- 非常集中和良好组织的团队，实现最大的绩效和成功。

在第三阶段，团队开始集中关注其目标和战略而采取行动——开始构建产品。为了保持重点并最大限度地提高性能，团队不考虑不直接涉及其任务、目标和战略的任何活动。这将保证团队不追逐即将遇到的每一个热点问题。

但团队还必须学习和适应不断变化的情况。这意味着，当学习和环境需要团队进行改变时团队可能需要定期回顾定向和组织阶段的情况。例如，市场条件的变化可能需要团队更新其业务分析，反过来又可能使团队改变其紧迫感，及一些目标和战略。迅速适应不断变化的情况可以提高学习和创造能力，从而创造更加灵活和敏感的组织。

里程碑 1：团队规范

行动阶段中多功能性、灵活性和反应能力的需要意味着团队不能运用一个刚性的规则，而是必须依赖于建立一套规范，从而可以高效率地处理团队行动过程中的各种情况。

任务 1：团队会议的规范

为完成这项任务，团队将需要为所有团队会议建立规范。团队会议是团队进程中最耗费时间的因素。除了工资和福利的直接金钱费用，花费在一个团队会议上的每一分钟都意味着少一分钟用于工作。

最佳实践团队会议规范如下。

（1）坚持议程。每次团队会议应遵循议程进行。当有必要调整团队会议的议程时，团队必须在更改议程前达成共识。未能保持关注其议程的工作都是徒劳的，并在一段时间成为危机的驱动因素。这可能会产生导致冲突、破坏非生产性团队动态的力量。

（2）完成每次会议的议程。团队的议程是建立在团队使命和目标基础上的。如果团队始终未能完成其议程，会增加没有实现其使命和目标的风险，因为关键问题将不能及时处理。

（3）开始和结束时间。团队会议开始的时间晚会浪费资源，不利于所有成员的日程安排，这是对那些总是按时出现的人的惩罚。

（4）所有团队成员出席会议。经常未按时参加会议的成员损害了其团队的利益，使得团队不得不重新审视问题，以带动缺席人员快速行动。如果某个团队成员经常不能参加团队会议，团队应认真考虑取代他或找到一个有效的途径解决这一问题，从而不浪费所有团队成员的时间。

（5）应用团队的学习和经验，在运行效率和有效的会议方面不断提高绩效。团队情况的复杂性使得任何团队都不可能以高效的团队会议开始。因此，团队需要建立一个不断提高效率和效能的组织会议的规范。尤其是团队违反其完成各项议程的规范时，这一点尤为重要。这些情况在其严重影响团队绩效前，必须加以处理和解决。

（6）要经常检查整个会议的进程。团队必须定期调整时限，以确保会议期间在对会议的最重要的问题上花费主要时间。由于会议往往需要很多时间，因此应该建立一个规范的讨论和主题的限制时间。一旦到了这些时间限制，团队必须认同其重要性和紧迫性，在这方面花费更多的时间——应建立额外的时间限制。

任务 2：团队进程的规范

为完成这项任务，团队必须运行高度的参与过程，其中涉及相关人员，在适当的时间以最有效的方式参与过程。团队计划、决策、解决问题、解决冲突的进程将决定团队发布系统的行动和结果阶段。

团队必须把重点放在团队进程中。一名统计过程控制和全面质量管理方面的专家——爱德华·戴明指出，你不是去“做”一个结果，而是做了一个使你得到结果的过程。例如，决策的过程从先入为主的结果开始，然后有选择地收集信息和标准，以支持这种先入为主的结果，这种做法不被认为可以为组织带来最好的结果或做了正确的事情。进程的质量将取决于结果的质量。

团队的信誉和信任，应放置在其计划、决定、解决方案和建议中，直接关系团队运行过程的质量。不过，正如所有其他团队设置一样，没有硬性规定如何运行团队进程。因此，团队必须再次建立强有力的准则，以便在运行团队进程时，引导团队行为及个体行为。

最佳实践团队进程规范如下。

（1）必须高度协作。高度协作进程增加了创新能力和创造力，保证团队得到最好的结果。这个进程应包括合适的人、合适的时间和最有效的方式。

（2）行动导向。团队进程应面向行动。一个由讨论和无所作为占主导地位的进程，将实现最低限度的成果，是对时间和资源的一种劣性利用。

（3）通过积极参与建立所有权和对结果的承诺。主要干系人的积极参与建立了对结果的所有权，并愿意履行承诺。

（4）最大限度地发挥信息和分析的作用，尽量减少人格和政治问题。专注于信息和分析显著降低和缩短了人格水平和政治参与过程。高水平的人格和过多的政治参与过程将歪曲信息和分析，在主要干系人之间区分胜利者和失败者，造成了组织各单位之间不必要的冲突。

（5）具有高度的真实性。隐瞒、扭曲或选择性使用信息来支持一个特定的立场，破坏了进程的信誉和过程结果的可信度。“计算机垃圾输入—垃圾输出”的过程适用于团队进程。

（6）对广泛的意见和想法持开放态度。广泛接受意见及看法的团队，以最有创新性和创造性的方式来面对复杂的局势。规范的开放性最小化了做错事的可能性，最大化了寻求创新和突破的想法的可能性。

（7）管理主要干系人的成本和收益。当成本和收益对主要干系人不公平时，会出现赢得/失去的情况。那些赢得的人通常支持该过程的结果，而那些失去的人通常抵制执行的结果。通过将成本和收益提高到一个可见的水平，并为那些将承担团队行动成本的人提供认可和保护，可以大大减少团队冲突、增加合作并收获最大限度的支持。

（8）最大化过程的成果。团队往往耗费大量的时间和精力，以期取得成果。团队可以通过充分执行结果和共享学习来最大化组织在这个过程中的投资。

任务 3：团队领导的规范

团队领导对团队发挥多种不同的作用。他们发挥主持人的作用时，可以确保讨论的效率；他们发挥团队成员的作用时，有助于讨论；他们发挥自己的职能作用时，能够考虑影响、团队行动及功能。他们还必须注意团队正在从事的工作及团队正使用的进程。在这种环境下，期待一个人看到一切要求的事是不可能的。

团队领导往往没有注意到，团队成员违反团队规范，对团队的业绩产生不利影响。如果团队领导看到这种情况却不发表意见，该团队将错过一个提高团队绩效的机会。在一个团队中会有很多这种类型的情况，这是一个巨大的机会，使每名团队成员为团队的业绩和成功做出贡献。

最佳实践团队领导规范如下。

（1）代表领导的具体战略、行动和进程。团队领导指派团队成员执行具体战略，分担领导责任，可以使团队完成更多任务，减轻团队领导的工作压力，使团队工作更高效。

一些团队将小组会议委派给在领导会议中具有出色的协调技巧的团队成员。这种做法使团队充分利用了团队成员的不同技能，并为团队成员提供了一个机会来最大化他为团队成功所做出的贡献。

（2）执行团队的规范。当每名团队成员都执行团队的规范时，会创建一个非常强大的集体动态，将影响个人行为。团队成员很快了解到如果他们违反了规范，他们将承担相应的后果。例如，如果他们在会议时缺席，这种违反团队规范的行为将会引起团队的注意，因此团队成员很快就会了解违反团队规范产生的后果。

（3）支持团队领导的行动。共享领导力还可以确保团队成员遵守团队规范，支持团队领导的行动。事实上，如果团队领导没有对违反团队规范的相关责任人问责，团队领导将被追究责任。

第四阶段：结果阶段

在结果阶段，团队需要投入大量的组织资源，以实现工作的高效能并取得成果。当一个团队的计划、决策及解决方案并未得到充分实施时，团队只能得到最低限度的投资回报。

里程碑 1：坚持到底

若主要干系人不落实承诺，团队会追究他们的责任。有许多因素导致主要干系人未能履行其承诺，或者不及时履行承诺。尤其是当这些行动并不是主要干系人的优先和必要事项时，这一点尤为明显，因此必须与其他主要干系人的优先事项和议程相比较。在这种情况下，团队可能需要提供后续跟进以保持对结果的控制。当协商意见不一致或者主要干系人拒绝执行一项计划、决定或解决方案时，团队必须升级问题，以解决问题及进行适当管理。例如，在压力下的主要干系为了降低成本可能会放弃对资源的承诺。对于团队而言，在某些情况下，最好是降低成本而不是支持团队；在其他情况下，最好是组织吸收费用并支持团队。平衡团队功能性组织的需要是一项战略决定，为了执行这个决定必须升级有权做出决定的管理者。

在升级过程中，需要保持团队和管理者之间的权力平衡，使双方为了业务合作做正确的事。升级的最后结果是团队最终的支出不如做出决定重要。决策是否有利于团队，比做出决策更重要，而做出对业务最有利的决策是最重要的。

里程碑 2：文档化

高效能团队将其成果及用来获得这些成果的过程文档化，以创造一个透明的程序，以便进行审查。这使得其他的已确定的结果保持有效性，生成相应的程序。文件还常常需要符合法律规定或公司政策。

将文件创建成一个公共记录，增加了做出承诺的人的压力。在繁忙和快节奏的环境中，公司的决定或解决方案很快会被忘记，有时也会随着记忆衰退和人员的变化被忽略。文件的编制和成果出版物可以鼓励主要干系人，以落实其承诺。如果与主要干系人的文件和交流不落实，团队将不得不反馈给管理层来解决问题。

成果的质量往往是由过程的质量来决定的。文档化有利于提高他人审查过程的质量。例如，文件的简要回顾都将显示出来，团队选择了先入为主的解决方案，然后收集资料，以支持这一结论。如果是这种情况，团队对其结果应持怀疑态度。相反，如果该文件显示了替代方案和广泛的标准，其结果将更可信。

里程碑 3：学习

第四阶段的第三个里程碑是将获取和分享对内容和过程的学习，通过学习来提升自己的绩效。通过分享和学习，团队可以提高组织文化和基础设施建设水平。相反，当一个团队停止学习时，那其文化和基础设施往往变得过时。

当团队获取并分享团队共同努力的结果、经验教训（如技术、工艺、机会、缺陷等）时，团队可以扩大组织的知识库和知识属性。与其他组织单元分享这些，可以提高个人的专业知识和组织的核心竞争力。

在发现其他的团队进行同样的学习时，团队在共享过程的学习中应避免另起炉灶。这种学习经常会在组织文化和基础设施中发现系统性障碍。例如，如果团队确定的奖励制度始终抑制团队业绩的提高，该组织可能会消除这一障碍，或者提供额外的支援工作。

里程碑 4：认可

第四阶段的最后里程碑是对个人和组织单元的认可，因为他们为团队的行动、绩效和结果做出了重大贡献。如果个人和组织单元知道，他们由于想法和贡献而获得信任，他们会更愿意与人分享自己的想法和贡献。如果团队未能承认他人的贡献，无论是有意的还是无意的，这将被看作无视他人的功劳。

小　结

新产品开发团队的复杂性意味着有关每个团队发展问题的答案都是相同的——视情况而定。团队发布系统通过确定对团队成功至关重要的主要因素来加快开发高效能团队。

团队发布系统将团队发展分为 4 个阶段，包括每个阶段的具体里程碑和任务。这为组建一个高效能的新产品开发团队提供了一个明确的路线图或清单。

团队发布系统应作为团队的发展准则。因此，团队需要确定应该用在每个里程碑和任务的时间和精力。例如，团队已经拥有了共同取向的业务，可以简单地检查里程碑，并转到下一个。

由于篇幅有限，本章没有介绍影响团队的个人和人际关系的内容，在许多情况下这将极大地影响团队在每个阶段的发展。例如，缺乏信任可能会使人们隐瞒对团队成功至关重要的信息。

作者简介

道格拉斯 · A. 彼得斯（Douglas A. Peters）是 DS 绩效集团（DS Performance Group）总裁，有超过 20 年的培训、团队建设和组织开发方面的咨询经验。DS 绩效集团专注于为个体、团队和组织绩效取得显著和可持续的提升。他的客户，从刚起步的公司到位列《财富》500 强的公司，跨越众多行业。他是个人、人际关系、团队、组织效率方面的主题专家。他设计并讲授过数以百计的培训项目和课程，曾指导过 400 多个团队建设项目。他的大部分有关团队的学识来自他与 3M 公司 20 年的工作交流，他在 3M 公司与 75 个以上的部门、员工小组和管理团队一起工作实施新产品开发和业务开发。他的组织开发工作包括新产品周期的缩短、文化评价和改变及组织效率。他还是一个理论家和模型建立者。他的论文《绩效等式——显著且可持续绩效公式》提供了人类绩效的一体化理论，该文发表在《绩效改善期刊》上。根据下列信息可以与他联系：Douglas A. Peters，DS Performance Group，545 Main Street N. Hutchinson，MN 55350：dougpeters@dsperformancegroup.com；www.dsperformancegroup.com；320-587-0372。

第 14 章

滚动式规划有助于快速和灵活地开发新产品

格雷高里·D. 吉森斯（注册项目管理专家和注册新产品开发专家）

创新和产品开发项目（特别是涉及平台或突破式创新的项目）处在有很多未知因素和快速变化的环境中。绝大多数成功的创新和产品开发项目都遵从一定的原则，这些原则包括由有能力和有激情的人组成的有组织的小团队，多批次、小批量地收集资料，迭代及迅速从客户处得到反馈。然而，一组新兴的被称作敏捷产品开发的生产实践使得思维传统的产品开发人员和项目经理们开始重新思索开发快速且灵活的项目的途径。敏捷性组织有着迅速适应变化和意外情况的能力。拥有这样的能力，敏捷性组织能够在同时保障速度和灵活性的前提下创造出价值。

滚动式规划概念在项目管理领域中已经使用几年，在迭代方面可以阐释为“计划一点、做一点”。现在越来越多的人认为滚动式规划是能获取更好的速度、灵活性和客户价值的敏捷性工具之一。滚动式规划是降低创新风险、适应变化、调整组织结构和团队以获得突破性成果的强有力的和成熟的方法。

滚动式规划与其他敏捷性工具一样，给复杂、动态的创新带来了福音。因为滚动式规划要求一个开放、自适应的工作环境，所以可能不适于资本投入巨大的行业中的渐进式创新。产品开发领域中越来越多的领导意识到尽管传统的项目管理工具用在某些组织结构和实际情况中很有效，但是敏捷性工具在其他情况中更适用。表 14-1 列出了使用敏捷性工具的组织与使用传统工具的组织的区别。

本章描述了在新产品开发中的滚动式规划工具，重点是在团队层次上滚动式规划的工程（项目）应用，但是项目经理们也可以在新产品开发组合管理、战略规划和预算中应用滚动式规划。本章首先简略探讨了脆弱的计划（由于假设的变化而轻易失败的项目计划）产生的原因。对脆弱的计划的认识能帮助人们理解需要寻求其他方法的原因。接着提出了一家公司使用滚动式规划的案例，然后描述了 3 个能够增强滚动式规划的敏捷性原则。然后提出了应用滚动式规划的 6 个步骤。最后说明了滚动式规划方法有效的部分原因。

表 14-1　使用敏捷性工具的组织与使用传统工具的组织的区别

使用敏捷性工具的组织特征	使用传统工具的组织特征
认识到团队力量，通过协作来创造价值，而非仅仅控制好工作切换	封闭化和个性化，划分工作到个人，通过切换来推进进程，所谓的团队不过是由工作切换机械拼凑而成的
人们愿意且有能力感知和处理变化	重视方法的稳定性和一致性
使用综合性的项目管理方法，由强有力的项目经理领导	刚性、高度僵化的开发环境，任务导向型
领导风格重视学习和对话	领导风格重视监督、命令和控制
把风险考虑入进程，使计划适应风险	按照最后期限来确定进程，逆向往前推进
策略目的在于为客户提供价值，包括随时应对变化	一致性（控制权）和成本最小化是做项目决定的导向性要点
用不确定性的减少量来度量进展	用可交付成果来度量进展
价值和机会的区分度不明显	人员都避免模棱两可，花大部分时间在个人舒适区
投资目标包括维护战略选择和遗憾最少化	投资目标在于战术效率

脆弱的计划产生的原因

滚动式规划有助于解决脆弱的计划产生的问题。一旦计划失败，人们就把目光局限于自己主观设置的重点。简单地说，脆弱的计划失败，人们就会抛弃对项目的整体认识而做出有局限性的决定，从而导致计划落空或次优化。一名准确定位了产品开发项目的观察家曾说："问题不在于我们没有计划，而在于我们不相信自己的作品。"

对产生脆弱的计划的实践的认识可以带来一些顿悟。第一，有的人是缺乏心理（认为缺少足够的时间和资源）而不是充裕心理（把种种限制看作创造性解决问题的机会）。第二，人们对待复杂项目往往不是做"全计划"就是做"零计划"。"零计划"是指不做任何计划；"全计划"是指开发团队通过严密的流程制订计划来告知管理层项目的交付时间、项目成本和所需的资源投入量。而团队在计划制订上投入足够的精力存在困难。第三，参与者往往认为计划的审阅者很官僚主义，因此把做项目计划当作为了“摆脱麻烦”而进行的依从性活动。更有悟性的人认为应当把“计划”看作能产生效益的资产。第四，人们认为做计划的目的在于得到一个预想的日期而非应对项目中的风险。值得注意的是，导致脆弱的计划的头号原因往往就在于确定好最后期限然后逆向推进。第五，单个人员制订计划时一般只会考虑自己部门的情况而忽略部门之间的衔接，或是假定会有“其他人”处理这些问题。第六，人们做计划时都认为准确预计到了项目中会出现的所有情况，同时还会浓缩总分析表中包含的信息，从而过分简化了复杂的系统。最后，在执行过程中，人们常因为真实情况（能感知到的任何情况）而不按计划行事。因为许多人缺乏良好的项目计划能力，他们并不把感知到的情况当作真正的工作。

脆弱的计划反映的是一种心态或文化：细节是可知和稳定的，唯一重要的东西都被记录下来了，制订一个完整的计划是必要的，接下来就是按计划行事。更进步的产品开发者会说这种心态过时了、没有效果了，其原因是创新的复杂性和变化多端。

脆弱的计划的替代品是可靠的计划。可靠的计划被定义为建立一个能够经受住项目中变化带来的压力、能适应变化并且支持项目取得成功的项目模型。一个可靠的计划是一个项目团队集中和整合所有力量，在完成以速度和灵活性为特征的目标的同时考虑了客户价值的项目的得力工具。

滚动式规划案例

一个很好的解决脆弱的计划的问题的案例记录于《拥抱不明确：MDS Sciex 试点滚动式规划项目管理以促进快速、灵活的产品开发》。它讲述的是加拿大的一家为医药、诊断和环境公司提供产品的公司——MDS Sciex 在一个项目中试点滚动式规划的故事。有时之前的失败会使一家公司尝试新的途径，对于 Borg 项目来说正是如此。早先有一个需要几个月完成的分成了 3000 部分的项目，当有几个假设发生变动时，团队成员认为它们并不明显就任其发展。因此，这就成了一个不可靠进程。

项目经理们决定在 Borg 项目中使用“做计划—实行—做计划—实行”的方式，这就使得几个新的软件和硬件技术得以运用。对于这个项目而言，在其中存在着相当的风险和不确定性并不奇怪。Borg 项目的最初计划完成于一周之内，之后在每月花一天来做后续计划。

图 14-1 所示为滚动式规划运用于 Borg 项目的甘特图，滚动式规划以 3 个月

为周期进行计划和执行的推进。一些人使用术语“窗户”或“计划地平线”来替代“波”，因为它们都表示确定的可视区域。下面的甘特图显示了 Borg 项目第一个 3 个月中的详细进展，在 t_a 点，Borg 项目只遵从所处的 3 个月中的详细计划，把遥远的未来的详细计划的确定推到了 t_b 点，那时对未来工作的风险和不确定性都有了很好的了解。把这些拟订为大致数量级来表示它们不确定性的大小。随着团队进行到各个波段，对活动进行分解并更新计划地平线。Borg 项目的团队并不急于分析不在当前滚动式规划中的活动。

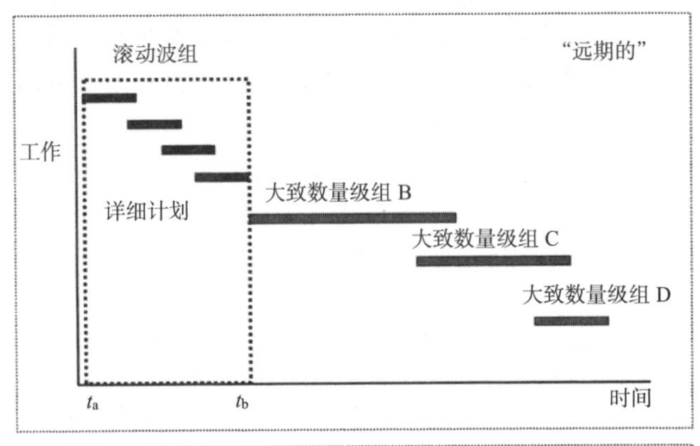

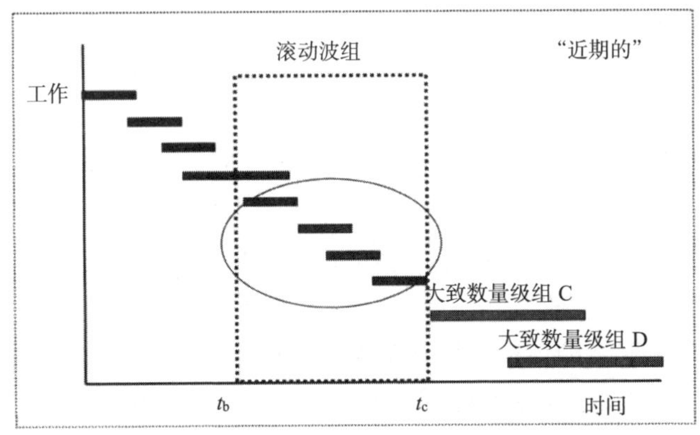

图 14-1　一个简化地反映了滚动式规划的甘特图

Borg 项目一开始遭到了一些来自高层管理者和项目参与者的抵制。一些主要干系人不愿意接受缺乏准确度的最初计划。大部分高层管理者乐于看到项目的准确完成日期和明确目标。许多人对于要猜测接下来的 6～8 个月内会发生的事和把承诺建立在假设的资源上感到不满。最终，项目经理们对项目的短期展望给予了信任并且更愿意给项目提供资源。

滚动式规划也让高层管理者和发起人对于真实的完成项目的成本和进展情况有了更好的判断。项目经理说："让高层管理者们认识到确定完成日期在我们无法准确预计的未来花了一些工夫。"也有一些阻力来自项目团队中的成员，他们认为新的初始化带来了更多的工作。成员们希望免除通常很烦琐的计划工作来使得开发工作更让人舒心。

增强滚动式规划敏捷性的三原则

能够增强敏捷性的 3 个原则是基础性的并且贯穿了所有的情况。当从业人员理解了工具或技术的原则时，他们更能从工具或技术中获益。下面就对能够增强滚动式规划敏捷性的 3 个原则进行介绍。

原则 1：项目和产品架构奠定了敏捷性的基础。

原则 2：被嵌入不确定性和模糊性的战略因素。

原则 3：具有良好领导的职能团队是沟通和制定决策的基础。

原则 1：项目和产品架构奠定了敏捷性的基础

架构是指一个系统的基础结构，它定义了产品和项目工作的组块。这些组块不能太大也不能太小。好的架构让团队即使在钻研细节时也能保持整体视角；好的架构为评估优先级和安排工作提供了基础，其结果会提高开发速度和灵活性。产品架构和项目架构是建立滚动式规划的基础。

产品架构是划分产品子系统和接口的策略。硬件、软件和服务应用程序开始越来越多地使用允许模块化设计的核心统一的技术架构，因此团队能够做出更好的关于特定产品设计的决定。由于许多项目不能提供所有拟订的特征，因此产品架构有助于确定开发优先级。

这里有一个能够帮助你更好地在开发项目中应对风险的重要领悟：接口常是故障点。实际上，大部分的产品失败就是在接口上，而不是在子系统中。产品架构的早期工作之一就是明确这些接口和其结构、作用和局限。处理好了接口问题就能避免潜在的失败、返工和延迟。

在本章中，项目架构描述了项目或工程的计划策略：团队构成、权限级别、审查和审核周期、角色和责任、风险和问题分析方法、升级策略等。

滚动式规划最适合对标准项目或工程管理理念和原则有基础认识的从业人员。滚动式规划跟其他的好的项目管理实践一样，是一个改良项目计划模型的过程，而不仅仅是改进甘特图或其他图表的实践。其他的有助于滚动式规划用于项目架构的工程/项目管理理念包括项目生命周期、组织分解结构、产品结构分解和成本分解结构。架构图使人们对这些结构能有一个全面的评价。项目架构的确立是从底部向上进行的。

“计划一点、做一点”在团队能同时看到整体和细节时最有效，此时项目能够在自上而下和自下而上的角度中找到平衡。图 14-2 所示为在项目进程中自上而下计划和自下而上计划的比例变化。自上而下计划的比例一开始时最大，然后逐渐减少。滚动式规划能取得敏捷性是因为它在一天天的工作中不仅激励战略性视角，还激励战术控制。

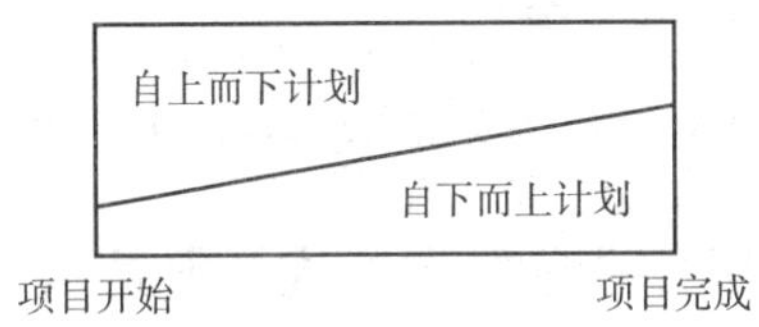

图 14-2 在项目进程中自上而下计划和自下而上计划的比例变化

原则 2：被嵌入不确定性和模糊性的战略因素

创新过程很明显是充满着未知的，并且它要求不同领域的不同专业人士之间进行对话。不确定性（字面上讲就是没有确定性）意味着缺乏对结构和信息的预估。人们可能不会把这种不确定性看作风险或机会。滚动式规划的重心放在了不确定性的减少上，问自己一些这样的问题：我们知道什么？我们所知道的有什么好处？我们不知道什么？我们评估未知情况的进展如何？

仁斯利尔理工大学在突破式的创新工程上的研究表明了在产品研发项目中的 4 种不确定性：技术不确定性、资源不确定性、市场不确定性和组织结构不确定性。技术不确定性与解决科学和工程问题有关。虽然大多数问题在充足的时间和资金的情况下都能被解决，但是在初期很难估计所需的时间和资金数量。资源不确定性与核心人员和设备的质量及可得性有关，同时也和技术不确定性密切相关。市场不确定性与客户对设计功能、外形和价格的接受程度有关。组织结构不确定性指的是不同组织单位和个人间的组织形式关系的稳定性。例如，公司正在进行重大的结构重组，人们常只会关注可见的短期结果。图 14-3 所示为来源于两家公司的技术和新产品开发项目资源的一个合作开发项目的 4 种不确定性。

在突破式创新中随着项目而来的不确定性的模糊的性质尤其需要注意。任何一种产品开发的不确定性越大，就越需要运用能产生敏捷性的工具，如滚动式规划。

人们往往会避开模糊性。他们只关注与他们主观上的问题鉴别经验直接相关的细节，并且先解决最容易的问题。然而，最容易（熟悉）的问题可能并非最紧要的问题。领导者们必须在解决最容易、最熟悉问题的个人倾向和解决散乱、概括性、模糊的但是最有战略意义的问题间找到平衡。

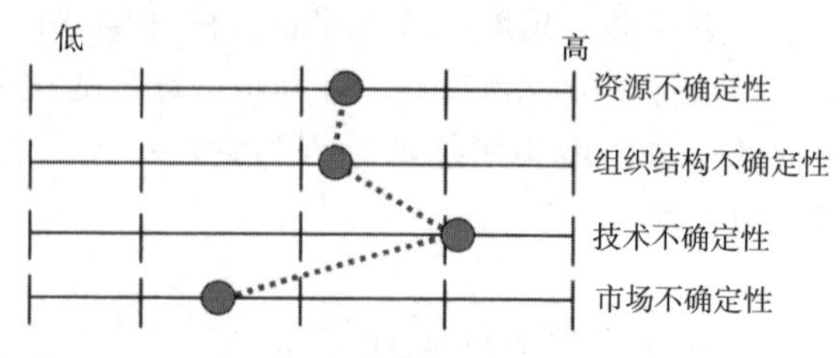

图 14-3　一个合作开发项目的 4 种不确定性

原则 3：具有良好领导的职能团队是沟通和制定决策的基础

新产品开发的专家长期以来一直把个人领导力和有效的团队合作看作主要的成功要素。这是因为意识信息的迅速交换会带来更好的沟通效果和决策。比如，一个团队的 Scrum 模型表明人在被授权进行决策时是自我组织的。高层管理者有义务为团队扫除障碍。

随着越来越多的企业开始使用敏捷性工具，开发团队要吸纳一名权威的客户或用户代表来作为团队成员，这样就能获得产生最大价值的反馈信息。因为客户能够并且往往会改变优先顺序，灵活的方法能变动态为静态并且能够快速和有效地做出反应。

滚动式规划的步骤

图 14-4 所示为滚动式规划的 6 个步骤。需要注意的是，图 14-4 建立在显示团队重心在自上而下计划和自下而上计划的变动的图 14-2 的基础之上。沿着图底部列出的是这一部分阐述的 6 个步骤，图中弯曲的箭头表示滚动式规划工具中的“计划一点”。值得注意的是，随着项目的进行，计划活动越来越具体。

在具体实施过程中，要时刻牢记本章一开始描述的脆弱的计划的问题。脆弱的计划很容易失败，而且失败后项目经理就无法控制项目了。一个可靠计划的滚动式规划结果能够经受住项目中的变化带来的压力，而且能支持项目最后取得成功。

同时，要牢记本章前面的“增强滚动式规划敏捷性三原则”，它讲述了“计划一点、做一点”的基础。产品和项目架构及团队对不确定性的管理驱动着项目工作的划分。领导力和团队职能是整个过程中的黏合剂。

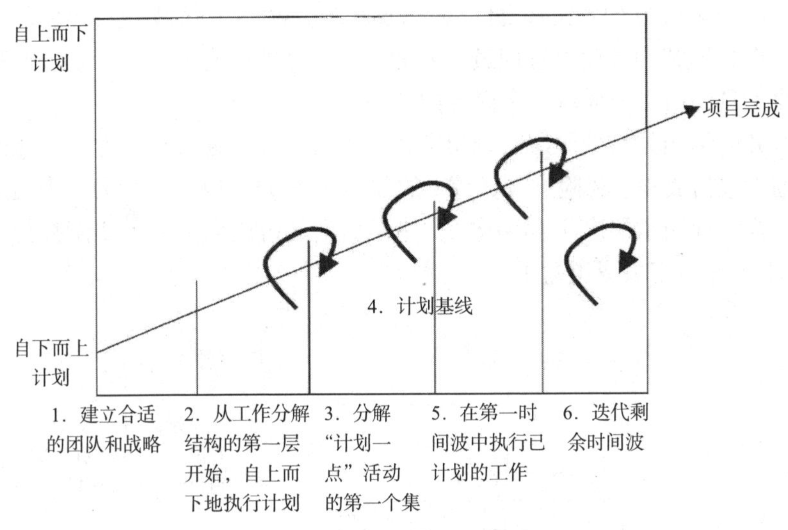

图 14-4　滚动式规划的 6 个步骤

第 1 步：建立合适的团队和战略

“计划一点、做一点”是动态的，正是因为动态才产生了速度和灵活性。在一个滚动式规划项目的最初期需要有一个整合的、自上而下的视角。

其目的是要建立合适的团队和战略来获取和保持可靠的进程。项目团队的沟通质量很大程度上决定了项目速度和灵活性。因此，滚动式规划步骤的第 1 步是基础性的：确保自己有一个章程、一种方法来获取和处理各种需要（见《PDMA 新产品开发工具手册 1》第 12 章），吸纳适当的人到团队中来（见《PDMA 新产品开发工具手册 2》第 6 章），以及一个良好的项目愿景。项目章程是来自管理层的给项目提供资源的正式认可和对这些资源的使用授权；项目愿景是对根据客户利益、产品形式和产品功能得出的对预期收益的描述。

表 14-1 可以看作滚动式规划的评价工具。把它当作核对表，通览全表并确信你能够自信地肯定要素栏中九大特征中的 6 种。如果你的组织还没有准备好，你需要在组织结构的构建上再花些工夫，或者根据你的组织的能力重新考虑你的战略意图。

第 2 步：从工作分解结构的第一层开始，自上而下地执行计划

第 2 步是确立项目的工作范围管理战略。常用于组织和管理项目工作范围的工具是工作分解结构（Work Breakdown Structure，WBS）。大多数有经验的项目经理认为工作分解结构是项目管理最重要的工具。并非所有的产品开发人员都理解这个重要工具，所以下面有一个简要的解释。

工作分解结构是指按照层次列出项目的所有工作。通过这种方法，能够确定项目范围（包括成本、风险、责任等）的控制方法。图 14-5 所示为一个通用的工作分解结构，标明了层次 1 和层次 2。本章后面的讨论会把层次 2 阐释为“工作包”，并把工作包定义成黑盒子。

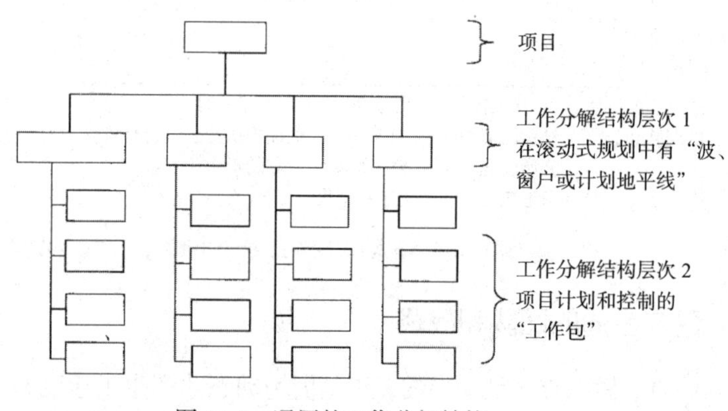

图 14-5　通用的工作分解结构

在项目要“计划一点、做一点”时波就变成了计划地平线。3 个月大约是新产品开发中常见的时间界限。项目团队成员应当能用更高的精确度评估工作的完成程度（误差在±10%范围内）。然后团队在近期的 3 个月内详细地分解工作。估计长期工作的偏差应在±30%范围内。

第 3 步：分解“计划一点”活动的第一个集

在这一步中，团队对个人工作包进行细化。工作包，也叫作任务，是一个用时间和所需资源预算确定量的工作单元。工作包是项目计划人出于控制目的插入进程表中的要素。因为滚动式规划使用的是“计划一点、做一点”的方法，所以团队就要确定第一个时间段内的工作包。

把工作划分成黑盒子

创新和开发工作很难定义。新产品开发人员通过确立架构和管理不确定性来

克服这个困难。把产品和项目想象成黏土块，根据环境和组织战略来分割和塑造项目。之前提到的 Borg 项目就用大致数量级来进行分割。

黑盒子的类比法很有用。黑盒子有明显的边界，因为内部很难了解，其中细节就不考虑了。因此，滚动式规划工作分解结构就采集这两类工作：不完全明确的黑盒子中的工作和细化工作。工作包仅仅是项目计划和进行的工作单元。

图 14-6 所示为一个黑盒子和里面的工作。黑盒子 A 代表着一大块的开发工作，如设计一个主要的子系统。这个子系统中有许多的任务和活动，可以表示为 B、C、D 和 E。要注意，B 可能在将来还能细分。怀疑者可能会问："为什么不干脆就继续把这些工作包细分呢？" 答案："如果你能准确和自信地确定那些工作活动，那就接着分吧，但是如果你是在无根据地猜测，你最好把它继续看作一个黑盒子。"

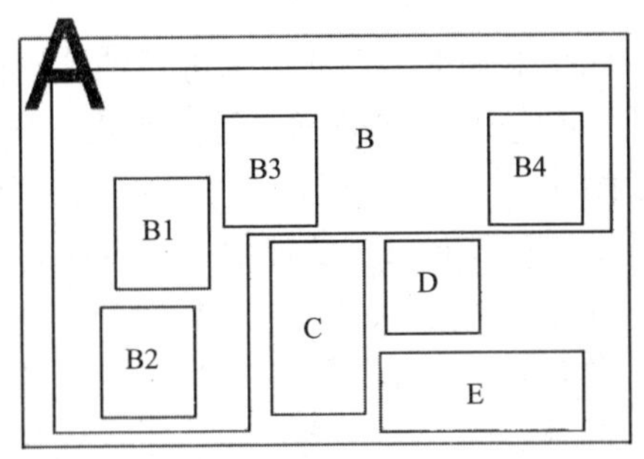

图 14-6　一个黑盒子和里面的工作

现在，仔细看图 14-7 中的工作分解结构，注意 A、B、C 等的位置。最左边的工作分解结构分支标有滚动式规划#1，还包含有表示为 A 的工作包。工作分解结构要考虑到后面周期中可能出现的工作。接下来比较图 14-6 和图 14-7，发现工作包 B 在滚动式规划#2 中，然后可以发现在之后的波中的工作包 B1、B2、B3 和 B4。

明确黑盒子中工作的逐步阐释和它们在工作分解中的位置很重要。在第一波中，详尽的细节是没有必要的，只需要对 A 中的工作有一个大致的概念上的了解即可。项目团队会在以后的滚动式规划中细分 A 中的工作。其目标是在正确的时间细化正确的工作。要记住项目按照"计划一点、做一点"的方法来持续推进。

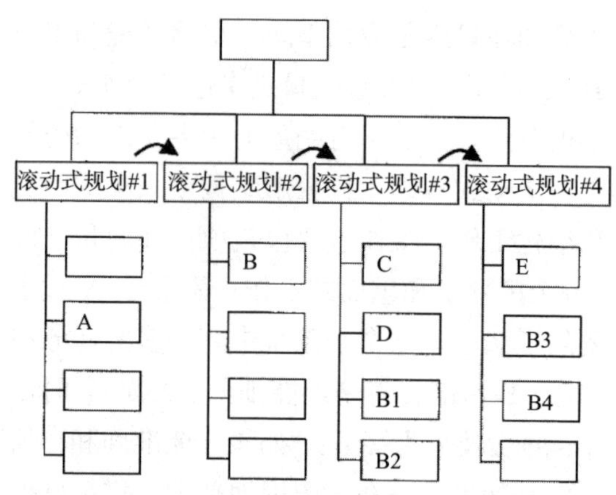

图 14-7　滚动式规划的逐步阐释

区间估计

区间估计是按照区域而不是单个点的值来进行估计的做法。比如，你不该说一年有 365 天，而该说一年有 364～367 天（这在考虑到闰年时更准确，365 是一个四舍五入的值）。不限制在一个值上，项目团队能得出一个隐含着置信度的区间。在创新环境中，目标是识别和限制每次估计中不可避免的误差量。

图 14-8 显示了项目成本（左方纵轴）和项目时间（右方纵轴）的初始区间是如何收敛于真实值的。需要注意在第一波中对项目时间的预计是 $0.6x$～$1.5x$。因此，若 x 为 12 个月，区间就是 7～18 个月。还要注意从第一波到第二波区间明显缩小了，区间的缩小描述了第一波的“做一点”部分中有相当的不确定性被解决的期望。

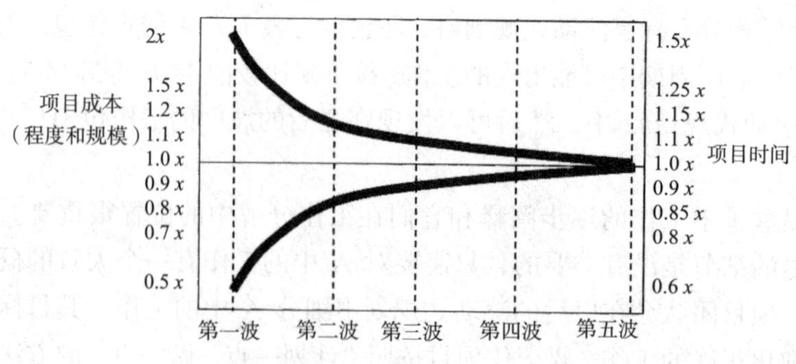

图 14-8　区间估计的收敛表

许多人说估计出一个像 7～18 个月这样的大区间会导致管理不得力，因为这几乎不可能有错。但是团队领导者需要展示出勇气并处理期望。提高速度和灵活性对大家都有好处，但是要克服的一大障碍是人们计划、执行和控制项目的思维模式。

为什么区间估计有好处？任何估计都有误差，单个值估计则生成了一个不可靠的置信度。区间估计把人们从浪费时间去尝试将估计做到完美中解放了出来。完美估计要花费很大精力，但收效甚微。区间估计激励团队集中精力于战略问题。通过考查和检验估计得出的假设，团队能随着对项目工作了解得更多而不断缩小区间。

风险分析和不确定性的减少

要记住战略因素是被嵌入了不确定性和不明确的这一原则。项目团队最重要的工作就是减少不确定性。它作为初期风险分析的一部分，先检查、验证和记录系统层面的假设，然后是子系统层面的假设，最后是部件层面的假设。要强调信息的获取和运用。问自己以下问题：我们现在的假设还可信吗？我们需要哪些新信息？潜在的项目问题有哪些？目前有没有？（见《PDMA 新产品开发工具手册 1》第 8 章）

完成标准

请看图 14-4 右边的“项目完成”部分。这是确定和验证项目过程来证明设计和配置达到了客户要求及行政收尾的好时机（结束一个项目的团队工作和管理，如吸取教训）。“千万别做不知道如何收场的事！”你肯定不想陷入整个团队在项目结束之后还要对产品负责的泥潭。不要在没有讨论发起和过渡方案的情况下就订立首个计划。

记录

作为第 3 步的一部分，你应当记录下项目计划并把报告分发给相关的干系人。

第 4 步：计划基线

在许多项目管理的文章中都使用了基线这一项目管理基本观念，它使项目团队能够监测实际情况确定的范围、进度、预算和风险等。项目经理通过给高级管理层、发起人、用户、项目经理和参与者适度的授权来确定基线。在期望基线上减去实际情况，就能得到项目偏离基线的偏差。如果偏差过大，要采取校正措施把项目往基线上推。

在新兴的敏捷性产品开发环境中，价值有从凭证化和强制化到适应性和响应性之一的转化倾向。因此，确定基线和计算偏差并不普遍。然而，这是一个确定重点和重新确定重点的连续流程。不论你是否确定了基线，都要进行风险分析，做出风险决策。同时，要计算和准备好维护风险储备金（也叫应急储备金）。你还要检查一下关于变化的处理战略，并且确定怎样使用工作分解结构来处理分解黑盒子时出现的新工作包。

第 5 步：在第一时间波中执行已计划的工作

在每一波内，工作是明确的：计划工作，然后做工作。下面的问题清单是在使用滚动式规划的项目会议上共享信息的一个好思路。

- 大家在项目愿景上达成一致了吗？
- 在上一报告期中完成和没完成的规定工作有哪些？
- 下一报告期的规定工作有哪些？
- 有任何意识到的风险出现吗？风险决策计划是什么？
- 有新的风险吗？
- 有可以不再考虑的问题吗？
- 有新问题吗？

因为高层领导想要看到状态信息，所以为偏差量设定一个预期就很有用。例如，你可以设定 20%为触发值，如果项目变动超过了±20%，项目经理就需要向高层领导说明偏差原因。反之，高层领导就可以认为项目一切正常。很明显，这要求高层领导相信项目用对了人并正确运用了自己的能力和知识。高层领导必须给予团队成员独立做决定的权利。

“计划一点、做一点”的迭代特征促进用于未来时期的知识的获取。这让项目团队能预计并避开今后的种种问题，或迅速地对团队将遇到的风险做出反应。

第 6 步：迭代剩余时间波

最后一步包括“计划一点、做一点”方法的不断迭代、结束项目投入和投入前的活动。要素包括以下几点。

- 评估团队的知识、需要工作，并向前继续进行计划项目的下一步（回到第 3 步）。完成了当前的工作后，更多的精力将被放到下一期的工作中。“计划一点、做一点”的连续波贯穿于整个项目。设计滚动式规划的一个关键点在于波的重叠，这让人们总能预计到一点未来。你需要项目中所有人都对战略性的、自上而下的未来视角有所意识，即使他们陷在当前工作的战术细节中。

- 进一步分解黑盒子，随着时间和成本基线的确定修正工作分解结构来反映新的细节。

向前推进滚动式规划

周期间的计划包括从结束一个过程（前一周期）到启动一个过程（下一周期）的转化。项目要管理很多作用力，包括执行无力、高度重视细节、职能和个人冲突、过度完美主义和贴近用户要求。在周期间的转换中有必要问 3 个问题。

（1）“我们有进入下一期的足够信息吗？”这个问题是帮助团队决定开始和停止计划时间的很好的评判标准。

（2）“这还是我们之前的愿景吗？”愿景和客观情况常常会发生变化。这个问题激励着作为试金石的愿景/完成状态的开发和验证。一名好的项目经理能够识别动态并且继续为减少不确定性努力；一名平庸的项目经理只有狭窄的视野，而且会在技术细节和问题解决中“找不着北”。

（3）“工作分解结构需要哪些调整？”在一开始你也许不能做一切你认为力所能及的事情。你可以分割范围——权衡时间和范围，大致地指出投入时的特征会被取消或要推迟到以后发布。开发项目的复杂和动态不是不进行变更管理的借口。

结束项目

当产品达到了客户要求并且组织政策要求的必要的管理过程完成时，项目就结束了。回到第 3 步来验证完成标准。要集中精力于项目怎样验证和证明各种要求。

前面的段落从开始到结束详细地描述了滚动式规划。其中有很多活动和决定要确定，也有一些陷阱需要避开。其中一个陷阱是把滚动式规划用于常规的新产品开发项目。在常规的新产品开发项目中很少有未知情况，计划人能描述出项目中已完成的部分，而且计划会一直跟随项目结束。另外一个陷阱是许多人会把敏捷性误解为自组织，也就是说组织成员会表现为好像他们可以在需要的时候做任何想要做的事情。然而，他们要自律并且同团队成员保持沟通。还有一个陷阱是项目团队会屈从于以过程记录的形式获取所有的活动的诱惑，按照脚本来进行项目。虽然一致性很重要，但是人们常把高附加值、高速度和高灵活性的目标从属于一致性，必须在其中找到一个平衡。

最重要的一点是要找到适当的人员来参与项目，他们要有技术技能、商业头脑、团队责任感、冒险和实验精神并且严于律己。因为团队成员数目有限，所以将他们的任务安排在所有的开发项目的组合中可以清晰地反映出项目重点。有了合适的人员后，团队领导的职责就演变为排除障碍或树立对沟通、决策和结果的高度期望。

小　结

使用滚动式规划来提高项目效果的潜在原因如下。

- 它缩短了前端的计划时间并且更快地把项目付诸实践。它使得专门的工作团队更早地开始工作，因为了解即将到来情况的方法就是真实地面对它。
- 它提升了成员的归属感和责任感。使用了该工具的人们反映他们感觉与其他人和要做的工作很合拍，他们学到了把计划看作项目的资源而不是一个要填写的、视野外的和被遗忘的官僚主义文档。
- 它促成了一个开放和灵活的项目环境。它帮助项目团队解决了要集中精力于近期工作也着眼于长远工作的挑战，找到了控制和灵活之间的平衡。
- 它使得说"我不知道""我能找出""数据并不清楚"可以被人们接受。
- 它促进了更可靠的估计。还有一个更现实的概念，对于近期资源需求量，项目经理能及时为项目派遣需要的人员。它使得团队可以将自上而下（对于远期的任务）和自下而上（对于近期的任务）进行估计的优点结合起来。
- 它使管理层对项目计划有了一定的控制和预期，而不是抱着项目计划可以描述所有的项目细节的幻想。它促使人们要按照产品开发策略来安排工作。
- 它使团队有了应对不明确境况的工具，这有助于有效地应对风险、抓住机会和提高创造性。

"计划一点、做一点"是对不确定性的反应："越远的未来有越多的不确定性，而且做准确计划的难度也越大。"滚动式规划的有效性取决于使用者在自上而下和自下而上方法、战略思索和战术运用、重视个人和重视团队等之间的平衡能力。

敏捷性不是仓促，而是一种规律。如果想要灵活性、速度和绩效，那么人们必须工作。虽然学习掌握这种工具就是艰苦工作的一部分，但是如果人们的思维模式不是基于敏捷性原则，那么工具就没有效果了。最后，敏捷性工具是帮助个人和组织克服确立价值和行为准则的惰性的激励手段之一。

作者简介

格雷高里·D. 吉森斯（Gregory D. Githens）有超过 25 年的新产品开发经验，涉及的行业包括消费品、软件、药品、医疗设备、科学仪器、生物技术、农业综合企业、工程服务和信息技术等。他帮助他的客户获得了产品上市时间的改善、更好的度量、更好的战略联盟和改善的风险管理。他是《PDMA 新产品开发工具手册 1》第 8 章的作者，他还是《成功的项目管理》（第 4 版）的合作作者。他是 PDMA《展望》杂志的高级编辑，他在该杂志发表了超过 25 篇的关于新产品开发绩效的文章。他还为管理圆桌会议、项目管理研究所、国际调查研究所和其他前沿组织写作和演讲 NPD 与创新主题。他曾为《多项目管理》一书写过《项目群和项目组合管理》一章，为《项目中的人们》一书写过《处理不满意的项目任务》一章。他拥有俄亥俄州立大学的理学学士学位、迈阿密大学的工程硕士学位和鲍灵格林州立大学的 MBA 学位。他是注册项目管理专家和注册新产品开发专家。你可以通过电话 419-424-1164 或 GDG@CatalystPM.com 和他联系。

第 15 章

借助经验教训获得竞争优势

肯·布鲁斯（PAREXEL 公司全球学习和开发顾问）

如果惠普知道惠普知道些什么，那么我们的获利将会是现在的 3 倍。

——卢·普拉特，惠普公司前 CEO

面临技术进步加快、产品生命周期缩短和全球竞争压力下需要降低成本的境况，新产品开发企业不得不在各方面都追求最优。许多表现良好的公司从施行诸如门径、核心团队和准时化生产等提高积极性的措施中获益。随着这些措施的成熟，它们会带来越来越多的收益。为了保持市场领先地位，许多公司都紧急查看它们从知识资产中取得的收益。通过战略性地管理知识取得和分享的方式，这些公司从以前未充分利用的资源中获益颇丰。

本章将审视如何从战略和战术层面利用知识资产。本章尤其要探究事后回顾（After Action Review，AAR）这个能够立即使用的、有效的、低技术含量的工具。英国石油公司、哈雷戴维森和斯普林特等公司都把 AAR 正式作为它们工作的标准部分。新产品开发项目的负责人会发现 AAR 特别有用。然而，本章在讨论中会突出开发经理和高层管理者在保障组织从知识资产中获得所有经济利益中扮演的重要角色。

借助知识资产获得竞争优势

知识资产管理的定义

知识被定义为“行动中的信息，人们完成工作所需要知道的东西”。知识资产管理这一术语引入了一种价值主张，即一个组织的业务和技术知识应被视为一种宝贵的资产，它们在被恰当管理的情况下能够持续地保持公司的竞争优势。成功管理组织知识需要保障组织信息有效地流向正确的人：他们在何时、何地和怎样获得信息。研究表明能有效借助知识资产来达到经营目标的公司将一直运营良好。这样的公司具备以下优势。

- 有更好的产品选择决策，能适应市场需求和组织能力。
- 对项目风险和必要的减控措施有更好的前期认识。
- 针对问题和机会，能更有效地监管开发的力度。
- 通过技术再利用，成功地缩短了产品开发周期并减少了开发费用。

知识资产管理战略概述

任何公司都在某种程度上创造和分享着组织知识。问题在于很多公司这方面做得不好，并且没能持续进行。它们通常以一种临时的和不正式的方式进行这些活动。有时候，公司的确启动了知识资产管理（Knowledge Asset Management，KAM），这样的启动常常伴随 Web 驱动的信息管理技术上的可观投资。这些举措往往忽略了他们打算解决的业务问题。员工把它们视为单独的额外工作而不是与日常工作具体相关的工作。

有效的做法是在现有的业务策略中嵌入 KAM，而不是重新提出 KAM 本身。作为策略开发的一部分，很多公司都对组织的优点和弱点进行过评估。把 KAM 嵌入这个过程需要再问几个额外的问题。

- 促成项目成功的做法是否成功地在组织中被共享了，是否恰当地并入了标准工作流程？
- 惨痛的教训是否被广泛地吸取了，其他项目是否不犯同样的错误了，过程是否有所改善了？
- 做业务决策所需的数据都能轻易得到吗？

所有这些问题的共同点都在于不断地识别机遇使日常标准工作能有效借力于组织的知识。

将知识资产管理嵌入新产品开发门径管理流程

把知识融入标准工作流程的途径需要通过对新产品开发的前端进行的考察来体现。许多公司使用门径管理流程来安排新产品开发工作。门径管理流程是成功地把新产品概念付诸实际的概念上的、可操作的路径图。产品开发团队在得到管理层批准进行下一阶段的产品开发之前就完成了每个阶段指定的跨职能任务。

图 15-1 反映了从知识资产管理角度来看，每个门径还代表着一个重要的学习机会。为了促进本阶段特定任务的完成，成功的团队会借助现有的组织知识。在此过程中，他们也可能创造新知识，如果新知识被共享，它能给组织带来独特的

竞争优势。在整个过程中，成功的项目经理要通过检查来确保团队有效地使用着组织知识库。

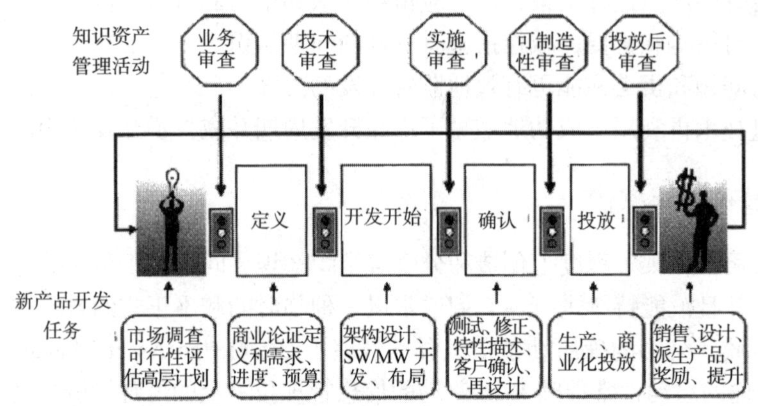

图 15-1　新产品开发流程中的知识资产管理活动

通常，在项目开发初期会有一些初期业务和技术审查，最终提交高级别计划。一些公司有正式的概念阶段来决定这个计划是否值得投入另外的时间和资金来进行更深层次的可行性分析。

将知识资产管理应用于业务审查

为了有效评估提出的商业机会，最广泛的知识资产管理活动之一是融入正式流程来推动内部事务和收集市场情报。营销机构有丰富的客户、市场和竞争的最新相关信息。许多公司的普遍做法是召集相关的客户经理、现场应用工程师和销售人员召开初步产品定义会。销售人员往往在数据公开数月之前就对组织和市场变化有所察觉。能够有效使用市场情报的公司能让产品更具竞争力。像 AMD 和 Gateway 这些更大的组织从类似 salesforce 的 Web 驱动的数据库中能更正式和定期地获得和共享销售信息，然后来补充这些更特殊的工作。

另一个有用的客户和市场信息来自客户服务组织中。这些信息可以通过公司网站或客户服务代表来收集。许多研发团队经常把审查客户的投诉、咨询和要求作为业务审查讨论的一部分。一些公司的数据库通过程序能自动在不论是特殊的还是普通的情况下定期取得这些信息进行研发，然后把改进性产品和衍生产品直接与用户反馈一体化。

这些例子的共同点在于可以有效把握最新客户和市场情报的公司能够取得明显的竞争优势。在某些情况下，团队成员实际上与营销人员一道进行客户访问，那么他们就能更直接地听到客户心声（见《PDMA 新产品开发工具手册 2》第 7 章）。通过实际体验客户使用产品的工作情况，很多设计工程师对产品进行了更有利的改进，假如他们不走出实验室可能永远考虑不到这些。

业务审查的质量能够通过把从外部聚焦的搜索引擎得来的信息并入业务审查过程中来得到加强。除收集相关的客户和市场数据外，团队还要能够有效地进行专利检索，不仅为了评估竞争环境，还为了识别需要保护的创新性创意。

市场研究反复表明前端活动的质量是产品之间的一个重要的差别。产品开发项目要想取得成功，新产品需要与一系列复杂的市场力量相匹配。在业务审查期间，产品决策要保证市场定位。有效使用知识资产管理方法来收集和共享相关的商业数据，公司能明显提高决策过程的质量。许多公司非正式地利用了公司内部的业务知识，但是最优秀的公司是在系统化基础上把知识资产管理方法作为业务审查驱动器的。

将知识资产管理应用于技术审查

在流程早期同等重要的是挖掘公司内的技术知识，尤其是对于那些推行人所共知的创新公司来说，它有很高的技术风险。为了降低风险，许多公司要求在产品开发过程中的各阶段进行技术审查。优秀的公司会将知识资产管理方法正式并入这些技术审查过程当中，这样就确保知识共享成为标准工作流程的一部分。

在项目初期，技术审查的一个重要目标就是要确定团队成员准确理解了相应的项目风险和应对计划。例如，订立一个实际日程表和资源计划，确定适当的减控和（或）应急措施和防意外措施等。从知识资产管理角度来讲，该过程能够通过确保团队接触到相关专家和组织历史来得到增强。

公司的知识资产要被充分运用起来，而不是限制在个人专业内。在很多情况下，运用自己队伍以外的专业技能会使团队学到新方法或重复利用机会，这样能够降低成本和风险。在一些公司里，总设计师会被鼓励在新项目中重复使用他们的设计。在很多时候对初级工程师的训练常是较早识别出能申请专利的、能给公司提高竞争力的有价值的知识产权。

许多公司都有促进技术重复利用的专门途径。位于不同地区的公司为了增加技术的再利用，越来越多地使用 Web 驱动的内容管理系统来整合其他重要的商业应用（如单元库）。例如，Analog Devices 公司的核心竞争力之一就是它在模拟和数字集成电路方面的专长。为了有效利用这个专长，Analog Devices 公司建立了经过安全编排的、存放可再利用的设计的几个专门的数据库来方便公司的设计工程师使用。

高层管理者对前端知识资产管理活动的作用

如果团队在整个项目中拥有最准确、最新的业务和技术信息，那么项目就有更大的成功机会。系统地学习类似项目的经验也能降低风险。计划一个新项目时团队往往对未掌握的信息没有觉察。

建立先学再做的文化氛围需要积极的管理支持。作为门径管理流程的一部分，除技术和业务评估问题需要回答外，成功的项目经理还要建设性地激发团队在计划中吸取从组织内部其他地方学到的经验。门径可能包含以下问题。

- 计划是否包含了从以前项目中吸收的业务、市场和技术教训？
- 类似项目遇到过哪些问题，新项目的计划怎么处理这些问题？
- 与公司历史上的类似项目相比，日程表中的任务是如何预估的？
- 其他项目的最佳实践是怎么融入该项目计划的？

如果团队在没有充分做好基本工作时就召开门径会议的话，优秀的项目经理会推迟项目审批。当这些重要问题都被有效解决了之后，团队会再举办会议。先学再做的承诺管理的具体阐释比其他的策略方针更有效。

借助经验教训

除请教公司认可的专家外，另一个同等重要的获取经验的方法就是个人和团队在日常工作中创造的知识资源。就像下面的例子所阐明的，公司可以通过有效吸取实时教训来获取显著的经济利益。

LSC 是一家前沿的技术公司。该公司的一个团队参与了新的合格组件开发以达到客户苛刻的功率和成本要求（一个组件包含一块芯片或其他离散的电子元件，电动地把芯片连接到其他电路中，还要对芯片提供物理和化学上的保护）。在样件从工厂返回来时，检测工程师发现了一个严重的性能问题。在测试中发现组件不能完全符合数据表中的规格。为了修正这个问题，团队不得不修改设计，然后制造第二轮硅片。这项活动在材料和工程上轻易就用掉了 100 000 美元。这种计划外的再设计增加了项目成本并且需要再给客户递送样本。

为了保证所有的过错都能被指出来并且团队外的启示都能被吸收，团队的发起人要求团队启用事后回顾（AAR）。值得庆幸的是，事后回顾表明团队解决了所有的问题。通过 AAR 产生了 3 个行动条目。

（1）为了防止其他项目也遭遇同样的问题，团队中的制造代表被指派了列出其他使用该组件的公司团队的任务。然后有 4 个遍布全球的新产品开发项目被识别了出来。获益于 AAR 的学习，其他 4 个团队进行了必要的设计修正。虽然其他

4 个团队都需要不同程度的计划外再设计，但是由于在把部件送到制造处之前就做出了改动，这 4 个项目都节省了第二轮硅片制作的可观成本和时间。

（2）设计工程师被指派了联系研发副总裁修正设计规则来反映实际的组件特征的任务，因此防止了今后其他团队遇到同样的问题。

（3）团队的制造代表被指派了联系制造副总裁研究如何向供应商反映该组件问题的任务。

这个例子让很多人想到了许多公司常在项目结束后进行的完结剖析。但是，不等同于在项目结束后的剖析，从知识资产管理角度运作的公司在产品开发生命周期中通过学习和知识共享活动能够取得最大的竞争优势。在LSC公司的例子中，如果第一个团队延迟分享组件缺陷直到项目结束，其他 4 个团队可能会经历同样的费时又费钱的问题。

在新产品开发期间积极地学习和分享知识的观念来自学习循环理论。学习循环的基础是团队能在项目之前、期间和之后从学习活动中获益的观点。每个学习点都代表一个学习他人经验同时丰富组织知识库的机会。

- 开始新项目之前，团队需要问自己：谁在以前也做过这类工作，能从中学到些什么？有没有技术再利用以降低潜在风险、成本和减少开发时间的机会？
- 在项目中，团队会定期地停下来回顾整个进程：团队接下来想运用什么（如规范化的成功做法、要避免重犯的错误）？除此之外，团队要研究其他成员能否从这些新知识中受益。
- 项目完成之后，鼓励团队最好能更正式地回顾学到的东西，如何在今后的项目中运用这些知识和这些信息怎样在组织内被更广泛地分享。

在被成功运用到新产品项目开发组织中的各种知识资产管理方法中，AAR 因为容易运用和见效快而别具一格。本章的剩余部分将从理论和实际应用准则上来讨论 AAR。

利用事后回顾方法捕捉和分享在 NPD 过程中产生的新知识

AAR 概述

在 LSC 公司的例子中，AAR 是借助教训获取知识的有效方法。AAR 最早是美国军方为了迅速为海外任务调配军队而发明的。它被用于战场和训练，其目的都是从前方部队快速收集数据并把它们实时地与其他部队共享，然后把它们用于修正军事过程和步骤。其重点在于收集能马上用于接下来的战斗或类似情形的行动知识。现在 AAR 被广泛用于英国石油公司、福特、哈雷戴维森和斯普林特这样的多元化公司当中。通过运用 AAR，它们的团队能积累战术知识并吸取经验教训，然后把信息明确地记录下来和组织内部其他人共享。

AAR 会把实际情况与计划相比较。AAR 努力捕捉事件的序列，然后理解参与者行为背后的考虑。AAR 可以识别出今后其他团队可能会仿效的好做法、需要避免的错误和需要纠正的弱点。

AAR 表格

AAR 评估由几类特定的问题组成，之后紧跟如何利用经验教训的行动计划。

- 项目目标有哪些？
- 实际结果如何？
- 什么能解释团队达到、超过或没达到提出的目标？
- 从中学到了些什么？
- 怎样使用学到的东西？

下面的例子包含了之前描述的 AAR 的一部分。

案例：LSC 公司 93887 事后回顾

时间：2006 年 3 月 5 日

参与人：史蒂夫·布尔克，伊莱恩·戴维斯，克里斯·奥法雷尔，莫琳·倪，马克斯·帕特尔，莱莎·阿比诺维奇，桑德拉·伊和肯·布鲁斯。

1．目标	2．结果
A．发出客户样品 12/18/2005	A．错过了指定的发送客户样品日期
B．做好修正的样品的日期 2/23/2006	B．在指定时间完成样品修正
C．把检验时间由 1 分钟缩短到 35 秒	C．成功地把检验时间由 1 分钟缩短到 35 秒

3．出现偏差的原因

A．为什么原定的发布日期被错过了？

（1）新的 XLB 组件被证实不能达到产品说明书中规定的性能要求。

- XLB 是新近验收的组件，但审批过程并没有测试我们所要限制的部分。
- 当部件从工厂出来时没能通过测试。后来的测试识别出了组件缺陷。
- 再设计组件花了 6 周，然后又重新制作。

（2）我们低估了减少检验时间和降低成本的必要的硬件和软件变动的范围。

- ……

B. 团队靠什么缩短了检验时间？

（1）……

4. 经验教训

A. 由于我们产品的独特性，我们需要在接受普遍批准的新组件和过程时格外谨慎。

B. 在给项目标记衍生时要谨慎。检验对于衍生设计更为复杂，这不能立即在项目计划中有所反映。

C. ……

5. 今后的步骤

行动	行动责任人	最后期限
（1）找出其他使用 XLB 组件的项目并提醒他们未能达到性能规格的部件缺陷	史蒂夫	3 月 10 日
（2）……		

一个成功的 AAR 包含准备 AAR 和实施 AAR。下面的内容讲述了有效完成 AAR 过程各阶段的具体行动。

准备 AAR

计划

AAR 可以简单到两个人在客户访问结束后进行 10 分钟评估，也可以复杂到在一个大项目结束后进行一天相关的活动。公司的 AAR 在常规基础上进行时（如在主要活动或计划的重大事件结束后）能获得最大利益，因此这成了一项持续改善的活动。该过程使得知识在团队解散之前就得以储存，而且就像 LSC 公司的例子一样，这使公司受益最多。

一些使用 AAR 的公司期望有改进项目状态的模板。在一家公司中，一半的团队都在施行简单的 AAR。像图 15-2 中的 LP332 例子一样，团队有 15 分钟的时间来讨论过去 6 周达到的成果、风险和意外计划的区域、项目花销状况和未来 6 周的计划。除给管理层提供简明的项目状态报告外，这也是一个团队争取管理层支持（如额外资源等）的机会。项目经理有责任修正项目发展趋势。多元的 AAR 的表面主题可能暗示了要注意的过程缺陷和要标准化的最佳做法。

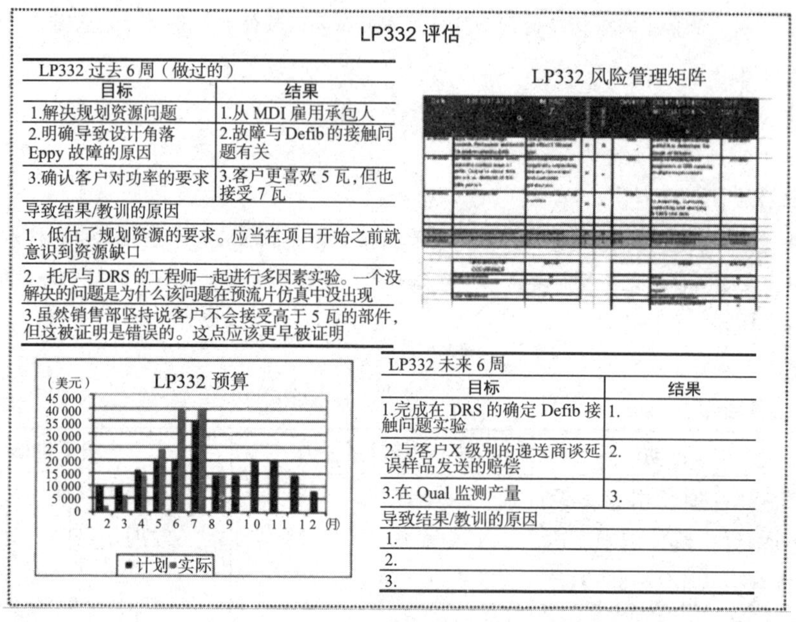

图 15-2 AAR 激励的项目修正模板

同样地，另有一家公司使用 AAR 来评审发布了 6～12 个月的新产品。这种事后发布的 AAR 不提开发中出现的表面问题。这些问题在事前发布的 AAR 中就讨论过了。事后发布的 AAR 的重点是新产品达到或没达到产品发布时的目标。用这种模式来评估发布的产品，产品线管理能够达到以下几个目标。

- 识别弥补性能差的产品的收益措施。
- 使用最新的市场数据来评估正在开发的产品。
- 寻求新的产品或产品线的扩展机会。

所有例子都做出战略决策要把 AAR 融入新产品开发过程中。这些项目不断收集了解到的教训并且要求项目团队吸取从前项目的教训。

参与者的选择

一个 AAR 规划的重要问题是谁应该参加；一个经验法则是让所有直接参加项目的人都参与，还要避开局外人，因为他们可能会阻碍交谈；一个潜在的障碍是参与者常常对项目理解的程度不一（例如，核心项目团队人员有亲自动手的职能经验，销售和营销人员对这些项目的感受却不深）。这种情况下最好的方式是进行两个或更多的 AAR，然后把不同的子团队带到一起来讨论学到的东西。这样，第一个 AAR 就包含了在开发中有直接动手技术经历的人；第二个 AAR 就包含了项目客户管理方面的人士，可能有客户组织的人员参与。为了保证这两个 AAR 的连贯性，至少要有一个人（如团队领导）参与了两个 AAR，这个人对两个 AAR 都要有促进作用。

在确定 AAR 的参与者名单时，要考虑的另一问题是如何创造和保持公开和信任的气氛使参与者能专注于学习问题而非指责。AAR 中没有等级制度——每个人都是平等的。为了保证平等，需要制定一些基本准则。当有不同级别的管理者参加同一个 AAR 时，要有一些额外准备。

辅助者的角色

非正式的 AAR（如客户访问结束时进行的）不要求有辅助者，但是在大多数情况下找一名辅助者是成功必需的。辅助者的角色是保障恰当的氛围——一种所有团队成员感到能舒服表达自己真实看法的氛围。辅助者要保证讨论没有偏题，在必要的时候才加入讨论。

AAR 不要求有一名专职的辅助者，但是这个人要有 AAR 经验且能有效组织管理会议。辅助者不是 AAR 的实际参与者，不是实际参与者的经理，也不是对 AAR 收效有兴趣的人。辅助者要对内容有所认识，但是不必有讨论议题的专业技能。这种构架使辅助者在有知晓议题的能力的同时还能保持客观性。这个人应当在组织中有恰当的定位以赢得参与者的尊重。普遍的做法是第一个项目的领导辅助第二个项目的 AAR，第二个项目的领导辅助第三个项目的 AAR。

书记员的角色

AAR 的重要成果之一是书面报告。做好笔记的同时促进 AAR 非常困难，除非辅助者有处理二者的丰富经验，否则最好再找一名书记员。辅助者的标准同样适用于书记员。书记员的主要任务是详细记录讨论内容，而不是编纂或改正某个参与者可能会被认为不正确的评论。书记员可以对记录进行一些编辑使它更易读，但是不能改变参与者的观点或加入自己的看法。

在会议中，书记员可以使用挂图、白板或计算机（最好连接一个便携投影仪）。他应该尽量使笔记内容与会议结论一致。在此之后，他应该把他的文稿分发给每名参与者以征求意见。

实施 AAR

步骤 1 和步骤 2：确定目标和结果

AAR 开始于团队制定活动目标和结果时，工作越细致越好。识别目标的样本检测问题如下。

- 项目目标是什么？
- 有什么需要度量的？如时间、成本、缺陷等。对于新产品开发的 AAR，这类信息往往能直接从门径文档中得到。
- 如果没有绩效度量，管理层如何评估项目成功与否？
- 所有人都同意这些目标吗？

通常这是一个很快的过程。如果团队在达成项目目标一致上有困难，那么这明显是一面示警红旗。

确定结果的样本检测问题如下。

- 目标达到了吗？
- 如果团队既没有超出也没有达到目标，那么结果能量化表示吗？（比如，计划完成日期是 10 月 15 日，实际完成日期是 12 月 3 日。）
- 有任何预期外的结果吗？
- 所有人都同意对结果的表述吗？

在确定目标和结果时，团队有想要开始解释达到各种结果的原因的趋势。要把讨论的重点放在意图和实际结果上，不要让团队去讨论差异的原因，直到达成共识。在促进一个持续时间很长的项目的 AAR 时，召开只谈论这两个话题的快速的计划会议常常很有帮助。会议能辨别出 AAR 中的核心议题，使参与者能够有所准备（如查看他们的项目笔记、确认日程表等）。如果在一个长期项目中不召开有准备的会议，团队成员会经常打断 AAR，去取留在办公桌上的相关资料而走进或走出会议室。

步骤 3：找出成功或差异的原因

AAR 的主要目的是要找出是什么使团队成功达到了目的或是什么导致了正面或负面的偏差。下面是典型的检测问题。

- 什么促使了项目的成功执行？
- 什么使得你节省了时间或成本？
- 你遇到了怎样的困难或不愉快的事情？

收集这方面的讨论途径有很多，常用的 3 个切入点如下。

（1）事件的时间序列。一个有逻辑的、直接的切入点常常有助于参与者回忆事件的时间序列。这种方式的问题在于多重事件常平行发生，但并不是所有参与者都明白这一点。此外，还有一个问题，就是过于注重低层次的细节。

（2）核心事件。这个切入点着眼于直接支持目标的关键事件。这个方法在时间有限时尤其有用。关键是要保持好对关键事件的高度关注，否则讨论会被次重要的议题所牵绊。

（3）分组议题。团队先识别大类再填充细节。通过迅速获取和认识在会议后期要深度探讨的热门基础性问题，团队可以继续跟进并且辨识其他问题。团队可以使用亲和图或鱼骨图等工具来快速收集和分类数据。图 15-3 包含了用于之前提到过的 LSC 公司事后回顾的鱼骨图的一部分。

不论使用哪种讨论方法，讨论的重点都是为了改进而非指责。

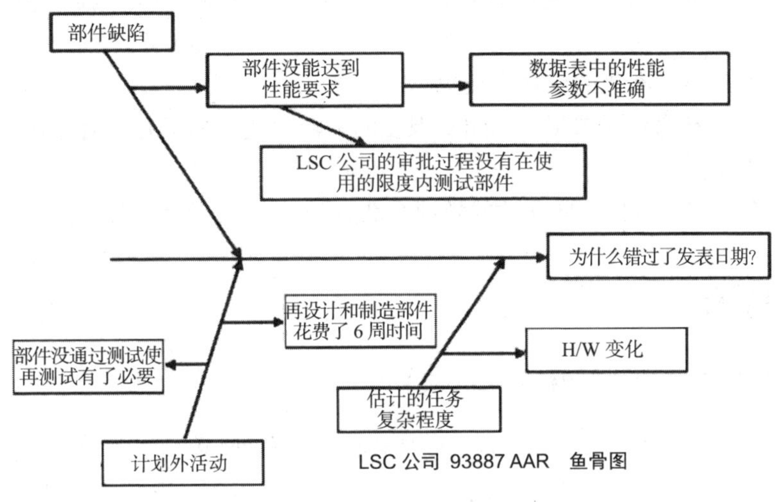

图 15-3　鱼骨图示例

步骤 4：识别经验教训

AAR 的下一阶段是识别经验教训。这个步骤代表对之前讨论的深层次总结，目的在于为今后应用创造新知识。AAR 讨论很重视两类知识使用人群——团队成员和未来使用者。与在项目结束后进行的剖析不同，团队在项目中进行周期性的 AAR 能够将新知识应用到他们自身不断改善的过程中。从这点上来说，一名 AAR 专家观察到：许多人认为 AAR 的主要目的是为其他团队的利益收获教训。但是我们的观点是团队自身才是所学到东西的第一个和最好的用户，并且在最佳时机将“经验教训”用于当前项目本身。

样本的检测问题如下。

- 你想在其他项目中继续或效仿在这个项目中成功运用的哪些东西？
- 你今后要停止或避开哪些错误？

经验教训和行动常常在偏差讨论中出现。把它们实时记录下来是组织好讨论并进行新议题的有用方法。

步骤 5：行动计划

这部分讨论是为了多层受众——团队本身、现在或将来会受益于这个新知识的团队，以及公司内其他部门或可能被指派改善任务的外部团体。

在 AAR 的这个阶段中，辅助者有责任确保特定项目得以分派，确定好责任人和最后期限。有时列一个正式的计划表作为 AAR 文档的一部分也很有用。样本的检测问题如下。

- 团队的哪些方面需要改善？你想要改善哪些行为/过程？哪些行动方案没有统一？
- 有你想要标准化的成功实践吗？
- 你有没有遇到要求超出了团队限度的关注问题？如果有，需要找谁？谁来负责交流？
- 有没有能使其他团队获益的教训？谁需要知道？怎样传递这个信息？

收获价值

预先定义 AAR 的学习目标

对于 AAR 的抱怨通常是书面文稿被装订在了某处，积满了灰尘。在进行 AAR 之前，团队有必要想清楚怎样使用结果。回到 AAR 专家的观点，AAR 学习的最直接受众是团队成员本身。相应地，在促进 AAR 时要问团队成员的有用的最后问题就是他们从项目中学到的最重要的是什么，他们将在现在或未来的项目中如何应用这个新知识。

在行动计划阶段，一个关键问题是要识别公司中还有谁能从 AAR 得到的新知识中获益。在很多情况下，团队成员自己可能不知道问题的答案，并且根据认识到的问题可能还需要管理层来确保知识已经在适合的部门中得到共享。在 LSC 公司的例子中，制造代表被指派到开发数据库中查看其他使用该新部件的项目，然后跟他们共享知识；制造代表还被指派与制造部门副总裁沟通以确定谁来与供应商商谈部件问题。

分享经验教训

普遍的做法是让团队把他们的发现在午餐讨论会上共享。午餐讨论会是在公司里自发组织的。在最佳实践公司中，参与这个活动是很受人尊重的，而且员工都被鼓励参与进来。这些会议通常是在午餐时间进行，如果没有午餐供应，至少也有饮料和甜点。

在午餐讨论会上分享 AAR 中学到的东西的一大好处是，它是完全自愿的，出席这个会议完全是出于对题目的兴趣而且出席者更有可能为了学习。出席午餐讨论会也能让团队识别和具体使用这个工具。高层管理者通过定期参加这些会议来为知识共享树立榜样。不论是经济形式还是其他形式的奖励，都是承认团队通过共享学到教训并为公司知识库的丰富做出了贡献的好方法。

知识共享活动的一个问题是，现在不需要但是将来可能用到某知识的员工并没有参加午餐讨论会。正是这个原因才使得有效存放知识使员工在将来也容易接触到显得很重要。对于小公司而言这不过就是放在中央位置的活页夹；对大一些的多重组织来说，这需要一个有搜索功能的网站。图 15-4 是一家跨国公司使用的知识板的一部分。（链接和联系人都被涂黑了以保密。）关键是学到的知识被编入了可搜索的网站上。前瞻性的用户能在网站上浏览按功能划分的大类或使用搜索引擎。单击链接，用户可以读到完整的 AAR。由于公司认识到书面记录无法完全记载 AAR 中的战术知识，知识板还包括可以回答相关问题的联系人信息。

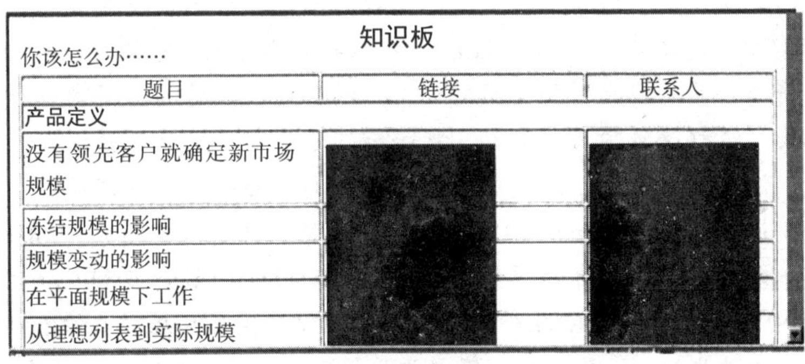
知识板

你该怎么办……

题目	链接	联系人
产品定义		
没有领先客户就确定新市场规模		
冻结规模的影响		
规模变动的影响		
在平面规模下工作		
从理想列表到实际规模		

图 15-4　Web 驱动的 AAR 知识获取示例

把 AAR 放到可搜索的网站上使用户能容易地接触它。然而网站成功的主要的原因不是技术而是高层管理者的承诺。团队知道在门径会议上、在产品经理面前，他们会被问及是否用到了相关教训及怎样使用的。在项目计划中获取和评估经验教训成为标准工作流程的一部分。

小　结

知识资产管理在根本上是对公司知识资产中有价值的资源的认同，并对其进行有效管理从而产生可持续的竞争优势。优秀的公司会系统性地采集、共享和应用经验教训。知识资产管理活动不再被认为是额外的工作，而被认为是完成工作的必要环节。

促进和维持氛围变动是困难的。虽然很高的知识资产管理积极性要求有高层管理者的强大支持，但是其目的是要获取承诺而不是顺从。一些项目经理可能会抱怨他们没时间参加这些活动。正确的回应是问问他们在竞争日益激烈的市场中他们能否担起不支持知识资产管理活动的责任。新产品开发的一个重要的绩效度量就是成本。在 LSC 公司的例子中，及时分享信息使其他 4 个项目节省了进行重复工作的花销，这还没有加上机会成本（举例来说，因为用于新项目的资源被用于重复工作而造成的项目延误、因为重要事件的错过而造成的客户不满等）。虽然变动很困难，但是能产生可观好处的变动很容易获得大家认可。

作者简介

肯 · 布鲁斯（Ken Bruss）博士是 PAREXEL 公司全球学习和开发顾问。他在变革管理、组织开发、流程改善、团队建设、培训和全面质量管理等领域有超过 25 年的工作经验。在加入 PAREXEL 公司之前，他是 HDA 咨询公司（一家擅长帮助企业将新产品从概念带到发布的公司）的负责人。作为公司内部和外部的顾问，他推动了流程改善项目的发起，从而缩短了周期，降低了开发成本并增加了市场份额。他曾为北美洲、欧洲和亚洲的多种类型公司做过培训项目，这些公司包括美国模拟器件公司（Analog Devices）、新英格兰银行和宝丽来（Polaroid）等。他拥有波士顿大学成人教育的博士学位，并拥有 PDMA 的注册 NPDP 证书。他曾担任过 AQP 评判员，并经常在会议上演讲。他曾获得第 9 届“工作团队”年度会议的最佳工业论文奖。他最近的一篇文章《武装起来的员工的知识提升了 NPD 的结果》（*Harnessing Employees' Knowledge to Enhance NPD Results*），发表在 SCPD 期刊《并发》第 15 卷第 1 期（2006 年，夏）。

第 16 章

新产品开发的度量

韦恩·麦基（产品开发咨询公司负责人）

几乎每家公司都试图用某些方法来度量它的新产品开发成果，但是行业研究表明，只有极少数公司对它们的度量结果满意（Suomala，2001 年），而且产品开发人员经常发现这些度量手段很烦琐并与实际工作分离，或者这些度量手段与他们关于产品与生俱来就是一个创造性产物的观点不同。本章是写给产品经理和产品开发人员的，目的是帮助他们在度量成功和不成功的产品开发的过程中形成一种通用的标准。本章先从各种对度量定义的讨论开始，接着引出成功度量的六大关键要素，并结合产品开发团队常犯的错误加以说明。本章还介绍和解释了关于度量树的概念和如何使用度量树作为工具来获得一系列可观的收益。最后，本章用一个简明的案例来做总结。以上这些能让你制定真正对产品开发有效的度量方法。

对度量应用的一个阻碍是，产品经理经常要求下属去衡量那些不必要的表明新产品成功或失败的指标，如在一个项目上花的工时或一个图样的改动次数。产品开发人员疲于处理这些不重要的事，产品经理看到毫无起色的反馈数据也是备感沮丧。双方都花了时间和精力，但是收效甚微。

这个问题源于产品开发人员和产品经理对度量的错误理解。度量不能解决问题，但是准确反映处境和问题的度量能够改变结果（如果处理得当的话）。度量的应用能让有能力的产品开发团队做出及时、明智的决定，避免花费额外的时间创立或使用系统。

最后，大部分公司在度量错误的事情上大费周折。如同每天都在称体重的节食者一样，只关注着那个数字：今天低了点或明天高了点。那些只关注收入而不关注原因的公司永远只能获得扫兴的结果。要想减肥成功，节食者必须关注食量与能量消耗而不是秤上的数字。相同的道理，要想实现产品开发目标，一个组织必须着眼于任何可以达到期望结果的行为，如早期客户驱动的设计规范、一支掌握丰富资源的开发团队或一个充分模拟和测试过的产品原型——而不是结果本身。本章向我们展示了这种思想的转变如何使得度量更有用，而且与产品开发相关。

度量的定义

美国传统字典定义度量为“衡量标准”。这个解释相当简单明了。然而没有一个通用的方法把这个简单的解释实施到一个产品开发环境中。表 16-1 给出了度量的定义和一些有关概念。该表还给出了本章内容大体的框架。

使用度量有一点像做父母。在当父母之前，很少有人经历过正规的训练。相似地，虽然大部分产品开发人员使用度量，但是只有极少数人接受过这方面的训练。在进行度量绩效前，大学里面根本没有什么度量课给大家讲过什么是成功地使用度量。去度量什么几乎是没有标准可言的，尤其在度量复杂事物的时候。以上所讲都是在解释为什么人们总是困惑于什么是度量，怎么利用它和为什么在产品开发领域里没有人对自己使用的度量满意。

表 16-1　度量的定义

与度量有关的概念	定　义
度量	对一种用于评估产品开发中的某一元素或重要品质的标准尺度的描述，这种尺度用来监测其朝着目标进展
目标	产品开发工作中期望的最终状态
结果度量	对一种用于评估最终结果的标准尺度的描述，如设计周期时间、绘图错误的数目和软件代码漏洞
因果行动	一个特定的事件或子过程，如果成功的话将直接贡献于目标的达成，如对一个机械设计中两个活动部件的公差限值的模拟测试
过程或者预测度量	用于评估一个因果行动的测量标准。例如，完成一个中间工作的时间、测试一个新技术原型的时间
测量	对一个在任何时间能产生数据的度量的执行。度量不是一个数，但尺度是一个数。例如，度量是一个机械子系统的容许度总和，相应的尺度就是 0.1 厘米

良好的度量的特征

良好的度量到底是什么样的？理想地说，度量应该简单明了，它会告诉你哪些才是需要被测量的（如公差、软件编码瑕疵、原型测试时间），度量的标准应该是客观且可以量化的。就拿设计椅子来说，一个人体工程学的椅子的设计者不应该用舒适度作为度量，因为舒适度取决于椅子使用者的主观判断，而且没有说明怎么去测量。设计者应该用泡沫的柔顺程度（对于每磅压力泡沫所产生的形变）或椅子靠背与坐垫的不同位置的变换所能组合成的套数作为度量。

一个好的度量应在一个适合的层次上使用。一名 CEO 不用去测量一个硅晶圆的热量吸收，一名半导体设计师也不用去测量股东的价值。即使一个好的度量如果用在错误的地方也是不行的。

好的度量也有时效性。没有时间范围，度量是没有意义的。例如，最后想要的结果是一个新的手持高清 DVD 播放器的发明。究竟这个产品是要赶上 2 个月后的圣诞购物季还是要等到 18 个月后的消费电子展才上市，在达到两者目标上有着截然不同的方法。

虽然大多数人没有参加过度量的相关训练，但是几乎所有的员工都对事情在变好还是变坏有感觉。有经验的专业人员早已知道什么让产品开发变好或变坏，开发好的度量的关键就在于抓住这些。即使创新业务的公司也能够应用度量。找到一个方法可以知道这个新事物有意思就是对于创新团队来说最大的挑战。如果这个团队做的是创新业务，成员将能感觉到是什么让他们在过去成功，并把这个用作度量开发的基础。

最好的度量是一个对达成目标期望进程的简单、清晰的表述，包括那些有疑问和挑战的领域；较差的度量是一个只关注于过程或公司本来长处的表述。应用好的度量能让好的管理团队变得更好：他们总是领先问题一步，在小错误变成灾难前修补好它们；应用差的度量会让一个很棒的管理团队看起来相当一般：总是做个事后诸葛亮，项目超出预算和日程。

度量的 6 个关键要素

关键要素 1：只测量那些公司做得不好的事情

使用度量的一个问题是大多数公司测量的是其做得好的事情。公司这么做是因为这样很容易做而且很让人舒服，决策者得到闪亮的报告，团队也能得到赞扬。但是这样的度量没有太大意义，而且可能阻碍度量为人们提供做重要决策所需信息的真正目的和意义。

比如，对于高科技业务，通常有各种关于工程师遇到的技术挑战的度量，如高于现有产品的仪表转速、更好的外形、更好的散热能力或使用界面上的多种语言选择。但是这些技术挑战往往都是公司知道自己能攻克的，因为很多其他产品都已经获得了成功。在公司花费（浪费）时间和资源用于技术度量的时候，公司忽视了要给“羽翼未丰”的项目分配足够的资源。这导致了资源缺乏，于是消耗了时间、错过了市场机会。公司应该着眼于对实际项目人员配置的资源计划，而不是度量技术。

关键要素 2：了解度量能做和不能做的事

要想有效使用度量，公司必须知道度量能做和不能做的事。公司经常把度量当作警察。就像一个城市不能用犯罪报告来保障社区安全一样，公司也不能用度量来解决问题。行动必须来自人，而不是数字。人们使用度量获得的信息能够诊断和解决问题。很好的一点是，度量帮助人们在第一时间内抑制问题深化。

使用度量的困难通常是，决策者在不了解度量能做和不能做的事的情况下就要求团队使用度量。因为度量的价值在于尽早准确地发现问题，所以决策者可以在冒烟而不是燃起大火时及早找出解决问题的良策。例如，一家公司给客户的音响产品开发了新的传感器，公司当然知道有失真的风险。如果团队选择将失真程度作为度量，那么只有等到产品准备好了接受最后测试的时候才能得到各种关于失真的反馈信息。但是如果早期通过进行样品材料的台架试验来了解传感器材料的交互性（如柔韧性、抗拉强度和表面变形），那么就能在做出最终产品之前得到有失真源的早期指标。这使得团队在远早于测试第一个产品之前就能修正材料指标。

产品开发人员常会陷入一个困境，不是产品开发周期太长，而是每个产品都要多次循环。如果问题没有被早一点发现，产品开发人员就必须做很多重复工作，实质上是要回到制图板前来解决后期发现的问题。在问题还没有带来损失之前就认识到它的话，就能最大限度地缩短周期时间。

关键要素 3：测量适当数量的事情

公司经常测量了太多的事情。由于测量了不必要的事情或最初的测量没能产生有用的结果，于是测量更多的、不必要的事情，因此就有了太多的度量，产生的数字阻塞了公司渠道，同时还浪费了本可以用于开发产品获利的时间。一个极端的例子就是一家公司让全部部门都全力投入度量中，这不仅导致了过多度量，还使得开发度量的人脱离了他所度量的过程。

因为人们很自然地被度量公司能力的正面度量所吸引，所以他们往往把目光放在并不是最关键的度量上。有了正面度量，大家都知道报告结果会很乐观，然后决策者会很高兴，会颁发奖励。减少度量的关键在于停止度量公司擅长的事而开始度量公司做得差的事，这个过程很有挑战性，而且要求决策者尽早准确意识到这一点。

产品开发团队也需要避免重要性的专制。人们常因为这很重要就认为他们必须测量一些东西。现在我们用个人健康的度量来类比，血压确实是一个重要的度量，而且血压的突然起伏可能是危及生命的紧急医疗情况的信号。但是如果没有其他症状，大多数人会在一年一次的体检中才测量血压。连续测量血压带来的时间和过量信息的成本消耗对大部分人而言远远超过了预防和解决问题的好处。

同样，产品开发团队必须确定和启用关键的度量，没必要启用可能重要的度量。例如，一家工程公司的计算机辅助设计系统很重要，它必须顺利工作，让设计者们能轻松地输入、储存和访问图纸。但是，产品开发人员不该测量在日常情况下的停机时间这样的指标。与每年体检一样，一年全面检查一次系统是否有恰当的可靠性、是否让员工遭遇了过长的“停机”时间就行了。只有当“停机”时间波动偏离了标准或导致了不能接受的数据问题时，公司才有必要改动测量的频率。

关键要素 4：将度量和公司目标相结合

在将度量引入一家公司中时最先要问的问题是，公司的业务或客户目标是什么？度量不是存在于真空中的，而是应该与整体相关联的。如果一家公司没有明确的目标，那么产生的就是寻找目标的度量，跟寻找问题的答案一样，通常这只是一种巨大的浪费。乐观的团队成员很早就预言他们会成功，然而悲观的团队成员则预计他们会失败。没人能预知结果，因为没人一开始就知道他们会走向哪里。

为了强调要在有目标的情况下使用度量的重要性，请思考一家公司使用一个与目标无关的度量会导致的后果。在工程组织中的一个常用的度量是工程图中的改动数目。因为认为“太多改动是不好的”，所以组织决定要使该改动数目最小化。但是，如果最初的设计不好，又顾及图纸改动数目要最少，会有怎样的后果？结果就是设计很糟糕！

工程图度量误用的另一个例子是，一个组织决定使用这个度量把工程改动限定在预计实际花费会少一些的开发早期。然而，这种方式可能使工程师（与完成相比，他们可能更喜欢设计和改善）在早期时由于度量的约束在度量标准允许的前提下进行很多改动，这可能会毁了一开始简洁、有效的设计。因为生成的工程图纸的数量与产品开发成功因素（如产品质量或客户价值）没有显著关系。

度量树（后面会详细说明）是一种把度量融入公司、决策者、业务单元、董事、经理和团队的多层次目标的简单、清晰的方法。度量树使得团队成员明白了为什么要做这些工作。

关键要素 5：测量对象的责任人参与度量的定义

离测量过程最近的人必须参与制定度量。产品开发团队领导的工作是下发目标，帮助人们了解整体和他们的活动怎样融入整体，然后咨询团队成员该做什么来促成各个目标。人的天性使然，被邀请加入设计解决方案而不是被告知该做什么时人们才能够更合作和有成果。这样接触了度量之后，最接近过程的人决定什么需要被度量，怎样度量来达到团队、经理、董事、决策者和公司的目标。

实行度量的最大的挑战是“上帝之手”现象。有一名决策者，让我们叫她史密斯副总裁，她与来自竞争公司的琼斯副总裁周末一起打高尔夫球，琼斯副总裁负责计算机辅助设计终端使用和样品测试支出的改进。周一一早，史密斯副总裁就决定她的公司该开始度量了。规定起点很高：每两周交给她一份关于计算机辅助设计终端的开发时间和样品印制电路板测试时间的度量报告。由于史密斯副总裁并没有参与团队的日常运作，她设计的计算机辅助设计终端使用和样品印制电路板测试度量可能跟团队工作毫不相干，因此团队成员没有启用这些度量。于是他们现在就有了来自对他们部门或项目实际问题不知情的决策者的额外任务。当决策者要求团队追踪和监测不重要的活动时，团队成员觉得他们在做本职工作的同时还要追踪与实际工作无关的度量。由于度量与实际工作无关，因此它被看作没用的额外负担。

关键要素 6：度量的监控和立即行动

治理的需要把前三个方面联系在一起：找到关键的度量，使它们与组织目标一致，在恰当的层面注入归属感。要让人们在无须培训的情况下就能明白一个度量，或者人们能开发出这样的度量，这个过程应当越容易度量越好，并且应该定期和局部度量。

定期度量有助于集中注意力，但是千万别让度量过程将大家引入误区。实行度量要求两种评审：一种是过程评审，它常常进行；另一种是更正式的结果评审，它进行得少一些。本章会在后面详细介绍这两种评审。没有定期观测和立即执行的度量都是在浪费时间。要记住，度量的目的是提供准确的数据使人们做出更好的决策。

如图 16-1 所示，一个好的度量是能融入公司目标中的，它由专人负责实现其目标的行动，它集中注意力于关键过程而不是公司已经做好的事情。

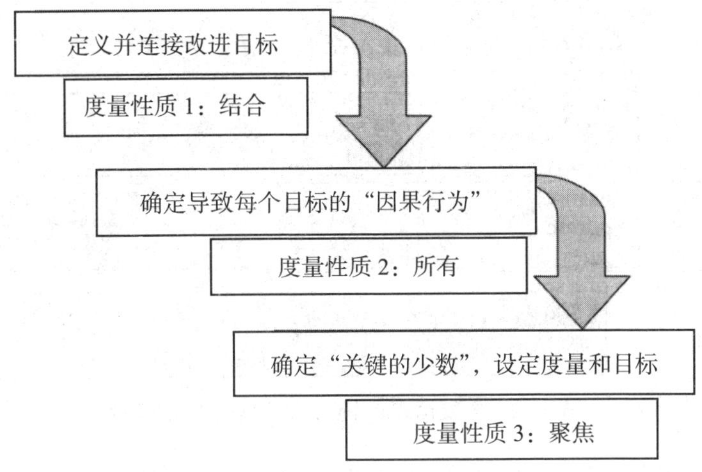

图 16-1 成功的度量实现的步骤

建立度量树

公司了解了度量的普遍问题之后，要采取怎样的步骤来确保度量的成功实现呢？建立度量树是一种简单和相对没有损失地把度量关联到公司目标和在组织内传播的方式。度量树是自上而下建立的，开始于高层次的产品开发目标和询问：“这些目标怎么实现？”问题的答案是树的下一层的有因果关系的行动。每个有因果关系的行动都成为组织下一层次的一个目标，这样就反过来找出了使这些目标实现的有因果关系的行动。然后这些有因果关系的行动成为下一层的目标，一直进行下去。度量树以同样的目的/有因果关系的行动从上到下延伸，从组织最高层向个体产品开发人员延伸。在树的每个层次上，有因果关系的行动都能被转化成实际的度量，需要简单地询问：“多少？好吗？什么时间？”

有目的地启动

每个度量的讨论都以这个问题为开头，即“目标是什么”。这保证了每个度量都会支持公司和客户目标，而不会为寻找目标而定度量。那么一家公司怎样把度量关联到特定的有意义的目标上呢？首先，如之前所讨论的，目标要设立在恰当的层面上。一个高层次产品开发目标的例子是，在 18 个月内设计和开发一个亮相于消费者电子产品展示会、定位目标群体为运动员和心脏病患者、市场价格合理的便携式心率监测器（见图 16-2）。

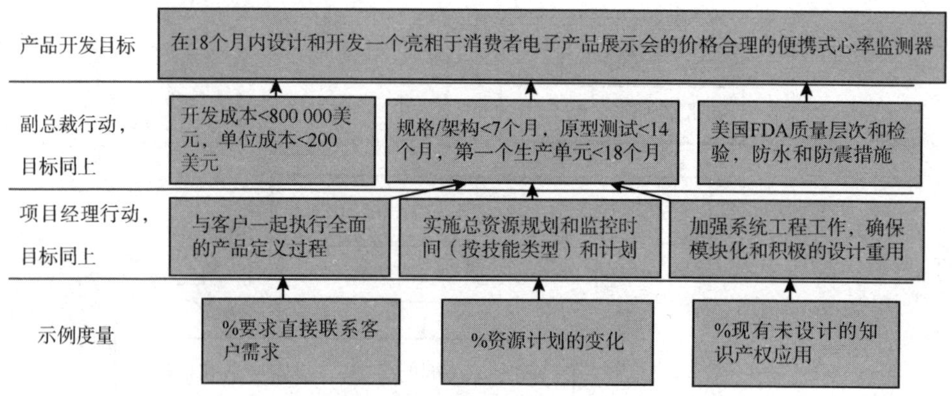

图 16-2　为便携式心率监测器项目制定的度量树

从产品开发目标开始，副总裁要做哪些有因果关系的行动来实现它？采用简单的成本、进度、质量方式，具体内容如下。①成本：开发成本少于 800 000 美元，单位成本少于 200 美元；②进度：规格/架构完成于 7 个月内，原型测试完成于 14 个月内，第一个生产单元完成于 18 个月内；③质量：美国 FDA 质量层次和检验，防水和防震措施。开始于最高层的开发计划，每个有因果关系的行动都是下一层的目标。

到了项目经理层，哪些有因果关系的行动支持着既定目标？项目经理根据自己的经验，执行总体资源计划，并且激励高层次设计的再利用。这些行动将成为项目团队的进度目标。度量树在每一层又发出更多的分支，它从顶端开始在组织中无缝流动。

在项目层次上，每个有因果关系的行动的度量是通过简单地考察什么程度、什么时间和多少这些问题制定的。什么程度是指客户的产品定义过程的执行情况，度量是占直接联系客户需求的全部产品要求的百分比；按照技能类型，跟计划相比，实际有多少小时被投入项目中？度量是偏离计划时间的百分比；有多少设计再利用？度量是现有未设计的知识产权应用的百分比。好的有因果关系的行动产生好的度量。

这样做的一个好处就是自动策略部署。因为组织的每个层次都遵从其上一层的目标并且在行动和度量上为这些目标服务，一个高层次的产品开发策略无须专门设立传播策略就能传遍组织。而且，当每个人都对使用的度量怎样与特定目标关联、个人和部门目标相互间如何关联进行了解时，对组织更大的目标的认识就得到了深化。请记住，虽然整个组织有数以百计的度量，但是每个人都只关注与自己目标相关的那几个关键的度量。

定义有因果关系的行动

之前关于减肥的例子有助于理解其有因果关系的行动及它们和目标、度量的关系。假设一个人想要减 10 磅，减肥的常见方法是把体重作为度量。减肥者每天都测量自己的体重，看看自己到底是轻了、重了还是没变。但是通过称体重，减肥者只是知道了体重的波动情况。减肥者最该度量的实际上是引起一个人变胖和变瘦的行动：食物中获取的能量或运动中消耗的能量。

有因果关系的行动为预估度量的性质奠定了基础。在减肥的例子中，每天或每周测量热量摄入量能及早让减肥者知道自己会瘦还是胖，然而测量增加或减少的体重反映的只是事后的失败或成功。在新产品开发中，目标是缩短开发周期。如果便携式心率监测器的开发团队想把开发周期缩短到 10 个月，测量时间只能反映波动情况：团队会知道慢于计划 1 个月，但是这对解决问题无益。开发团队实际应该度量能缩短时间的因素，如项目定义的完成是不是先于设计、资源计划是不是执行中和设计再利用的量。关注这些关键点，团队才更可能达到缩短开发周期至 10 个月的目标。图 16-2 的度量树显示了与计划比较实际资源的使用能预计是否要变动日程表。

一旦确定了目标，就不要在这方面再花工夫了，而是要把工夫花在有因果关系的行动上：如何实现目标。看起来有些违反直觉，但是这恰是关联度量应用到目标中的关键。在组织中使用这种方法就生成了度量树。让实际做工作的人来决定达到目标的必要行动保障了开发度量的责任授予的恰当。因为度量不是从上级传下来的，所以你不会因没有归属感而搞砸度量。最后，着眼于有因果关系的行动使得度量的性质可见，并且能对为达到目标的进程尽早地、定期地给予反馈。

限定关键的有因果关系的行动

正如前面提到的，度量失败的原因之一是组织被太多的度量捆住了手脚。要克服这点，我们建议只用几个根据产品开发团队做得不好的有因果关系的行动确定的关键度量（见图 16-1 的第 3 步）。因为基本能力被认可，人们在做工作时有着数以百计的无须度量的活动。公司不用“健康和卫生”来度量人们是不是洗了澡或衣着得体，但是公司当然希望员工上班时没有臭味和穿着得体。度量不能用来填补能力空白，这是培训、辅导和合理安排任务才能达到的。这样就回到了“不要度量已经做得好的事情”的原则。

人们难免会问：“该检查多少有因果关系的行动和度量？”对于任何组织而言，

简单地说就是 4～8 个，复杂一点的答案是有很多团队或个人能定期观测和立即遵照的度量。对于一些组织来说，可能多达 20 个，对另外一些组织来说可能只有 3 个。去掉“健康和卫生”为更多有相关性的度量腾出了空间，同时也让团队成员有精力关注能实际促进目标达成的有因果关系的行动。

面向新产品开发和相关领域的最佳度量

那么在度量产品开发时我们该关注什么呢？多数公司常见的有门径标准、周期、成本和质量，更具洞察力的公司还关注设计再利用、人员配置、知识管理、浪费减少和风险减缓。

但是不同的行业需要不同的度量。在医药行业中，有监管许可周期和成本，所以支持周期和成本的度量（如专利保护、检测和试验）比周期和成本本身的度量更普遍；在消费品行业中，由于许多公司被贸易展示会的日期所限制，到达市场的时间和成本扮演着更重要的角色，因此其度量更直接倾向于日期的压缩、设计的可制造性、产品差异和业务外包；高科技产业推动着前沿的发展，所以更关注专利、计算机仿真和客户需求定位；航空航天公司的产品开发周期通常是很多年，所以有更长的日程安排和更少的产品成本限制，它们的产品开发度量更重视资产回收、合作和质量。

创新是许多公司关注的重点，与产品开发相关，但是二者并不等同。因此，用于创新中的度量不同于产品开发中的度量。产品开发有已知的终点：发布新产品。相反，创新本身就是要发现一个终点。有助于监测为达到一个产品开发目标的过程设置的度量，如样品里程碑的达到，在创新中就不能使用。

创新是进入未知领域，然后挖掘一个想法使之变成成功产品的潜力。因此，创新中的度量不那么重视日程安排，而重视让想法发展成多重和高等的机会的环境。一家公司还能就创新的两个不同阶段开发度量：第一阶段是创意阶段（如在淋浴时产生的灵感），第二阶段是创新人对于想法有了足够的了解并将其付诸产品开发的阶段。此时度量就要评估能促成产品发布的事情了。

假设一家公司有一个关于半导体芯片镀金过程的新想法。此时的目的不是要生产什么而是想进一步了解这个创新：这可以推广到所有的半导体上还是局限于一些半导体？在微结构上也行吗？这个创新会影响一种产品（线）还是整个产业？为了度量创新，公司需要开发可以深入了解创新潜在应用的行动。这就要求在分子或原子层面上研究该过程来认识支持该创新的材料科学。之后公司才能知道这个想法的潜力。这当中的度量会包含合金的主要特性的测试、覆盖率、支持各型号硅模应用的测试结果的百分比，以及现有产品线的专利覆盖率。创新产品经理的成功的度量不是用时间和成本，而是用他对技术的理解程度和降低应用到实际产品开发的风险的程度。

与新产品开发有关的组合管理也是个难题，它有着最易理解也最没用的度量。关于投资哪种产品的组合管理决策是建立在财务评价上的。问题在于，每名项目经理都有自己想说的，也都有各种显示着笔直上升的曲线图和只需少量前端投资就能有无限潜力的图表。有完全准确的财务评价当然很好，但问题是没人能发明在开发早期就做出这般评价的有用的方法。

所以，更明智的做法是用我们能成功度量的东西，如客户需求和客户价值，而不是继续依靠不准确的财务数据来估计新产品的潜力。（与普遍看法相反，度量客户价值是可行的。甚至有揭示和量化潜在和未表示的客户需求的方法。见《PDMA 新产品开发工具手册 1》的第 2 章、第 10 章，《PDMA 新产品开发工具手册 2》的第 7～9 章。）度量客户价值，为度量一个新产品想法怎样契合商业战略及度量开发一个潜力能被准确估计的产品的成本，提供了一个丰富投资组合的产品的潜能的评估方法。

实施一个更好的方法：齐整、责任人和焦点

如何实现度量呢？目前提到的度量的设置方法不仅很简单而且在产品开发实践中很实用。公司可以在任何级别上开始使用它，不论是最高层还是项目层，不必在开始之前要求产品开发团队中的所有人都对此完全认同。实际上在本章后面的例子中，一开始只是关于产品开发的公司局部的试点项目，获得成功之后扩展到了整个公司。度量的成功执行要求齐整、责任人和焦点。这是指要把度量集中于公司目标，清楚说明执行度量的负责人，并且保持对度量的定期观测和执行。

不论过程开始于公司的哪个部分，第一步是要设定目标或确定已有目标的合理性。像“通过提高产品质量来增加投资人价值”这样的目标就太普通了，它对一名番茄酱制造商、一名家用电器芯片制造商或一家跨国石油公司而言都是一回事。与此相对的是联邦快递公司的初级目标：“每次每件东西都要在第二天上午 10 点之前送出去。”这个目标就是针对该公司的并且在该公司内形成了一股员工的团结力量。这是一个高层次目标，但是它是针对隔天递送的，而且它能被所有人理解。不论目标设定开始于哪个层次，要参考组织中高一层的目标，然后决定与高一层目标相关的行动和目标。为了保证目标的针对性、目标时间安排的合理性和

组织层次的正确性，需要使用下面的目标清单。

- 期望的结果和结束状态明确吗？（你能向一名青少年解释清楚它们吗？）
- 有没有从该目标通向整体目标的清晰途径？（提供或支持客户/业务价值）
- 它有针对性和相关性吗？组织是否有责任达到它？（它能实现吗？）
- 有能力达到目标吗？（市场定位要求该绩效水平）

在接下来的部分将使用这个清单来进一步检测，目标是怎样关联有因果关系的行动和组织内负责实现这些目标的责任人的。

获取有因果关系的行动

下一步是获取能实现目标的有因果关系的行动。产品开发经理更完成这一步不是靠单独坐在办公室里，而是要跟不论在哪一层次上的做实际工作的人沟通，问他们哪些因素造成了目标实现的区别。这种方式的妙处有两层。首先，它捕捉到了组织内的潜在专业技能。专业人士通常对能促成目标与否有很好的认识。其次，这样产生了很好的副产品：认可。当从事工作的人们参与提升成功度时，他们就投入其中了。他们不会说："因为你给了我们错误的度量，所以没效果。"

这实际上很有效，因为度量失败的一个最普遍的原因就是人们由于没有投入其中而不关注它们。即使在产品是创新的而且团队被要求度量之前从未度量过的东西的实例中，那些靠创新维生的人才通常对什么有效果和什么能提供作为成败兆头的有用信息有很好的认识。

一旦产品开发团队创建了好的有因果关系的行动，把它们变成度量不过就是考察什么程度、什么时间和多少的小问题。把热量摄入量和运动确定为减肥的有因果关系的行动后，减肥者会问："我每天该摄入多少热量，我每天该做多少运动呢？"这些问题成为度量，答案成了靶心。同样，把恰当资源确定到缩短开发周期的恰当位置上之后，一名产品开发经理会问："在何时我该投入多少、什么类型的资源？"一个适当的度量是资源计划与实际的资源投入量的百分比。有因果关系的行动清单如下。

- 你的经历是否与目标有因果关系？
- 是否每个行动都有不同于过去的针对同一目标的失败经历？
- 是否每个行动都与目标不同？
- 行动是否早于目标并且通常与目标相关？
- 每个行动是否都能客观地估计其为成功做的贡献？
- 行动是否产生不恰当的后果？（没有引起组织间矛盾，不容易要花招）

选择关键的少数

本章一开始讨论了筛选有因果关系的行动中的关键的少数，来避免给组织以无意义度量的负担的重要性。这个过程运用的是相当违反直觉的、忽视公司已做得好的事情，不管它们有多重要。可能这类中最多的是技术能力。公司知道克服技术困难的重要性，所以把很多精力放到了度量和研究技术能力上。但是，有能力的产品开发团队会解决技术问题。在通常情况下并不是这些问题阻止了项目按时顺利完成。公司实际上该把它们当作资源，看看它们是否为项目找了合适的人、是否找对了供应商。底线为去掉那些可能重要但是公司能做到的有因果关系的行动。

简单有效的治理

度量在用得早和频繁检查的时候才有效。这说明必须有一定形式的治理。概括来说，治理过程越简单，度量就会越有效果。有效治理的第一步是把责任赋予合适的人。只有有能力影响过程和结果的人才应该负责该过程的度量。如果他影响不了结果，应把责任转给组织的其他部分或把责任与能影响结果的人分担。

一个有效的、保持对过程评审重视的方式是定期召开站立会。每周，所有参与过程或与被测量的产品相关的人都在一间没有椅子的房间里开一次会。这使得会议短小精简。在会议上评审每个度量。如果有人需要帮助，就提出来；如果没有，会议就继续进行。唯一需要的准备就是指定一个人汇报每个度量。他不必是得到这些数字的负责人，只要能负责把数字带到会议上即可。在会议上查看潜在问题的早期苗头。例如，一个人可能说："我难以得到计划里的两个全职的 ASIC 设计师。"别的人可能说："因为我们的芯片在下个月会从铸造处拿出去制造，所以我能在那时给你提供两个兼职的 ASIC 设计师。"这样，不充足的设计资源这个问题就在成为大问题之前得到了解决。团队中的每个人都知道别人的进度。

每两个月，差不多就是每 8 个过程开一次更深入、更正式的结果评审会来回答下面的问题："我们在朝着目标前进吗？有大问题吗？我们要调整度量吗？我们超过目标了还是没达到目标？"这个评审会的目的不是拍桌子抱怨，而是提高、改变或抛弃过程中没能达到目标的度量。这次会议参加人更多——不仅有负责度量的团队，还有决策者和其他投资人——要在有桌椅的房间里进行。

最后一步是为每个度量设定目标。通常每年一次，但是可以根据产业调整频率。它在根本上包括有确定达成目标过程的曲线的形态。从每个度量来看可能不尽相同——有些是随着时间平稳缓慢发展的曲线，有些可能在几个月内没有变化而是突然变动。不论曲线是哪种形状，都要在最后完全达到目标。团队没必要被准确设定目标和追踪每分钟的变化所困扰。但是如果团队在该进行到 25%的时候才达到了 5%，麻烦就在逐步积累之中了。

规划行动，然后考虑外部因素

如果一个严密组织的度量树受到了个人或团队控制之外的冲击会发生什么呢?例如，产品开发部门可能要靠质量保证部门得到测试结果，但是产品开发人员不为质量保证工作而且度量不能直接影响他们的工作。

在实际中，我们都被我们无法控制的力量所约束。比如，减肥者可能为有正在生长发育的孩子的大家庭做饭或常被邀请参加商务饭局和鸡尾酒会，在这些时候他会接触到很多因减肥而被禁止的食物。执行产品开发度量也是一样。为了解决这个问题，可以规划团队活动：设想一个空的框架，往框架中加入有助于产品开发团队达到目的的所有东西。产品开发团队直接控制这些行动。在框架外放置其他组织，不论是公司内部的（其他部门）还是公司外部的（供应商）。

让我们回到开发便携式心率监测器的公司的例子中。在产品定义阶段，营销部门参与了新便携式心率监测器的需求的研究：谁是目标客户？外形、功能和价钱的重要因素有哪些？推出该产品的最佳时间是什么？这些问题的答案对产品开发团队而言当然很重要，但是营销部门控制获取答案的活动，产品开发团队不能直接控制这些活动。一些关于产品开发目标的有因果关系的行动无法控制，因为营销部门的活动影响着产品开发部门的度量，与产品定义相联系的产品开发部门的度量要明确地与营销度量相关联。这样，产品开发团队能够收到客户访问的更新和通知，甚至有可能参加相关的过程和结果评审。同样，营销部门要把自己的度量联系到产品开发团队上来避免组织间隔阂的最后一刻的惊觉。执行日程表不可能在真空中进行。这表明了两个团队——产品开发部门和营销部门——密切合作以获得数据的重要性，同时明确了特定产品特征选择和其他产品定义活动的权衡比。

虽然你不能直接控制许多影响你部门或项目目标的活动和过程，但是你可以做一些事来确保框架外的事情不会惊扰到你。首先，列出所有的实质上会有或好或坏影响的组织和活动。当一个人控制不了其他人的行动时，他可以监测其他组织如何进行业务和尽早调整的变化。

在便携式心率监测器的例子中，一名工程总监可能让一名技术经理去出席营销组织的每周状态会议。技术经理可能让技术人员中的一名去查阅营销部门的分配表以评审与项目有关的信息更新。除此以外，工程总监可能把事情限定在一定范围内，让工程副总裁和营销部门认识到管理层次的战略行动会怎样影响便携式心率监测器项目的目标。类似的规划行动会与质量、供应链和制造组织一起发布。规划给新产品开发度量增加了复杂性，但是会带来度量实际效能的提升。

为了保证度量的集中度，治理责任被完全明确，并且考虑到组织间的相互帮助，请使用下面的简明清单。

- 其他有竞争力的组织在这些行动成功的基础上也会成功吗?
- 只有 4～8 个关键的度量被布置给了每个人吗?
- 是否为每个过程度量都设置了组织或个人职责?
- 是否为每个度量设计了可见的、未来的目标?
- 是否有定期观测各个度量和立即对数据起作用的治理计划?
- 监测受影响的组织、人员和境况的框架确定了吗?

项目计划

图 16-3 中的项目计划表明了一个医疗设备公司在 18 个月内执行一个度量过程的步骤。项目的推动力来自公司的一个供应链组织，它想要从一个交易过程组织转变成一个更具战略性的公司内的产品开发力量，成为新产品开发的着眼点。它想帮助寻找和选择设计同伴、评估共享合同的知识产权，改善设计同伴绩效。组织最初是度量组成部分交易次数和成本减少的。转变开始于度量树的确立（见图 16-4），其产品开发目标为：确定哪个项目能最好地借助公司外部的设计力量，发现和使用正确的供应商，开发内部和外部设计和知识产权管理能力。要达到这些目标需要哪些行动？供应链组织很明显需要更多的工程人才。所以招聘更多的工程师成了达到目标的一个有因果关系的行动。另一个有因果关系的行动是，让供应链员工参加更多的工程和产品开发活动。

这些发现使得团队建立了一系列完全不同的度量标准。与其在每周的状态评审会议上讨论如何迅速完成特定的事务，不如在工程计划会议上就开始考虑。启动这项过程的管理者后来报告说，从过程中显现出来的最有价值的事情之一就是，他每周会议的重点和讨论内容完全改变了。因为团队定期讨论怎样引进更多的工程人才到组织中来，所以这个问题始终被所有参与人摆在首位，这有助于实际找到和吸收工程师加入组织中。

度量执行到位并在供应链组织中使用了几个月之后，公司的执行总裁看到了它所带来的产品开发合作方面的改变，然后决定在整个组织中推广它。在整个组织中再一次执行了这个过程，从最高层的执行总裁和他的直接汇报对象开始传递到各部门。

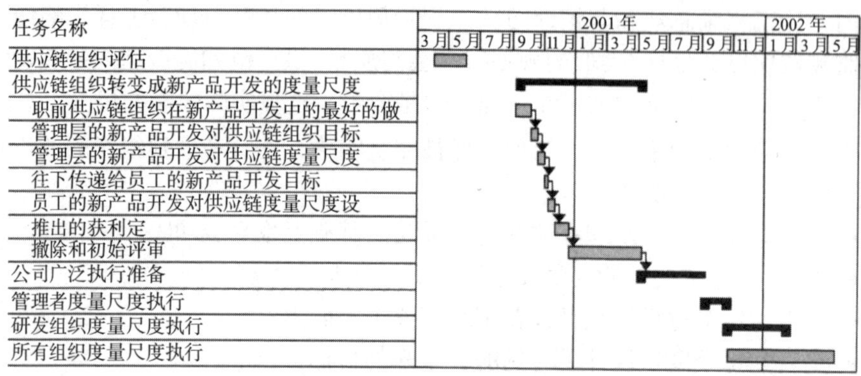

图 16-3　执行一个度量过程的步骤

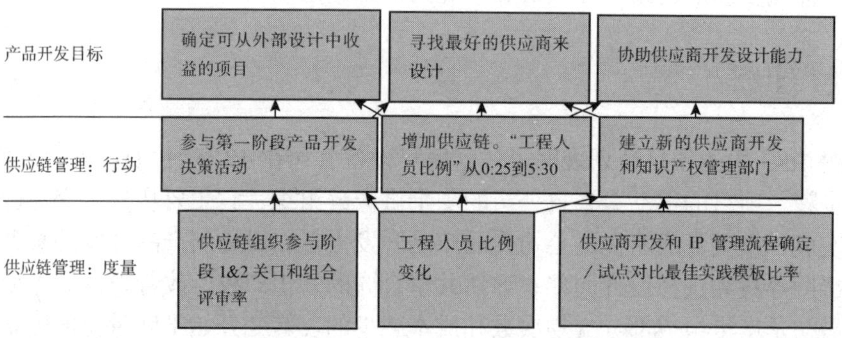

图 16-4　度量树：供应链组织转变成新产品开发的着眼点

公司得到的最终奖励是更高的销售额、更多的利润和一个重要的产业奖项。该系统于是开始演变。虽然它不是完美的，但是公司仍然在它启用的 5 年之后看到了它带来的好处。与很多断开的、杂乱无章的度量不同，它有融入目标的关键的少数度量。从执行总裁到工程师再到支持的员工们都持续关注着有意义的事情，然后销售额、利润和认知就自然而然地跟随而来。

小　结

很多公司对新产品开发度量的满意度很低。不满的根源往往在于对度量使用和价值的误解。通过把度量突出到有实际意义的事情上——不要度量公司做得好的事、把度量的数目减少到关键的少数、关联度量到公司目标上、运用诸如度量树的简单工具、让离过程最近的人参与设定度量和建立简单且有效的治理系统——公司可以创造和执行与新产品开发过程主流契合的度量系统。新产品开发度量由于产业和应用的不同而不同，但是基本原则适用于任何公司。

作者简介

韦恩·麦基（Wayne Mackey）的专业技能是建立在 20 多年不间断的大型工程、制造和采购组织的基础上的。他的管理咨询服务集中在产品/服务开发方面，在协同设计、度量、产品项目组合管理和商业战略实施方面尤其出色。他是《价值创新组合项目管理：通过客户价值获得两位数成长》一书的合作作者。他自 1997 年以来一直是产品开发咨询公司的负责人。在加入该公司之前，他在高科技、航空航天、自动化领域工作了很多年。他是一位自然变革的代理人和领导者，曾为位列《财富》500 强企业、重点大学（斯坦福大学、麻省理工学院、卡耐基—梅隆大学等）及政府机构提供产品开发、供应链管理、快速实施企业范围的变革等领域的咨询服务。他还曾担任过高级科学家、大项目经理、工程经理和系统工程经理。他在度量领域是国际知名专家，同时还在快速达到组织变革、合作和产品开发等领域做过主题发言。他在宾夕法尼亚州匹兹堡市的卡耐基—梅隆大学获得电机工程和经济学的理学学士学位，在加利福尼亚州洛杉矶市的罗耀拉玛利曼大学获得工程学的理学硕士学位。

附录 A

PDMA 知识体系

格里·卡茨（应用营销科学公司执行副总裁）

引　言

目的与背景

产品和服务的开发已经成为每家企业生存的一部分，现在许多大学已经将其作为一门课程。然而，由于新产品开发的跨职能性质，它并不能很快适应商业学院的课程结构。同时，到现在为止也很少有相关的公司有 VP 或 C 级经理来专门管理新产品开发这个项目。因此，产品开发与管理要成为一个职业的现状变化相当大。如果产品开发要想在自己的领域成熟地发展起来（像市场营销、财务会计和工业工程等一样），第一步就是要建立一个完善的知识体系。

PDMA 通过新产品开发专业认证项目，来提高专业实践的层次。这就需要一个完善的知识体系来支持专业认证，同时也是拓宽实践的核心。

通过这个完善的知识体系所建立的专业性得到大多数人的认可，这是一种战略性的支持。通过核心专业的知识达成的共识是由 PDMA 董事会为了发展产品开发和管理的专业地位而确定的一个战略支柱。

PDMA 知识体系是什么，它有哪些好处

由 PDMA 前任总裁在 2003 年创办的 PDMA 知识体系（PDMA-BOK）已经为核心知识的发展提供了许多理论支持，这些都被产品开发管理人员和各个企业广泛采用。这个知识体系从基础开始，并随着 PDMA 的发展逐步完善。

这个知识体系为 PDMA 提供了如下一些重要的好处。

- 对那些能够提高产品使用性能、扩大产品使用率的重要观点、工具、方法、过程等的定义和总结都包括在知识体系中，用以提高产品开发的效率。
- 知识体系中包括怎样获取与核心知识领域相关信息的方法，这种方法节约了收集信息的时间。

时刻紧跟最新的出版刊物、报告、演讲和论坛，就能最快地获取最前沿的观点和创新理念。

知识体系的范围是什么

知识体系几乎涵盖了产品开发与管理整个生命周期的每个方面——从最初的机遇、策略到产品上市，一直到产品的更新换代整个过程。

- 产品开发管理——决策、计划、组织、寻找供应商、评级、研究、安排进度、更新、回收、退出市场、残料收回、支持、测量、改善、合作——产品、服务、资产和公司的整个产品开发项目。
- 产品开发业务——开始、定义、设计、调试、确认、成型、建立模型、设计实物、发展、寻找供应商、采购、保持、改变等。

知识体系中不包括那些对现有产品管理的领域，如正在进行促销、广告营销、品牌营销、价格促销、派送和免费客户服务的产品（但是如果是新产品开发，这些就包含在知识体系当中）。

能找到什么

PDMA 知识体系处于不断发展的动态变化中。最新的版本已经包括大量的术语表、方法、组织方式、实践、工具、方法论、学术研究和衡量方法，还有许多相关信息。以后更新的版本还会增加在一些会议和论坛中引用的案例。

在哪里能找到

PDMA 知识体系现在是以网站的形式存在，可以通过 PDMA 的主页（www.pdma.org）或者直接通过它的域名（www.pdmabok.org）找到这个网站。该网站有一个用户友好的可视导航系统，许多主题都设有超链接访问该网站其他地方或其他相关网站，如《产品创新管理》杂志的网站（JPIM——在 PDMA 中受到广泛欢迎的学术期刊）、《展望》（PDMA 的奖项—— 一本赢得了创业者青睐的杂志）、PDMA/Amazon.com 书店等。知识体系中最新的内容已经出版了，研究人员正在致力于探寻类似的维基。在这里，任何人都可以在没有官方出版允许的情况下发表自己的论文，只是要经过知识体系的其他用户的审查。

知识体系中的一般内容没有用户限制，只要你在该网站上注册了，就能够免费浏览。但是，只有 PDMA 的会员才能够浏览更多细节，这是 PDMA 用户的权益。

谁在开发知识体系，如何参与开发

开发 PDMA 知识体系的团队包括 40 多名来自公司多个部门的 NPDP 志愿者。我们一直希望能扩大团队的规模，PDMA 的网站就提供了很大的帮助。作者的姓名和联系方式在每个知识板块都有记录，目的是为了能够收集到反馈，征集到关于这个知识体系的新内容，还有就是招募志愿者。

知识体系架构

PDMA 知识体系的结构或组织形式是以 6 行 3 列的矩阵表示出来的。这个结构为我们提供了一个基础，在这个基础之上可以组织新产品或服务开发的知识。知识体系是围绕产品开发生命周期里面 3 个重要的阶段来展开的，如矩阵中的 3 列所示：前期（发现阶段）、中期（开发阶段）、后期（商品化阶段）。在每个阶段中，知识体系又是围绕 6 个主要的领域展开的，如矩阵中的 6 行所示。在最后，矩阵的各个单元中的内容，又可以分解成许多较小的主题，应用到具体的产品或项目当中，而不是直接应用于整个企业或产品的盈利上。下面分别介绍各个阶段和知识领域。

产品开发生命周期的 3 个阶段

发现阶段

第一个阶段主要在于发现。这个阶段包括了寻找和明确机会的全过程——是以市场为导向还是以技术为导向——还包括完成这个阶段工作的计划和策略。该阶段需要明确用户的需求、问题、收益及设想的产品的各个功能特征如何开发实现的问题。在产品设计规范文件正式公布之后，就表示该阶段结束了。这个阶段有时候又被称为“模糊前端”或“创新之始”。

开发阶段

第二个阶段是以实现为主。这个阶段包括让产品设计规范书变成真正的功能、设计和开发平台的全过程——是为独立的产品还是只为了产品的收益——所有的工作都是为了最终完成设计工作。该阶段要求有细致的资源管理、创新的工程学和过程设计能力及复杂的信息技术。当最终的产品或服务设计具有了商业价值时，这个阶段就可以结束了。

商品化阶段

第三个阶段主要是实施工作。这个阶段包括了产品介绍进入市场及产品或服务收益的组织管理工作。当产品或服务已经到达其生命周期的尾声，已经考虑将其退出市场进行重新包装和更新时，第三个阶段也就结束了。在这个阶段，以重新开发新产品为起点，又重新回到了“发现阶段”。

知识领域

客户和市场调查

这个知识领域涉及任何与将外部的分析与产品的创新、开发和成熟相融合有关的知识，特别是关于客户（经销商和最终用户）的分析，还有关于销售渠道、竞争对手、市场、备选方案及社会大环境的信息，包括这些信息的收集、浏览、处理、分析、储存及利用过程，还包括收集外部观点、确认和反馈。这些分析收集渠道不只有最基础的渠道，还包括二级渠道。

技术和知识产权

在这个知识领域中，任何与产品发明、开发、获得、取得经营许可及技术和知识产权管理有关的知识都包含其中。技术商业化的范围包括创造新产品，那就与更大的知识体系相关联。但是技术商业化的计划等知识是肯定在这一行中的。

战略计划和决策

这个领域涉及与产品创新、开发和成熟的战略计划和决策相关的知识，包括企业决策、生产线计划、产品系列计划及个别产品计划。这个知识领域的重点在于企业经营、产品计划，关于市场计划、操作及客户支持会在流程、执行和度量尺度中谈到。矩阵的这一行中包括一些资源能力和生产能力管理的决策和计划，因为资源是决策的一个重要部分。关于技术方面的战略计划和决策已经在技术和知识产权中提到过，此处不再赘述。

人员、团队和文化

任何与 NPD 生命周期中的产品开发相关的人力资源，包括组织结构、人力资源管理、技术开发、文化、组织变化、员工之间的相互作用，都包含在这个领域中。

合作开发与联盟

这个知识领域包括与外部合作者（如客户、供应商、服务提供者还有分销者）的合作创新、开发和产品成熟活动。主要涉及合作开发或开发连锁决策、合作管理、合作开发执行过程，以及合作开发团队等。即使这个领域在矩阵的其他行出现了，如果关键点是在合作开发关系上，那么关于这个知识领域的信息也绝对会出现在矩阵的这一行中。

流程、执行和度量尺度

与产品创新、开发和成熟相关的度量尺度就出现在这个知识领域当中。矩阵中的这一行没有关于客户/市场输入、技术/IP 管理、决策计划、人力资源管理及合作开发的流程和工具。它只包括关于开发要求和管理、设计、制造、供应链、（工程）变化管理、分销渠道管理、价格制定、选址、促销、财务管理及客户支持的流程和工具。矩阵中的这一行包含的是一般流程和执行管理，包括产品创新、开发和成熟的度量尺度和基准。

知识单元

对于知识体系矩阵中的 18 个单元，都有一个总体的单元说明，同时还有参考文献和副主题（这些副主题被称作深入的知识领域或 IDKs）。下面是其中 1 个单元说明的示例。

案例：客户和市场调查/发现阶段

在发现阶段，客户和市场调查的重点是要明确客户的需求。这些需求是否已经得到满足不得而知，客户自己是否意识到这些需求也不得而知，但是这些需求能够帮助我们确定待开发新产品的目标和执行参数，以及目标市场。

对于客户和市场调查而言，有许多方法可以用来明确客户的需求。较为普通的方法是对目标群体进行调查，这种方法适用于目标用户很多的新产品开发；较具专业性的方法有“聆听客户声音”“用户分析法”“属性测试”“综合分析法”，这些方法适用于目标用户具有针对性的新产品开发项目。市场调查的方法可以按其所要求的数据类型和分析技术分为定性分析和定量分析两种。

在做市场调查之前，应该先做好以下决策。

- 研究对象：设计一个样本。
- 研究方法：整体研究对比个体研究。
- 研究地点：在他们平时所处的环境还是专门设计一个研究环境。
- 研究数量：深入研究一个小容量样本对比对大容量样本进行研究以得到令人信服的数据结果。
- 研究目标：指导调查和调查问卷的设计。
- 收集信息的方法：记录和数据译码。
- 分析信息的方法：从数据中编译、组织、提取出结论。

深入的知识主题

—— 综合分析法。

—— 人种学。

—— 个人深入访谈（Individual Depth Interviews）。

—— 用户调查。

—— 定量市场研究。

—— 定影法。

—— 聆听客户声音：明确客户需求。

深入的知识领域

最后，对矩阵中的每个单元，都有几页详细阐述深入的知识领域的内容，包括定义、描述和相关的参考文献。下面就是一个 IDKs 的示例。

案例：聆听客户声音（明确客户需求）

定义：“客户声音”就是客户的需求，这些需求按一定的等级排好序，按其相对的重要程度来分出等级。

描述：“客户声音”是一种既包括定性调查又包括定量调查的市场调查方

法。通常在新产品、过程或服务设计开始阶段采用这种方法，目的是更好地理解客户需求，还有对新产品定义的关键输入、质量功能配置和细节设计说明书。

关于这个过程已经有很多信息记录，汇总这些信息的方法也很多——聚焦目标群体、个人访谈、关系查询、人种学等。但是所有的方法都涉及一系列有组织的深入访谈，这些访谈的重点是客户在使用现在的产品或其他产品中得到的经验。客户需求在这个过程中就能够提取出来，按简单的层次组织起来，然后客户对其进行分级。

在整个过程中最辛苦的就是产品开发的核心成员，他们必须参与整个过程，确定设计主题，设计样品，在讨论过程中发现问题，或许还得进行访谈，之后对访谈内容进行分析，提取出客户需求。

若这个方法成功，那么我们就会得到：①对客户需求的详细理解；②团队前进的共同语言；③新产品或服务设计说明书的重点输入；④对产品创新有用的出发点。

附录 B

PDMA 新产品开发术语表[①]

偶然发现 （**Accidental Discovery**）：可以在组织内部或外部获得的非预期的新设计、新想法和新发展。

接受曲线 （**Adoption Curve**）：消费者或市场决定采用某种新产品或新技术的阶段。从个体层面看，每个客户必须从认知阶段（开始知道并了解）到钟情阶段（喜欢并偏好该产品）并进入意动阶段或行动阶段（决定并购买该产品）。从市场层面看，新产品最初总是被市场上的创新者购买，通常认为这些创新者占产品累计接受者人数的 2.5%。随后的购买者是早期接受者（占产品累计接受者人数的 13.5%），接下来是早期接受大众（占产品累计接受者人数的 34%），再后来是晚期接受大众（占产品累计接受者人数的 34%），最后是滞后者（占产品累计接受者人数的 16%）。

亲和图 （**Affinity Charting**）：一种用于发现数据片段之间联系的“自下而上”的技术。个人或团体从单个数据（例如，一个客户需求）入手，然后浏览他们所拥有的其他数据（例如，其他客户需求的陈述），以发现其他的与第一个需求数据相同的数据，并将它们放在同一组中。因为这些数据来自不同的数据片段，这些数据片段不同于第一组中的数据，所以，它们构成了一个新的类型。最终结果是一个组集，其中包含的同一类型的数据是相似的，并且组与组之间的差异在某种程度上是相同的。

---

① 2002 年产品开发与管理协会获得版权。经允许在此引用。在该术语表中的某些术语的定义是根据《新产品管理》（由 C. Merle Crawford 和 C. Anthony Di Benedetto 著）中的术语表改编的。PDMA 理事会、《PDMA 新产品开发工具手册》（New York：John Wiley and Sons，2002）的作者们、《PDMA 新产品开发手册》（New York：John Wiley and Sons，1996）的作者们，以及几位其他的新产品开发科学、技能、技术领域中富有知识的专家为该术语表中的术语、短语及定义做了大量的贡献。我们感谢所有这些无偿的贡献者的持续支持。

敏捷产品开发（**Agile Product Development**）**：**在合作环境下，由自我管理的团队进行产品迭代开发的过程。

联盟（**Alliance**）**：**为了实现开发的目的，与另一个独立的公司组成的正式的机构，涉及信息、硬件、知识产权或使能技术的交换。联盟包括共同分担风险和分享利润（如共同开发项目）。

阿尔法试验（**Alpha Test**）**：**为了发现和消除最明显的设计缺陷和不足而进行的生产前的产品测试，它通常包含在实验室或企业的正常开发活动中，尽管很多时候可能是在受约束的条件下和领先消费者一起进行测试的。

阿尔法测试（**Alpha Testing**）**：**设计初期关键的"第一次检查"，通常在室内完成。阿尔法测试的结果可以证明产品是否按照规格设计或者发现产品不完善的方面。测试环境应尽可能模仿产品将来的实际使用环境。阿尔法测试不能由从事开发的工作人员自己来完成。因为这是新产品的第一次"使用"，应评价产品的适用性和功能等基本问题。对参与评价的所有方面的任何有关规范的修改和调整的建议都要诚恳接受，并认真考虑。因为测试是在企业内进行的，所以必须尽可能保证测试的客观性。

层次分析法（**Analytical Hierarchy Process，AHP**）**：**一种解决复杂的、多准则问题的决策工具，其中同时用到定性和定量分析方法。AHP 根据若干决策要素的共性，将它们分成与家谱或亲和图相似的簇。层次分析法由 T. L. Saaty 首先提出。

分析者（**Analyzer**）**：**采用模仿创新策略的企业，其目标是，别人一旦打开市场，他们就非常迅速地向市场投放相同的或稍好的产品，而不是做第一个推出新产品或新技术的公司。有时被称作"模仿者"或者"快速跟随者"。

预期失效决定（**Anticipatory Failure Determination，AFD**）**：**一种失效分析法。用这个方法，开发人员从导致某一特定后果的特定失效开始，并试图设计出一些方法，使失效总能可靠地发生。然后，开发人员利用这些信息开发更好的识别步骤来避免失效的发生。

应用开发（**Application Development**）**：**为了满足用户的需求和要求而设计和编写软件的反复过程，或改善和开发新产品的流程。

架构创新（**Architectural Innovation**）**：**颠覆式技术创新和颠覆式商业模式创新的有效整合。典型案例之一是颠覆了柯达和宝丽来等公司的数字摄影产品。

架构（**Architecture**）**：**参见"产品架构（Product Architecture）"条目。

异步组件（**Asynchronous Groupware**）**：**用于帮助人们进行分组工作的软件，但并不需要人们在同一时间工作。

属性测试（**Attribute Testing**）**：**一种定量市场研究技术，它可以用一个或多个尺度类型对一系列产品或各类属性打分排序，这些尺度类型可以是相对重要性、当前绩效、当前客户对某产品或服务的满意度等，其目的是要明确客户对产品属性的偏好，以指导设计和开发流程。在开发和确定产品属性时，必须保持密切关注和严格的态度，回答问题的时间不能太长也不能太短，太长和太短都会导致在高管理层积压太多的创意。

审计（Audit）：在新产品开发过程中，审计是对新产品开发和进入市场流程的有效性的评价。

延伸产品（Augmented Product）：核心产品及能够带来产品收益的其他来源，如服务、保修和形象等。

自治型团队（Autonomous Team）：一个完全自给自足的项目团队，很少与基金组织有关联。通常作为在市场上进行突破性创新的组织模型。有时被称作"老虎"团队。

知名度（Awareness）：新产品的目标客户中知道其存在的客户比例。知名度的定义很广泛，包括品牌记忆、品牌识别和对关键特征或定位的记忆。

备用品（Back-up）：不管同步进行还是顺次进行的项目，通常为了防止主导项目失败都有备用项目。备用项目和主导项目具有一样的运行机制。但公司不会同时推出主导项目和备用项目，因为他们之间是直接竞争关系。

平衡项目组合（Balanced Portfolio）：一系列项目的组合，其中各种类型的项目所占比例与战略优先级高度匹配。

平衡计分卡（Balanced Scorecard）：一种综合绩效评价技术，它平衡考虑了 4 个绩效领域。①客户对我们绩效的感知；②对我们的优势的内部评价；③创新和学习水平；④财务运行状况。

对标（Benchmarking）：从不同组织收集过程绩效来评价它们的个体绩效或整体绩效的过程。

利益（Benefit）：产品的属性是通过使用者从产品中得到的用途体现出来的，而不是产品的物理特征或特性。利益经常会因具体的特征而增加，但不是绝对的。

最佳实践（Best Practice）：用来提高绩效的方法、工具或技术。在新产品开发中，不能只用一种工具或技术来确保成功，而是一系列方法联合使用以提高成功的可能性。最佳实践的具体解释还要依上下文而定。有时会被称作"有效实践"。

最佳实践研究（Best Practice Study）：通过分析成功组织来模仿他们的最佳实践方法的研究。在新产品开发中这意味着寻找最好的实践方法，通过调整在组织内加以利用。

贝塔试验（Beta Test）：产品生产前的外部测试。在产品推向市场前，在现场环境下测试产品的所有功能以发现可能在室内测试中没有发现的系统故障的方法。

贝塔测试 （Beta Testing）：比阿尔法测试更广泛的测试方法，由实际使用者和消费者来进行。贝塔测试的目的是判断在实际使用环境中产品的性能如何。关键是由实际消费者来完成这项测试，而不是由公司开发团队或测试公司来完成。同阿尔法测试一样，必须认真对待贝塔测试的结果并用来修正产品设计。

大数据 （Big Data）：规模极大的数据集，经由计算分析可揭示某种模式、趋势和关联性，尤其是与人类行为及其交互相关的方面。

自下而上的组合选择 （Bottom-up Portfolio Selection）：经过严格的项目评估、筛选过程，从一系列独立项目中挑选并构建出与战略匹配的一个项目组合。

保龄球道阶段 （Bowling Alley）：早期成长阶段的战略，它强调关注某一具体市场，通过推出完全差异化的“整体产品”来建立自己的优势地位，并利用这一具体市场来撬动其他市场。保龄球道阶段法的成功在于通过与消费者建立良好的关系来建立产品领导的地位。

头脑风暴法 （Brainstorming）：经常在新产品概念生成阶段应用的利用群体的力量来创造性解决问题的方法。这一方法还有很多种不同的叫法。这一方法的基础是让更多的人将他们具有创新性的想法列出来。在进行决定性评估之前把想法尽可能多地提出来。

品牌 （Brand）：使生产商或服务商区别于他人的名字、称呼、设计、符号或其他任何特征。品牌的合法形式是商标。通过品牌可以识别一种、一系列或一个生产商的所有产品。

品牌开发指数 （Brand Development Index，BDI）：衡量品牌在某一地区销售能力的指数。在计算方法上，它是某一地区的销售量占全国销售量的百分比。

面包板 （Breadboard）：一种概念验证的建模技术，它可以用来代表产品是怎样工作的，而不是产品看起来是怎样的。

盈亏平衡点 （Break-even Point）：在产品的商业周期中，累计开发成本和销售利润相交的点。

突破性项目（有时也称为激进或颠覆式项目） ［Breakthrough Projects (sometimes referred to as radical or disruptive projects)］：通过新技术向市场引入崭新产品的项目，与组织的现有项目有明显不同，且风险水平较高。

商业分析 （Business Analysis）：对某一项目的商业环境的分析。通常包括折现现金流、净现值或内部收益率的财务预测。

商业论证 （Business Case）：市场、技术和财务分析的结果，或事先准备工作的结果。理论上应该在“开发”决策之前执行。这个论证定义了产品和项目，包括项目的合理性和行动或商业计划。

业务目标　（Business Objective）：指针对企业特定的战略项目和其目标的文件，并在规定的时间内必须完成或达到。业务目标应基于公司宗旨制定战略，对战略进行目标分析并制定具体措施的部门中长期规划。其策划的思路、方法以及其充分性、适宜性、有效性将对年度的工作方向及效率产生较大的影响。

事业部　（Business Unit）：事业部是指以某个产品、地区或顾客为依据，将相关的研究开发、采购、生产、销售等部门结合成一个相对独立单位的组织结构形式。

企业对企业　（Business-to-Business）：与非消费者（如制造商）、销售商（如分销商、批发商、临时商和零售商）等组织发生的商业关系。

买方　（Buyer）：产品的购买者，但他不一定是最终消费者。尤其是在 B2B 市场，购买机构可能签订实际购买产品或服务的合同，但不从中获利。

买方集中度　（Buyer Concentration）：一小部分购买者的购买力占市场上总体购买者的购买力的百分比。

侵蚀效应　（Cannibalization）：对现有产品的放弃而转向对新产品的需求。

能力规划　（Capacity Planning）：一种监督组织的技术和有效资源容量的前瞻性活动。对于产品开发，它的目的是保证产品新开发流程中所有的技术都不会成为阻碍项目完成的瓶颈。这对于优化项目组合是必要的。

碳信用额　（Carbon Credits）：在对外部性因素（一项产品或服务对非生产者和非使用者的影响）的商品成本计算中，无法体现出的间接成本，包括二氧化碳排放和其他对社会的影响。“真实价格”是所有外部性因素与（影子）价格之和。

现金牛　（Cash Cows）：指整体增长率较低，但在市场中占有较高份额的产品。

卓越中心（Centers of Excellence）：在同一地域范围内或组织结构内的团队，他们有公认的技术、商业或竞争优势。

认证　（Certification）：承认某人已经掌握某一知识体系的正式流程。在新产品开发中，PDMA 创造和管理着 NPDP 流程。

倡导者　（Champion）：热切希望某一过程或产品被开发并投放市场的人。这个非正式的角色激发人们对机会的认识，使被公司政策限制或反对派反对的项目得以进行。

章程　（Charter）：用来定义项目背景、具体细节和计划的项目团队文件。包括初始商业案例、问题和目标陈述、限制和假设以及主要计划和愿景。开发商的定期复查可以保证开发活动与经营战略的吻合。

核对单 （**Checklist**）：提醒分析师想起所有相关方面事务的要素清单。该清单经常用在概念生成过程中作为一种创新的工具，在概念筛选中作为要考虑的要素标准，以确保所有正当的任务在产品开发阶段中被完成。

结构块 （**Chunks**）：产品结构的构成块，由不可分割的物体元素组成。结构块的其他形式可能是模块或主要组件。

循环经济 （**Circular Economy**）：被设定为具有可修复性和再生性的经济模式，其目标是确保产品、部件和材料时刻都保持最佳效用和价值，有别于技术周期和生物周期。

时钟速度 （**Clockspeed**）：不同行业的进化速度。高时钟速度行业，如电子行业在短时间内会有几代的进步；低时钟速度行业，如化工，一代新产品的诞生需要 5～10 年。人们普遍认为高时钟速度行业的发展会在长时间内影响所有行业。

整群抽样 （**Cluster Sampling**）：将整体分为多个“群”，再以群为单位从中进行抽样。

认知模型 （**Cognitive Modeling**）：关于个体如何解决问题和执行任务的计算模型的产生方法，它建立在心理学的基础上。建模过程概括了一个人解决具体问题或完成任务的步骤，可以预测所需时间或可能发生的错误类型。认知模型通常被用来决定用户交互界面以使交互错误最小化。

认知过程走查法 （**Cognitive Walkthrough**）：一旦构建了一个人完成任务的所有步骤，专家就可以模仿使用者“走查”产品使用的所有步骤。其结果可以帮助提高产品的人性化程度和可用性。

协同产品开发 （**Collaborative Product Development**）：两个公司共同开发某项产品并将其推向市场。小公司可以提供技术或创造性的知识，大公司可以提供资金、市场和分销渠道。两个规模相当的公司合作，他们可以共同开发某些高复杂性的产品或系统。协同产品开发有许多形式。在客户协同方面，供应商可以接触到合伙人提供的关键客户；在供应商协同方面，公司合伙人和技术组件服务提供者一起创造整合型解决方法；在协同合作生产过程中，公司和生产合伙人一起协同生产目标产品。协同开发依合作的深度不同而不同，他们在为目标消费者提供最终方案的过程中是联系在一起的。

集中办公 （**Co-location**）：将项目人员集中在同一个地区，可以保证他们能够做出更快速的决策和进行更频繁的交流。

商业化 （**Commercialization**）：新产品从开发到推向市场的过程。通常包括产品启动和持续、营销材料和项目开发、供应链开发、销售渠道开发、培训开发、培训、服务和支持开发。

竞争情报（**Competitive Intelligence**）：将分散的公众竞争者的信息整合成竞争者的位置、规模、能力和趋势等战略性知识的方法和活动。它是指收集、分析、沟通、利用发生在公司外的竞争趋势信息的广泛实践。

计算机辅助设计（**Computer-Aided Design，CAD**）：可以帮助设计者和工程师在设计中应用计算机的技术。早期阶段可以使用二维设计，现阶段可以使用三维设计，也可以用在金属或固体模型中。

计算机辅助工程（**Computer-Aided Engineering，CAE**）：在设计、分析和制造产品过程中应用计算机。有时仅指在工程分析阶段使用计算机。

计算机辅助创新（**Computer-Enhanced Creativity**）：为了加速新产品开发流程，在记录、回忆和重建创意的过程中使用特殊设计的计算机软件。

概念（**Concept**）：对新产品形象的文字描述，包括主要的特征、可以给消费者带来的好处和对所采用技术的深刻理解。

概念生成（**Concept Generation**）：产生新概念、产品创意的过程。有时也叫作创意生成或构思过程。

概念优化（**Concept Optimization**）：衡量具体产品的好处或特性能吸引消费者的程度的研究方法。优化结果用来站在消费者角度上从可选的研究中选择内容来构建最有吸引力的概念。

概念筛选（**Concept Screening**）：在产品开发项目的探索阶段，从经营战略的匹配性、技术可行性、可制造性和财务上的成功潜力等多个角度对潜在新产品概念进行评估。

概念说明（**Concept Statement**）：在开发之前，为了获得消费者的反馈，用来向消费者展示概念的文字性描述或图示说明。

概念研究活动（**Concept Study Activity**）：检查概念的一系列产品开发任务，来判断是否存在市场、技术或产品开发流程的重要缺陷。

概念测试（**Concept Testing**）：向消费者展示概念说明以观察他们反馈的过程。这些反馈可以用来帮助开发者评估概念的销售价值并做出相应的调整。

并行（**Concurrency**）：在产品开发过程中，在同一时间进行不同的独立的活动。

并行工程（**Concurrent Engineering，CE**）：在产品设计和制造流程中采用并行的模式和跨职能团队，并且活动不是按时间顺序进行。实施并行工程的目的是促进开发团队从配置、质量、成本、维护等角度思考产品生命周期概念，也叫作同步工程。

联合分析（**Conjoint Analysis**）：联合分析是一种市场调研技术，它包括反馈者关于产品的系统描述，如一系列属性和这些属性的实现程度。通过要求反馈者选择他们更喜欢的产品或指出他们的偏好，联合分析可以判断每个变量在多大程度上对产品整体做出贡献。与其他方法相比，联合分析判断重要性的两大优点是：①变量和程度可以是连续的（如权重）或具体的（如颜色）；②它是评价价格作用的唯一有效的市场调研方法，如对于某一特征人们会支付什么价格。

消费者（Consumer）：公司目标的一般性和全部的形式。通常用在 B2B 或公司内部，指公司现有客户、竞争者的客户、现有的具有相同需求或人口特征的非购买者。它没有明显的购买者和使用者之分，仅一小部分消费者会成为客户。

消费者市场（Consumer Market）：个人为家庭使用（而不是为商业用途）而购买产品和服务。消费者的购买行为通常是个体决策行为，可以是为自己，也可以是为家庭其他成员。

消费者需要（Consumer Need）：消费者愿意解决的问题，消费者愿意为此购买产品。

消费者监测组（Consumer Panels）：为记录消费情况而特别挑选的消费者群体。

情景调查（Contextual Inquiry）：利用人种学和新闻学技术进行结构化、量化市场调研的方法。情景调查是通过观察产品在实际环境中的表现而发现消费者需求的流程的。

应急计划（Contingency Plan）：用于应对不能预测其发生时间和严重程度的事件处理计划。

持续改善（Continuous Improvement）：为了不断改善实践和流程而进行的总结、分析和再造工作。

持续创新（Continuous Innovation）：不改变消费类型或行为而进行的产品性能改善。产品的整体外观和基本性能没有功能上的改变。例如，含氟化物的牙膏和高速计算机。

持续学习活动（Continuous Learning Activity）：检查产品开发项目进展或执行情况的一系列活动，通过变更流程来简化剩余的步骤、改进正在开发的产品或进度计划。

承包开发商（Contract Developer）：产品开发服务的外部提供商。

受控销售测试（Controlled Store Testing）：雇用特定公司处理产品分销和审计活动（不采用公司正常销售力量）的市场测试方法。

聚合思维（Convergent Thinking）：在创意生成阶段将大量的分歧性创意汇聚成数目较少的或单一创意的技术，以后的工作和分析将聚焦在这些创意上。

合作（团队合作）［Cooperation（Team Cooperation）］：团队成员之间努力合作以实现团队目标的活动。

协作矩阵（Coordination Matrix）：明确项目开发的关键阶段、目标及各阶段关键活动的概括图，并明确责任人。

核心利益主张（Core Benefit Proposition，CBP）：消费者购买产品的主要用途。核心利益主张可能来自有形产品或服务，也可能来自延伸的产品领域。

核心竞争力（Core Competence）：比竞争对手强的能力，它可以提供竞争优势并吸引和保持消费者，包括技术、组织、供应链、运营、财务、市场、合作伙伴关系和其他的能力。最原始的定义还包括"最低成本提供者"。

企业文化（Corporate Culture）：组织的"感觉"。文化来自组织运行的信仰系统。公司文化可以被描述为权威的、官僚的和专业的。公司文化经常能够影响组织做事的效果。

公司战略（Corporate Strategy）：一个多元化组织的总体战略。它回答了"我们应该从事哪些业务"和"这些业务如何为组织整体带来协同效益和（或）额外竞争优势"这两个问题。

销货成本（Cost of Goods Sold，COGS or CGS）：生产产品并将其投放市场产生的直接成本（包括劳动力成本和材料成本）。

创造性张力（Creative Tension）：指客观现实与愿景之间存在一定的差距，而这样的差距会形成一种创造力，把人们朝着愿景的方向拉动。

创造性（Creativity）："一种果断的和谐，一种预期的惊讶，一种习惯的新发现，一种熟悉的惊喜，一种慷慨的自私，一种未预料到的肯定，一种形式的顽强，一件重要的琐事，一种有节制的自由，一种令人兴奋的进步，一种重复的开始，一种辛苦的喜悦，一个可预测的赌注，一种短暂的稳固，一种统一的不同，一个渴望的满足，一种奇迹的渴望以及习惯性的惊异。"创造性是一种从事创新性工作的能力。

标准（Criteria）：在决策阶段，决策者采用的标准陈述。为保证项目继续进行而必须达到或超过的绩效。总体来说，标准反映了一个组织的新产品战略。

关键假设（Critical Assumption）：在新产品商业案例中的一种明确的或含蓄的假设，如果这种假设错了，会降低成功的可能性。

关键路径（Critical Path）：为了成功完成项目而进行的一系列相关的活动，能将它们的完成时间及完成任务的先后关系列出来。关键路径显示的是时间最长的路径，决定完成项目所需要的时间。

关键路径进度计划（Critical Path Scheduling）：一种项目控制技术，通常需要使用各种软件工具，它可以在识别相互独立的任务的基础上，将所有新产品开发中的关键步骤建成一个连续的网络。

关键成功因素 （Critical Success Factor）：商业成功的必要因素，但仅拥有这些因素不一定能够成功。

跨职能团队 （Cross-Functional Team）：拥有不同职能领域代表的产品开发团队，这些职能领域通常指生产成功产品的所有关键职能领域，包括营销、工程、制造、运营、财务、销售、客户支持和质量职能领域。这样的团队能保证在开发过程中兼顾所有的职能方面。

跨越鸿沟 （Crossing the Chasm）：从最初消费者（通常称为领先消费者或革新者）所支配的市场转向主流市场的过程。这个概念应用于新的、市场正在建立的过程和基于技术的产品或服务。

众包 （Crowd Sourcing）：通过大量征集他人的解决方案，从而获取信息并将其用于特定任务或项目的一系列工具。该服务可以是有偿的，也可以是无偿的，通常借助互联网实现。

文化（Culture）：在组织中人们共同拥有的信念、核心价值观、假设和期望。

客户 （Customer）：购买或使用产品或服务的人。

客户需要 （Customer Needs）：客户对解决问题的需要。这些需要可以为公司提供新产品开发机遇。

客户感知价值（Customer Perceived Value，CPV）：同其他可替代产品相比，客户对产品带来的收益和支付成本的评价。它是客户决定是否购买产品的基础。

客户现场访问（Customer Site Visits）：一种揭示客户需要的变量市场调研方法。它要求到客户现场观察客户怎样用产品解决问题、实现产品功能、他们要做什么、为什么他们要这样做、客户遇到的问题是如何解决的、怎样才能做得更好。

客户增值率 （Customer Value Added Ratio）：本公司产品与竞争者产品的物有所值（Worth What Paid For, WWPF）的比率。比值大于 1 意味着与竞争对手相比有较高的价值。

基于客户的成功 （Customer-based Success）：新产品被客户接受的程度。

周期时间 （Cycle Time）：从开始到结束的运行时间。从新产品开发角度来讲，它是指从最初的创意产生到新产品上市销售的时间。开始和结束时间的确定依据不同的公司、同一公司内不同的项目也会不同。

仪表板 （Dashboard）：显示项目情况或组合情况的典型彩色图表，类似于汽车的仪表盘。通常红色标记亟待解决的问题，黄色标记迫近问题，绿色表示项目正在进行。

数据 （Data）：来自在商业流程中进行的测量。

数据库 （Database）：对信息的电子化搜集和整理，使对数据的查找、发现、分析和应用更加方便。

决策筛选 （Decision Screen）：用于检查或筛选新产品决策的一系列关键指标。这些指标随开发阶段的不同而不同。

决策树 （Decision Tree）：用于业务决策或计算机程序决策的图表。树的分支表示和风险、成本、结果相关的可能性选择。通过计算每个分支的利润，为公司选择最优决策。

衰退阶段 （Decline Stage）：产品生命周期的第四个或最后一个阶段。这一阶段可能是由技术的进步，消费者或使用者的偏好变化，全球竞争加剧或环境、规则变化造成的。

防御者 （Defenders）：会采用各种可能的手段维护其市场地位的公司，而采用的手段不仅仅是开发新产品的。

可交付成果 （Deliverable）：表明项目达到结果的输出（如测试报告、调整的批准、产品原型或市场调研报告）。可交付成果依据产品的商业投入或开发阶段的不同而不同。

德尔菲流程 （Delphi Process）：在一组专家内部采用的重复打分法，据此得出对未来情况的最可能预测。

人口统计学 （Demographic）：人口数量的统计性描述。描述的特征包括性别、年龄、受教育程度、婚姻状况以及不同的行为或心理特征。

衍生产品 （Derivative Product）：一种对现有产品的性能进行调整、改进或改善而产生的新产品。这种改变不影响基本的产品结构或平台。

衍生项目 （Derivative Projects）：由现有产品或平台衍生出的项目。它们可以弥补现有产品线的不足，建立具有成本优势的制造能力，或者基于组织的核心技术提升性能和引入新特性。通常风险水平较低。

面向卓越的设计 （Design for Excellence，DFX）：在设计和开发流程中，系统地考虑所有与生命周期有关的因素的设计。这些因素包括可制造性、可靠性、可维护性、可供应性、可测试性等。

可维护性设计 （Design for Maintainability，DFMt）：在设计和开发过程中，系统地考虑可维护性问题的设计。

可制造性设计 （Design for Manufacturability，DFM）：在设计和开发过程中，系统地考虑可制造性问题的设计，即考虑形成整体产品所需的组件的可实现性和可制造性。

六西格玛设计（Design for Six Sigma，DFSS）：目标是创造出能够高效利用资源、具备极高生产率且不受流程变动影响的设计方式。

面向环境的设计（Design for the Environment，DFE）：在产品生命周期的设计和开发过程中，系统地考虑环境安全或健康问题的设计。

实验设计（Design of Experiments，DOE）：同时考虑多重产品和流程设计参数的统计方法，而不是在一个时刻只考虑一个参数。

设计规格（Design Specifications）：一般概念只定性描述了产品概念的利益和功能，而产品设计规格则为进一步的设计和制造提供了定量依据。

设计思维（Design Thinking）：一种创造性的问题解决方法，或者说，是以更全面、系统、协作的方式发现问题并创造性解决问题的方法。

面向成本的设计（Design to Cost）：将成本看成独立的设计参数的开发方法。成本目标是建立在客户可接受性和竞争性约束的基础上的。

设计确认（Design Validation）：进行产品测试以保证产品或服务满足设定的消费者需求。可以利用可工作的产品原型，或通过计算机模拟成品的方法加以实现。

开发（Development）：将产品需求转变成做产品的组织功能。同时，它也是将整体的市场概念第一次转化成市场上的新产品或新服务的阶段。

开发变更单（Development Change Order，DCO）：在产品开发过程中实现变更的单据。它写明了需要的变化、变化的原因、上市的结果、开发成本和生产成品的成本。它是项目章程的一个附录。

开发团队（Development Team）：为将概念通过开发、测试、发布过程形成一个或多个新产品而组成的团队。

数字化模拟（Digital Mock-up）：在固体模型开发中所创造的电子模型。数字化模拟可被用来检测界面和组件的不相容性。利用数字化模拟可以降低生产产品原型的成本。

非连续性创新（Discontinuous Innovation）：之前所不知道的能够产生新消费结构和行为变化的产品。

贴现现金流（DCF）分析［Discounted Cash-Flow（DCF）Analysis］：将未来收入和支出的现金价值映射到现在的评价方法中。利用预测的利率将未来现金流折现成现在的资金。

离散选择实验（Discrete Choice Experiment）：模拟、预测客户购买决策的定量市场研究工具。

分布式团队（**Dispersed Teams**）：不同成员在不同地点、时区，甚至不同国家工作的产品开发团队。

颠覆式创新（**Disruptive Innovation**）：需要新的商业模式，但不一定需要新的技术。比如，谷歌的安卓操作系统对苹果而言就有潜在的颠覆影响。

分销（**Distribution**）：将产品或服务从生产地运送到最终使用者购买地的方法和模式。

发散思维（**Divergent Thinking**）：在创意生成的初始阶段使用的方法，通过思维发散来产生、记录和回忆大量新的或有趣的创意。

动态持续创新（**Dynamically Continuous Innovation**）：改变行为但不一定改变消费模式的新产品。例如，Palm Pilots、电动牙刷和电动卷发器。

早期接受者（**Early Adopters**）：对于新产品，是指在产品生命周期的早期就依据自己的决策而购买产品的客户。对于新流程，是指愿意尝试新流程的组织实体。

经济增加值（**Economic Value Added，EVA**）：在项目周期中增加或减少的股东价值。

移情设计（**Empathic Design**）：揭示客户需求和激发新概念的 5 个步骤。包括去客户的工作地点，了解他们需要解决的问题，你能为他们做什么，询问客户他们在做什么，为什么这么做。通过和客户一起共事，团队培养了和客户同样的移情作用。

工程设计（**Engineering Design**）：产品创造过程中配置产品或服务并且决定特殊形式的功能。

工程模型（**Engineering Model**）：对现在设计的产品进行功能模拟演示的软硬件的结合。

增强型新产品（**Enhanced New Product**）：派生产品的一种。增强型新产品包括建立在平台基础上的可以为客户增加价值的附加特征。

准入条件（**Entrance Requirement**）：在一个阶段或关口开始前的报告和总结。

企业家（**Entrepreneur**）：开创、组织、运行、承担风险并从新的商业风险中收获价值的人。

人种学（**Ethnography**）：研究客户与其相关环境的描述性的、定性市场研究方法论。研究者通过现场观察客户和环境以获得对他们的生活方式或文化环境的深刻理解，从而更好地理解他们的需求和问题。

事件（**Event**）：一项任务完成时的及时标记。

事件图（**Event Map**）：能够显示未来可能的责任或事件的图表。

游览（Excursion）：产生非连续性创新的创意生成技术。游览包括三个步骤：①远离任务；②创造分离的或不相关的材料；③找到和任务的联系。

退出条件（Exit Requirement）：某一阶段或某一关口开发过程的报告和总结。

退出战略（Exit Strategy）：从公司的组合中消除产品或产品线的预计划过程。它是以最小损失退出供应链，提供售后部分的供应和维修支持，并将客户的需求转向不同产品的过程。

明确的客户需求（Explicit Customer Requirement）：客户对产品的需求。

因子分析（Factor Analysis）：将观测所得数据表示为一系列潜在诱因的函数，从而找出影响因子的关键过程。

制造成本（Factory Cost）：在生产地生产产品的成本，包括所需要的材料成本、劳动力成本等。

失效率（Failure Rate）：公司新产品上市而没有达到目标的产品比率。

可行性分析（Feasibility Analysis）：对一个新产品或新项目的成功可能性进行分析的过程。

可行性决策（Feasibility Determination）：检查主要的未知领域（技术或市场）来产生一个知识体系以考虑如何解决它、战胜它或弄清约束的本质的一系列的产品开发任务。有时也叫作探测性调查。

特性（Feature）：解决消费者的问题或需求，为消费者提供利益。不同的功能选择可能适应不同的客户需求。例如，有背带的包是另一个使笔记本电脑易于携带的特性。

特性蔓延（Feature Creep）：设计者和工程师为产品增加能力、功能和特征的趋势。通常导致计划变化、开发成本和产品成本增加。

特性路线图（Feature Roadmap）：产品特性随时间进化。产品随着更新换代产生不同的特性。

现场测试（Field Testing）：在现实情况中测试产品被如何应用。

财务成功（Financial Success）：新产品实现利润和满足投资目标的程度。

救火（Firefighting）：稀有资源的非计划转移，安排它们解决在产品开发周期的较晚时期发现的问题。

公司级成功（Firm-Level Success）：公司在开发和商业化新产品上的熟练程度综合影响。可以用不同的衡量方法评估这种成功。

市场先行者（First-to-Market）：创造新的产品种类或分类的最早的产品。

灵活关口（Flexible Gate）：灵活关口在关口决策中没有传统的“继续—停止—循环”关口那样严格。它在短期上市中非常有用。它并不要求在下一个阶段开始时，上一阶段的目标一定都要完成。

焦点小组 （Focus Groups）： 8～12 个市场参与者在一个房间内并在引导下一起进行讨论的定性的市场研究技术。讨论集中在消费者问题、产品和可能的解决方法上，讨论结果是不能直接映射到大众市场的。

预测 （Forecast）： 基于现有战略和商业计划决策对成功或失败的预测。

形成阶段 （Forming）： 团队建设的第一个阶段。大部分团队成员表现得乐观、积极、得体，有些人有些焦虑，因为他们还不完全了解团队将要做什么。

功能 （Function）： ①产品满足消费者需求的抽象性描述；②能产生如工程等基本商业能力的内部组织描述。

功能要素 （Function Elements）： 产品的单个运行功能。这些要素经常用图表来描述产品。

功能管道管理 （Functional Pipeline Management）： 按公司的项目优先排序在所有的功能领域优化项目流程。

功能审查 （Functional Reviews）： 从功能角度（如机械工程或制造）对产品和开发流程进行技术评估。专家组详细审查设计以发现缺点，从以前的产品中吸取教训，做出设计方向发展的决策。技术群体可以从所有角度评估设计，各个领域的功能团队也可以单独进行功能审查。

功能示意图（Functional Schematic）： 由产品所有的功能要素组成的示意图，展示产品的所有功能及材料、能源和信号流是怎样流动的。

职能型团队 （Functional Team）： 项目被分为多个职能模块，每个模块由相应的职能经理负责，并由职能经理或高级管理人员进行协调。

功能测试 （Functional Testing）： 测试产品要素或产品完整以决定它在售后使用时是否按计划执行功能。

模糊前端 （Fuzzy Front End）： 产品开发的凌乱“开始”时期，产品概念还很模糊。在正式产品开发过程开始前，包括三个任务：战略性计划、概念产生和技术预评估。这些活动比较凌乱，不能预测而且非结构化。比较起来，其后的新产品开发流程更加结构化、更可预测、更正式，有一系列可以描述的活动问题和决策。

模糊关口 （Fuzzy Gates）： 模糊关口是有条件的或适用于某些情景，而不是所有都是“继续”决策。它的目的是努力平衡、及时决策和风险管理。决策“通过”的条件是除规划好的外，未来必须成功地完成情景关口要求的项目，这些项目都必须满足关键指标，部分项目还要满足其他指标。例如，新问世产品需要很好的分销灵活性标准，而产品线延伸产品则不需要。

伽马测试 （Gamma Test）：用来衡量产品能在多大程度上帮助消费者解决问题、满足消费者需求的产品使用测试。

伽马市场测试 （Gamma/In-market Testing）：不能同市场测试（总体市场销售性和财务性的决策)混淆，伽马市场测试是对产品本身和现场营销计划的评价。考虑这一问题的其他方法是在某一地区，某一时间用真实的分销渠道，使用广告促销等手段执行计划。除对产品功能的评估外，要求市场计划在现实环境中进行。其核心要素是产品和市场计划的一致。市场测试可以更准确地预测销售，这与发现阶段早期的近似范围估计不同。对于发现阶段的任何因素都可以进行诊断调整，这些因素可以是产品、沟通、包装、定位或任何发布计划因素。

甘特图 （Gantt Chart）：在项目进度管理中应用的水平条形图，它可以显示开始的日期、结束的日期和任务的持续时间。

差距分析 （Gap Analysis）：实际结果和期望结果的差距。在产品开发中，这种差距通常通过期望收益与现实收益的差距来衡量。

关口 （Gate）：决策项目可以进入下一个阶段的决策点，以决定是停留在现阶段更好地完成某些任务，还是继续或者停止。不同的公司关口数不同。

把关者 （Gatekeeper）：在门径管理（Stage-Gate™）流程中，作为建议者、决策者和投资者的经理人群体。利用已经建立的业务标准，这个多功能群体检查新产品机会和项目进展，分配资源。这个群体通常被叫作产品批准委员会或组合管理团队。

渐进退化 （Graceful Degradation）：当产品、系统或设计每次运行时都会出现一点缺陷，这就需要在失败发生之前采取更正行为加以保护。反之将发生灾难性失败。

漂绿 （Greenwashing）：一个公司或组织花费更多的时间和金钱通过广告和营销宣传“绿色”经营，而不是在其实际业务中努力减少对环境的影响。

毛评点 （Gross Rating Points，GRP）：对媒体在消费者家庭曝光程度的总体度量（接受的次数频率）。

组件 （Groupware）：帮助团队交流、工作协同和合作解决问题的软件。这一术语通常指依靠现代计算机网络（外部或内部）实现的技术。

成长阶段 （Growth Stage）：产品生命周期的第二个阶段。产品或服务在销售和市场接受程度上表现为快速的增长。达到增长阶段的产品成功地“跨越鸿沟”。

重量级团队 （Heavyweight Team）：拥有足够的资源完成项目的有力项目团队。成员向团队领导汇报并面向实际协同定位。

寻找机会领域（**Hunting for Hunting Grounds**）：完成新产品开发中的模糊前端的结构化方法论。

机会领域（**Hunting Ground**）：技术和市场的不连续带来了新产品开发的机会。

最低预期收益率（**Hurdle Rate**）：新产品必须满足或超过的最低投资回报率或内部收益率。

创意（**Idea**）：新产品或新服务的最开始的形式。它通常是解决由个人、团队或公司识别出来的问题的可预见方法。

创意交换（**Idea Exchange**）：在平静的、不做判断的鼓励交流的场合提供一种框架来激发不同创意的发散性思维工具。

创意生成［**Idea Generation**（**Ideation**）］：引导产生解决消费者问题的广泛方案的所有活动和流程。可能用在产品开发的早期阶段来产生初始产品概念，在中间阶段来解决实施上的问题，在后面的阶段来计划发布工作，在结束之后来更好地理解市场上的成功和失败。

创意价值指标（**Idea Merit Index**）：公平地对新产品创意进行评价排名的内部度量工作。

实施团队（**Implementation Team**）：将概念和好的想法转变成现实的团队。

隐性产品需求（**Implicit Product Requirement**）：指客户对产品的期望并不能清晰地说明，甚至不可言传。

关键调查（**Important Surveys**）：一种调查反馈者对产品或服务的每一个属性的重要性反馈的特殊测试类型。

渐进式改进（**Incremental Improvement**）：为使现有产品或服务在客户心中长久不衰而进行的小的改进。

渐进式创新（**Incremental Innovation**）：对现有的交付利益进行创新改进，但不影响行为和消费。

个体深度访谈（**Individual Depth Interviews，IDI's**）：一种对反馈者进行开放的、有深度的、引导性的访谈的定量化市场调研技术。这种访谈可以用于更好地理解反馈者的思考过程、动机、目前的行为、偏好、意见以及期望。

工业设计（**Industrial Design，ID**）：创建、开发概念和设计来优化功能、价值、产品外形和交互系统，使用户和厂商双方受益的专业化服务。

信息（**Information**）：通过分析数据得出的知识和见解。

信息加速（**Information Acceleration**）：一种利用虚拟现实技术测试新概念的方法。在该方法中会生成一个虚拟的购买环境，用来模拟在未来的一种实际的采购情况中有时需要几年或更长时间才可获得的信息（产品、社会、政治和技术等）。

告知直觉 （Informed Intuition）：以一种结构化的方式使用收集到的团队经验和知识的方法。

初选 （Initial Screening）：对项目进行投资（时间或金钱）的第一次决策。项目就是在这个时间诞生的，有时叫作“创意筛选”。

许可 （In-licensed）：对新产品概念或技术的外部许可。

创新 （Innovation）：一种新想法、新方法或新设计。创造新产品或流程的行为，包括将概念或创意发展成最终形式所要求的发明创造及劳动。

创新引擎 （Innovation Engine）：进行创新性活动和思考新方法的人。它代表第一次将客户和市场机会综合转化成新产品概念。

创新指导委员会 （Innovation Steering Committee）：判断新产品开发与公司的战略目标和财务目标是否一致的高层管理团队或小组，他们同时为产品组合和开发团队设定目标。

创新战略 （Innovation Strategy）：公司开发新产品和技术的定位。一种分类方法是将他们分为勘探者（在技术、产品开发和市场开发、商业化方面领先的公司，尽管单个产品可能不盈利）、分析者（快速跟随者或模仿者、跟随勘探者，他们的产品模仿勘探者推向市场的新产品）、捍卫者（公司会采用各种可能的手段，维护其市场地位，而不仅仅通过开发新产品）和反应者（没有相应的创新战略）。

基于创新的文化 （Innovation-Based Culture）：一个公司中的高级管理团队和雇员努力工作，以加强系统化的实践，并不断地将有价值的新产品带给客户，这种企业文化即基于创新的文化。

创造性问题解决 （Innovative Problem Solving）：混合复杂问题的定义形式及行动计划以产生独特的非预期的解决方案的方法。

集成结构 （Integrated Architecture）：在产品结构中，所有的功能要素都融入一个结构块中的产品，要将它按照功能分开很难。

集成产品开发 （Integrated Product Development，IPD）：有效率、有效果地开发新产品满足客户需求的产品开发体系。

知识产权 （Intellectual Property，IP）：为组织带来可开发的竞争优势的信息，包括所拥有的知识、技术能力和设计信息等。

内部收益率 （Internal Rate of Return，IRR）：投资的未来现金流的折现价值等同于投资成本的折现率。净折现率为 0。

内部创业者（Intrapreneur）：类似公司内部的企业家，在大公司内部开发新的公司。

引入阶段（Introduction Stage）：产品生命周期的第一个阶段。这个阶段通常是市场进入、用户试用和产品采用的阶段。

ISO9000：国际标准组织建立的考察公司质量体系的 5 个审计标准，用它来认定一个公司是否遵从这套标准。ISO9001 特别针对新产品进行考核。

问题（Issue）：确定会影响（可以是正面影响，也可以是负面影响）项目输出的事件。它需要调查潜在的影响并决定如何对付它们。开放问题是指还没有被合理解决的问题，而关闭问题是指已经被成功解决的问题。

《产品创新管理》杂志（Journal of Product Innovation Management）：新产品开发管理技术领域的核心学术杂志，由 PDMA 拥有，致力于产品研发过程管理实践的改进。它的目标是为管理者和产品开发者提供理论结构和实践技术，从而使他们能够高效地进行管理实践。

改善（Kaizen）：用来描述持续的、渐进的改善过程的一个日本术语。

发布（Launch）：新产品引入市场进行初始销售的过程。

领先用户（Lead Users）：为他们自己的消费需求发现解决方案的用户。这些方案非常重要，以至于他们修改了现有产品或发明新产品来满足自己的需要，因为他们还没发现有供应商能够满足这些需求。当这些消费者的需求成为未来市场需求的征兆时，他们的解决方案可以带来新产品机会。

精益产品开发（Lean Product Development，LPD）：以精益方式来应对产品开发中的挑战。精益产品开发是建立在丰田首创的精益方法（丰田生产体系 TPS）的基础之上的。

学习型组织（Learning Organization）：在内部不断测试并更新经验的组织，将这些经验用于改进工作流程和知识体系，它们和组织的核心目标相关，并能为整个组织所采用。

生命周期评估（Life Cycle Assessment）：分析环境影响（如二氧化碳足迹、水足迹等）的一种科学方法。

生命周期成本（Life Cycle Cost）：在产品的生命中获取、拥有和运行产品的总成本。相关成本包括消费价格、培训支出、维护支出、担保成本、支持、报废以及由于修理停工而带来的损益等。

轻量级团队（Lightweight Team）：负责成功的开发新产品概念并推向市场的新产品团队。在大多数情况下，没有专门的资源，团队依靠技术职能部门的资源完成工作。

产品线延伸 （Line Extension）：不明显改变产品功能，而只是增加或修改产品特征而派生产品的一种形式。

长期成功 （Long-term Success）：在产品生命周期的大部分时间或长期取得成功的新产品绩效。

"M"曲线 （"M" Curve）：在给定时间内说明创意产生的内容。这种图示说明很像字母 M 的两个拱形。

维护活动 （Maintenance Activity）：旨在解决新上市和用户问题的新产品或服务的一系列产品开发任务的集合。

可制造性 （Manufacturability）：新产品以最小成本和最大可靠性能够被顺利生产和有效地生产的程度。

生产装配程序 （Manufacturing Assembly Procedure）：由生产部门人员制定的用来描述怎样将组件、部件或系统放在一起形成最终产品的程序性说明文件。

制造设计 （Manufacturing Design）：确定新产品制造流程的过程。

制造测试规格与程序 （Manufacturing Test Specification and Procedure）：由开发和制造人员制定的用来描述在制造流程中组件、部件或系统需要满足的性能规格及描述评估规格的过程的说明文件。

市场条件 （Market Condition）：新产品将进入的市场的特征，包括竞争产品、竞争程度和增长率。

市场开发 （Market Development）：将已有产品介绍给新消费者或使用者。这可能需要进行一些产品修改的工作。

市场研究 （Market Research）：关于公司客户、竞争者或市场的信息。可能是第二手资料（可获得的已公布的）或第一手资料（来自客户自身）。市场研究可能是定量的也可能是定性的。

市场细分 （Market Segmentation）：市场细分是将较大的不同种类的市场划分成较小的同类市场。划分方法有很多：人口的（男人对女人，青年对老年，富有对贫穷）、行为的（电话购买对网上购买对零售，信用卡支付对现金支付）、态度的（相信商店品牌和国有品牌一样对不相信它们一样）。有很多识别细分市场的分析工具，如群聚分析、因素分析或歧视分析。最简单最普通的想法是提出潜在细分市场定义，然后测试是否具有统计区别。

市场份额 （Market Share）：在当地的全部市场销售额中该公司销售额所占的百分比。

市场测试 （Market Testing）：新产品及其上市计划同时被测试的产品开发阶段。市场测试模拟可能的市场混合，并有多种不同的形式，它们中的一种被命名为测试市场。

市场驱动　（Market-Driven）： 由市场引导的公司产品创新工作。

营销组合　（Marketing Mix）： 包括各种基本的产品营销工具。营销组合通常指 4P，即产品（Product）、定价（Price）、促销（Promotion）、地点（Place）。

营销战略　（Marketing Strategy）： 将组织中有限的资源集中于最佳机会的一种过程或模型，有助于组织增加销售额，获得独特的竞争优势。

成熟阶段　（Maturity Stage）： 产品生命周期的第三个阶段。由于市场饱和，这个阶段的销量开始下滑。这时竞争激烈，可替代产品的选择及消费者的偏好改变使公司很难再盈利。

度量　（Metrics）： 一套全程跟踪产品开发并使企业能够测量流程改进的影响的测量方法。这些测量值通常因企业而异，但是可能包括刻画流程的多个方面的测量值，如面市时间、特定流程阶段的持续时间，以及产品开发的成果（如每年产品商品化的数量和新产品的销售额百分比等）。

思维导图　（Mindmapping）： 在各种信息或创意之间建立思维连接的图形化技术。首先，将一个关键字或短语写在一页纸的中间。然后，从这一中心点出发，将其与不同方向的新创意连接，从而建立起网络式思维关系。

使命　（Mission）： 有关组织的信仰（Creed）、哲学（Philosophy）、目的、商业准则和公司信念的陈述，使得组织的精力和资源得以集中。

模块化结构　（Modular Architecture）： 每个功能因素都有自己物理结构块的产品结构。不同的结构块有不同的功能，结构块之间的相互作用很小并且通常被定义得很好。

监督频率　（Monitoring Frequency）： 绩效指标的测评频率。

形态学分析法　（Morphological Analysis）： 将产品按照满足不同需求和技术进行分解的矩阵工具，通常用于目标分析和思维创造中。

多维尺度　（Multidimensional Scaling，MDS）： 在一个数据集（如产品或市场）中，数个个案的相似性被可视化的方法。

多职能团队　（Multifunctional Team）： 由来自不同业务职能领域的个体组成的为完成统一目标或流程的团队。这个过程需要成功地整合跨区域知识、培训和能力才能完成目标。

多变量分析　（Multivariate Analysis）： 探讨一个结果变量（也称作因变量）与一个或多个预测变量（也称作自变量）之间的关联。

需要说明　（Needs Statement）： 对客户需求和愿望的概括，用客户的术语描述，要用某种新产品来实现。

净现值 （**Net Present Value，NPV**）：按照公司的折现率或资本成本，将未来现金流入和现金流出换算成当前资金，以评价不同项目的可比投资的方法。

网络图 （**Network Diagram**）：显示开发活动顺序和每个任务间的相关性的图表。经常和甘特图一起使用。

新概念开发模型 （**New Concept Development Model**）：一种理论结构，该理论结构提供了一种用于模糊前端的语言和词汇。该模型包括三部分：不可控的影响因素、驱动模糊前端中的活动的可控引擎和 5 种活动因素（机会识别、机会分析、创意生成和完善、创意选择和概念定义）。

新产品 （**New Product**）：许多观念和实践的一个术语，但是经常被定义为创造新产品（或者货物或者服务）。不仅仅包括在促销阶段推出的产品。

新产品开发流程 （**New Product Development Process**）：公司将初始的想法重复转化成可销售的产品或服务所采取的一系列工作和步骤。

新产品开发专业人员 （**New Product Development Professional，NPDP**）：PDMA 认证的新产品开发专业人员是掌握了新产品开发知识体系、通过认证测试的专业人员。为了通过新产品开发认证考试，候选人必须拥有正规院校学士学位或更高的学历，并且拥有相关新产品开发领域至少 2 年的从业经验。

新产品开发 （**New Product Development, NPD**）：新产品的战略、组织、概念生成、产品制造和营销计划的制定和评估以及商品化的全过程。

新产品创意 （**New Product Idea**）：形成新产品或新服务的主要计划或主要活动目的。

新产品引入 （**New Product Introduction，NPI**）：新产品进入市场的启动和商业化。发生在新产品成功开发项目的末期。

世界级新品 （**New-to-the-World Product**）：消费者或生产者从来没见过的商品或服务。摩托车、微波炉、宠物棒在引入时都是全新产品。

名义小组过程 （**Nominal Group Process**）：是一个头脑风暴的讨论过程，小组成员先分别将自己的意见写出来，然后针对每条意见进行小组讨论，投票排序。

非破坏性测试 （**Non-Destructive Test**）：保持产品物理状态和运行状态的整体性的产品测试。

非产品优势 （**Non-Product Advantage**）：除产品本身外产生竞争优势的市场因素。这些因素包括市场沟通、分销、公司名誉、技术支持和附加服务。

规范阶段 （**Norming**）：团队建设的第三个阶段。团队成员开始解决彼此之间的分歧、欣赏优点、尊重领导者的权威。在此阶段，团队成员开始协同工作，开始相互信任。

开放式创新（**Open Innovation**）：通过有目的的知识流入和流出加速内部创新，并利用外部创新扩展市场的一种创新模式。

运营（**Operations**）：不仅包括制造过程，还包括采购、实体分销、办公室管理和其他服务类工作。

运营战略（**Operations Strategy**）：一种定义如何用最小的成本保证计划进度、提高质量的新产品开发方法的活动。新产品开发的目的是在最理想的市场机会中获得最大化投资回报并赋予产品最高的价值。

操作手册（**Operator's Manual**）：使用者使用产品或流程的文字性说明。对象可以为最终消费者或制造运营者。

机会（**Opportunity**）：公司或个人通过设计或事件识别的，存在于现有情况和未来的商业或技术差距。其目的在于捕捉竞争优势、应对威胁、解决问题或改善困难。

组织身份（**Organizational Identity**）：对组织的立场和存在的意义的清晰定义和理解，是组织实现长期成功的基础。

外包（**Outsourcing**）：从外部采购产品或服务，而不是公司自己生产的过程。

杰出公司创新者奖（**Outstanding Corporate Innovator Award**）：PDMA 一年一度通过专业认证颁发给杰出创新公司的奖项。每年 PDMA 都会给出获得这一奖项的基本要求，包括①在 5 年内持续发布新产品；②新产品的成功给公司带来了显著的增长效益；③明确地定义了新产品开发的流程；④独特的创新特点和无形资产。

帕累托图（**Pareto Chart**）：用来表示改进机会的柱形图，这些柱形按照降序排列。帕累托图把“重要的少数”从“有用的大多数”中区分出来。

参与式设计（**Participatory Design**）：将用户不仅仅视为用户测试中的潜在对象，更是把他们看作设计和决策过程的一部分的民主方法。

回报（**Payback**）：产品或服务商业化以后所获收益与开发成本、市场成本相抵消的时间，通常以年计算。有些公司将产品全面上市的时间作为起点，而有些公司从投入开发成本开始计算时间。

获利性（**Payout**）：在预期新产品商业化时间内的盈利额。

感知图（**Perceptual Mapping**）：分析消费者对当前产品和未来产品的看法的量化市场调研工具。感知图是产品在消费者心中的位置的可视化代表。

绩效指标（**Performance Indicators**）：新产品上市成果的评价指标。

绩效测量系统（**Performance Measurement System**）：可以使公司在适当时间段内监视新产品相关绩效指标的系统。

绩效度量 （Performance Metrics）：一套跟踪产品开发的测量指标，允许公司在时间维度上衡量流程改进的影响。这些方法因公司而异，通常包含针对流程进行的全面测评，如投放时间、具体阶段的延续时间、每年新产品商业化的数量、新产品的销售比例和这类新产品开发的产出量。

绩效/满意度调查（Performance/Satisfaction Surveys）：一种市场调研工具。反馈者被要求评价某一具体产品或服务在某一属性方面是否满足了他们的要求。通常要求反馈者评价多个产品或服务以进行横向比较。这些信息成为下一代产品修改的重要意见。

成熟阶段 （Performing）：团队建设的第四个阶段。团队在执行过程中通过无摩擦的协作和努力来实现团队目标。在这个阶段，团队合作平滑，由领导者建立起的团队结构和流程运行良好。

PESTLE 分析法 （PESTLE）：基于政策（Political）、经济（Economic）、社会（Social）、技术（Technological）、法律（Legal）和环境（Environmental）因素的一种结构化分析工具。它是极为有效的战略框架，是对趋势的更精准解读，是分析直接影响组织未来的因素（如人口统计、政治因素、颠覆性技术、竞争压力等）的关键。

阶段审核流程 （Phase Review Process）：一种阶段性的产品开发流程。一个职能团队先完成一系列任务，从而将所产生的信息传递给下一个职能团队，下一个职能团队完成一系列任务并将信息传递给再下一个职能团队。这种类型的产品开发流程并不适合多职能团队合作。所以大多数公司正在从这种流程转向应用跨职能团队的门径管理（Stage-Gate™）流程。

实物要素 （Physical Elements）：构成产品的要素。它可以是组件（或独体的部分）或较小的部件。

试点关口会议 （Pilot Gate Meeting）：通常在门径管理（Stage-Gate™）流程发布时举行的非正式会议，测试流程的设计并让参与者熟悉流程。

管道协同 （Pipeline Alignment）：项目需求与资源供给的平衡。

管道库存 （Pipeline Inventory）：一种还没有到达最终消费者手中，但已经存在于分销链中的产品。

管道负荷 （Pipeline Loading）：在一个组织内部处于开发的不同阶段的新产品的数量和时间安排。

管道管理 （Pipeline Management）：将产品战略、项目管理和职能管理整合起来，以持续优化所有开发相关活动中的跨项目管理。

管道管理使能工具 （Pipeline Management Enabling Tools）：帮助管理管道

的辅助决策和数据处理工具。在考虑权重的情况下帮助管道团队系统进行权衡决策。管道管理使能工具还被用来处理分析项目权重、明确资源和技巧负荷以及管道分析所需要的大量数据。

管道管理流程（Pipeline Management Process）：包括三个因素，管道管理团队、结构化的方法论和使能工具。

管道管理团队（Pipeline Management Teams）：负责解决战略层、项目层和职能层管道问题的团队。

管道［Pipeline（Product Pipeline）］：将开发产品送向市场的预定途径。

平台型产品（Platform Product）：一系列同族产品的设计和组成。在这个平台可以设计出许多派生产品。

平台型项目（Platform Projects）：开发出一系列子系统及其接口，由此建立一个通用架构，继而高效地开发制造出其他衍生产品。

平台路线图（Platform Roadmap）：组织开发的产品的现状和计划演化的示意图，用来表示不同产品间的结构和特征的关系。

波特五力模型（Porter's Five Forces）：迈克尔·波特提出的分析框架。它通过分析竞争对手、供应商、客户、进入壁垒和替代威胁五个方面来评价一个公司。

组合（Portfolio）：通常指公司正在投资并进行战略规划的一系列项目或产品。

组合指标（Portfolio Criteria）：用来评价现有的或计划中的产品开发项目以创造资源平衡的一系列关键指标。

一级市场研究（Primary Market Research）：专门针对现有目标进行数据收集的初始研究。

流程倡导者（Process Champion）：流程倡导者负责日常促进和推动正式流程在整个组织中执行。他们需要对正在进行的培训、创新输入和流程的持续改进负责。

流程经理（Process Managers）：负责确保创意和项目有序、及时地通过流程的运营经理。

流程图（Process Map）：用横轴代表流程时间，纵轴代表参加人和任务的工作流程图。

流程映射（Process Mapping）：识别和定义完成任何与具体流程相关的所有步骤、参加者、输入、输出和决策的活动。

流程成熟度（Process Maturity Level）：通过比较现有流程和未来流程进行流程再造的评价。

流程负责人（Process Owner）：负责新产品开发流程的战略性结果的执行经理。其工作包括流程生产能力、输出质量和组织内的参与程度。

流程再造（Process Re-engineering）：通过记录、分析、比较现有流程和“最佳”流程，实施重大流程改进或开发新流程以衡量并提高组织效率的方法。

产品（Product）：用来形容所有商品、服务和所售知识的术语。产品是一系列属性（特征、功能、优点和用处）的组合，它们可以是有形的，有物理形态的；也可以是无形的，和服务利益相结合的；也可以是两者的结合。

产品和流程绩效成功（Product and Process Performance Success）：新产品满足其技术绩效和产品开发流程绩效关键指标的程度。

产品审批委员会（Product Approval Committee，PAC）：在门径管理流程中充当建议者、决策者和投资者的经理团队，也叫作新产品开发执行团队。这个跨职能团队利用建立的业务关键指标审查新产品机会和项目进展，并按照阶段分配资源。

产品架构（Product Architecture）：将功能要素分配到产品的物理模块，这些物理模块相互作用，执行产品的所有功能。

产品待办列表（Product Backlog）：作为敏捷产品开发的基础，产品待办列表是系统所需的一系列事项要求清单，并按优先次序排序。这些事项包括功能性和非功能性的客户需求，也包括技术团队产生的需求。

产品设计规格（Product Design Specifications）：包括所有必要的尺寸、环境因素、人机工程学因素、审美因素、成本、维护、质量、安全性、文档描述，还包括如何执行项目设计的具体案例，以协助他人的工作。

产品开发（Product Development）：新产品的战略、组织、概念产生、产品计划及市场计划的制订和评估以及商业化的总体流程。

美国产品开发与管理协会（Product Development & Management Association，PDMA）：寻找、开发、组织和发布产品开发和流程领域前沿的理论与实践知识的非营利性组织。在实现其目标的过程中，PDMA 召开地方的、国家级的和国际性的会议，建立教育体系，季刊杂志《展望》和双月刊学术期刊《产品创新管理期刊》，审查提议和论文提议，完成《PDMA 新产品开发手册》和《PDMA 新产品开发工具手册》。PDMA 还从事新产品开发专业人士的认证工作。网站：www.pdma.org。

产品开发核对单（Product Development Check List）：在商业化之前，预先列出的确保完成产品开发任务所需活动和准则的表单。

产品开发引擎（Product Development Engine）：为了及时地推出有竞争力的

产品，确定如何综合公司的能力、准则、流程、实践、工具、方法和技能以生产高价值产品的系统。

产品开发组合（**Product Development Portfolio**）：考虑公司开发能力，对客户最具有吸引力并能通过分散风险和使投资多样化而实现公司短期和长期目标的新产品概念和项目。

产品开发流程（**Product Development Process**）：公司重复采用的一系列固定的将初始概念转化成可销售产品或服务的工作、步骤和阶段。

产品开发战略（**Product Development Strategy**）：指导产品创新活动的战略。

产品开发团队（**Product Development Team**）：由多个人组成的跨职能团队，负责计划和执行一个新的产品开发项目。

产品废止（**Product Discontinuation**）：从市场撤回或退出的产品或服务，因为它不能再提供经济的、战略性的或竞争性的优势。

产品废止期限（**Product Discontinuation Timeline**）：一个产品被谨慎地从市场上撤回的过程和时间安排。这个产品可能在决定做出后立即被废止，也可能需要一年或更久时间履行这个废止决定，这取决于市场和产品的性质和状况。

产品失败（**Product Failure**）：一个产品开发项目没有满足组织或市场的目标。

产品系列（**Product Family**）：从一个公共的产品平台衍生出的一系列产品。产品系列的成员一般都有很多共同的部分和部件。

产品创新章程（**Product Innovation Charter，PIC**）：一个至关重要的具有战略性的文件。产品创新章程是组织力图使一个产品商业化的核心，它包含项目的起因、目标、领导方针和项目界限，意思就是产品开发项目中的“谁、什么、地点、时间及为什么”。在发现阶段，章程包含市场偏好、客户需求、规模和潜在利润等方面的假设。随着项目的进行，需要在原型开发和上市测试中对这些假设进行检验，而且业务需求和市场条件也会随着项目的进行而发生改变，开发团队必须保证项目的开发趋势，必须经常参考 PIC 以确保项目的有效性及正确的发展方向，在开发阶段中识别的机遇依然存在。

产品界面（**Product Interfaces**）：影响产品开发的内部与外部界面，它包括界面的性质、需求行为和时间。

产品生命周期（**Product Life Cycle**）：人们认为一个新产品从产生到消失有四个阶段，引入期、成长期、成熟期和衰退期。但围绕产品经历这个周期的方式是否可预测存在着争议。

产品生命周期管理（**Product Life Cycle Management**）：改变产品的特征和利润、市场混合的要素和制造过程，以从产品生命周期中最大化地获取利润。

产品线（Product Line）：组织投放到大众市场中的一组产品。这些产品有许多共同的特征、客户及应用，而且还可能共享技术、销售渠道、价格、服务和市场组合的其他要素。

产品管理（Product Management）：通过不断地监视和检验混合市场的基本要素（其中包括产品及自身的特征、沟通战略、销售渠道和价格），在时间上确保产品或服务很好地满足客户的需要。

产品经理（Product Manager）：总体监督某一产品的各种开发活动的责任人。有时在消费品行业被称为品牌经理。

产品负责人（Product Owner）：在划分产品待办列表的优先级和罗列需求时，代表客户利益并具有最终决定权的唯一个体，通常受聘于敏捷产品开发团队。

产品管道（Product Pipeline）：即将投放市场的预备产品。

产品计划（Product Plan）：在产品开发中，对诸如产品描述、进度、资源、财务预算和界面管理计划等开发关键因素的具体总结。

产品平台（Product Platforms）：一组产品所共有的基础结构或在若干年内将成为一系列商业化产品的基础结构。

产品组合（Product Portfolio）：公司的一系列已上市的产品和产品线。

产品定位（Product Positioning）：一个产品如何推销给客户。这个产品定位是指一系列的商业化产品的基础结构。

产品复兴（Product Rejuvenation）：为了延长产品的生命周期，扩大规模需求，对处于成熟期或衰退期的产品进行改进、更新、再包装或再设计的过程。

产品需求文件（Product Requirements Document）：基本包括营销和开发的合同，可以完全、清楚地描述要开发产品的必要属性（功能性能），并验证这些属性如何实现的信息（如通过测试）。

产品优势（Product Superiority）：公司产品相对于公司竞争对手产品的优势，可以通过为客户提供更大的利益和价值来获得。这是新产品商业化中的关键成功要素之一。

计划评审技术（Program Evaluation and Review Technique，PERT）：一种以事件为导向的网络分析技术，用于对单个行为的工期具有高度不确定性的项目进行整体工期估算。

项目集经理（Program Manager）：负责执行新产品开发项目组合的组织领导者。

项目决策与审核（Project Decision Making and Reviews）：针对项目的可行性依次做出一系列通过/淘汰决策，以确保产品满足公司的市场目标和财务目标。

例如，在开发流程中各阶段关口末尾，针对项目可行性进行系统审查。这些阶段性的审查可以确保项目与原始计划基本保持一致。

项目领导者（**Project Leader**）：管理单个新产品开发项目的人。他负责保证实现突破和可交付成果并有效地利用资源。

项目管理（**Project Management**）：确定项目目标，计划所有为实现目标而进行的工作，领导项目和支持团队，监督进度，确保项目圆满完成的人、工具、技术和流程。

项目管道管理（**Project Pipeline Management**）：为项目在盈利、亏损和中间的适应过程中平稳地开发储备良好的资源。

项目计划（**Project Plan**）：指导项目实施和控制的正式批准文件。文件不仅详细说明了对计划的假设和决策，促进股东间的沟通，而且还包括了范围、成本和时间期限。

项目组合（**Project Portfolio**）：在开发流程中的一系列项目。它们会随着创新程度的不同而不同。

项目资源估算（**Project Resource Estimation**）：这项工作为项目成本核算做出了巨大的贡献。按照业务计划成功地进行产品交付的一个关键要素是将功能性要求转变成现实的成本估计。

项目发起人（**Project Sponsor**）：项目的授权者和资金的提供者。他是项目目标的制定者也是项目结果的评价者。项目发起人通常为高级经理。

项目战略（**Project Strategy**）：某一产品开发项目的目标。它包括了这个项目如何融入公司的产品组合、产品的目标市场，以及将为客户解决什么样的问题。

项目团队（**Project Team**）：由个人组成的计划和执行一个新产品开发项目的多职能小组。

探索者（**Prospectors**）：在技术、产品和市场开发以及商业化方面领先的企业，即使个别产品不产生利润。他们的总体目标是通过某种创新达到市场领先。

产消合一者（**Prosumer**）：能够发挥消费者和专业产品开发人员这双重作用的独立个体。产消合一者既是生产者，也是消费者。

协议（**Protocol**）：对新产品应该具有的属性（主要是收益，也可以包括特征）的陈述。在将项目分配给技术开发团队之前必须准备好协议，收益的陈述要得到涉及项目的各方的一致认同。

产品原型（**Prototype**）：新产品概念的物理模型。根据目的不同，产品原型可分为非实用型、功能实用型和实用美观型。

消费心理学（**Psychographics**）：消费者特征，它不仅仅是指人口统计学方面的特征，还包括消费者的态度、兴趣、意见和生活方式。

拉动（Pull-through）：新产品或服务对其他已存在的产品或服务产生的积极影响所创造的收入。

定性聚类分析（Qualitative Cluster Analysis）：基于个体或群体采用直觉来组群和连接数据点的过程。

定性市场研究（Qualitative Marketing Research）：对数量很小的一部分个人或者集体进行研究，得到他们的看法、意向、认识和观点。这种方法被更多地用于收集用户内在的需求并获得对于观点和概念的内在反应。这些结果不代表整个市场。定性市场研究用来表明为什么用户要购买某种产品，而定量市场研究揭示了多少用户购买这种产品。

质量（Quality）：这是产品特征的集合，当融入一个产品的时候，它代表了这个产品已经被认可或者已经超出了用户的期望。

质量保证/合规（Quality Assurance/Compliance）：负责监督和评估制度开发和实践，来确保它们满足公司标准和适用规范的职能。

质量控制规格与程序（Quality Control Specification and Procedure）：一个描述程序和规范的文件。当准备装运之前，要检查部件或系统是否符合程序和规范的要求。

质量功能展开（Quality Function Deployment，QFD）：一种运用矩阵分析观点的结构化方法，用来连接从市场需要到怎样实现的步骤。当一个多样化的团队决定了怎样将客户的需求同连接这些需求的规范和程序建立关系时，这种方法就能发挥它的作用了。因为明确地将产品设计的方方面面建立了连接，所以这种方法降低了在特性设计过程中删除重要设计特征或者联系的可能性。对于提升多样的团队合作，这种方法也是一个强有力的工具。

质量源于设计（Quality-by-Design）：这是一个从产品开发过程的伊始就设定产品、服务或者流程质量的过程。

定量市场研究（Quantitative Market Research）：一种用户调研方法，它最常使用的形式是问卷调查，由大量的用户样本产生可信的结果，这些结果可以分析项目的产出对于广大用户的影响程度。定量市场研究用来判定一些重要的水平等级，包括不同用户的需求、现有产品性能等级和满意程度、试验品的错误率、二次购买率和产品的喜好程度等。这种方法可以减少产品开发流程中的诸多不确定因素。

突破式创新（Radical Innovation）：一种包含新技术，并能够改变市场行为和消费方式的产品创新。

随机抽样 （Random Sample）：统计人口的一种抽样方法，其中每个成员被抽中的概率相等。

快速原型法 （Rapid Prototyping）：这是一种多样化的过程，它可以在创造原型或者部分原型的同时，避免工具的运用，而且可以在几小时或者几天（而不是几个星期）的时间里创造出原型（一般是非功能性的）。这种方法可以快速地检验出产品的技术灵活性或消费者的兴趣方向，因此被广泛使用。

回应者 （Reactors）：没有任何相关创新战略的公司。它们只有面临竞争压力的时候，才被迫开发新的产品。

实现差距 （Realization Gap）：从一个需求第一次被提出来，到发布一个产品来满足这个需求的过程所花费的时间。

渲染 （Render）：勤劳的设计者把自己的想法用各种颜色的铅笔、荧光笔或者各种计算机软件表现在纸张上的过程。

重新定位 （Reposition）：为了弥补最初定位的失误或者对市场改变的反应，改变产品在客户心目中的地位。改变市场的复合性比开发产品能够获得更多的收益。

资源矩阵 （Resource Matrix）：用于显示每个非管理类员工耗费在公司的投资组合中的每个现行项目时间的百分比阵列。

资源计划 （Resource Plan）：完成产品开发项目所需要的各种形式资源的详细总结，包括人力、设备、时间和资金。

责任矩阵 （Responsibility Matrix）：这个矩阵表明了各个职能部门或者个人在每个阶段的每项任务或活动中的具体参与程度。

投资回报率 （Return on Investment，ROI）：一项衡量项目收益的标准，它是项目在整个生命周期中的收益折现与初始投资的百分比。

刚性关口 （Rigid Gate）：这是门径管理流程的一个评审点，在着手进行下一阶段的工作前必须完成当前阶段的所有工作。

风险 （Risk）：一个可能发生的事件或者条件，但如果它真的发生的话，会影响项目的实现。在新产品的开发过程中，风险可能是市场、技术或者组织上的问题。

风险接受 （Risk Acceptance）：项目团队决定不更改项目计划的不确定的原因或者条件。当一个团队对于一个风险无能为力的时候，他们将不得不接受一个认可的风险方案。

风险规避 （Risk Avoidance）：改变项目计划以消除风险或保护项目不受风险的影响。

风险管理（Risk Management）：在一个产品开发项目中，识别、分析、减少商业风险的过程。

风险减轻（Risk Mitigation）：为了将风险的影响或可能性降低到一个可接受的程度之下所采取的行动。

风险容限（Risk Tolerance）：项目投资人愿意接受的风险的级别。容忍的级别正像上文明确指出的那样，投资人会根据不同的风险种类来调整自己的忍受级别。例如，项目延迟的风险、价格风险和技术的潜在风险。

风险转移（Risk Transference）：将一个风险的影响和它作用的范围转移到另外一方。

路线图制定（Roadmapping）：这是一个图形化、多步骤的过程。它可以用来预测未来市场和（或）技术的发展，这样可以预先计划使产品适应这些变化。

稳健性设计（Robust Design）：产品的设计降低了对变化（包括生产变化和错误操作）的敏感性，提高了按照希望的意图执行的可能性。

常规式创新（Routine Innovation）：以组织现有的技术能力为基础，与现有的商业模式相匹配的创新，专注于功能改进和新版本或新模型的开发。

橄榄型流程（Rugby Process）：这是一种产品开发的流程。在这个过程中，各个阶段是彼此相互重叠的，中间没有明显的界限，一个阶段接着一个阶段。

销售预测（Sales Forecasting）：对新产品销售潜力进行预测的技术，如 A-T-A-R（知晓—试用—可获得性—重复）模型。

销售波研究（Sales Wave Research）：为曾经免费获得过某产品的客户群，提供该产品与另一种价格略低的竞争对手产品，记录下继续选择该产品的客户数量及其满意水平。这一过程最多可重复 5 次。

Scamper 方法（Scamper）：一种创意工具，采用一系列行动来激发创意。S（Substitute）指替代，C（Combine）指合并，A（Adapt）指改造，M（Modify）指调整，P（Put to another use）指改变用途，E（Eliminate）指去除，R（Reverse）指逆向操作。

扫描试销市场（Scanner Test Markets）：帮助评估产品绩效并提供零售销售点的消费者数据的特殊市场测试。首先广泛应用于超市行业。

情景分析（Scenario Analysis）：帮助预想未来情景并确保制定可以适应未来机会和挑战的战略工具。

筛选（Screening）：评估新想法或概念并将其应用到产品组合中的过程。现在大多数公司都在应用一种正式的筛选流程，它具有客户、战略、市场、收益率和可行性等领域的评价指标。

Scrum：敏捷产品开发中的一个术语，是最流行的实施框架。通过该方法，软件生成得以按规律的步调进行，并由一系列固定长度的迭代过程开发出产品。

敏捷团队（Scrum Team）：常用于敏捷产品开发中。通常由 5～9 名成员组成，具备实现冲刺目标所需的混合职能，或团队成员横跨多个学科（跨职能团队）。

敏捷教练（Scrum-master）：指团队引导者，常用于敏捷产品开发中。其工作是协助团队工作、为产品主管提供支持，而非直接管理团队。

S 曲线（S-Curve）：技术绩效改进会随着时间而呈现出"S"形曲线。在新产品开发阶段，技术绩效改进曲线会缓慢逐步增长。然后随着新产品的经验产生，绩效增加和技术绩效呈跨越式增长。最后，新产品技术的实施开始受到限制并增长缓慢。在某一点，技术受到了限制并继续对其进行改进。通常情况下，这种技术被一种替代技术所取代。这种替代技术又处在它自己的 S 曲线的开始，并在其快速成长期即 S 曲线的中间（垂直）部分迅速取代了原来的技术。

次级市场研究（Secondary Market Research）：基于最初由他人收集而来的数据进行的研究。

市场细分（Segmentation）：将一个庞杂的市场划分成许多同种类的子市场的过程。每一个子市场或细分市场对产品、价值、消费和产品使用都有着相似的观点和方法。

高级管理层（Senior Management）：具有表决权或控制项目开发的重要资源，并高于产品开发团队的执行或运行管理层次。

敏感性分析（Sensitivity Analysis）：某一不确定因素可能对新产品业务的影响的估计。通过设置假设的上限和下限进行管理，并计算期望结果。

服务（Services）：如飞机航班或保险政策等无形的产品。如果是无形的，他们是直接通过生产者和使用者交换的，不能运输或储藏。服务交付通常需要消费者的重要参与，不能以所有者转移的形式来销售服务而且服务也没有所有权。

短期成功（Short-Term Success）：新产品上市后短时间内，特别是 1 年内的销售绩效。

理想图（Should-Be Map）：描述流程未来工作情况的流程图说明。它是修订后的现状流程图，是团队流程再造工作的成果。

模拟营销测试（Simulated Test Market）：一种量化市场调研和营销预测的形式。它们将处于某一阶段的新产品展示给消费者。测试的结果是对销售额或市场份额的早期预测，这种预测是建立在数学预测模型、管理假设和模拟中具体的指标基础上的。

六西格玛（**Six Sigma**）：每一百万个操作平均只产生 3.4 个错误的流程运营水平。

六顶思考帽（**Six Thinking Hats**）：由爱德华·德·博诺开发的思维工具，鼓励团队成员将思维模式分成六种明确的职能和角色。每种角色对应一个颜色的“思考帽”。

延期率（**Slip Rate**）：计算项目进度执行准确率。公式为延期率=[(实际进度/计划进度)-1]×100%。

社交媒体（**Social Media**）：基于计算机的媒介工具，允许人们、公司和其他组织在虚拟社区和网络中创建、共享或交换信息、想法、图片和视频。

规格（**Specification**）：对产品特征和性能的具体描述。例如，一种笔记本电脑的规格可能包括 90MHz 的奔腾处理器，16MB 的 RAM 存储和 720MB 的硬盘空间，电池可使用 3.5 小时，重 4.5 磅，256 种色彩的显示器。

上市速度（**Speed to Market**）：从开发早期最初创意到新产品最初上市销售的时间长度。确切的开始和结束点根据各公司不尽相同，同一公司的不同项目间也可能不同。

发起人（**Sponsor**）：新产品开发项目中的非正式角色。他通常在公司中具有较高的级别，并不直接参与项目，但是在需要的时候会伸出援助之手并力排众议。

冲刺（**Sprint**）：是敏捷产品开发中的一个术语，是指完成特定任务使开发阶段得以进入审查环节的一段时期，一般为 2～4 周。

阶段（**Stage**）：作为整个产品开发过程的一部分，具有指定结果和可交付成果的一组同时完成的任务。

阶段式产品开发活动（**Staged Product Development Activity**）：当人们没有很多未知因素时，开始执行阶段产品开发的活动。

门径管理流程（**Stage-Gate™ Process**）：一种按时间顺序划分成具有管理决策关口的不同阶段的产品开发流程。在得到进入下一个产品开发阶段的准许之前，跨职能开发团队必须成功完成当前阶段的相关任务。门径管理流程的框架包括工作流程和决策流程及定义确保流程顺利进行必需的支持系统。

标准成本（**Standard Cost**）：在生产地生产产品的成本，包括所需的材料成本、劳动力成本等。

明星产品（**Star Products**）：在高增长市场中占据高市场份额的产品。

中止表决（**Stop-Light Voting**）：参与者用带有颜色的圆点表示他们意见的综合性思维工具，也称作偏好表决。

震荡阶段（**Storming**）：团队建设的第二个阶段，此时成员开始挑战已有边界。步入这一阶段的标志性事件通常是团队成员的自有工作模式之间发生了碰撞冲突，许多团队因此而解散。

故事板（Storyboarding）：聚焦于故事开发，与用户如何使用产品有关，可以更好地理解可能带来特定产品设计属性的问题或事项。

战略平衡（Strategic Balance）：开发项目组合在一个或多个领域内的平衡，如专注还是多样，短期还是长期，高风险还是低风险，产品平台延伸还是新产品平台开发。

战略匹配（Strategic Fit）：确保项目与所采用的策略相一致。例如，如果某些技术或市场被指定为战略重点领域，这些项目是否与该领域相匹配？

新产品开发战略（Strategic New Product Development，SNPD）：将新产品战略和新产品组合计划结合起来的过程。

战略合作（Strategic Partnering）：两家公司（通常有一家大公司和一家小公司）共同开发某种新产品而达成的联盟或合作。通常情况下，大公司提供资金和产品开发、营销、制造、分销能力，而小公司则提供特殊的技术或创新性技术。

战略管道管理（Strategic Pipeline Management）：将大量的机会排序并调整组织技能以交付产品的战略平衡。

战略计划（Strategic Plan）：确立组织未来情况的愿景、使命、价值、目标、目的和战略。

战略优先级（Strategic Priorities）：确保整个项目组合的投资能够反映公司的战略优先级。例如，如果组织的目标是实现技术领先，那么组合中项目平衡布局应该反映这一目标。

战略（Strategy）：组织的愿景、使命和价值。组织整体战略的一个子部分就是创新战略。

分层抽样（Stratified Sampling）：将样本根据某些变量分成若干层，从每一层中抽取一个样本的抽样方法。这些变量与研究中的目标变量相关。

部件（Subassembly）：用来组装较大部件或最终产品的组件集合。通常在组装前需要测试这些部件是否符合明确的规范。

成功（Success）：实现了预期目标和绩效的产品。产品开发成功有四个标准。在项目层有三个标准：财务绩效、基于客户的绩效和产品技术绩效。第四个标准是新产品对整个公司成功的贡献。

支持性项目（Support Projects）：对现有产品渐进式改进，或提升现有产品的制造效率。通常风险水平较低。

支持性服务（Support Service）：这种组织功能的主要目的不是产品开发，

而是提供使产品开发项目成功所需要的必要条件。

可持续发展（Sustainable Development）：一种发展模式，既能够满足当代人的需求、又不会损害后代满足自身需求的能力。

可持续创新（Sustainable Innovation）：新产品或服务的开发和商业化过程。在产品生命周期中，从经济、环境和社会角度强调可持续发展的重要性，并在采购、生产、使用和服务结束的若干阶段遵循可持续发展的模式。

SWOT 分析（SWOT Analysis）："优势、劣势、机会和威胁"分析。SWOT 分析从其竞争对手、客户需求、市场/经济环境条件的角度对公司进行评价。

系统层级图（System Hierarchy Diagram）：表示产品结构的图表。它表明产品是如何被分解成结构块的。

系统与实践（Systems and Practices）：可能推动或阻碍产品开发的方法、程序和活动。它可能和公司的日常业务有关或对产品开发来说很特别。

系统与实践团队（Systems and Practices Team）：代表所有职能领域在一起工作的高级经理，识别和改进阻碍产品开发活动的系统和实践，以及为改进产品开发而建立新工具、系统和实践的人。

目标成本（Target Cost）：考虑到客户承受力的新产品成本目标。目标成本和其他客户需求的独立变量一样必须得到满足。

目标市场（Target Market）：营销中挑选出的一组消费者或潜在消费者。同一细分市场中的消费者可能会购买同一种类型的商品。这些有时称作"主要期望"。

任务（Task）：可以产生可交付成果的可描述单元。

团队（Team）：参与新产品开发项目的一组人。通常每个团队成员代表一种职能、一个部门或一个专业。他们合在一起就代表了完成项目所需的所有能力。

团队领导者（Team Leader）：领导新产品团队的人。负责确保突破或可交付成果的实现，但他可能没有权力领导项目参与者。

团队监督指南（Team Spotter's Guide）：团队领导（或团队成员）使用的用来诊断团队工作能力的调查问卷。

技术前瞻（Technology Foresighting）：一种洞察未来以预测技术趋势及其对组织潜在影响的流程。

技术路线图（Technology Road Map）：在时间标准下技术进化或技术计划的示意图。在开发新产品中用来指导新技术开发或技术选择。

技术 S 曲线（Technology S-Curve）：见 S 曲线。

技术门径管理（Technology StageGate，TSG）：在有很高的不确定性和风险时，所采用的管理技术开发活动的流程。在不违背产品开发初期的创新性要求的条件下，它提供了一种管理新技术开发的结构化方法论。它用来管理高风险技术开发项目，这些项目有可能因为不确定因素和高风险而导致不能实现最终产品的功能。

技术战略（Technology Strategy）：一份有关技术维护和技术发展的计划，这些技术能够支持组织的未来发展，有助于组织战略目标的实现。

技术转移（Technology Transfer）：将实验室中的科学发现转变成可以商业化的产品的过程。也可用来指技术在合伙人中的转移过程。

技术驱动（Technology-Driven）：基于技术能力的新产品或产品战略。有时称作“问题研究解决方案”。

试销（Test Markets）：为了严格衡量消费者对产品发布的反应，将产品投放到一个或多个具体地域。当考察多个地域时，需要应用不同的广告或定价策略并比较其结果。

创造性解决问题方法（萃智，TRIZ）（Theory of Inventive Problem Solving, TRIZ）：基于对数以万计的专利技术的汇集分析的一种创新性解决问题的方法，是由俄罗斯学者提出的解决问题和建立多种可行方案的系统方法。该方法能够激发出超越自我经历的创造力，融合跨学科的知识和经验。

思维链接（Think Links）：帮助参与者将看似不相关的一些人、地点或实物联系起来的思维刺激。

智囊团（Think-Tank）：通常与组织正常活动相隔离，由管理者创造的激发新思维或方法以解决组织问题的环境。

思维组织者（Thought Organizers）：帮助对相关想法进行分类的工具，使得想法可以被方便地比较或评价。

3R 准则（Three Rs）：当产生新产品创意时应用的基本步骤，包括记录、回忆和重建。

门槛标准（Threshold Criteria）：任何一个新产品项目的最低可接受绩效目标。

缩略图（Thumbnail）：勾勒草图的最小形式，通常用铅笔描绘产品构思。

上市时间（Time to Market）：从新产品的初始创意到初始市场销售所需要的时间。开始和结束时间的精确定义依据公司的不同而不、同一公司内项目的不同而不同。

基调（Tone）：使用产品时的感受、情感或态度。合适的基调对于消费者对新产品观念的看法及广告都是很重要的。

自上而下的组合选择（Top-down Portfolio Selection）：以战略为起点并强调基于该战略进行项目筛选的方法，又称作战略桶方法。

龙卷风图（**Tornado**）：在项目管理中用于风险识别和定性分析之后，进行定量风险分析的技术——敏感性分析技术中最常用的一种图表技术。

全面质量管理（**Total Quality Management，TQM**）：涉及组织的所有职能领域的全面持续地改进质量的方法。

跟踪调研（**Tracking Studies**）：在产品发布后对消费者（通常以电话形式）进行调研以评估消费者对产品的认识、态度、尝试、采用和再购买率。

三重底线（**Triple Bottom Line**）：反映组织行为绩效的 3 个尺度，即财务、社会、环境。

三重约束（**Triple Constraint**）：由项目中最重要的 3 项约束条件（范围、进度、成本）组合而成，也称作工程管理三角形或铁三角。

隐性客户需要（**Unarticulated Customer Needs**）：因客户不愿告知或客户无法告知而未被言明的客户需求。

不确定性范围（**Uncertainty Range**）：业务假设中高价值（最优情况）和低价值（最差情况）的跨度。

用户（**User**）：利用产品或服务解决问题或获得收益但未必是购买产品或服务的人。用户会消费一种产品，就像人们会用香波来洗头发，吃薯片来减缓饥饿。用户可能不会直接消费一种产品，但可能在相当长一段时间内和它打交道。例如，一个家庭拥有一辆汽车，家庭中不同成员会在多年中使用它以满足不同需要。在生产其他产品或服务的过程中同样需要产品，用户可能是操作设备的生产人员。

效用（**Utilities**）：综合分析中产品特性对购买欲望或偏好的贡献程度。

价值（**Value**）：个人或公司从情感角度愿意坚持的准则。它是形成一种战略的因素之一。

价值分析（**Value Analysis**）：分析系统和设计的技术。它的目标是以最优（最小）成本开发出足够满足消费者要求质量的设计。

价值链（**Value Chain**）：在从原材料变成客户手中产品的过程中，产品的价值随着每一步制造和交付过程而增加。价值链表明每一阶段增加的价值量。

价值主张（**Value Proposition**）：关于产品概念将从哪几个方面向潜在客户传递价值的简短、明确以及简单的陈述。"价值"的本质植根于用户从新产品中获得的收益和为它所付出的代价的权衡。

增值（**Value-added**）：有形的产品特征或无形的服务价值相组合，以便创造竞争优势、重新定位产品和增加销售额。

垂直一体化（**Vertical Integration**）：公司在价值链中跨越多个层次的运营。在 20 世纪早期，福特汽车公司极端地实行垂直一体化，因为它拥有成片的森林及伐木业、木材加工业和玻璃制造业等业务。这些业务包括了生产汽车所需要的所有部件和原材料。

虚拟客户（Virtual Customer）：一种基于网络的市场调研方法，它搜集了产品开发所有阶段中的客户意见。

虚拟产品开发（Virtual Product Development）：无纸化产品开发。所有的设计和分析工作都是基于计算机完成的。

虚拟现实（Virtual Reality）：可以使设计者或用户进入并使用计算机三维环境的技术。用户可以改变视角并模拟真实世界中的交互过程。

虚拟团队（Virtual Team）：在地点上分散并主要靠网络一起工作的团队。

愿景（Vision）：一种具有洞察力和远见的想象。它揭示了新产品开发中的可能性和实际制约条件。它描述了一个产品或组织最期望的未来状态。

愿景型公司（Visionary Companies）：同行业中的领先创新者，通常是在市场份额、盈利能力、成长度和股东行为方面数一数二的公司。它们销售额的 30% 甚至更多来自过去三年内引入的新产品。它们是很多公司的标杆。

《展望》（Visions）：PDMA 创办的以创业者为导向的新产品开发杂志。

客户心声（Voice of the Customer，VOC）：为了找出问题的解决方法，对消费者的一系列经验和环境进行深层次的结构化采访，以提炼出客户需求的过程。通过间接调查发现消费者怎样满足他们的需求及他们为什么要这么做，进而最终发现消费者的需求。

浪费（Waste）：为了保证可制造性，超额使用设备、原料、零件、场地、用工时间或其他公司资源导致损耗的运营行为，包括等待、增加半成品零件、重复装运、原料传递和其他非生产流程。有 7 类基本损耗是公司应该尽量减少的：生产过剩、等待机器时间、运输时间、流程时间、过度存货、过度运转和缺陷。

瀑布流程（Waterfall Process）：一种连续的设计流程，应用于软件开发。其中，开发流程被比作稳步向下流动的瀑布，历经概念、启动、分析、设计、建构、测试、生产/实施和维护阶段。

完整产品（Whole Product）：一种强调将产品全部价值传递给消费者的产品定义概念。它包括能使消费者具有成功的使用经历并使用最小的产品价值就能满足其需求的任何建设性要素，具体包括培训材料、支持系统、电缆、其他软件/硬件、标准和程序、实施、应用咨询等。通常一揽子产品的因素由公司的合作者提供。这一术语通常用于计划高技术性产品环境中。

工作计划（Workplan）：为了执行项目，识别项目每一阶段、主要步骤和具体任务的具体计划。好的实际工作计划区分了每一项任务所分配的资源、计划任务期限及不同任务间的依赖性。参见“甘特图”。

工作流设计团队 （Workflow Design Team）：在一起设计和执行门径管理流程中的工作组成部分的职能型团队。他们决定公司的门径管理流程怎样设计、包括哪些任务和决策点及每一点涉及的人员。

物有所值 （Worth What Paid For，WWPF）：细分客户的一种量化评估商品的提问方式，“仔细思考卖主所提供的商品和服务，它们是否物有所值”。